Werner Schäfer, geboren und aufgewachsen am Ort der Bernauer-Tragö-
die, studierte Geschichte und Germanistik in Regensburg und beschäftigt sich seit über zehn Jahren in Zeitschriftenbeiträgen, Vorträgen und
Ausstellungen mit Agnes Bernauer. Er ist stellvertretender Schulleiter an
der deutschen Schule in Genua.

W0189517

Vollständige Taschenbuchausgabe Juni 1991
Droemersche Verlagsanstalt Th. Knaur Nachf., München
© 1987 Nymphenburger/F. A. Herbig Verlagsbuchhandlung GmbH,
München
Umschlaggestaltung Adolf Bachmann
unter Verwendung eines Fotos aus den Kunstsammlungen
der Stadt Augsburg
Druck und Bindung Elsnerdruck, Berlin
Printed in Germany   5   4   3   2   1
ISBN 3-426-02373-3

Werner Schäfer:

Agnes Bernauer und ihre Zeit

Inhalt

Vorwort

Die Geschichte der Agnes Bernauer ist nur auf den ersten Blick eine traurige Liebesromanze zwischen einer Augsburger Baderstochter und Herzog Albrecht III. von Bayern-München. Das Liebes- dann auch Eheverhältnis begann um 1430 und endete mit dem Wassertod der Bernauerin am 12. Oktober 1435 in der Donau zu Straubing. Im ungleichen sozialen Status der Ehepartner aber lag ein Konfliktstoff, der den »Fall Agnes Bernauer« zu einem beispielhaften macht, zu einem Problemfall der spätmittelalterlichen Ständegesellschaft mit ihren spezifischen Denkweisen und Rechtsnormen.

Die Liebe zwischen Agnes und Albrecht läßt sich geradezu in einer dramatischen Kurve darstellen. Als Exposition stehen Herkunft und soziale Position der Liebenden und krisenbewegte Zeitläufe. Aus dem ins Dunkel gehüllten Beginn der Beziehung steigt die Handlung an im Spannungsfeld der dynastischen Politik im damals geteilten Bayern. Die Antagonisten treten auf: Herzog Ernst von Bayern-München, der alte Vater Albrechts, seine Tochter Pfalzgräfin Beatrix, die bayerische Ritterschaft, das Münchner Stadtpatriziat, schließlich Herzog Wilhelm III. von Bayern-München. Sie bekämpfen erfolglos das illegitime Verhältnis zwischen Baderin und Herzogssohn. Als die Erbfolge gefährdet scheint, läßt Herzog Ernst die mißliebige Schwiegertochter in der Donau bei Straubing ertränken: der Höhepunkt der Tragödie. Nach schwerer Krise kommt es zur Versöhnung zwischen Ernst und Albrecht, der Sohn heiratet standesgemäß, der Konflikt ist beigelegt.

Trotz mancher Abhandlungen über Agnes Bernauer, trotz des großen Akademieberichts Siegmund Riezlers im Jahre 1885, wurde die Affäre historisch noch nicht genügend gewürdigt. Die Liebesgeschichte verleitete auch manchen Autor zur Mythenbildung oder zur Glorifizierung der Hauptgestalt. Eine neuerliche Arbeit über die Bernauerin muß sich deshalb unter Berücksichtigung der Forschungspositionen um eine Klärung der Grundfragen vor dem Gesamthintergrund spätmittelalterlicher Gesellschaft und Zivilisation bemühen. Es ging nicht so sehr um das Aufdekken bisher unbekannter Quellen, sondern um eine gründliche Neubetrachtung des vorhandenen Quellenmaterials. Insbesondere *ein* Schriftstück aus der herzoglichen Kanzlei entpuppte sich dabei als ein überraschend klarer Ersatz für die nicht mehr auffindbaren Prozeßakten. Die Rechtfertigung der Hinrichtung, die Vorwürfe gegen Agnes Bernauer verweisen bei genauer Analyse auf einen politischen Prozeß von exemplarischem Charakter. Der Titel »Agnes Bernauer« darf deshalb nicht zu eng ausgelegt werden. Die Bernauerin zählte nicht zu den politischen oder geistigen Hauptakteuren ihrer Zeit, doch löste sie politische Irrungen und Wirrungen aus. Ihr Schicksal ist eng mit der niederbayerischen Stadt Straubing verbunden, der »Fall Agnes Bernauer« aber hat Bedeutung für die ganze bayerische Geschichte, vielleicht sogar darüber hinaus. So versteht sich dieses Buch auch nicht als Verherrlichung der Agnes Bernauer, als Beitrag zur Mystifizierung oder als historisches Rührstück für sentimentale Gemüter. Es geht vielmehr um die Aufdeckung eines kulturgeschichtlich bedeutsamen Kriminalfalles vor dem Panorama seiner Epoche und den Motivationen und Handlungen der beteiligten Gruppen und Personen.

Mein Dank gilt allen, die mich im Laufe von Jahren bei der Beschäftigung mit »Agnes Bernauer« unterstützt oder durch ihr Interesse ermuntert haben. Besonders danke ich Frau Ilona Gregor, Herrn Erwin Böhm, Herrn Prof. Dr. Werner Peiser, Herrn Manfred Schmid und allen meinen Straubinger Freunden, und nicht zuletzt einem Lektor, der beharrlich und verständnisvoll dieses Buch begleitete und betreute.

Genua, im Frühjahr 1987
Werner Schäfer

Agnes Bernauer

Die Augsburger Baderstochter

Über die Herkunft der Agnes Bernauer existieren keine historischen Quellen, keine direkten Belege aus ihrer Lebenszeit, keine Einträge in Taufmatrikeln, Bürgerbüchern u. ä. Ihre genauen Familienverhältnisse liegen im Dunkeln, erhellen sich allerdings durch die Aussagen zahlreicher Chronisten, die seit dem 15. Jahrhundert über die Bernauerin und ihr tragisches Ende berichteten. Sie wird durchwegs Tochter eines Baders, Bademeisters, Barbiers, Scherers oder Wundarztes genannt. Die scheinbar unterschiedlichen Berufsbezeichnungen für ihren Vater verweisen alle auf seine Tätigkeit in einer Badestube, denn die Bader bereiteten nicht nur das Wasser für ihre Gäste zu. Sie sorgten auch für das Kopfwaschen und für das Scheren des Haupthaares und des Bartes. Sie ließen zur Ader, behandelten Wunden und Geschwüre, schienten gebrochene Glieder, zogen Zähne, besahen Aussätzige und Erschlagene.
Der selbständige Beruf des Barbiers kam vor allem in Süddeutschland erst spät auf, in Würzburg wurden z. B. die Barbiere um 1477 von den Badern getrennt, sie übten dann das »trukhen scheeren« aus. Bis ins 18. Jahrhundert stritten sich mancherorts Bader und Barbiere um ihre Rechte, auch um den Titel »chirurgus« und entsprechende wundärztliche Befugnisse. Um 1400 bezeichneten »Bader« und »Barbier« in der Regel noch den gleichen Berufsstand. Ein Barbier konnte ohne weiteres eine Badestube übernehmen, falls er über die notwendigen Geldmittel verfügte, ein Badegehilfe andererseits einen eigenen Barbierladen eröffnen. Neben der Versorgung der öffentlichen Bäder wurden die Bader oft auch zu kommunalen Aufgaben verpflichtet. In Augsburg z. B. halfen sie beim Löschen von Bränden, die Baumeisterrechnungen des späten Mittelalters vermerken

deshalb mehrfach Entschädigungen der Bader für zerbrochene oder verlorengegangene Scheffel, manchmal außerdem Trinkgelder für Badeknechte. In Klosterneuburg mußten sie zu Beginn des 15. Jahrhunderts Öfen aller Art setzen, abbrechen und reinigen; in Bamberg und Altenburg waren die Bader um 1490 sogar als Kaminkehrer unterwegs.

Kaspar Bernauer soll der Vater der Agnes genannt worden sein. Mit diesem Familiennamen wird sie von den zeitgenössischen Quellen und Urkunden und von den meisten Chronisten versehen. Und fast alle Historiker geben Augsburg als Heimatstadt an. Tatsächlich finden sich in den Augsburger Stadtbüchern seit den achtziger Jahren des 14. Jahrhunderts Namen wie Pernauer, Perner, Berner, – ein *Kaspar* Bernauer aber fehlt. Unter den Familiennamen der Bader steht er ebenfalls nicht verzeichnet. War der Vater unserer Agnes nur ein Badeknecht, kein steuerzahlender Badepächter oder Badstubenbesitzer? Ein Beweis läßt sich nicht erbringen, denn gewöhnlich wurden die Augsburger Bader in der fraglichen Zeit gar nicht mit dem Nachnamen registriert, sondern mit dem Namen des Bades als Rappenbader, Stierbader, Mauerbader, Kellerbader usw. Die Stuben waren selten Eigentum der Bader, sondern wurden von ihnen pacht- oder lehensweise betrieben. Wechsel waren häufig, besonders wenn neue Bäder eingerichtet wurden. Der Rappenbader blieb dann weiterhin beim schon gewohnten Namen, selbst wenn er ein anderes Bad bezog. Für Kaspar Bernauer ergeben solche Namenforschungen also keine Klärung, schon eher Bezeichnungen wie »barbitonsor, palbierer, chirurgus, balneator, balnei custos«, die auf die Stellung eines Badbesitzers und Bademeisters deuten. Natürlich kennen wir keinerlei Lebensdaten Bernauers. Das Todesjahr 1510, das ein Chronist anführt, ist gänzlich unmöglich.

Einige Augsburger Geschichtsschreiber nennen Agnes' Vater Leichlin, Leichtle, Leichtlin. Diese selteneren Namen finden sich zwar in der Zeit um 1400 nicht, die Augsburger Stadtbücher vermerken aber ähnlich klingende wie Lauchlin, Läuchlin, Leuchlin. Ein Zusammenhang mit Vater Bernauer läßt sich nicht herstellen.

Auf eine irrige Spur führte der Chronist Ladislaus Suntheim. Er bezeichnete Biberach an der Riß als Heimat der Bernauerin. Dort existieren keine Quellen, die einen Bader Bernauer oder Leichtlin belegen könnten. Bestenfalls ließe sich vielleicht über den Namen und die Herkunft der Mutter eine Verbindung mit Biberach herstellen, oder eine Verlegung des Wohnsitzes der Familie nach Augsburg. Doch sind dies nicht beweisbare Mutmaßungen.

Ganz im Bereich des Spekulativen bewegt sich ein Aufsatz aus dem Jahre 1939. Der Autor Georg Schrötter bemühte sich um »Aufhellung und Klarstellung der bescheidenen Lebensverhältnisse einer freien Tochter des Bayerlandes, einer sittlich unantastbaren Frau...«. Seinen »Forschungen« zufolge entstammte Agnes einem Bauernhof des Weilers Bernau im Ampertal am Fuße des Peißenbergs, ursprünglich ein Eigentum der Herren von Seefeld, dann des Klosters Polling. Als die Seefelder zwischen 1390 und 1410 unweit des Bernauer-Anwesens eine Schindergrube anlegten, soll sich Vater Bernauer durch diese unwürdige und anrüchige Stätte so sehr in seiner Bauernehre gekränkt gesehen haben, daß er den Hof aufgab und ohne Barvermögen und ohne spezielle gewerbliche Befähigung nach Augsburg zog, um sich zur Sicherung der Familienexistenz als Badeknecht zu verdingen. Schrötter leitet seine »Erkenntnisse« aus dem Artikel in der Bezeichnung »Agnes *die* Bernauerin« in der Urkunde vom 8. Januar 1433 ab und propagiert damit die bäuerlich-bayerische Abstammung: »... und weil die also Denominierte gerade in der Zeit aufmarschiert, in der sie die Tochter des abgezogenen Bernauer Hofbesitzers sein kann, wird sie als solche in Anspruch genommen. Wer es besser weiß, sage es!«

Eine sicher kuriose, doch nicht ganz untypische Forschungsblüte zu Agnes Bernauer. Insgesamt gilt Sigmund Riezlers Feststellung: »Namen, Heimat und Abstammung der Geliebten sind vollständig gesichert, die Zweifel, die man in diese Richtungen erhoben hat, unbegründet.«

Der zeitgenössische Chronist Andreas von Regensburg bezeichnet Agnes als »ausnehmend schöne Frau«. Mit diesem Urteil stimmten alle folgenden Historiographen überein. Aeneas Sylvius Piccolomini spricht von einer außeror-

dentlichen Schönheit, in der Peutinger-Chronik ist Agnes
»auch von leybe gar ein schens weib«. Veit Arnpeck verbin-
det mit »Agnes Pernawerin, ains palbirers tochter, ain
wunderschöne frauen« ein besonders typisches Bild für die
Beschreibung und Würdigung vorzüglicher körperlicher
Reize. Ganz im Sinne des mittelalterlich-höfischen Frauen-
ideals meldete er über Agnes Bernauer: »man sagt, das sy
so hubsch gewesen sey, wann sy roten wein getrunken
hett, so hett man ir den wein in der kel hinab sechen gen«.
Gerühmt wird auch ihr prächtiges blondes Haar. Über Cha-
rakter- und Gemütseigenschaften schweigen die älteren
Chronisten allerdings weitgehend. Nur Suntheim sagt ihr
neben schönem Körperbau, feinen Gesichtszügen, langen
falben Haaren auch edlen Anstand zu.
Bei diesen recht undetaillierten und unverbindlichen Nachrichten über Aussehen und Wesen sprossen vor allem seit
dem 19. Jahrhundert romantische und mystifizierende Vorstellungen. Aus der falschen Interpretation des volkstümlichen schwäbischen Kosenamens »Angele« für »Agnes«
wurde auf einen wirklichen Engel geschlossen, der Typus
des »Engel von Augsburg« konstruiert, z. B. 1854 von
Friedrich Wilhelm Bruckbräu in »Agnes Bernauer, der Engel von Augsburg. Ein deutsches Volksbuch«:
»In der That, nach dem einstimmigen Urtheile aller Zeitgenossen der Agnes Bernauer, hat nie eine Jungfrau gelebt,
die so viel Schönheit mit so viel Tugend verband ... Über
ihren Rücken und ihre Schultern wogte wellenförmig bis zu
den Kniekehlen hinab ihr bewundernswürdiges, üppiges
Goldhaar, glänzend wie das Gefieder eines Paradiesvogels;
wie man ungestüme Gewässer durch Dämme einenget, damit sie nicht über ihre Ufer brausen, hatte sie den Strom ihrer gescheitelten Haare auf jeder Seite ihres wunderschö-
nen Hauptes in drei gewaltige Flechten, gleichsam wie in
drei Arme, geschieden, und jeden dieser Arme mit einem
vierfingerbreiten, aus eben diesen Haaren geflochtenen
Ringe, zur schützenden Abwehr bewältigend gefesselt. So
oft sie ihr Haupt wendete, schimmerte das Meer ihrer Gold-
locken wie das Gefunkel eines ungeheuren Straußes oran-
gefarbener Brillanten im sanftwogenden Lichte des Voll-
mondes.

Sie trug ein dicht anliegendes, ganz einfaches himmelblaues Gewand vom feinsten Wollengewebe, und vom Gürtel bis zum Halse, welchen in vier Absätzen eine Krause von fast unsichtbaren Fältchen züchtig verhüllte, einen blendend weißen Überwurf von den auserlesensten, selbst geklöppelten Spitzen, die bauschärmelartig über die beiden Ellbogen hinunterreichten. Kein Edelstein, weder Gold noch Silber, nicht einmal eine Blume, zierte ihr Gewand. Wir wagen es nicht, die himmlische Schönheit ihres Antlitzes mit einer irdischen Feder zu schildern.«

Einen wichtigen Hinweis auf das wirkliche Aussehen der Bernauerin gibt der Grabstein in der Gedächtniskapelle des Straubinger Petersfriedhofs. Zwar sind hier die Gesichtszüge einer Verstorbenen festgehalten, ja einer Wasserleiche, dennoch dürften sie, entstanden in einer Zeit hochentwickelter Porträtkunst, einen hohen Realitätsgehalt besitzen. Dem ovalen Antlitz verleihen große Augen, volle, doch nicht wulstige Lippen und eine lange, edel geschnittene Nase Ausdrucksstärke und Anziehungskraft. Durch eben diese Merkmale verdient ein kleines Gemälde im städtischen Maximilianmuseum Augsburg besondere Beachtung, wie auch Heinz Deininger mit Recht betont. Das Porträt, betitelt »Agnes Bernauerin Ducissa«, stammt aus der Mitte des 16. Jahrhunderts und geht nach Ulrich Schmid auf ein älteres Original zurück. Darstellungen der folgenden Jahrhunderte orientieren sich offensichtlich an diesen Vorbildern in Straubing und Augsburg. In den Bereich der Ortssage muß dagegen wohl die sogenannte »Agnes Bernauer« im Gäubodenmuseum Straubing verwiesen werden. Die rotgebrannte Tonbüste aus der Wende des 15./16. Jahrhunderts befand sich bis 1880 in der Giebelwand eines Hauses in der Straubinger Altstadt auf dem rechten Donauufer, »unterhalb der Brücke zu St. Peter«, just dort, wo nach der Überlieferung der Leichnam der Bernauerin ans Ufer geschwemmt wurde. Die neuere Forschung sieht in dem qualitätvollen Werk eine Marienbüste aus einer Kreuzigungsgruppe.

Von Bädern und Badern

Das späte Mittelalter war eine Zeit höchster Badelust. Seit Ende des 13. Jahrhunderts besaß in Lübeck fast jede Straße eine eigene Badstube. Ulm konnte im ausgehenden Mittelalter elf Bäder aufweisen, Nürnberg 12, München sicher nicht weniger, Frankfurt mindestens 15, Wien 29, die privaten Hausbäder nicht gerechnet. Auch in kleineren Orten und in fast allen Dörfern waren Badeanstalten zu finden. In Augsburg sind für das späte 13. Jahrhundert vier Bäder urkundlich gesichert, als ältestes das Stierbad von 1285. Laut Einträgen in den Steuerbüchern stieg ihre Zahl im 14. Jahrhundert auf zehn, im folgenden auf 17. Sie waren täglich, außer an Sonn- und Feiertagen, in Betrieb. Das kirchliche Freitagsverbot kümmerte wohl nicht immer, denn Klara Haetzlerin berichtet in ihrem Augsburger Liederbuch: »Am freytag baden die ungehorsamen«. Die Bürger besuchten zum Teil mit Frau und Hausgesinde die Stuben, Juden und jüdische Dienstboten hatten jedoch zu Christenbädern keinen Zutritt. In München beschäftigten manche Badebesitzer mehr Gesinde als selbst vornehmste Ratsfamilien. Während des Konzils sollen sich nach Ulrich von Richentals Chronik etwa 1400 Bademädchen in Konstanz aufgehalten haben.

Baden zählte zu den selbstverständlichen leiblichen Bedürfnissen, ein Verzicht darauf galt als ein Akt der Askese. In strengen Klöstern wie Hirsau durften sich die Mönche nur zweimal jährlich dem allseits gepflegten Genuß hingeben, wer öfters wollte, mußte ein Sondergesuch an den Prior richten. Der heilige Ulrich stieg nur dreimal im Jahr in die Wanne, Bischof Reginald von Lüttich nie. Elisabeth von Thüringen soll von ihrer Umgebung einmal dringend gebeten worden sein, ein Bad zu nehmen, da sie allzusehr im Geruch der Heiligkeit stand. Sie gab nach, steckte eine Zehenspitze ins Wasser und wurde daraufhin sofort wieder der Versuchung Herr.

Die meisten der älteren Bäder waren der Kirche oder den Klöstern zinspflichtig. In Augsburg verliehen die Bischöfe, solange sie die unbeschränkte Territorialmacht ausübten, das Recht, Wasserräder für die Bäder zu betreiben. Als sich seit dem 12. Jahrhundert die bürgerlichen Kompetenzen ausweiteten, ging dieses Privileg auf die Stadt über. Eine Urkunde von 1383 erwähnt ein Bad des Augsburger Domkapitels, eine Baumeisterrechnung von 1391 den Bau einer Stube der Geistlichkeit am Lech. In München zählten die Klöster Tegernsee und Schäftlarn zu den ersten Badeigentümern. Die Stadt München besaß nur vorübergehend um 1400 zwei Anstalten; eine verkaufte sie um die stattliche Summe von 350 Ungarischen Gulden an die Frauenpfarrkirche, die andere an einen Privatmann. Der herzoglichen Familie standen zwei Hofbäder zur Verfügung, und bezeichnenderweise wurde der Landesherr von den rebellischen Bürgern während der Unruhen von 1397 nicht in seiner Stadtveste aufgefunden, sondern im Bad.

Weil Badstuben keine unrentablen Lokalitäten waren, sicherten sich neben Kirche und Privatleuten auch Adelige diese Erwerbsquellen, z. B. Herzog Albrecht von Oberbayern-München. Er kaufte am 9. Januar 1428 die Badestätte des Heinrich Pader zu Pfaffenhofen um fünfzig Pfund Münchner Pfennige.

Beim Besuch von illustren Gästen gehörten Einladungen ins Bad zu den üblichen Ehrenbezeugungen. In Augsburg führte Stadtvogt Wilhelm Messelrainer im Jahre 1400 Herzog Ludwig von Ingolstadt mit seiner gesamten Dienerschaft in das Kellerbad, die Stadt schenkte Fürst und Gefolge das Badgeld, veranstaltete zu Ehren Ludwigs an drei Abenden ein Tanzfest und kredenzte ihm beachtliche Mengen an italienischem und anderem Wein. Zwei Jahre später begleiteten Ratsherren und Bürger den Sohn König Ruprechts zur »holden Feuchte«, und 1473 ließ der Rat der Freien Reichsstadt Augsburg für Kaiser Friedrich III. sogar ein eigenes Bad im bischöflichen Garten errichten.

Auch nach jeder Bürgermeisterwahl begaben sich die Zunftmeister mit den Ratsherren ins Bad, nach Zechgelagen des Rats erhielten die bedienenden Stadtknechte und Köche Badegelder. In den Genuß solcher Zuwendungen kamen außerdem Handwerker, die für die Stadt arbeiteten, 1436 z. B. die Maler des Augsburger Perlachturms, und im Stadtdienst erkrankte und verwundete Söldner. Reiche Bürger stifteten seit dem 13. Jahrhundert in vielen deut-

schen Gemeinden durch letztwillige Verfügungen sogenannte Seelenbäder, unentgeltliche Badbesuche für die Armen, verbunden mit Speisungen und Gebeten für den Stifter. Wilhelm von Egenhofen zu Planegg spendete 1471 beispielsweise zehn Gulden für Armenwaschungen im
Münchner Türlbad. Sein Seelenbad wurde von allen Kanzeln verkündet, jeder Teilnehmer erhielt noch einen Pfennig, einen Becher Bier und einen kurzen Rock. Noch um die
Mitte des 19. Jahrhunderts wurden in den Kirchen Münchens bei Trauergottesdiensten solche Armenbäder angeboten.

In Augsburgs frühen Badeanstalten konnten sich zwölf
und mehr Besucher zu gleicher Zeit in gemauerten Bassins
aus Tuffstein tummeln. Dies war billiger als die Zuberbä-
der, die hier erst zu Beginn des 15. Jahrhunderts in Mode
kamen. Den Bademeistern ging neben den Knechten auch
weibliches Personal zur Hand. Frauen- oder Gewandhüte-
rinnen waren für die abgelegten Kleider verantwortlich,
andere Mädchen reichten den Gästen Speisen und Getränke oder arbeiteten als Reiberinnen, die mit dem Badewedel
den Kreislauf anregten – oder auch ein wenig mehr. Im
Augsburger Achtbuch, in den Ratsverordnungen und den
Strafbüchern ist nämlich nicht selten von »riberinen« die
Rede, die wegen Unzucht aus der Stadt verwiesen wurden.
Agnes Bernauer war nach allgemeiner Auffassung eine Bademagd, der Chronist Angelus Rumpler nennt sie »eine
junge Badewärterin«. Ob sie ihren Vater bei der Führung
des Betriebes unterstützte, ob sie andere Tätigkeiten aus-
führte, oder ob sie gar in fremden Diensten stand, wissen
wir nicht. Ihr Geburtshaus, ihr Wohn- und Arbeitsplatz
bleiben ebenfalls unbekannt. Auch die genauen Nachfor-
schungen des Augsburgers Heinz Deininger haben keine
Aufhellung gebracht: »Wo war nun das Wohnhaus oder
gar ihr Geburtshaus? Nach Aventin stand ersteres ›zwischen den Schlachten‹, Anton Werner sieht das Haus C 164
am Fuße des Schmiedberges, in dem sich das Weinrestau-
rant ›Agnes Bernauer-Stube‹ befindet, als solches an. Christoph Jakob Haid bezeichnet als Geburtshaus das Haus
›hinterm Weberhaus‹, am früheren Rinder- oder Alten
Heumarkt, der heutigen Philippine Welser-Straße und

zwar D 32, das Haus der Konditorei Zeiler. Haid gibt sogar die genaue Geburtszeit an, den 19. Januar 1411. Thaddäus Rueß glaubt es in dem Hause H 335, der heutigen Gastwirtschaft ›Bei den sieben Kindeln‹, dem früheren Neid-, späteren Rößlesbad, vermuten zu dürfen. Einer der aufgeführten Annahmen wesentlich mehr Wahrscheinlichkeit zuzuschreiben, ist schwer vertretbar. Da Kaspar Bernauer nach den meisten Quellen als Badbesitzer und Barbier (balneator) und nicht bloß als Barbier (tonsor) bezeichnet wird, dürfte allerdings D 32 aus der Reihe der vermuteten Häuser ausscheiden, da eine Badestube immer an einem fließenden Wasser, an einem der Lecharme gelegen haben muß, was bei der hohen Lage der Philippine-Welser-Straße nicht zutrifft.«

Jedenfalls dürfte Agnes Bernauer zumindest einige Jahre dazu beigetragen haben, daß »Baden eine rainelich lust« wurde. Der lustvolle Charakter des Badetreibens kann nicht hoch genug eingeschätzt werden, Wasser war nicht nur zum Waschen da. »Wiltu ein Tag froelich sein? geh ins Bad!« lautet ein Spruch aus dem Jahre 1501. Schwitzbäder, seit dem 15. Jahrhundert besonders beliebt, galten zwar als Heilmittel, aber auch der gesellige Aspekt kam nicht zu kurz. Klara Haetzlerin hebt ihn in ihrem Lied »von siben den grösten Freuden« treffend hervor und charakterisiert das Badewesen als überaus begehrenswerte und angenehme Form der Unterhaltung und des Lebensgenusses (in moderner Prosafassung):

»Baden ist die köstlichste Freude, die man auf Erden finden kann. Es gibt keine Frau, sie mag noch so anmutig sein und so reich an Kleidern und Geschmeiden, die es nicht gelüstet, wegen des besonderen Vergnügens ins Bad zu steigen. Gleich ob ein Mann für schöne Frauen ritterlich kämpfte, im Turnier sich trefflich schlug, an einer Pilgerfahrt oder einem Kriegszug teilnahm, – zu allermeist zieht es ihn doch zur Freude des Badens. Er lädt alle seine guten Freunde ein, die auch zu diesem Ort der Freude wollen. Da hört man die Badewedel nur so pfeifen, keine andere kann dieser Freude gleichen. Wenn der Ofen richtig glüht und ihn ordentlich zum Schwitzen bringt, dann könnte ihm selbst der König zehn Gulden bieten, er würde sich lieber auf der Bank räkeln und mit dem Wedel streichen! Baden ist fürwahr ein herrlich Spiel, das ich immer preisen will!«

Die Suche nach Vergnügen und Freude beherrschte die verschiedensten Badeformen, z. B. die Brautbäder, bei denen das Brautpaar vor der Hochzeit oder am Hochzeitstag selbst samt Gästen in die Wannen stieg. Der Brauch war weltweit verbreitet. In unseren Städten ging es dabei nicht selten so üppig zu, daß die Obrigkeit dämpfend und regulierend einschritt oder zumindest einzuschreiten versuchte. Die Augsburger Hochzeitsordnungen des späten Mittelalters legten denn auch die Zahl derer fest, die mit Bräutigam und Braut mitplätschern durften: im 13. Jahrhundert fünf Frauen und fünf Männer, in den folgenden zweihundert Jahren zwölf Frauen und sechs Männer.

Die Besonderheit des mittelalterlichen Badewesens lag zweifellos in einer Freizügigkeit, die Formen des Orgiastischen annehmen konnte. Man blieb stundenlang im Warmbad, Kurzweil treibend, spielend, musizierend. Die Männer trugen einen kurzen Lendenschurz, die »Badehr«, Frauen dünne Badehemden. Oft badeten beide Geschlechter aber auch nackt, die Damen nur mit Halsketten oder Blumenkränzen geschmückt. Nackte Bademädchen warteten mit Speisen und Getränken auf. In den großen Thermal- und Medizinalbädern steigerte sich das lustbetonte Treiben bis zur Zügellosigkeit.

Zu Beginn des 15. Jahrhunderts verglich der Florentiner G. Fr. Poggio das Badewesen von Baden im Aargau mit den römischen Floralien: »Alle, die lieben, alle, die heiraten wollen oder wer sonst das Leben im Genusse sucht, alle strömen hierher, wo sie finden, was sie wünschen.« Es schien ihm, als sei »Cypria selbst, und was sonst die Welt Schönes in sich fassen mag (...), in diese Bäder zusammengekommen; so sehr hält man hier auf die Gebräuche dieser Göttin, so sehr findest du da ihre Sitten und losen Spiele wieder«.

Die Badestube war vielerorts ein Freiplatz für Liebespaare, ein Ort erotischer Abenteuer, der mannigfache Gelegenheiten zur Anknüpfung neuer Beziehungen bot. Ein Autor des 14. Jahrhunderts nennt denn auch unter den dreißig Ursachen für den Badebesuch das Bedürfnis zu minnen, die Freude am Liebesspiel. Bei Boccaccio dienten Badekammern zum Stelldichein, im 15. Jahrhundert glichen manche Bäder, z. B. in Avignon und Venedig, nach Größe und Einrichtung einem Bordell. Das Element Wasser, dessen erotisch-sexuelle Natur in den Mythen und Liedern vieler Völker betont wird, setzte die Triebe frei, wirkte enthemmend, die Fesseln des Sittenkodex lösend. Egon Friedell meint, im mittelalterlichen Badewesen sei »jenes normale und sozusagen legitime Ausmaß an Sittenlosigkeit, das wahrscheinlich zum eisernen Bestand der Menschheit gehört, beträchtlich überschritten worden«, es zeigten sich »die Symptome eines moralischen Starrkrampfes«. Werner Danckert hält ihm entgegen: »Die Badeerotik ist gewiß nicht das Ergebnis spätzivilisatorischer Fäulnis. Eher möchte man sie verstehen als ein wiederemporgetauchtes Stück Archaikum, als Rückgriff auf vorzeitliche Lebensbereiche, ermöglicht durch die infantile Daseinsverfassung einer frühen, anhebenden Geschichtsstufe (der Hochkultur), gefördert allerdings, ja provoziert durch den starren, gepanzerten Druck, die Einschnürung des Vitalen, die von der Kirche ausging.«

In der Tat führte die Kirche einen ständigen Kampf gegen das gemeinsame Baden der beiden Geschlechter – ohne wirklichen Erfolg. Schon im Jahre 745 hatte Bonifatius ein entsprechendes Verbot erlassen. In Beichtspiegeln und Bußordnungen wurde immer wieder auf diese »Sünde« hingewiesen. Im 15. und 16. Jahrhundert unterstützten zum Teil die Stadtmagistrate die kirchlichen Bemühungen und schritten mit sittenpolizeilichen Verordnungen ein. In Basel löste der Rat 1431 die Gemeinschaftsbäder als »nit wol loblich« auf. Sorgen bereitete vor allem die Badeprostitution, die seit dem Hochmittelalter beträchtlich angestiegen war.

Badestuben galten seit jeher als »Herbergen der Leichtfertigkeit«. In einem Hamburger Prozeß von 1483 wurden drei Kategorien des Dirnentums genannt: Straßen-, Mühlen- und Bäderprostitution. Nicht selten ermahnten die Stadtmagistrate die Bader, keine Dirnen aufzunehmen, dafür zu sorgen, daß die Reiberinnen sich nicht auch als Freudenmädchen betätigten. Ganz hart urteilt ein Lehrgedicht »Des

Teufels Netz« von 1420 über die Bader und ihre Bediensteten: »Der Bader und sein Gesind gern Huren und Spitzbuben sind, (was sich wohl gut verträgt), Diebe, Lügner und Kuppler.«

In der Astrologie standen Badebesucher und Badebesitzer unter der Schirmherrschaft des Venussterns, der über den Spielmannskünsten, der Badelust und den Liebesfreuden leuchtete. Das Nürnberger Planetenbuch von 1515 setzt dagegen die »badreyber« unter das Zeichen des Saturn, das nach astrologischer Überlieferung grobe und schmutzige Arbeit mit sich bringt. Und schließlich konnten die Bademägde und Badeknechte, die häufig aus dem fahrenden Volk kamen, dem veränderlichen Mond zugewiesen werden, dem Wasserplaneten. So schrieb ein Mönch des Klosters St. Gallen um die Mitte des 15. Jahrhunderts, der Mondschein sei den Fahrenden, Gauklern, Fischern, Schiffern, fahrenden Schülern, Müllern und Badern beschert und allen, die sich vom Wasser ernähren. Ein Holzschnitt des Hausbuches von 1480 und das siebte Bild von Hans Sebald Behams Holzschnittserie »Die sieben Planeten mit ihren Kindern«, um 1530, sehen die Bader ebenfalls als Kinder der Luna, neben fahrendem Musikant, Zauberkünstler, Vogelsteller, Fischer, Schiffer, Wind- und Wassermüller. Im niederösterreichischen Klosterneuburg waren im 14. und 15. Jahrhundert »Bader, Spielleute, freie Töchter und andere Tandleute« vom Fährgeld für die Donauüberfahrt befreit: eine symbolische Einstufung, denn die Genannten gehörten dem fließenden Element an, dem Wasser.

Agnes Bernauer Seite an Seite mit Zauberern, Possenreißern und vagabundierenden Musikanten, als wedelschwingende, leicht bekleidete oder splitternackte Reiberin, vielleicht gar als Badhur? Keine angenehme Vorstellung für uns Heutige. Es fehlte denn auch nicht an Ehrenrettungen und Verteidigungen gegen etwaigen Verdacht. Schon Konrad Mannert nannte Agnes in seiner Geschichte Bayerns 1826 »ein engelschönes Mädchen, unbescholten und rein in ihren Sitten, bescheiden in dem einfachen Anzuge«.

Gottfried Horchler weist darauf hin, daß das Dienstpersonal der Bader im allgemeinen in der öffentlichen Achtung nicht besonders hoch stand, fügt jedoch hinzu: »Es wäre aber unrecht, Agnes als zweifelhafte Persönlichkeit anzusehen, weil sie im Hause ihres Vaters die Aufsicht über die Dienstboten führte und wohl selbst auch mit Hand bei der Arbeit anlegte.« Oder Max Peinkofer anläßlich des 500. Todestages der Bernauerin: »Es dürfte sicher sein, daß Agnes im Gegensatz zu mancher ihrer Dienstgenossen einen tadellosen Ruf genoß und daß sie den Ehrentitel ›Engel von Augsburg‹ zu Recht genießt.«

Sicher ist gar nichts. Mag sein, daß Agnes so unbescholten war, wie von vielen Autoren erwünscht, erhofft, beschworen. Beweisen läßt es sich nicht, auch nicht das Gegenteil. Es ist vor allem fragwürdig, mit »modernen« moralischen Maßstäben zu hantieren, Urteile aus heutiger Sicht zu fällen oder zurechtzuzimmern. Die mittelalterliche Badelust muß als Teil eines allgemeinen Lebensgefühls gesehen werden, einer Lebenssicht und Lebensweise, die von krassen Gegensätzen geprägt war, von härtester Askese und ausschweifender Maßlosigkeit, von veredelndem Liebesideal in der höfischen Minne und primitiver Erotik mit Verherrlichung der Geschlechtsgemeinschaft. Johan Huizinga stellt in seinem klassischen Werk über die Lebens- und Geistesformen im späten Mittelalter zu dieser Spannung zwischen Stilisierung der Liebe und ungebundener Freizügigkeit fest: »Im Grunde aber blieb auch in den höheren Ständen das Liebesleben ungemein roh. Die täglichen Sitten waren dabei noch von einer freimütigen Frechheit, die spätere Zeiten verloren haben. Der Herzog von Burgund läßt für die englische Gesandtschaft, die er zu Valenciennes erwartet, die Badestuben der Stadt herrichten ›pour eux et pour quiconque avoient de famille, voire bains estorés de tout ce qu'il faut au mestier de Vénus, à prendre par choix et par élection ce que on désiroit mieux, et tout aux frais du duc‹ (›für sie und für wen immer sie im Gefolge hatten, auch Bäder, mit allem versehen, was zum Dienste der Venus erforderlich ist, wobei mit Wahl und Auslese zu beschaffen ist, was am meisten gewünscht wird; und alle auf Kosten des Herzogs‹). Seinem Sohne Karl dem Kühnen wurde seine Sprödigkeit von vielen übel ausgelegt, sie stehe einem Fürsten nicht an. Unter den mechanischen Ergötzlichkeiten des Lusthofes zu Hesdin erwähnen die Rechnungen ›ung engien pour moullier les dames en marchant par dessoubz‹ (eine Maschine, um die Damen naß zu machen, wenn sie darunter vorbeigehen).«

Frauen des freien Gewerbes, und viele zählen die Baderinnen dazu, waren zwar sozial verachtet, genossen aber als Verkörperungen eines noch magisch behafteten Sexualprinzips heimliche Verehrung. Freudenmädchen wurde als Vitalpersonen ein gewisses Ansehen zuteil. In den um 1400 entstandenen Prachthandschriften König Wenzels IV. tauchen in den Initialranken neben »Wilden Männern«, Sinnbilder der Kraft und der Fruchtbarkeit, immer wieder Bademädchen auf, Sinnbilder der Liebe und Schönheit, gleichzeitig Hinweise auf den Badekult, den der Onkel Herzog Albrechts betrieb, auf seine Amouren mit den Reiberinnen und auf seine Befreiung durch die Bademagd Susanne: 1393 saß König Wenzel gefangen auf Schloß Wiltberg in Österreich. Eines Tages ließ er sich die Erlaubnis für ein Bad geben. Vier Stadtdiener begleiteten ihn, zwei badeten mit ihm und ließen ihn dann an die frische Luft. Wenzel lief zu einem Fischerkahn und ließ sich nackt von einem Bademädchen über die Donau setzen. Nach gelungener Flucht behielt er die Baderin längere Zeit bei sich und schenkte ihr hundert böhmische Gulden. Im Jahre 1406 erinnerte sich Wenzel an die schöne Susanne, ließ ihr eine neue Badstube bauen, und erklärte sogar das Baderhandwerk durch kaiserliches Privileg für ehrlich und ehrsam. Wenzels Maßnahme wurde jedoch nicht rechtskräftig, die Bader blieben, was sie waren: unehrliche Leute.

Die soziale Stellung der Bader

Die Ursprünge der sogenannten »Unehrlichkeit« sind nicht exakt geklärt. Es handelte sich um eine seltsame Grenzziehung zwischen Menschen, die zu den Ständen und nicht verachteten Gruppen des spätmittelalterlichen Gesellschaftssystems zählten, in den Städten zu Patriziat, Bürgertum, unselbständiger Unterschicht, und Menschen, die außerhalb dieser Ordnung angesiedelt wurden. Diese scharfe Trennung schied Personen, die sich nach Veranlagung und Intelligenz, teilweise sogar nach Einkommen und Lebensformen nicht von den »Ehrlichen« abhoben, von jenen, denen allgemeine Achtung zuteil wurde, deren Ehre gekränkt und wiederhergestellt werden konnte.

Wer diese »Ehre« nicht besaß, stand wie die Juden und Heiden außerhalb des christlich-abendländischen Gesellschaftskörpers. Im kollektiven Denken des Mittelalters war er ein »outsider«, der nicht teilhatte am gemeinschaftlichen Geist, an der gegenseitigen Verbundenheit, am »Solidarismus«, der den einzelnen »Ehrbaren« fest im jeweiligen Stand oder in der jeweiligen Schicht und Korporation verankerte. Der Vorwurf der Unehrlichkeit erhob sich dabei nicht nur gegen die augenscheinlich sozial Deklassierten, gegen Vagabunden und herumstreunende Kriminelle, Verbrecher und Vogelfreie, sondern schloß Angehörige von Berufen und Gewerben ein, die wirtschaftliche Bedeutung hatten, auf deren Dienstleistungen die »Ehrlichen« zum Teil weder verzichten wollten noch verzichten konnten. Doch waren diese Leute gerade wegen ihrer Tätigkeit verrufen und berüchtigt und wurden deshalb gesellschaftlich abgewertet. Ehrlichkeit oder Unehrlichkeit war also nicht nur auf moralische Kategorien zurückzuführen, sondern auch auf soziale. Georg Fischer unterscheidet drei Gruppen von solchen unehrlichen Gewerben. Die erste umfaßte Angehörige gewisser meist unsauberer oder unlauterer Gewerbe- und Handelszweige wie Müller, Schäfer, Gerber, Barbiere und Bader, Leineweber, Töpfer, Gassenkehrer, Bachfeger und Türmer. In der zweiten fanden sich niedere und unangesehene Dienste, z. B. Gerichts- und Polizeidiener, Schinder und Henker. In der dritten waren die eigentlich Entwurzelten wie Dirnen, Landstreicher und alle Fahrenden. Tatsächlich waren die Grenzen fließend, auch lokale und regionale Unterschiede sind zu berücksichtigen. Einen besonders hohen Grad an Unehrlichkeit besaßen allerdings die Henker, Schinder und Büttel. Schon der bloße Umgang mit ihnen galt als ansteckend und hatte den gesellschaftlichen Ausschluß zur Folge.

Dem »Unehrlichen« oder »Echtlosen« blieben richterliche

Handlungen versagt, er durfte nicht als Richter, Urteiler, Eidhelfer oder Zeuge auftreten. Die städtischen Ehrenämter waren für ihn unzugänglich. Er konnte keine Vormundschaften übernehmen, und selbst bei der Wahl des Ehepartners stellten sich Hindernisse in den Weg. Er war zwar fähig, eine rechtsgültige Ehe einzugehen, aber keine ebenbürtige, weil er keinem anderen ebenbürtig war, es sei denn einem ebenfalls Unehrlichen. Er unterstand zwar dem allgemeinen Rechtsschutz, besaß aber keine standesbedingten Rechte und Privilegien. Schließlich wurde ihm auch die Aufnahme in eine Zunft des »ehrbaren und ehrsamen« Handwerks verweigert. Der soziale Makel vererbte sich, pflanzte sich auf die Kinder fort; nicht nur die eheliche Geburt zählte, sondern auch die »ehrliche«.

Die Kinder von Badern galten deshalb zum Teil noch im 17. Jahrhundert als zunftunfähig; obwohl Reichspolizeiordnungen von 1548 und 1577 den Zünften auferlegt hatten, sie und Nachkommen anderer unehrlicher Handwerker aufzunehmen, wenn sie sonst Unbescholtenheit, einwandfreies Handeln und guten Charakter nachweisen konnten. Mancherorts galt das Baderhandwerk sogar noch im 18. Jahrhundert als anrüchig. Die Kölner Goldschmiede forderten z. B. seit dem späten Mittelalter von jedem zureisenden Gesellen eine amtliche Bestätigung, daß er weder eines Bartscherers, Baders, Leinewebers noch eines Spielmanns Kind sei. In einem Urteil aus dem Jahre 1457 bestätigten Magdeburger Schöffen den Handwerkern von Beeskow, sie hätten über dreißig Jahre lang weder weibliche noch männliche Leineweber akzeptiert, noch Bader, noch Töpfer oder irgendein geringes Volk. Ein Generalprivileg des Kurfürsten Wilhelm von Brandenburg aus dem Jahre 1650 bezeichnet gegenüber den neun »ehrlichen« Gilden in Halberstadt als Leute »tadelhaften Geschlechts« und damit Zunftunwürdige die Kindern von Zöllnern, Badern, Bachmüllern, Bartscherern, Pfeifern, Feldschäfern und Leinewebern.

Die Gründe für die Unehrlichkeit der Bader sind nicht einfach zu erschließen, der Grad des sozialen Verrufs war nicht überall gleich groß. Der mittelalterliche Stabreim »Bischof oder Bader« bedeutete jedenfalls so viel wie »alles oder nichts«. In vielen Städten Deutschlands galt das Badergewerbe als besonders anrüchig und stand auf der sozialen Leiter sehr weit unten. Frühere Leibeigenschaft dürfte als Ursache ausscheiden, ihr unterlagen ursprünglich auch ehrliche Berufe. Die Baderei wurde häufig von Ortsfremden ausgeübt, die nicht zur lokalen Gemeinschaft gehörten und sich damit leicht in einen Gegensatz zu dieser geschlossenen Gruppe stellen ließen. Die Schmutzigkeit der Arbeit, die Reinigung des Bades mögen zur Unehrlichsprechung beigetragen haben. Vor allem ist verständlich, daß Badestuben als Stätten des Lasters oder wenigstens der Freizügigkeit nicht das Ansehen ihrer Betreiber und Bediensteten förderten. Obwohl sie den Genuß suchten, straften die Genießer die Genußbereitenden mit Verachtung.

Im Gegensatz zu diesen an der konkreten sozialen Wirklichkeit orientierten Erklärungsversuchen verweist Werner Danckert auf Zusammenhänge mit alten Tabus und die Bekämpfung von Funktionen der Bader, die im Heidnischen verankert waren: »Der Baderberuf entstand zugleich mit den ersten größeren Badehäusern der aufblühenden mittelalterlichen Städte; älter noch als die warmen Wannenbäder waren vermutlich Schwitzbadestuben und der Badebetrieb an heißen Naturquellen. Bei den brauchtümlichen Bädern zu Fasnacht, im Frühling (Mai) und zur Sommersonnenwende, bei Brautbad (»Ausbaden«) und Walgernacht hatte der Bader altheidnische Kultfunktionen übernommen. Bei der Verfolgung und Ausrottung dieser Paganismen richteten sich kirchliche wie obrigkeitliche Verächtlichmachung und Verbote vor allem gegen die erotisch-sexuellen Freiheiten. Zunächst wohl mit geringem Erfolg. Das Kultisch-Brauchtümliche dieser Riten trat allerdings mehr und mehr in den Hintergrund: die Badeerotik steigerte sich, losgelöst, »verweltlichte« zum geselligen Zeitvertreib. Hand in Hand damit entwickelte sich die vielgescholtene ›Leichtfertigkeit‹ des Baders und seines Gesindes, das sich nunmehr hauptsächlich aus dem Kreise der fahrenden Leute rekrutierte. Der verachtete Bader rückte in die Nähe des Frauenwirts.«

Die Auswirkungen des mittelalterlichen Ehrensystems als Basis einer geschlossenen Gesellschaftsordnung waren nicht überall gleich und sind in ihrer Vielfalt kaum eindeutig zu erfassen. Die spätmittelalterliche Blütezeit der Zünfte förderte insgesamt durch deren Hang zur Abkapselung die Entwicklung der Unehrlichkeit. Einige Städte, z. B. Hamburg 1375 und Würzburg 1373, nahmen die Bader schon früh in die Zünfte auf. In Straubing waren sie spätestens um 1470 zunftfähig. Der Stadtrat bestellte jährlich für die Bademeister zwei Vorsteher, ebenso für die Badeknechte. Wie die anderen Zunftführer leisteten diese einen Amtseid, der vor allem die Hilfe bei Bränden beinhaltete. Die Bader und Knechte gelobten dem Stadtkammerer Gehorsam gegenüber ihren Handwerksmeistern und bezahlten den Ratsherren ein Trinkgeld, dessen Höhe dem der weniger begüterten Zünfte entsprach.

In Augsburg taucht als erster Bader in den Jahren 1230 und 1242 ein Eberhard Balneator auf, 1248 und 1272 wird ein Bademeister Ulrich als Bürger betitelt und 1285 ein »Heinrich der Bader der Lederer« als Zeuge für einen Rechtsvorgang genannt – Hinweise auf die ursprünglich durchaus geachtete Stellung der Bader. Bei der Durchsetzung des Zunftregimentes im Jahre 1368 jedoch blieb den Badern die Gründung einer gleichberechtigten Zunft versagt, sie wurden von den städtischen Korporationen ausgeschlossen und konnten lediglich eine Handwerksstube in einem der Badhäuser einrichten. Der Grund dafür dürfte nicht in der Befreiung von öffentlichen Ämtern liegen, damit die Bader als Wundärzte bei plötzlichen Unglücksfällen zur Stelle waren, sondern im Absinken des Gewerbes zur Unehrlichkeit. Möglich auch, daß die ein oder zwei Wundärzte, Bader oder Barbierer, die in städtischen Diensten standen, der soziale Verruf weniger deutlich traf, sie etwas stärker als »Dazugehörige«, als Mitglieder des lokalen Ordnungssystems empfunden wurden. Jedenfalls öffnete sich der Weg zu den kommunalen Ämtern und zur Gleichstellung mit den anderen Handwerken erst im Jahre 1547. Kaiser Karl V. hob damals das Zunftregiment auf, und im ersten vom kaiserlichen Stadtherrn eingesetzten großen Rat Augsburgs saß dann auch ein Vertreter der Bader.

Agnes Bernauer übte ihre Tätigkeit in der Badstube jedenfalls noch in einer Zeit der gesellschaftlichen Abschottung aus. Sie stammte aus der niedrigsten Schicht und gehörte als Angehörige eines verfemten Berufes zu den unehrlichen Leuten. Wenigstens war ihr sozialer Status nicht weit von ihnen entfernt, zumal sie als Frau ohnehin nur beschränkt am Ehrensystem einer männlich geprägten und von Männern beherrschten Gesellschaft Anteil hatte. Selbst als Tochter eines Bademeisters, nicht nur als Bademagd, mußte sie in den Augen des Großbürgertums, gar des Adels als absolut Standesunwürdige erscheinen, mit der man sich lediglich in ihrem unmittelbaren Metier einließ, die man sich bestenfalls als flüchtige Liebschaft hielt. Agnes Bernauer wagte den Sprung über die sozialen Schranken – ein gefährliches Unternehmen, denn wer seine Sprosse auf der Leiter der Rangordnung verließ, wer nach oben, ja nach ganz oben strebte, nahm in einer Zeit, in der starre soziale Abstufungen als selbstverständlich und gottgewollt angesehen wurden, ein großes Wagnis auf sich.

Albrecht der Junge

Albrechts königlicher Onkel

»Item IIII Gulden reinisch gaben wir der Herzoginn Kaplan zu potnbrot zu ihrer gepurd, da sy herzog Albrechtz genaz, palmarum ao. MCCCCI actum nach Pfingsten«. So lautet ein Eintrag über Botenlohn in der Münchner Stadtkammer-rechnung für die Nachricht von der Geburt des Prinzen Albrecht am 27. 3. 1401, Sohn Herzog Ernsts I. von Bayern. Über die Mutter berichtete der Chronist Veit Arnpeck: »Der fürst nam zu der ee frau Elisabethen, Johannes Galeaci des ersten, herren von Mayland, tochter; etlich schreiben Barnabonis«. Tatsächlich war diese Elisabeth nicht die Tochter des Bernabó Visconti, sondern des berühmteren Giangale-azzo Visconti. Zwar besaß auch Bernabó eine gleichnamige Nachfahrin, dieser aber hatte 1377 den Condottiere Graf Luz Landau geheiratet. Eine andere Tochter Bernabós, Thaddea, war fünfzehnjährig die Gattin Herzog Stephans III. von Bayern geworden und hatte diesem neben südlän-discher Lebenslust 100 000 Gulden Mitgift beschert. Die Hochzeit Ernsts mit einer Mailänderin überrascht also nicht, dynastische Beziehungen zur Lombardei waren be-reits gegeben. Vater Giangaleazzo stattete seine Elisabeth mit 75 000 Gulden Heiratsgut aus, Ernst mußte allerdings in den Eheverträgen vom 1. Dezember 1395 auch seinen Teil an die Angetraute leisten, 10 000 Gulden, bestritten aus der Landessteuer 1396, und jährliche Einkünfte von 7500 Gul-den aus den Steuern der Städte Landsberg und Weilheim und den Märkten Pfaffenhofen, Wolfratshausen und Dach-au.

Der kleine Erbprinz Albrecht, dessen Lebensweg sich spä-ter auf tragische Weise mit dem der Baderstochter Agnes Bernauer kreuzte, wuchs nicht in seiner Geburtsstadt Mün-chen auf, sondern am Hof zu Prag unter den Fittichen seiner Tante Sophie, der Gattin des römisch-deutschen und böhmischen Königs Wenzel. Dieser Wenzel war der älteste Sohn Kaiser Karls IV. aus dem Hause Luxemburg. 1361 in Nürnberg geboren, hatte Wenzel nach erster kinderloser Ehe mit Johanna von Bayern-Straubing im Jahre 1389 die Schwester Herzog Ernsts geheiratet, die ihm ebenfalls keine Nachkommen schenkte. Mit drei Jahren bereits König von Böhmen, hatte ihm sein Vater noch zu Lebzeiten die deutsche Königskrone gesichert. Als Karl IV. 1378 starb, übernahm Wenzel aber ein trügerisches Erbe. Neben der römisch-deutschen Königswürde erbte er zwar Böhmen und Schlesien, aber der Rest des großen luxemburgischen Hausbesitzes fiel fünf weiteren Brüdern und anderen Verwandten zu. Wenzel galt bei seinen Zeitgenossen als hübsch, gebildet, kunstsinnig, doch fehlte es ihm an Ehrgeiz, Zähigkeit und Tatkraft. Er bevorzugte mehr die schönen Seiten des Lebens, wich Schwierigkeiten oft durch die Flucht in den Alkohol aus und erschien deshalb als wankelmütig und labil. »Wenzel der Faule« wurde er später genannt, etwas klischeehaft und übertrieben, doch nicht ohne eigene Schuld. In seinem Königreich Böhmen konnte sich Wenzel IV. nur auf den unmittelbaren Kronbesitz stützen, auf die königlichen Städte und Burgen. Der Hochadel des Landes dagegen kochte sein eigenes Süppchen, und Wenzels Verwandtschaft machte dem König das Leben schwer. Am 15. März 1400 wurde Sophie zur Königin von Böhmen gekrönt – in Abwesenheit ihres Herrn Gemahl. Dieser zog es vor fernzubleiben, vielleicht aus Angst vor einem Attentat oder aus Abneigung gegen seinen jüngeren Bruder Sigmund und seinen Vetter Jobst von Mähren, die an der Feier teilnahmen.

Fünf Monate später ereilte Wenzel ein bemerkenswertes Schicksal: Am 20. August 1400 enthoben ihn Kurfürst Ruprecht von der Pfalz und die geistlichen Kurfürsten von Mainz, Köln und Trier seiner deutschen Königswürde. Ruprecht wurde zum neuen Herrscher des Reiches gewählt. Ein bezeichnender Vorgang für die Krise des römisch-deutschen Reiches, kein Augenblick der Größe des König- und Kaisertums, der Machtentfaltung nach innen und außen; kein Beweis auch für den »Gottesstaat auf Erden«, der sich noch glaubwürdig auf eine jenseitige Instanz berufen konnte. Doch das alte »Weltkaisertum« war ohnehin nur noch Fiktion. Der römische Kaisertitel war im Spätmittelalter immer mehr zu einem bloßen Attribut der deutschen Königswürde geworden. Im Jahre 1313 hatte Papst Clemens V. in seiner Bulle »Pastoralis cura« verkündet, ein König könne gegen den Kaiser keinen Hochverrat begehen, weil er nicht seiner Hoheit unterstehe. Er setzte damit den Schlußpunkt unter die Forderung, daß ein König in seinem Reich der alleinige Herrscher sei, unter eine Forderung, die schon zuvor in Frankreich und England verwirklicht worden war. Im deutschen Reich entwickelte sich seit dem Jahre 1231, seit dem Fürstengesetz Kaiser Friedrichs II., eine lange Reihe von Privilegien, die den Landesherren maßgebliche Aufgaben des Königtums übertrugen. Nicht nur der König nannte sich »von Gottes Gnaden«, sondern auch diese mächtigen Territorialfürsten. Die hochmittelalterliche Vorstellung, daß König und Adel gemeinsam das Reich bilden, führte zunehmend zu einem »Herrschaftsvertrag« zwischen Reichsoberhaupt und Reichsfürsten. Konnte sich der König und Kaiser nicht auf eine ausreichende Hausmacht stützen, auf eigene, finanziell, politisch und militärisch starke Territorien, so stieg die Macht der Landesfürsten bis zur Bedrohung des königlichen Throns.

Die Gründe für Wenzels Scheitern liegen daher nicht nur in dessen persönlicher Unfähigkeit, sondern außerdem an den Verfassungsstrukturen seines Reichs und den Umständen unruhiger Zeiten. Gerade im 14. Jahrhundert bahnten sich tiefgreifende Veränderungen an: Umschichtungen in Wirtschaft und Gesellschaft; Strukturwandel in der Landwirtschaft, in Handel und Hochfinanz; außen- und innenpolitische Spannungen, begleitet von Pestjahren und weltanschaulichen Konflikten. Zwischen 1370 und 1380 trat eine »Generation der Großen« ab: die Könige Kasimir von Polen, Waldemar von Dänemark, Edward III. von England und Kaiser Karl IV., 1380 und 1382 noch die Könige Karl V. von Frankreich und Ludwig von Ungarn. Als Wenzel den Thron seines Vaters bestieg, bot ihm das Reich keine Stütze gegen den aufmüpfigen böhmischen Adel, andererseits fehlte ihm die böhmische Hausmacht, die notwendig für sein deutsches Königtum gewesen wäre. Bei Habsburgern und Wittelsbachern erwachten alte Rivalitäten gegen den Luxemburger, in der Familie selbst beneideten und stritten sich die engsten Verwandten. Institutionell und dynastisch gefährdet, ungeschickt regierend und seinen Kritikern in die Hände spielend, lief Wenzel in die Fänge des »Herrschaftsvertrages«. Das Verhältnis zwischen König und Volk, zwischen Herrscher und Fürsten beruhte auf einem Treueverhältnis. Verletzte der König seine Pflichten, konnte der Adel sein Widerstandsrecht wahrnehmen, das in den Grundzügen des mittelalterlichen Verfassungs- und Staatsdenkens wurzelte.

Wenzel sah sich seit 1384 einer wachsenden Oppositionsriege unter den Fürsten gegenüber, geführt vom wittelsbachischen Pfalzgrafen bei Rhein und dem Erzbischof von Mainz. Seit einer Begegnung im September 1399 waren die rheinischen Kurfürsten entschlossen, Wenzel zu stürzen. Als der König zu einem Treffen in Oberlahnstein nicht erschien, setzten sie nach zehntägiger Beratung ihren Plan in die Tat um. Im Richtspruch erhob Kurfürst Johann, Erzbischof von Mainz und Erzkanzler des Reiches, Anklage gegen den »durchlauchtigen Fürsten Herrn Wenzeslaus Römischen König und König zu Böhmen, den wir selbst, unsere Freunde und Briefe schon seit langem nachdrücklich und ernsthaft ermahnt und ersucht haben und ihm auch nichtöffentlich und öffentlich vor Augen geführt haben seine unziemlichen und erschreckenden Lebensweisen und Handlungen gegenüber dem heiligen Reich, und auch jene Übel, Irrungen und Mißetaten in der heiligen Kirche und Christenheit, und jene schweren Entgleisungen und Minderungen des Reiches, die er schädlich und gegen die Würde seines Amtes getan und verursacht hat ...«

Ein erster gewichtiger Anklagepunkt warf Wenzel vor, »daß er der heiligen Kirche nie zu Frieden geholfen hat, was der Christenheit eine große Notdurft gewesen und noch wäre«.

Ein weiterer Vorwurf bezog sich auf Wenzels Politik gegenüber Mailand, »das zum heiligen Reich gehörte und wovon das Reich großen Nutzen und Einkünfte hatte, darin der von Mailand ein Diener und Amtmann des heiligen Reiches war, den er nun zum Herzog und in Pavia zum Grafen gemacht hatte. Und er nahm dafür gegen Amtswürde und Schimpflichkeit Geld«.

Der Anklagepunkt der Verschleuderung von Reichsgut wurde verallgemeinert: »Er hat auch viele Städte und Länder in Deutschland und Italien, die zum Reich gehören, und von denen ein Teil verlorenging, aufgegeben und nicht darauf geachtet noch für das Reich erhalten.«

Ferner hatte der »unnütze König« oft seinen Freunden, gegen entsprechende Bezahlung, unbeschriebene Urkundenbögen mit seinem Siegel überlassen. Die Empfänger konnten dann »under dem königlichen sigel schreiben, waz sy wolden« – eine Praxis, die Ansehen und Besitz des Reiches nicht gerade förderte. Wenzels Richter brachten außerdem vor, er habe nicht auf die Mißstände und Kriege geachtet, »die leider manche Zeit in Deutschland und anderen Teilen des Heiligen Reiches schwer und verderblich waren und noch andauern. Deshalb entstanden Raub, Brand und Mord, die noch täglich schädlicher würden«. Es habe auch »jedermann seinen Mutwillen gegen Sitte und Recht mit dem anderen getrieben, ohne Sorge und Achtung gegenüber dem Reich«.

Schließlich wurde in Oberlahnstein noch mit einer berüchtigten Bluttat Wenzels abgerechnet. Erschreckend und unmenschlich sei es gewesen, daß er »mit seiner eigenen Hand und auch mit Hilfe anderer Übeltäter, die er bei sich hatte, ehrwürdige und angesehene Prälaten, Priester und Geistliche und auch viele andere ehrbare Leute ermordet, ertränkt, mit Fackeln verbrannt und sie widerrechtlich auf unmenschliche Weise getötet habe«.

Gemeint war vor allem die Hinrichtung des heiligen Johannes von Nepomuk. 1340 in Nepomuk/Südböhmen geboren, bekleidete dieser seit 1389 das Amt des Generalvikars am Hof des Prager Erzbischofs Johann von Jenzenstein. Daß Wenzel ihm nach dem Leben getrachtet habe, weil er das Beichtgeheimnis der Königin nicht preisgeben wollte, war ein Gerücht, das erst vierzig Jahre nach dem Tod des Johannes auftauchte und die Grundlage für die Legende bildete. Tatsächlich fiel der aufrechte Mann aus Nepomuk kirchenpolitischen Spannungen zwischen Wenzel und dem Prager Domkapitel zum Opfer. Weil Johannes die bischöfliche Position unnachgiebig vertrat, ließ ihn der König gefangennehmen, grausam foltern und am 20. März 1393 umbringen.

»Der heiligen Kirche zu Hilfe, der Christenheit zum Trost und dem Heiligen Reich zu Ehr und Nutzen« stürzte Wenzel als ein »Säumiger, Verlustbringender und Unwürdiger« vom Thron. Kurfürst Ruprecht von der Pfalz aus dem rheinischen Zweig des Hauses Wittelsbach nahm als Gegenkönig die Reichsrechte in Anspruch.

Der Abgesetzte schwor zwar blutige Rache, aber Zorn und Wut nützten nichts. Ihm fehlte der Rückhalt in Haus und Reich. Selbst Ruprechts gescheiterter Zug nach Rom, seine Umkehr in Italien im Frühjahr 1402 und sein eher schwaches Königtum brachten Wenzel die Reichskrone nicht zurück. Dafür rückte sein Halbbruder Sigmund in den Vordergrund.

Sigmund, 1368 geboren, entstammte der dritten Ehe Kaiser Karls IV. Bei der Teilung der Erbschaft erhielt er die Mark Brandenburg. Durch Verlobung und Hochzeit mit der Tochter König Ludwigs von Ungarn schien die Anwartschaft auf die Kronen von Ungarn und Polen in Sicht und damit ein Großreich des Hauses Luxemburg in Ostmitteleuropa, fast von der Nordsee bis zur Adria. Nach dem Tod des Schwiegervaters stießen allerdings Sigmunds Ansprüche auf Widerstand. Nur mit Waffengewalt konnte er sich in Ungarn durchsetzen, auf Polen mußte er zugunsten seiner Schwägerin Hedwig verzichten, auf Brandenburg zugunsten seines Cousins Jobst von Mähren.

1387 bestieg Sigmund in Stuhlweißenburg den Ungarnthron und sah sich damit einem drängenden Problem gegenüber nicht nur seines Landes, sondern ganz Europas: den Türken. Diese umklammerten Konstantinopel und drangen seit 1354 in Europa vor. Sigmund verbündete sich mit dem oströmischen Kaiser Manuel gegen Sultan Bajasid. Der Papst rief zum Kreuzzug. Ritter und Fürsten aus Deutschland, Frankreich, Burgund und England brachen gegen die Heiden auf. Noch einmal schien hochmittelalterliche Kreuzzugstimmung Europa zu ergreifen. Doch der Schein trog. Neben Idealismus zeigten sich viel Desinteresse und Egoismus in den adeligen Führungsgruppen des christlichen Abendlandes. Den meisten Landesherren stand das eigene Territorium näher als der ferne Balkan, und Herzog Albrecht von Bayern-Straubing, Graf von Holland, Seeland und Hennegau lieferte dafür ein beredtes Beispiel. Als sein Sohn Wilhelm mit Kreuzfahrern aus Burgund und Frankreich aus den holländischen Gefilden wider die Osmanen ziehen wollte, bekam er vom Vater zu hören: »Wilhelm, da du willens bist, auf Fahrt zu gehen und dich nach Ungarn und ins Türkenland zu begeben und Kampf zu suchen mit Leuten und Ländern, die uns nie etwas zu Leide taten, und du keinen vernünftigen Grund hast, dorthin zu gehen, außer dem eitlen Ruhm in dieser Welt – so laß Johann von Burgund und unsere Vettern von Frankreich ihre Unternehmungen ausführen, und führe die deinige für dich aus, und geh nach Friesland und erobere unser Erbe.«

Trotz solcher Einstellungen scharte sich ein stattliches Heer um Sigmund, der bei Nikopolis an der bulgarischen Donau auf dem Amselfeld im Jahre 1396 die Schlacht suchte – und verlor. Für die christlichen Balkanländer schien das Ende gekommen. Da kam wunderbare Hilfe aus den Weiten des Ostens. Timur, Herr von Samarkand, überfiel die Türken und besiegte sie 1402 bei Ankara. Der osmanische Expansionsdrang wurde gebremst und noch einmal von Europa abgelenkt.

Sigmund nahm sich jetzt Wenzel vor, indem er in gar nicht brüderlicher Art einen Staatsstreich gegen ihn inszenierte, ihn gefangen nahm und einen Bürgerkrieg in Böhmen entfesselte. 1405 war sich Wenzel seiner böhmischen Krone wieder sicher – um den Preis innenpolitischer Nachgiebigkeit. Fortan regierte er sein Stammland gemeinsam mit dem Hochadel und unter Aufgabe der wichtigsten Funktionen des Königtums.

Fünf Jahre später griff Sigmund nach der deutschen Reichskrone. Nach dem Tod Ruprechts standen sich drei Rivalen aus einer Dynastie gegenüber: der abgesetzte, chancenlose Wenzel, Sigmund und Vetter Jobst von Mähren. Die Mehrheit der Kurfürsten entschied sich für Jobst, die Minderheit für Sigmund. Gegen Reichsgesetz ließen sich beide Kandidaten als Herrscher huldigen. Da starb Jobst bereits 1411, Sigmund versöhnte sich mit Wenzel und wurde allgemein als römisch-deutscher König anerkannt.

Bayerische Wirren

Innen- und außenpolitische Wirren, Kirchenspaltung, Verfall von Moral und Recht, Machtkämpfe um den Königsthron: Das deutsche Reich steckte um 1400 in einer tiefen Krise. Wenzels Absetzung spiegelte die Unruhe der Zeit wider. Auch in den Reichsfürstentümern gärte es, waren Streit und Hader an der Tagesordnung. Haus und Land Bayern boten dafür ein beredtes Beispiel. Unter Ludwig dem Bayern (1314–1347), Herzog von Bayern, Deutscher König, Römischer Kaiser, hatte das Haus Wittelsbach den Höhepunkt seiner mittelalterlichen Geschichte erreicht. Bayern besaß europäische Geltung.

Ludwig verfolgte verschiedene Herrschaftsziele. Er war zum einen noch ein traditionell-universalistischer Monarch, der nach der Erneuerung des staufischen Kaisertums strebte, nach der Oberhoheit über den Papst und die Reichsfürsten. Daneben zeigte seine Regierungszeit Ansätze zur Formung eines speziell deutschen Staates auf der Grundlage einer neuen Staatstheorie. Schließlich betrieb Ludwig Hausmachtpolitik zur Sicherung des Kaisertums für seine Dynastie. Durch fürstliches Hausrecht legitimiert, vereinigte er das seit 1255 abgetrennte Niederbayern mit seinem oberbayerischen Herzogtum. Durch kaiserliches Lehensrecht erwarb er nach dem Aussterben der Askanier die Mark Brandenburg und die Kurwürde, das Recht der Königswahl. Durch Heiratspolitik dehnte er den wittelsbachischen Hausbesitz auf Kärnten und Tirol aus und auf die Grafschaften Holland, Seeland, Hennegau und Friesland. Trotzdem mißlang die Erhaltung der Kaiserwürde für das Haus Wittelsbach. Bereits 1346 wählten die Kurfürsten Karl IV. zum deutschen König. Ludwig hinterließ bei seinem Tod 1347 sechs Söhne, die gemeinschaftlich regieren sollten, dies aber nicht taten. Damit begann eine Zeit der Teilung Bayerns, die bis 1505 währte.

Bereits 1349 trennten die Kaisersöhne den Hausbesitz in Oberbayern-Tirol, Niederbayern und Brandenburg, 1353 spaltete sich das Herzogtum Straubing-Holland ab. Bald gingen Tirol und Brandenburg verloren. In der großen Landesteilung vom 19. November 1392 entstanden die selbständigen Herzogtümer Oberbayern-Ingolstadt unter Stephan III. und Oberbayern-München unter Johann II. Während Johann durch Losentscheid ein relativ geschlossenes Territorium mit der Hauptstadt München und Besitzungen in der Oberpfalz zufielen, mußte sich sein älterer Bruder Stephan mit einem Streugebiet an der Donau, in der nördlichen Oberpfalz und im Alpenvorland zufriedengeben. Weiterer Streit war damit programmiert. Zwar herrschte nach wie vor die Idee von der Einheit des »Hauses und Landes Bayern«, in der Praxis herrschten aber Hader und Zwietracht – auf Kosten des Hauses, des Landes und der Untertanen.

Als Herzog Friedrich von Niederbayern-Landshut am 4. Dezember 1393 starb, entzündete sich zwischen Johann und Stephan ein gefährlicher Zwist um die Frage der Vormundschaft über den siebenjährigen Heinrich von Landshut. Stephan suchte Rückhalt bei König Wenzel, Johann bei der königsfeindlichen Bewegung und bei Giangaleazzo Visconti, dem Gegner Stephans. Die Familienallianz mit Mailand wurde 1396 durch die schon erwähnte Heirat Herzog Ernsts mit Elisabeth Visconti gefestigt. Reichspolitik und Familienpolitik durchdrangen sich. Noch einmal schien sich friedlicher Ausgleich anzubahnen, als sich die oberbayerischen Brüder im Februar 1394 auf gemeinsame Vormundschaft über Heinrich einigten und im Mai strittige Fragen der Landesteilung klärten. Doch der Schein trog. Am Weihnachtsabend 1394 entbrannte der erste bayerische Hauskrieg zwischen Oberbayern-München und Oberbayern-Ingolstadt. Sechs Wochen lang wurde mit Waffen gestritten, besonders das Land zwischen Freising und Ingolstadt verheert, dann lange verhandelt. Die Söhne lernten auf diese Weise das Geschäft ihrer Väter kennen, Ludwig von Ingolstadt auf der einen, Ernst und Wilhelm von München auf der anderen Seite. Im Herbst 1395 bahnte sich eine Lösung an, Johann und Stephan einigten sich mit Zustimmung ihrer Nachkommen auf eine erneute gemeinschaftliche Regierung in Oberbayern. Auch die Söhne rückten näher zusammen. Sie schlossen am 30. März 1397 ein Bündnis auf zehn Jahre und gelobten einander gegenseitige Hilfeleistung sogar für den Fall, daß einer von ihnen von Johann oder Stephan unväterlich behandelt werden sollte. Die innere Einheit schien über den Tag hinaus gesichert.

Da verschied Johann II. am 16. Juni 1397. Herzog Stephans Ehrgeiz führte schnell zu neuem Familienkrach, weil er als ältester Fürst in Oberbayern seinen Neffen Ernst und Wilhelm das Recht der Mitherrschaft absprach. Sohn Ludwig stand – gegen sein Bündnisversprechen – auf der Seite des Vaters. Im Frühjahr 1398 rüsteten Ernst und Wilhelm zum Krieg. Zum Glück für Land und Volk unterwarfen sich die feindlichen Verwandten jedoch einem Schiedsspruch des Pfalzgrafen Ruprecht und des Grafen Eberhard von Württemberg. Die Schiedsrichter bestätigten Ernst und Wilhelm als gleichberechtigte Erben Johanns II. und Mitregenten in Oberbayern. Die Fürsten gelobten den Spruch ewig zu respektieren. »Ewig« war in diesem Fall freilich gleichbedeutend mit wenigen Wochen. Oder wie der Münchner Chronist und Bürgermeister Kazmair bei ähnlichem Anlaß kommentierte: »Was heute gut war, war morgen nichts.«

Erst im Herbst 1402 fiel die endgültige Entscheidung. Ein Rechtstag in Freising beendete die zehnjährige Übergangszeit, in der die Ingolstädter Herzöge versucht hatten, die staatliche Einheit Oberbayerns unter ihrer Führung beizubehalten. Oberbayern kehrte zur Teilung von 1392 zurück. Seit Januar 1403 existierten die selbständigen Herzogtümer Bayern-München und Bayern-Ingolstadt. Der Kampf um Oberbayern aber war überschattet von einem Kampf um München, der die einstige Kaiserstadt Ludwigs des Bayern an den Rand des politischen und wirtschaftlichen Ruins führte.

Die Entwicklung des europäischen und deutschen Städtewesens im 14. Jahrhundert war gekennzeichnet von einem Ringen um Stadtverfassung und Machtverteilung innerhalb der Gemeinden. In den größeren Städten wurden die Auseinandersetzungen um die kommunale Ordnung weitgehend abgeschlossen. Komplizierte Rechtssatzungen regelten die Beziehungen zwischen Landesherren und Städten, zwischen den Ratskollegien und der Bürgerschaft. Problematisch blieb dabei oft die Zuweisung von Macht und Einfluß auf das Stadtregiment innerhalb der städtischen Gesellschaft.

In München hatten die Wittelsbacher zu Beginn des 13. Jahrhunderts einen zwölfköpfigen Rat als Selbstverwaltungsorgan einberufen, als gesetzgebende und rechtsprechende Behörde für innerstädtische Angelegenheiten. Den »Zwölfern« gehörten nur Mitglieder aus dem Patriziat an, aus ritterbürtigen Geschlechtern oder dem reichen Kaufmannsstand. Rund hundert Jahre später trat neben dieses Gremium, fortan »innerer Rat« genannt, ein zweites Kollegium als beratendes und überwachendes Organ. In diesem »äußeren Rat«, 1318 erstmals erwähnt, saßen 24 Patrizier, Händler und Handwerker. Dazu existierte der »große Rat« als Vertretung der Gesamtgemeinde. Seine Mitgliederzahl wechselte. 1318 waren es 36 Bürger, 1365 etwa 140; im Jahre 1397 trat er als »der große geschworene Rat der Dreihundert« in das politische Rampenlicht. Zu den drei Ratsorganen kam die »Gemein«, die »universitas civium«, die Gesamtheit der Steuer-, Wehr- und Wachtgeldpflichtigen. Die »Gemein« verkörperte die eigentliche Bürgerschaft, die politisch und rechtlich Gleichen, wenn auch sozial Ungleichen, »Reich und Arm«. Bei ihr lag in letzter Zuständigkeit die Sorge für die Stadt – zumindest auf dem Papier. Die Bürger wurden in den wichtigsten Angelegenheiten auf das Rathaus gerufen, um den Anträgen und Vorschlägen des vom Patriziat beherrschten Rats zuzustimmen.

Die Stadtverfassung war kein theoretisch-abstraktes Gebilde. Sie entwickelte sich aus der Dynamik der städtischen Gesellschaft, aus eruptiven Äußerungen des Volkszorns und aus gezieltem Kampf um Teilhabe an der Macht. Unwillen und Empörung konnten sich gegen den Landesherrn wie gegen die städtischen Führungsschichten wenden.

Während diese innerstädtischen Bewegungen der ersten Hälfte des 14. Jahrhunderts von einem plötzlichen, explosionsartigen Auflodern der Volkswut gekennzeichnet waren, brachen in den letzten Jahrzehnten tiefe und strukturverändernde Konflikte aus. Der Verlust an Macht und Ansehen des Hauses Wittelsbach nach dem Tod Kaiser Ludwigs, überstürzte Verwaltungsreformen und wirtschaftliche Rückschläge schürten Mißstimmung und Unzufriedenheit in der Bürgerschaft. Die Schuldigen wurden in den eigenen Reihen gesucht. 1368 herrschte in Augsburg eine Revolution der Zünfte, der Handwerkerverbände. Zwischen Ostern und Sonnwend 1377 entstanden auch in München ernste Unruhen, verursacht durch den Gegensatz zwischen den Gewerbetreibenden und den ratsfähigen Kaufmannsgeschlechtern. Die Losung hieß: stärkere Beteiligung des gemeinen Mannes am Stadtregiment. Ein Friedensausschuß erhöhte die Zahl der Mitglieder im inneren und äußeren Rat zugunsten des bürgerlichen Mittelstandes. Das Patriziat ließ sich zu gewichtigen Zugeständnissen bewegen, behauptete aber seine Vormachtstellung im Rat. Die wieder einkehrende Ruhe war deshalb trügerisch.

Die nächste Revolte richtete sich allerdings nicht gegen die vornehmen Geschlechter, sondern gegen die Landesherrn. 1384 verbanden sich die Stadträte und viele Bürger zu einer Schwurbruderschaft gegen die Herzöge Stephan und Friedrich, mit stillem Einvernehmen Herzog Johanns. Die Münchner wollten Mann für Mann gegen jeden stehen, der es wagte, wider ihre Freiheitsbriefe anzugehen. Anlaß für die verschwörerische Vereinigung bildete die fürstliche Steuerpolitik. Die jährliche Vermögenssteuer betrug normalerweise drei bis fünf Prozent. Im Jahre 1383 hatten die verschuldeten Herzöge eine neue Viehsteuer durchgesetzt und zehntausend Goldgulden »Hilfe« zur Einlösung der an Württemberg verpfändeten Städte Lauingen, Gundelfingen und Höchstätt. 1385 stand eine neue Notabgabe ins Haus. Außerdem sollte die Münchner Bürgerschaft vier Jahre lang eine Verbrauchssteuer auf Wein und andere Waren entrichten. Der Zorn des am meisten betroffenen Mittelstandes und Kleinbürgertums entlud sich in offener Empörung. Das Volk beschuldigte den reichen Tuchhändler und Ratsherrn Johann Impler der Kollaboration mit den Landesherrn. Sein Kopf rollte auf dem Marktplatz in den Sand.

Die Herzöge schlugen zurück, schickten der aufrührerischen Stadt die Kampfansage und rückten mit Hilfe anderer Fürsten vor ihre Mauern. München ergab sich. Hundert der vornehmsten Bürger pilgerten unbewaffnet nach Dachau und baten die Sieger kniefällig um Verzeihung. Beim Anritt der Herzöge auf München zog diesen die gesamte männliche Bevölkerung bis vor das Neuhausertor entgegen, flehte auf den Knien um Gnade und lieferte die Schlüssel zu allen Stadttoren aus. Dennoch brach ein Strafgericht über München herein: sechstausend Gulden als Sühnegeld für die Landesfürsten, zweitausend Gulden an deren Räte, Verzicht auf eine herzogliche Schuldverschreibung über jährlich zweitausend Gulden Zins aus seinem Zoll. Ferner mußten Stadtrat und Gemein dem Bau einer neuen Stadtburg zustimmen. Die »Neue Veste« erhielt ein eigenes Tor – zur Abschirmung des herzoglichen Stadtherrn gegen die Bürgerschaft.

Der schwere Konflikt war zwar beigelegt, in der Stadt gärte es dennoch weiter. Mit den Strafgeldern waren die außerordentlichen Leistungen an die fürstlichen Herrschaften längst nicht erledigt. Deren Schulden stiegen unentwegt. Vor allem Stephan III., vom Volk wegen seiner Prunkliebe »der Kneißel« genannt, übte sich in aufwendiger Hofhaltung. 1390 unternahm er einen kostspieligen Kriegszug gegen Giangaleazzo Visconti und verschleuderte in Padua mit schönen Frauen Hab und Gut. Er mußte sogar der Tochter eines Münchner Goldschmieds sein Silbergeschirr für 426 ungarische und böhmische Gulden verpfänden. Dem Hofbäcker Simon schuldeten er und sein Bruder Johann für Brotlieferungen laut einer Rechnung vom Juli 1391 die stattliche Summe von 1301 ungarischen Gulden.

Johann II. stand bei zahlreichen Handwerkern in der Kreide, selbst für kleinste Beträge wanderten Silbergegenstände aus dem herzoglichen Hof in die Pfandleihe. Die Schuldbücher und Rechnungen der Münchner Herzöge aus den Jahren 1393 bis 1402 demonstrierten eine stete Geldnot. Johanns Finanzverwalter, der Patrizier Rudolf, ließ denn auch auf seinen Abrechnungen den Unwillen über die herzoglichen Ausgaben für galante Abenteuer und eine Schar außerehelicher Kinder deutlich erkennen. Am 24. Juli 1393 beliefen sich die Schulden Johanns auf 88 968 Goldgulden, 1394 war sein Kredit alleine bei Rudolf auf 10 276 Goldstücke angewachsen. Die Stadtkassen waren nicht weniger leer. 1393 konnte der Rat nicht einmal das traditionelle Essen für den scheidenden Kämmerer aus dem Stadtsäckel begleichen. Die Bürger sahen den Grund für die Finanzmisere in den herzoglichen Hofhaltungen und dem Teilungsstreit. Zwar hielten sie noch zu Johann und seinen Söhnen, kämpften noch mit einem Aufgebot an deren Seite im Bruderkrieg des Winters 1394/95. Als sich aber Johann trotz häufiger Zahlungsunfähigkeit immer feindseliger gegen seine Münchner Bürgerschaft verhielt, verscherzte er sich zunehmend deren Sympathie.

Zusätzlich Nahrung erhielt die sinkende Volksstimmung durch eine rapide Münzverschlechterung 1395/96. Die in Amberg geprägte Landeswährung galt als »böse Pfennige oder ringe Münz«. Am schwersten getroffen waren die Handwerker, während sich die reichen Kaufleute ihre Waren mit stabilen Goldgulden bezahlen ließen. Zu allem Überfluß zogen Fürsten und Adel noch die Steuerschraube an. 1395 beschlossen die Landstände eine fünfprozentige Vermögensabgabe zum Abbau der herzoglichen Schulden, obwohl sie erkannten, daß die Notsteuer für die Zahlungspflichtigen »mer dan ir vermögen gewesen ist«. Der Mißmut in breiten Schichten der Münchner Bevölkerung wurde aber noch weiter geschürt. 1396 verkündeten Johann und Stephan eine Getränkesteuer, entgegen dem Versprechen im Teilbrief von 1392, keine neuen Abgaben einzuführen. Im selben Jahr sollten sogar die Vermögenslosen, die Habenichtse, die von der Hand in den Mund lebten, einen Obolus entrichten. Selbst unverschuldet in Not Geratene mußten bei Steuersäumnis mit Bestrafung rechnen. München wurde zur höchstbesteuerten Stadt des deutschen Südens. Der Gegensatz zwischen arm und reich trat immer schärfer und provozierender hervor. Die politischen Spannungen zwischen den Handwerkszünften und dem in sich uneinigen Patriziat wuchsen. Die Protzsucht wohlhabender Kaufleute steigerte die Erregung. Besitzlose Handwerker und Lohnarbeiter stellten sich auf die Seite der Kritiker des Geschlechterregiments. Soziale Unzufriedenheit paarte sich mit politischer. Man warf den Patriziern Egoismus, Mißwirtschaft und eine zu nachgiebige Haltung gegenüber den Fürsten vor. Und als im Sommer 1396 die Pest Tod, Angst und Teuerung über die Stadt brachte, machten viele die reichen Mitbürger für dieses Strafgericht Gottes verantwortlich.

Ein Kampf um München

Der erneute Hausstreit der Wittelsbacher nach dem Tod Johanns brach schließlich die kaum mehr vorhandene Einheit der Bürgerschaft auseinander. Während sich die Patrizier mehrheitlich zu Ernst und Wilhelm bekannten, ergriff die große Masse der Handwerker für Stephan und Ludwig Partei. Der Krieg der Dynasten wurde zum innerstädtischen Bürgerkrieg.

Noch zwei Tage vor seinem Tod hatte Herzog Johann II. von Landshut aus am 14. Juni 1397 seine beiden Söhne der Treue der Münchner Bürgerschaft anempfohlen. Tatsächlich wandte sich München noch nicht von Ernst und Wilhelm ab, wie ein Teil des Adels unter Führung des Jörg von Waldeck, der Herzog Stephan feierlich versprach, nur ihm allein zu huldigen und nicht den Erben Johanns. Ernst beschuldigte den Waldecker des Treubruchs und verließ München schon im Juli, um zum Kriegszug gegen den Ritter und seinen Anhang zu rüsten. Stephan nutzte die Abwesenheit seines Neffen und forderte von München die Auslieferung seiner Widersacher, namentlich sechs der angesehensten Großbürger. Rat und Gemein wiesen sein Ansinnen zurück und pochten auf die städtische Rechtshoheit, nach der sie ihre Gefangenen selbst verwahren, verhören und richten konnten. Allerdings verhafteten die Stadtknechte mehrere Patrizier. Als wiederholte Verhöre ihre Unschuld an den Tag legten, als sich keine Anzeichen eines Komplotts gegen Herzog Stephan erkennen ließen, wurden sie freigelassen.

Währenddessen sammelte Herzog Ernst bei Aubing fünfhundert Reiter gegen Jörg von Waldeck. Seiner Streitmacht gehörten auch angeworbene Ritter aus Schwaben und

Franken an. Herzog Ludwig versuchte dies propagandistisch auszunützen und begehrte von München Kriegshilfe, »die Fremden aus dem Lande zu schlagen«. Die Stadt verhielt sich neutral und verhinderte damit eine blutige Auseinandersetzung zwischen den Fürsten. In den nächsten Monaten verschärften sich jedoch die innerstädtischen Gegensätze. Von den verfeindeten Herzögen umworben, vertieften sich die Gräben zwischen der patrizischen und der kleinbürgerlich-demokratischen Partei, bis sich im Frühjahr 1398 radikale und revolutionäre Umwälzungen anbahnten.

Am Nachmittag des 14. April 1398 inszenierte Ulrich Tichtl, Führer der Herzog Stephan ergebenen Handwerkerpartei, einen Volksauflauf. Die Gemeinde versammelte sich auf dem Rathaus, lang angestauter Mißmut über das patrizische Stadtregiment machte sich Luft, der Schrei eines Schwertfegers wurde zur bedrohlichen Parole: »Wir sollten die Bösewichter alle nehmen und ihnen die Köpfe abschlagen.«

Der große Rat der Dreihundert forderte von Kämmerer und innerem Rat Rechenschaft über die letzten sechs Haushaltsjahre – ein ungerechtfertigtes Verlangen, denn die jährliche Prüfung war beizeiten erfolgt. Aber der Verdacht der Verschleuderung städtischer Steuermittel, der Korruption und Mißwirtschaft beherrschte die erregte Menge. Der Rat beugte sich dem Druck und stimmte einem Untersuchungsausschuß aus sechzig Vertretern der Gemeinde zu. Tagelanges Durchforsten und Überprüfen der Rechnungs- und Haushaltsbücher bestätigte freilich nur eine tadelfreie Finanzverwaltung – ein enttäuschendes Ergebnis für die Gegner des Rats.

Der Wunsch des Ausschusses nach einer Ruhepause am Samstagnachmittag des 20. April bot deshalb einen höchst fadenscheinigen, doch ausreichenden Anlaß zum offenen Bruch mit der bisherigen Stadtregierung. Die Umsturzpartei rief zur Volksbewaffnung auf. Handwerker und Lohnarbeiter folgten gerne dem Appell, ging es doch gegen jene Vornehmen, die oft mit Arroganz und protzigem Gehabe auf sie herabgeschaut hatten und die glaubten, sie hätten das Stadtregiment für sich gepachtet. Die revoltierende Bevölkerung erzwang die Auslieferung der Stadtfahnen, der Sturmglocke und der Torschlüssel. Die Stadthauptleute wurden neu bestellt. Kleinbürgertum und Zünfte rissen die militärische Macht in der Stadt an sich. Die ersten Patrizier flohen, unter ihnen Hans Rudolf und Bartolme Schrenk, ihre Güter wurden beschlagnahmt. Ende April sahen sich die bisherigen Finanzbeamten vor die Wahl gestellt: Gefangennahme und Prozeß oder Zahlung einer hohen Geldbuße. Der Umbruch der innerstädtischen Ordnung schritt weiter voran.

Am 1. Juni 1398 wählte die Gemeinde einen neuen Rat. Drei Wochen später traten die neuen Kämmerer ihr Amt an. Es waren Jörg Kazmair, ein integrer und hochgeschätzter Patrizier, und zwei Führungsmänner der revolutionären Bewegung, der vermögende Andreas Tichtl und der reiche Hans Impler. Nun gossen die Herzöge Ernst und Wilhelm neues Öl in das scheinbar abschwelende Feuer. Nach der Bestätigung ihrer landesherrlichen Position, ihrer Gleichstellung mit Stephan und Ludwig von Ingolstadt, wollten sie die städtischen Freiheitsbriefe Münchens nur bis zum Tod ihres Vaters anerkennen, nicht aber bis zum Tag ihres Regierungsantritts. Mißtrauen und Vorsicht gegenüber der frisch einberufenen, aus einer Revolte entsprungenen Stadtregierung mag sie zu diesem undiplomatischen Schritt veranlaßt haben.

Münchens Bürgerschaft fühlte sich beleidigt und in ihren Rechten bedroht, verweigerte den Treueid und richtete sich auf einen harten Konflikt mit den jungen Herzögen ein. Der Rat ließ im August die Häuser um die »Alte Feste«, die Residenz Ernsts und Wilhelms, als Vorbereitung für einen eventuellen Angriff niederreißen. Die Fürsten erklärten am 29. August ihrer Hauptstadt den Krieg, überfielen mit vierhundert Berittenen einen Münchner Kauffahrerzug, der unter dem Schutz von siebzig Ingolstädter Reisigen vom Landshuter Bartholomäus-Markt zurückkehrte, und führten sechs Münchner gefangen nach Dachau.

Ludwig von Ingolstadt erkannte die Gunst der Stunde. Am 10. September schloß er ein Bündnis mit München und sagte seinen Vettern den Kampf an. Ein Stadtaufgebot besetzte die Alte Veste. Jörg Kazmair, Gegner der Empörung und stiller Anhänger Ernsts und Wilhelms, emigrierte. Viele Gleichgesinnte folgten ihm. Ihr Vermögen wurde beschlagnahmt, ihr Hausrat verschleudert. Die Angehörigen und Diener der Geflohenen traf das grausame Schicksal der Enteignung, Einkerkerung oder Verbannung. Jetzt übernahmen die Handwerksmeister der Zünfte in vollem Umfang die Herrschaft über die Stadt.

Aber auch die neuen Machthaber konnten die wachsenden wirtschaftlichen Probleme nicht bereinigen. Schulden wurden durch neue Schuldverschreibungen abgedeckt. Schon meldeten sich erste Stimmen des Mißfallens in der gehobenen Handwerkerschicht. Doch das Zunftregiment saß vorerst fest im Sattel. Im Jahre 1399 mieden Ernst und Wilhelm, Verteidiger der verbannten Patrizier, die feindlich gesinnte Stadt. Ein Ansuchen Stephans und Ludwigs, durch Tausch der Residenzen in den Besitz Münchens zu gelangen, lehnten sie ab. Im folgenden Jahr schien sich die Lage zu entspannen. Schiedstage in Nürnberg, Heidelberg, Augsburg, Amberg, Ingolstadt und Landshut, die sich mit dem Streit um München befaßten, verliefen zwar ergebnislos, als aber die Bürgerschaft Herzog Ernst ausdrücklich bat, in die Hauptstadt zurückzukehren, bezog er mit seiner Gemahlin um Allerheiligen wieder die Alte Feste.

Allerdings wurde gerade jetzt ein gegenrevolutionärer Umsturzplan entlarvt und vereitelt. Als Anstifter galt Ernsts Kanzler und Rat Friedrich Wolgemut, »der ein gar verschmitzter, runder Kopf, in allen Sätteln gerecht, wie man sagt, mit dem Teufel in die Schul gegangen. Der trieb und rieb das ganze Werk seines Gefallens. Und hoffte damit dem Herzog Ernst als dem ältesten das Placebo zu singen.« So berichtete ein zunftfreundlicher Chronist über den Kanzler, der seine verwandtschaftlichen Beziehungen zu drei Münchner Ratsherren spielen ließ, um die Gegenrevolution einzufädeln. Eine heimliche Verschwörung sollte den Widerstand gegen Ludwig von Ingolstadt schüren und für Ernst und Wilhelm werben. Doch die Zunftmeister waren auf der Hut. Das Komplott flog auf, achtzehn Beteiligte wurden festgenommen. Am 8. November 1400 tagte das Stadtgericht in öffentlicher Sitzung im Rathaus, mit dem inneren und äußeren Rat, dem großen Rat der Dreihundert und vielen Zunftvorstehern. Die Verschwörung wurde in allen Einzelheiten aufgedeckt. Die Anklage gegen die drei Hauptträdelsführer besagte, sie hätten durch heimliche Beratungen und ein Bündnis gegen Rat und Gemein gegen die Briefe und Freiheiten der Stadt verstoßen, gegen Rechte und Gewohnheiten, gegen Ratssatzung und Ratsgebot. Nach einem vollen Geständnis der Delinquenten fragte der Richter die Ratsherren und Zunftmeister nach dem Urteil. Auf Verrat stand der Tod, und so lautete auch der Spruch. Die Hinrichtung wurde postwendend auf dem Marienplatz vollzogen. Der Stadtschreiber vermerkte in der Kammerrechnung: »Item 12 Pfd. 26 kr. hab wir gebn maister Hanß, daz er dem Haidfolk, dem Triener und dem Stromer die haubt abslug.«

Wieder flüchteten viele. Die Zünfte schworen, die Rückkehr der Emigranten niemals zu dulden. Nur die Metzger widersetzten sich dem Eid. Vermeintliche oder wirkliche Konterrevolutionäre landeten hinter Gittern und mußten nach der Entlassung aus der Haft als Zeichen der Entehrung rote Räder und Kreuze an den Kleidern tragen. Im Februar 1401 wurden Todesurteile gegen einen Metzger und einen Mesnerknecht verhängt. Eine neuerliche Säuberungswelle erfaßte die Stadtverwaltung. Bissig meinte z. B. der Stadtschreiber über die Amtsenthebung des ersten Beamten am Salzscheibenzoll: »da wurd er auch abgesetzt von dem zoll.«

Herzog Ernst, erzürnt über die Verfolgung seiner Getreuen, wandte München im Februar 1401 wieder den Rücken. Auf einem Fürstentag in Nürnberg klagte er bitter über das Los der Geächteten und Vertriebenen und über Herzog Ludwig, der ihnen Recht und Sicherheit für Leib und Leben verweigere. Ein Spruch der anwesenden Herren ordnete zwar den vollen Schutz für die emigrierten und geschädigten Bürger an, in Wirklichkeit nützte er nichts. Ernst ging wieder zum Angriff über und verwüstete die Münchner Landgüter. Der Stadtrat bat Herzog Stephan um Hilfe. Dieser übersiedelte nach München. Ernst steigerte seine Rüstungsanstrengungen aufs höchste. Die goldenen Gürtel der Herzogin waren schon vor Allerheiligen 1400 wegen

27½ Gulden verpfändet worden, jetzt gab der Fürst sogar seinen besten Rock hin, um die Werbetrommel zu rühren. Herzog Friedrich von Teck, die Marschälle von Pappenheim und Wellenheim, 91 Grafen, Edle und Ritter aus Bayern, Schwaben und Franken, zum Teil mit ihren Burgen und Knechten, traten für 16 583 Gulden bei Ernst für ein Jahr in Sold. Herzog Stephan hielt derweilen in München Hof. Bei der Sonnwendfeier 1401 tanzten der 64jährige und »das Frauel«, die kürzlich angetraute 23jährige Gräfin Elisabeth von Kleve auf dem Marktplatz mit den Bürgerinnen. Die Zeche zahlten allerdings die Münchner. Im März 1402 mußten sie dem »Kneißl« seiner »gar fleißigen Bitten willen zu seiner Notdurft« tausend ungarische Gulden und Dukaten leihen. Bei der Begleichung der Lieferungen für die Hofküche lag der liebe Herr notorisch im Rückstand.

Das Frühjahr 1402 zeitigte wenig Fortschritte in Richtung Versöhnung. Auch ein Besuch König Ruprechts in München und anschließende Verhandlungen in Ingolstadt verliefen ohne konkrete Ergebnisse. Ernst ließ vielmehr, erbost über eine Steuerverweigerung der Münchner, deren Kaufmannszüge überfallen. Ludwig von Ingolstadt zog sich im Sommer zur königlichen Schwester nach Frankreich zurück. Die jungen Münchner Fürsten dagegen setzten Stephan hart zu. Nach der Einnahme der Stadt und Festung Wasserburg und der Burg Aichach schrieben ihm Ernst und Wilhelm, sie wollten nicht weniger Schlösser innehaben als er, der 24 besitze; deshalb hätten sie zur Selbsthilfe gegriffen. Die Einigung über die Landesteilung und staatliche Ordnung Oberbayerns rückte näher.

In München stiegen die Sorgen, gepaart mit der Sehnsucht nach friedlicheren Verhältnissen. Die Wortführer der Revolution verspürten Angst und ließen Herzog Stephan versprechen, die Stadt in keine andere Hand und Gewalt zu übergeben, sondern sie im Teilungsvertrag an sich zu bringen. Stephan bestätigte die Freibriefe und das Stadtrechtsbuch und gelobte Schirm und Schutz. Rat und Gemein huldigten ihm dafür auf Lebenszeit und verschrieben sich ihm, wenn er sie nicht an Ernst und Wilhelm ausliefere, und sie aller Eide gegenüber den beiden Fürsten ledig gesagt würden. Die Anstrengungen waren vergebens. München wurde im Teilungsspruch den legitimen Erben Johanns II. zugesichert, und Stephan verpflichtete sich sogar, seinen Neffen notfalls mit Gewalt zum Besitz der Stadt zu verhelfen. Das Fürstenwort des Ingolstädters war nicht mehr als Schall und Rauch gewesen.

Allein und im Stich gelassen, verweigerten die Münchner trotzdem ihren Herren die Treue. Ernst und Wilhelm, nun unbestrittene Herrscher im selbständigen Herzogtum Oberbayern-München, sandten ihrer noch immer aufmüpfigen und unbotmäßigen Residenz am 18. Februar 1403 die Kriegserklärung und riefen ihr Land zum Kampf auf. Dreitausend Bewaffnete aus Oberbayern und tausend Reiter des verbündeten Heinrich von Landshut marschierten gegen München. Am 25. Februar 1403 lagen sie schon bei Feldmoching und Moosach, während die Münchner Bürger auf dem Rathaus einen fröhlichen Faschingssonntag feiern wollten.

Jörg Kazmair berichtete in seiner Denkschrift über die Unruhen zu München die folgenden Ereignisse: »An Herrenfastnacht kamen Herzog Heinrich mit 1000 Pferden gegen Feldmoching und die Herzöge Ernst und Wilhelm mit 1000 Pferden gegen Mosach, es war gar gutes Volk. Am Montag zogen die drei Herrn und an die 2000 Bauern vor München und hielten da den langen Tag bis in die Nacht. Die nahmen den Münchnern alle Wasser, das in die Stadt geht, ganz und gar, brachen alles verderblich nieder und nahmen die ganzen Isarbrücken mit Gewalt. Da traten die von München mit 600 Mann in die Schranken (...) man sah aber nie eine größere Flucht (...) Am Dienstag lagen die zwei Haufen still, und die von Landsberg und der Hofer mit 70 Pferden berannten Pasing, damit es sich ergeben sollte (...) Am Aschermittwoch zogen all die Herrn und Haufen mit guter Reiterei wieder vor München und blieben dort stehn und warteten, ob die Münchner bis zum Nachmittag herauskämen. Währenddessen nahm man ihnen alle Brücken und verbrannte vierzig Mühlen an der Stadt und in der Nähe herum, sowie alle Häuser, die draußen lagen, auch verbrannte man ihnen alles Holz völlig, ließ es im Wasser forttreiben, vernichtete den Brennstädel der Bürger und tat ihnen den größten Schaden an, der einer Stadt je an einem Tag widerfahren ist.«

Immerhin hielt München der Belagerung stand, wenngleich unter schwersten Schäden in den Gebieten vor den Mauern. Es folgte ein täglicher Kleinkrieg. Die Landesherren besetzten die Burgen um die Hauptstadt, zogen den Ring enger. Der Rat sandte an viele Städte vergebliche Hilfsgesuche. Boten eilten zu Herzog Ludwig nach Frankreich. Dieser fand sich auch wieder in Bayern ein und schloß ein Schutz- und Trutzbündnis mit München. Es blieb jedoch auf dem Papier. Ludwig riet vielmehr zum Einlenken, leistete keine Waffenhilfe.

Die Stellung des Handwerkerregiments war zwischenzeitlich immer schwieriger geworden, die finanzielle Lage immer düsterer, der Schuldenstand höher und höher. Die Revolution hatte die Hoffnungen auf Erleichterung der Steuern und Abgaben nicht erfüllen können, im Gegenteil. Die Aufwendungen für Wach- und Kriegsdienst verschlangen Unsummen, die Einnahmen aus Hammerwerken und Mühlen, aus Handel und Verkehr sanken in diesen Zeiten der Unruhe und des Krieges. Als die Herzöge erneut zum Angriff bliesen, war das Schicksal der Zunftrevolution und ihrer demokratischen Ansätze besiegelt. Am 23. Mai 1403, abends zwischen 20 und 21 Uhr, trat die Bürgerschaft zur entscheidenden Beratung zusammen. Und sie kapitulierte vor der Übermacht der Fürsten.

Am 31. Mai 1403 kam durch Vermittlung des Burggrafen Friedrich von Nürnberg ein offizieller Frieden zustande, ein von beiden Seiten beschworener Vergleich. Land und Hauptstadt waren wieder vereinigt. Im Nürnberger Spruch zeigten die Sieger Ernst und Wilhelm Weitsicht und staatsmännische Klugheit. Sie verzichteten auf Rache und verschonten München vor einer entwürdigenden und schädlichen Strafaktion. Statt dessen blieben Ansehen und Freiheiten der Stadt erhalten, wurde die Basis für ihren Wiederaufstieg geschaffen. Am 15. Juni 1403 beschlossen Stadtherren und Gemein neue Ratswahlen. Fünfzig Vertriebene kehrten zurück, viele übernahmen wieder führende Stellungen. In der Bürgerschaft zeichnete sich ein Stimmungsumschwung zugunsten Ernsts und Wilhelms ab. Es ertönte die Forderung nach Bestrafung jener, welche die »verloffenen Zwieläuf und Irrsäle« verschuldet hatten, wodurch Kommune und Bevölkerung »in groß verderblich Schaden kam, die sie hart überwinden mochten«. Im August saß die Gemeinde über die Anführer der Revolution zu Gericht. Auch hier setzten sich Vernunft und Realitätssinn durch. Die Urteile fielen »mit Gnaden« aus, damit sich nicht neuer Haß entzündete, damit nicht durch Opfer an Leib und Leben die Versöhnung und Überwindung der Gegensätze blockiert wurden. Die Umstürzler mußten vor allem Geldbußen an die Stadtkasse leisten. Und die hatte Aufbesserung wahrlich not. München stand wirtschaftlich vor dem Bankrott. Noch am 10. August 1404 belief sich allein die laufende Zinsschuld auf 11 380 ungarische Gulden. Die jungen Landesherren sahen sich ebenfalls mit einer prekären Finanzlage konfrontiert. Herzog Ernst klagte über den Verlust von 400 000 Goldgulden durch Kriegszüge und Bekämpfung der Revolution – eine nützliche Lektion für künftiges Regierungsverhalten.

Ein besonders wichtiger Akt für die Geschichte Münchens vollzog sich am 21. August 1403. Die Stadt erhielt im sogenannten »Wahlbrief« ein Verfassungsgesetz, dessen Bestimmungen jahrhundertelang galten. Es bot die rechtliche Grundlage für ein gedeihliches Auskommen zwischen den gesellschaftlichen Kräften in der Stadt und für Frieden mit den Herzögen. Es war nicht demokratisch im modernen Sinn, sicherte vielmehr die dominierende Rolle des Patriziats im Rat, unterstellte die Führungsgruppe aber einer verstärkten Kontrolle durch die Gemeinde. Eine Reihe von Sperrklauseln sollte gefährdende Einflüsse eindämmen, die Möglichkeit einer Umwälzung von unten ausschalten. Nur wer im Burgfrieden Haus und Hof besaß oder ein halbes Pfund Münchner Pfennige als Steuer entrichtete, gehörte zur Gemein, besaß echte Bürgereigenschaft. Niemand anderer durfte bei Strafe an den Rats- und Bürgerversammlungen teilnehmen, »daz chain unwissend und unfridleich und verdarben man an chainen rat der stat nicht choemen sol«.

Grundsätzlich stand jedem tüchtigen Mitbürger das passive Wahlrecht für den inneren Rat zu. In der Praxis blieb es dem Geburts- und Geldadel vorbehalten, denn nur er war finanziell in der Lage, die rein ehrenamtlichen Tätigkeiten zu erfüllen. Innerem Rat und Kämmerer oblag weiterhin die Verwaltung der städtischen Gelder – seit jeher Stein des Anstoßes in den Konflikten um die Stadtverfassung. Nach dem Wahlbrief aber beschränkte sich ihre Kompetenz auf die laufenden Geschäfte, größere außerordentliche Ausgaben bedurften der Genehmigung der Gemeinde, deren Votum auch bei vielen anderen wichtigen Angelegenheiten entschied. Münchens unruhige Zeit nahm so ein Ende. Doch blieb die Erinnerung an Umsturz und Bürgerkrieg lange wach. Wer zur Gefahr für Status und inneren Frieden Münchens wurde, den trafen Feindschaft und Abwehr.

Zwei feindliche Vettern

Nach sechs Jahren Kampf um ihr Herzogtum und die Landeshauptstadt übernahmen Herzog Ernst I., geboren 1373, und sein zwei Jahre jüngerer Bruder Wilhelm III. gemeinsam die Regierung in Oberbayern-München. Bis zum Tode Wilhelms 1435 pflegten sie ein für damalige Zeiten selten einträchtiges Zusammenwirken. Ernst war nach Hans Ebran von Wildenberg »gar ein starcker herr«, eine ritterliche Erscheinung, und doch in seinem Auftreten als Regent gemäßigt und leutselig. Er widmete sich in erster Linie den inneren Angelegenheiten seines Landes. Daß er auch mit großer Härte und Entschlossenheit auftreten konnte, hat später Agnes Bernauer erfahren. Wilhelm dagegen entwickkelte vor allem seine außenpolitischen Fähigkeiten und repräsentierte das Herzogtum mit großem diplomatischen Geschick gegenüber Kaiser und Reich. Die Chronisten zollten ihm hohes Lob. Er galt als Muster eines christlichen Adeligen, nach Ulrich Fuetrer war er »gar ain weyser wol geordneter fürst«.

Umstrittener bei Zeitgenossen und Nachwelt zeigte sich Herzog Heinrich XVI., »der Reiche«, von Niederbayern-Landshut. 1386 geboren, unterstand er bis 1404 der Vormundschaft seiner Ingolstädter und Münchner Verwandten. Schon am Anfang seiner Regentschaft offenbarte sich seine leidenschaftliche Energie, die sich bis zur Gewalttätigkeit steigerte. Streitigkeiten wegen der herzoglichen

Stadtsteuer und der städtischen Gerichtsbarkeit beschworen im Jahre 1408 einen schweren Konflikt in Landshut herauf. Der tiefere Grund lag wohl im Verlangen der Gemeinde nach einer freieren Stadtverfassung. Der junge Heinrich dachte nicht daran, diesem Wunsche zu entsprechen, verweigerte sogar die Bestätigung der von seinen Vorfahren gewährten Freiheiten. Hinterhältig lud er führende Persönlichkeiten der Bürgerschaft zu sich ein, setzte sie gefangen und verbannte sie aus der Stadt. Insgeheim trafen sich jedoch die Ausgewiesenen bei nächtlichen Zusammenkünften mit unzufriedenen Bürgern. Eine Verschwörung gegen den Herzog bahnte sich an. Heinrich erfuhr durch die Geschwätzigkeit einer ehebrecherischen Bürgersfrau gegenüber ihrem adeligen Geliebten von den Vorgängen. Der Geheimbund wurde gesprengt. Öffentliche Hinrichtungen, Verstümmelungen und Landesverweisungen trafen die Rädelsführer und schüchterten die Bevölkerung ein. Es folgte kein Ausgleich nach Münchner Muster, keine Wiederherstellung der beschnittenen Rechte. Heinrich beseitigte statt dessen rigoros wichtige bürgerliche Privilegien. Die inneren und äußeren Räte wurden nicht mehr von den Bürgern selbst gewählt, sondern vom Stadtherrn bestellt und abgesetzt, die Zahl der Mitglieder der »Gemein« und der Umfang ihrer Befugnisse eingeschränkt. Die Bürgerschaft mußte die autoritären und reaktionären Verordnungen Heinrichs hinnehmen und urkundlich beschwören: »Wenn wir ain gemein von der stat notdurft wegen haben wellen oder bedürfent sein, so süllen wir nicht mer in ain gemein vodern noch nemen dann hundert man, wer dann dem kammerer und dem rat diezeit dazu gevellt, den unser egenant herrschaft järlich setzet.«

In den späteren Regierungsjahren brachte Heinrich allerdings auch viel Segen für Niederbayern-Landshut. Sparsam bis zum Geiz, hinterließ er bei seinem Ableben 1450 eine geordnete und gefüllte Staatskasse. Eine konsequente Landfriedenspolitik stellte einen so hohen Sicherheitsstand in seinem Territorium her, daß die Kaufleute bewundernd von des »Reiches Rosengarten« sprachen. Ruhe im Inneren hatte Heinrich nötig, denn in seinem Ingolstädter Cousin war ihm ein Gegner erwachsen, der ihn jahrzehntelang beschäftigte.

Herzog Ludwig VII., »der Bärtige«, von Oberbayern-Ingolstadt, Graf von Mortain, »der Königin von Frankreich Bruder«, kam 1368 zur Welt. Er bezeichnete sich selbst als »der eltist und wirdigst fürst von Bayern«. Im Guten wie im Bösen verkörperte er das typische Bild eines spätmittelalterlichen Herrschers. Der Augsburger Burkhard Zink, Ludwig gegenüber eigentlich skeptisch, meinte anerkennend: »In rechter Wahrheit zu reden, so ist er ein herrlicher, gefürchteter Fürst und ein so männlicher Herr gewesen, wie ich keinen je sah; dazu war er gewaltig, reich und mächtig wie kein Herr in diesen Landen.«

Zwischen 1402 und 1415 lebte Ludwig meistens bei seiner Schwester Isabeau am Pariser Hof, lernte französische Sitten und Kultur kennen, dachte und fühlte sich mehr als Franzose denn als Deutscher. Jahrelang engagierte er sich in französischen Streithändeln. Trotz seiner zeitweisen Einmischung wurden ihm die bayerischen Verhältnisse fremd. Die Ferne zum väterlichen Stammland verleitete ihn zu manchem Fehlurteil. Ludwig verstrickte sich stets in Prozesse und Streitigkeiten, die er leidenschaftlich engagiert austrug. Weniger materiell interessiert, mehr auf Wahrung und Mehrung seiner »Ehre« oder »Herrlichkeit« bedacht, wünschte er sich Ratgeber, »die unsere Ehre lieber haben als unser Gut«.

Durch zwei Heiraten mit französischen Prinzessinnen, 1402 und 1413, sammelte »der Gebartete« umfangreichen Landbesitz in Frankreich und ein beträchtliches Vermögen. Noch während der Regierungszeit seines Vaters betrieb er im Ingolstädter Landesteil eine geschickte Erwerbspolitik. Herzog Stephan sah allmählich mißtrauisch auf den wachsenden Eigenbesitz des ehrgeizigen Sohnes und überließ ihm im Jahre 1400 ein unangenehmes Erbe: die Ausgleichsforderungen Oberbayern-Ingolstadts an Niederbayern-Landshut, die noch aus dem Teilungsvertrag von 1392 resultierten. Um 1406 hatte Ludwig praktisch eine selbständige Herrschaft um Neuburg a. d. Donau errichtet. Mit französischem Geld kaufte er weitere Territorien im Nordgau und an der Donau. Obwohl persönlich nur selten in Bayern, führte er seit 1403 ständig Prozesse zur Eintreibung jener Landshuter Gebiete, der »Zugab des Niederlands«, auf die er Anspruch zu haben glaubte. Obwohl erfolglos, steigerte Ludwig dieses Unternehmen zu einem Hauptziel seiner Politik. Er war wild entschlossen, den Erbausgleich als Ehrensache durchzukämpfen, gleich »ob uns da dreissig jare oder unser lebtag aufgeet«.

Neben dem Streit gegen Heinrich brach er nachbarliche Händel mit Ernst und Wilhelm vom Zaun und zwang die Münchner Herzöge zu einem Bund mit dem Landshuter, der ihnen bei der Belagerung ihrer Hauptstadt militärisch zur Seite stand. Auch den Schwager Heinrichs, den Burggrafen Friedrich von Nürnberg, forderte Ludwig heraus. Als Friedrich die Mark Brandenburg erhalten hatte, focht er ihm den Besitz an. Er, der Wittelsbacher, pochte auf ein Vorkaufsrecht vor dem Hohenzollerngrafen. Friedrich behielt Recht, Ludwig mußte einen neuen, harten Gegner verbuchen. Herzog Heinrich war indes auf der Hut, gewann fast alle bedeutenden Nachbarfürsten als Bundesgenossen und baute ein umfangreiches und dauerhaftes Vertragssystem gegen Ludwig von Ingolstadt auf. 1410 schloß er ein zwanzigjähriges Bündnis mit Ernst und Wilhelm.

Während die bayerischen Herzöge ihre Zwistigkeiten austrugen und das Land nach dynastischen Gesichtspunkten aufteilten, hatte sich auf kirchenpolitischem Gebiet nichts Grundsätzliches verändert. Noch immer beanspruchten zwei Päpste gleichzeitig den Stuhl Petri. Es gesellte sich sogar noch ein dritter hinzu. Für den 25. Mai 1409 hatten dreizehn Kardinäle ein Allgemeines Konzil nach Pisa einberufen, um das Schisma zu beenden. Trotz unsicherer und fragwürdiger Rechtsgrundlage, trotz eines ablehnenden Protestes König Ruprechts, versammelten sich rund 500 geistliche Würdenträger. Die beiden Päpste Gregor XII. und Benedikt XIII. sollten auf dem Konzil erscheinen. Sie mißachteten die Vorladung, wurden daher als Widerspenstige behandelt und am 5. Juni 1409 ihres Amtes enthoben. Die Kirchenmänner wählten den griechischen Franziskaner Peter Filarghi als Papst Alexander V. zum neuen Oberhaupt der abendländischen Kirche, ein Jahr später folgte ihm der Bolognese Baltasar Cossa als Johannes XXIII. Gregor und Benedikt hielten weiterhin ihre Ansprüche aufrecht, und so stritten sich drei Heilige Väter um die legitime

Stellvertretung Christi auf Erden. Eine »verfluchte Dreiheit« löste den »verruchten Dualismus« ab.

Erst König Sigmund wies den Weg aus dem Schisma. Er schloß sich Johannes XXIII. an und brach dessen anfänglichen Widerstand gegen die Einberufung eines Allgemeinen Konzils in der Reichsstadt Konstanz. Das Verhandlungsgeschick Sigmunds sicherte die ökumenische Teilnahme, die Anwesenheit von Vertretern aller Papstrichtungen. Entgegen Johanns Erwartungen, der auf eine Bestätigung durch die italienische Konzilsmehrheit hoffte, wurde nicht nach Köpfen abgestimmt, sondern nach »Konzilsnationen«. Deutsche, Engländer und Franzosen vereitelten damit eine Majorisierung durch die Italiener. Johannes versuchte das Konzil durch Flucht aus Konstanz zu sprengen. Er meinte, die Kirchenhirten könnten ohne das päpstliche Haupt nicht mehr entscheiden. Doch er täuschte sich. Die »Konziliare Theorie« siegte, die Idee vom Vorrang des Konzils gegenüber dem Papst. Gerson, der Kanzler der Universität Paris, formulierte in einer programmatischen Rede, daß jedes Glied der Kirche dem Allgemeinen Konzil Gehorsam schulde, selbst der Papst. Die Verbindung Christi mit seiner Kirche sei unlösbar, nicht die des Papstes mit ihr.

Am 6. April 1415 verkündete das berühmte Dekret »Sacrosancta«: Das in Konstanz versammelte ökumenische Konzil ist die Vertretung der Gesamtkirche; es hat seine Gewalt unmittelbar von Christus. Jeder, auch der Papst, schuldet ihm Gehorsam in Sachen des Glaubens, der Kircheneinheit und der Reform an Haupt und Gliedern. Am 29. Mai wurde Johannes XXIII. abberufen. Wenig später trat Gregor XII. freiwillig zurück. Benedikt XIII. widersetzte sich zwar noch immer hartnäckig, isoliert und von seine Anhängern verlassen, wurde er schließlich ebenfalls gestürzt.

Im November 1417 traten 56 Papstwähler zum Konklave im Konstanzer Kaufhaus zusammen. Am 11. des Monats stimmte die notwendige Zweidrittelmehrheit für den Römer Oddo Colonna. Er nannte sich nach dem Tagesheiligen Martin V. Ulrich von Richental berichtete: »Da schrie man und rief außerhalb des Konklaves: Wir haben einen Papst, Otto von Colonna. Und lief männiglich vor das Kaufhaus,

wohl an achtzigtausend Personen, Frauen und Männer.«
Die Zeit des Schismas war überwunden. Die Christenheit
besaß wieder einen unzweifelhaft rechtmäßigen Papst.

Das Konstanzer Konzil diente nicht nur der Bewältigung
des brennenden Problems der Kirchenspaltung. Viele andere, auch weltliche Fragen wurden dort behandelt, diskutiert, gelöst oder verschoben. Ludwig der Bärtige war als
Führer der französischen Konzilsgesandtschaft erschienen, nutzte aber die Gelegenheit, um vor Geistlichkeit und
König weiter gegen Vetter Heinrich zu prozessieren. Nach
dem Konzil wollte er ohnehin nach Bayern zurück, um das
seit 1413 verwaiste Herzogtum seines Vaters zu übernehmen. Heinrich konterte Ludwigs Angriffe überlegen und
mit nachhaltigem Erfolg. Er schloß alle seine Bündnisse zu
einem einzigen Paktsystem zusammen. Am 8. Juli 1415 formierte sich die »Konstanzer Liga«, die sich zur gemeinsamen Verteidigung gegen Ludwig von Ingolstadt ver-
schwor, solange der lebte. Ein neuer bayerischer Krieg
rückte bedrohlich näher. Sigmund schaltete deshalb im
Sommer 1417 sein Hofgericht ein. Ludwig bemühte sich,
das Verfahren zu verzögern, weil er die antifranzösische
Haltung des Königs kannte, und verlangte ein geistliches
Gerichtsgremium. Seine Erbansprüche wurden trotzdem
vor den Reichsfürsten verhandelt, und Sigmund wies sie
am 19. Oktober zurück.

Am folgenden Tag spitzte sich die Feindschaft zwischen
Ludwig und Heinrich aufs äußerste zu. Die beiden Erzriva-
len gerieten sich zuerst verbal in die Haare. Nach erregtem
Wortwechsel stieß Ludwig gegen den Landshuter Herzog
tödliche Beleidigungen aus. Angeblich schleuderte er ihm
zornbebend entgegen, er sei nicht der Sohn Herzog Friedrichs, wie er behaupte, nicht ein echter Sproß des Hauses
Wittelsbach, sondern der Nachkömmling eines Kochs!
Heinrich stürzte sich wütend auf ihn, wurde aber zurück-
gehalten und aus dem Zimmer geschoben. Rückwärts gewandt schrie er in der Türe dem Ingolstädter zu: »Wenn du
nichts als fechten willst, wart', dir soll das Fechten noch satt
werden, das laß ich dich besehen!«

Er eilte in seine Herberge, befahl fünfzehn Bewaffnete zu
sich und lauerte Ludwig auf, der in seine Unterkunft ritt,

nur von zwei Edelknaben begleitet. Heinrich griff den Gebarteten von hinten an. Der wehrte sich verzweifelt und entriß dem Landshuter das Schwert. Er hatte indes keine Chance, die feindliche Mannschaft drang wie eine Horde von Räubern auf ihn ein. Vielfach getroffen und vom Pferd geworfen, blieb Ludwig blutüberströmt auf dem Pflaster liegen. Seine Verwundungen waren so schwer, daß man um sein Leben fürchtete. Herzog Heinrich flüchtete nach der ungeheuerlichen Tat mit seinen Spießgenossen sofort aus der Stadt.

Nach dem hinterhältigen Überfall wollte der König den fürstlichen Meuchler wegen frevlerischer Verletzung des Konzilsfriedens in die Reichsacht legen. Fürbitten von Heinrichs Schwager verhinderten einen strikten Vollzug. Nach kurzem Aufenthalt in Zürich verrauchte Sigmunds Zorn. Die Münchner Herzöge legten ein gutes Wort für den jüngeren Vetter ein, und Ludwig genas so schnell, daß er bereits bei der Inthronisation Martins V. mitziehen konnte. Heinrichs Gewalttakt blieb vorerst ungeahndet. Der so schwer Mißhandelte suchte freilich Genugtuung gegenüber »Heinrich, dem fahrigen Mörder, der sich nennet Herzog von Bayrn«.

Der Konstanzer Mordanschlag machte die Kluft zwischen den gegnerischen Herzögen unüberbrückbar. Ludwigs Erbstreit mit Heinrich weitete sich zum großen Gegensatz zwischen Bayern-Ingolstadt und der Konstanzer Liga aus und wurde für die Dauer einer Generation zu einem bestimmenden Konflikt im bayerisch-süddeutschen Raum. Wer die Freundschaft mit Ludwig dem Bärtigen suchte, erweckte nicht nur das Mißtrauen Heinrichs des Reichen, sondern auch anderer Machthaber, einschließlich der Münchner Herzöge und des Patriziats der Stadt München.

Der Bayerische Krieg

Herzog Albrecht von Oberbayern-München weilte bis zum 16. Lebensjahr am Prager Hof. Volljährig geworden, kehrte er mit Jan von Sedlec nach Bayern zurück. Dieser böhmische Adelige betreute den jungen Fürsten wohl schon in seiner Jugendzeit, wurde dann sein Hofmeister und Verwalter in Pfaffenhofen und erfreute sich stets besonderer Gunst. Albrecht trat nun in das politische Leben ein, zwar nicht als Mitregent, aber als anerkanntes Mitglied der Münchner Herzogsfamilie. Schnell sollte er erfahren, daß in Bayern die Zeiten nicht sicher waren, daß im Hause seiner Ahnen nach wie vor Streit und Zerwürfnis herrschten.

Ludwig von Ingolstadt führte gerade eine heftige Auseinandersetzung mit Markgraf Friedrich von Brandenburg um die Rückzahlung eines Kredits an das Reich, für den der Hohenzoller als königlicher Statthalter mitgebürgt hatte. In einem »Scheltbriefwechsel« beschimpften sich die beiden Herren zwischen 1418 und 1421 in rüdester Form. Sprach der Ingolstädter vom »neulich hochgemachten Markgrafen«, konterte dieser: »Du erbärmlicher, lügenhafter, schamloser Mann, der sich schreibt Graf von Mortain.«

Der Zank weitete sich rasch auf andere Bundesgenossen der Konstanzer Liga aus. Nach Schlichtungsverhandlungen, auf denen nicht zuletzt Wilhelm III. mäßigend hervortrat, schien im Juni 1419 eine allgemeine Verständigung in Sicht. Doch noch im selben Monat trafen sich die Bischöfe von Eichstätt und Regensburg, Pfalzgraf Johann von Neumarkt, Kurfürst Ludwig von der Pfalz, Friedrich von Brandenburg und die Münchner Herzöge mit Heinrich von Landshut in Regensburg. Sie bekräftigten ihr Bündnis zu gemeinsamem Widerstand gegen Ludwig den Bärtigen, der sie an ihren Herrschaften, Freiheiten und Rechten bedränge und unbillige Forderungen an sie gerichtet habe. Eine Reihe von Reichsstädten schloß sich der Allianz an. Erfolglos bemühte sich der Erzbischof von Salzburg, die bayerischen Vettern zu versöhnen.

Ludwig suchte jetzt Rückhalt in der bayerischen Ritterschaft. Mit seinem Sohn Ludwig dem Buckligen vereinigte er im Januar 1420 nicht weniger als 61 Adelige sowie sechzehn Städte und Märkte in einem Bündnis auf elf Jahre. An die Spitze des Ritterbundes trat Kaspar Törringer zu Törring, der einen heftigen Streit mit Heinrich dem Reichen auf diese Weise auszufechten gedachte. Wenige Tage später reagierte die Konstanzer Liga mit einer Erneuerung und Erweiterung ihres Paktsystems. Ab Juli 1420 entstand aus dem Konflikt zwischen Bayern-Ingolstadt und Brandenburg der große Bayerische Krieg.

Die Kampfhandlungen begannen zwar zögernd, der tägliche Kleinkrieg aber zerstörte Hunderte von Dörfern. Im Oktober 1420 eroberte Ludwig der Bärtige die Burggrafenfeste in Nürnberg und steckte sie in Brand. Das Glück schien auf seiner Seite. Gegen den Erbfeind aus Landshut zögerte er aber. Das Friedensgelübde von Konstanz, das Verzichtsversprechen auf Rache gegen Heinrich wirkte noch nach. Erst ein Hilfsgesuch des Törringers setzte Ludwigs Streitmacht gegen Niederbayern-Landshut in Bewegung. Anfang Februar 1421 nahmen die Ingolstädter Neuburg an der Donau ein.

Die Münchner Herzöge reagierten anfangs abwartend, im April 1421 erteilten auch sie die Kampfansage. Fehdebriefe der Verbündeten Ludwigs an Ernst, Wilhelm und Albrecht waren die Antwort. Im Sommer 1421 überrannten die Herren der Konstanzer Liga zahlreiche Ingolstädter Orte und Besitzungen. 560 Adelige und Ritter standen gegen den Gebarteten. Die bayerischen Fürsten zogen gegeneinander das Schwert, »und deren Land ist praktisch ganz verwüstet und vom Feuer zerstört worden«. Von Weiden in der Oberpfalz bis Rattenberg in Tirol, von Ulm bis zum Bayerischen Wald flammte die Fackel des Krieges auf.

Im Juli 1421 beschlossen Ludwigs Feinde einen gemeinsamen Angriff auf Ingolstadt. Er kam nicht zustande. Ohne klaren Oberbefehl mangelte es der Liga an einheitlicher Kampfführung. Ihre militärische Überlegenheit war deutlich, Erfolge gegen Ludwig, der sich verzweifelt wehrte, blieben nicht aus, aber Eigenbrödelei und schwankende Einsatzbereitschaft verhinderten einen entscheidenden Sieg. Ende Dezember 1421 sollte ein Gerichtstag in München den Streit schlichten. Herzog Albrechts Mitwirkung wird ausdrücklich erwähnt. Wenig später freilich fochten Heinrich und die Münchner Fürsten wieder gegen den Ingolstädter Vetter. Im August 1422 vermittelte der Nürnberger Rat einen Waffenstillstand zwischen Ludwig und seinen Brandenburger und Landshuter Gegnern. Eine Reichsversammlung in Nürnberg, an der neben Heinrich und Ernst der junge Albrecht teilnahm, gebot für den 1. September die Einstellung der Feindseligkeiten auf vier Jahre. Kardinallegat Branda drohte künftigen Friedensstörern mit dem Kirchenbann. Ludwig freilich glänzte in Nürnberg durch Abwesenheit. Er nutzte die Gunst der Stunde nicht zur Beendigung des Krieges, sondern zu seiner Fortsetzung, zu seinem massiven Vorstoß gegen München.

In München gehörte der Waffendienst, wie in allen mittelalterlichen Städten, zur Bürgerpflicht. Die wehrfähigen Bürger, ihre Söhne und ledigen Gesellen bildeten das Aufgebot, eingeteilt in die vier Stadtquartiere, kommandiert von je einem Stadthauptmann, der zugleich die Aufsicht über Mauern und Pfahlwerk führte und bei Stadtbränden die Befehlsgewalt innehatte. Die militärische Stärke Münchens ruhte auf dem Bürgeradel und den Zünften. Vor allem die Patrizier fühlten sich gemäß ihrer bürgerlich-adeligen Position nicht nur als Händler und Kaufleute, sondern auch als kriegstüchtige Soldaten. Bartolme Schrenk zum Beispiel stellte einen neuen Handelsknecht erst dann ein, wenn er sich in einem Zweikampf mit ihm bewährt hatte. Landesherrliche Feldzüge unterstützte München mit einem Kontingent von zweihundert Mann. Allerdings konnten sich Bürger gegen entsprechende Zahlungen, das sogenannte »Reisgeld«, vom Kriegsdienst loskaufen.

Im Kampf gegen Ludwig den Bärtigen zeigte sich die oberbayerische Landeshauptstadt bestens gerüstet. Sie schaffte dreitausend Pferde und siebzig Handbüchsen neu an, ließ 10 600 Pfeile schiften und hielt fast 14 000 Pfeile in Bereitschaft. 1421 verfügte sie über so viele Geschütze, daß 150 Rösser zu ihrem Transport notwendig waren. Schon im Frühjahr 1420 zog ein Schützenaufgebot zur Verteidigung Riedenburgs ins Altmühltal. Am 10. August 1421 befürwortete die Gemeinde offiziell den Krieg ihrer Herzöge und schickte im Mai den Fehdebrief des Rats nach Ingolstadt. Aus Venedig wurde Salpeter für die Kanonen besorgt, aus Wien Kupfer und Blei. Amper und Isar wurden gegen den Feind gesichert, Stadtmauern und Türme verstärkt, die Tore mit zwanzig Zentnern Eisen beschlagen. Münchner Truppen stürmten die Veste Schwaben zur Wiederherstellung der Verbindung nach Südosten. Die Reiterei stieß bis Reichenhall vor; gegen Landsberg ritt sie mit Herzog Albrecht an der Spitze.

Der Kriegseinsatz fand jedoch nur geteilte Zustimmung, in manchen Kreisen herrschte sogar Mißstimmung über den Streit zwischen den Herzögen, der wieder einmal die Hauptstadt arg strapazierte. Das Patriziat engagierte sich mit voller Kraft, in der niedrigen Bürgerschaft aber gärte es. Zweimal erschienen Ernst und Wilhelm persönlich im großen Ratssaal, um der Gemeinde die Notwendigkeit des Krieges zu erläutern und sich ihrer Hilfe zu versichern.

Im September 1422 löste Ludwig der Gebartete endgültig die Frage nach Treue oder Untreue der Münchner Bürgerschaft. Zum Angriff auf München verstärkte der Ingolstädter seine Streitmacht mit bewaffneten Bauern. Siebenhundert Reiter sollten die Isarresidenz überrumpeln. Unter dem Schutz der Wälder des Würmtales rückten sie vor, das Gros setzte in der Nacht vom 18. zum 19. September über die Amper. Raub- und Brandlust siegten nun über Vernunft und Taktik. Die feindlichen Haufen verbrannten gegen alle geplante Vorsicht die Vororte Pasing, Gauting, Germering und Aubing. Die Stadttürmer waren auf der Hut, sahen im Morgengrauen die Rauchschwaden über den brennenden Dörfern und schlugen Alarm. Die Sturmglocke erscholl über den Stadtquartieren, der Rat trat eiligst in Aktion, das gesamte Stadtvolk sammelte sich auf dem Rathaus um die Herzöge Ernst, Wilhelm und Albrecht. Jetzt bekannte sich München einhellig zu seinen Fürsten. Nach gemeinsamer Messe formierten sich die Stadtfähnlein.

Das Ingolstädter Heer stürmte vergebens gegen Münchens wohlbehütete Mauern. Die Zunft der Tuchmacher sicherte sich sogar die Rüstung eines feindlichen Hauptmannes als Beutestück und ließ sie in den kommenden Jahren bei den Fronleichnamsprozessionen als Zeichen ihrer Tapferkeit und Loyalität mittragen. Nach erfolgreicher Abwehr riefen die Herzöge zum Gegenangriff. Das Aufgebot des Patriziats und der 37 städtischen Zünfte vereinigte sich mit Bewaffneten aus 28 Ortschaften und einer Reihe von Adeligen unter dem persönlichen Befehl der Herzöge.

Zwischen den Dörfern Alling, Buchheim und Hoflach stieß das Münchner Bürger- und Bauernheer gegen das Ingolstädter Ritter- und Bauernheer. Nach Veit Arnpeck entstand »ein gar resches Schlagen«. Ingolstadt war zahlenmäßig eindeutig überlegen. Doch Münchens Kampfbereitschaft entschied die Schlacht. Der Rat hatte »dem Volk und Leuten, Hofleuten und Bürgern, da man mit den Feinden zu Puchheim focht« viel Wein und Brot geschickt. Unter dem Wappen des Mönchs drangen die Städter siegreich vor, folgten begeistert ihren vorbildlich kämpfenden Landesherren. Ernst und Albrecht taten sich besonders hervor. Nach Chronistenberichten warf sich Herzog Albrecht tollkühn mitten in die Feinde, um Ludwigs Banner zu erbeuten. Plötzlich stürzte sein verwundetes Pferd. Der Vater erkannte die Gefahr. Er bahnte sich mit dem Streitkolben, mit »plumpen und kübigen Streichen« einen Weg zu seinem Sohn, den ein feindlicher Ritter aufforderte, sich zu ergeben. Ein wuchtiger Hieb warf diesen nieder. Herzog Ernst rief ihm höhnisch zu: »Ei wolltest du einen Fürsten fahen!« Die Ingolstädter Front geriet ins Wanken und löste sich in allgemeiner Flucht auf. Manch schwer gepanzerter Ritter geriet in ein Moor; blieb hilflos und kampfunfähig im Morast stecken und mußte die Waffen strecken. Die Zahl der Toten war offenbar gering, aber Hunderte gerieten in Gefangenschaft, darunter viele Adelige und die besten Heerführer Ludwigs.

Die Sieger wurden von der Bevölkerung jubelnd begrüßt. Fürsten und Bürger feierten eine Nacht lang den gemeinsamen Triumph. Der Stadtrat ließ in beiden Pfarrkirchen ein Hochamt singen, »da uns got das glück gab, da wir die veynt nyderlegten«. Die Ratsherren beschlossen außerdem für den 19. September eine Jahrtagsstiftung, der wir einen ausführlichen zeitgenössischen Bericht verdanken: »Es ist zu wissen, daß in der jarzall Cristi tausent vierhundert und in dem zway und zwaintzigisten jar des samstags in der heiligen chotember vor sand Michels Tag, als unser gnedig herrschaft hertzog Ludwigs von Bairen, irs vettern, graven zu Mortany etc., abgesagt veynt und mit irn puntgenossen gen ym in krieg warn und so herticlichen das gantz lannd zu Bairen in großem verderben von prands wegen was, wan der obgenant hertzog Ludwig unserr herrn land tag und nacht prennet. und het ainen anslag gemacht mit seinem geraysingen zeug und paursvolk, und der was ob 500

geraysigs zeugs. und kömen pey der nacht uber die Amper
herein und hetten im synne, als man saget, sy wolten fur
Munichen und wolten daz gefyell verprennen. dy komen
gen Päsingen und gen Gautingen. und die weil man die fru-
meß het hie zu Munchen, da gyeng daz feur zu Päesingen
und zu Gautingen auf; daz sahen die turner und sageten es
dem burgermeyster. also hett man zu stünd ain rat und
man lautet den stuorm, da waren die drey fursten auf hertzog Ernst, hertzog Albrecht sein sun und hertzog Wilhalm,
sein und ir geraysiger zeuck und daz gantz statvolk, arm
und reich zu Munichen, komen all auf daz veld zu der herrschaft. und komen an die veind zu Pücherdorff an dem pü-
chel vor dem hotz enhalb des wassers und vachten mit den
veyndten und gesygeten den veindten ob mit gotz hilf. und
ward neur ain man, genant Ulrich Ungeraten, under unserer herrns geraysigem zeug derslagen. und würden der
veynd ob achtzig wappensgenoz gefangen und gen Munichen gefurt und paürsleut ain gantze menyg. und die ny-
derlegung tet got und die junckfrau Maria, wan sicher nach
anzall der leut der veynt ye drey an ain unsers volks waz.
noch waz gots genad und der sig bey unserm volk und bey
uns und bey unsern gnedigen herrn; und darumb hat der
rat der stat zü Munichen got zu lob und zu ern und der hai-
ligen junckfrauen seiner lieben muter Maria zü lob ain jartag auf den selben tag jarliche gestifft, ze haben auf zway
pfund pfenning, darumb man kertzen machen und maß
haben sol alz ferr und die zway pfundt pfenning geraichen
mugen. und den jartag sullen die kamrer jarlichen ausrichten.«

Die Landesherren erbauten bei Hoflach zum Gedächtnis an
die Schlacht eine Kapelle, geschmückt mit einem großen
Votivfresko: Die drei Herzöge Albrecht, Ernst und Wilhelm
knien in Begleitung des Heiligen Georg in Danksagung vor
Maria, hinter ihnen die Ritterschaft und unter dem Mönchs-
panier die Münchner Bürgerschaft mit ihren Feldhaupt-
leuten Bart, Schrenk, Pütrich und Ligsalz. Den Zeitgenossen erschien das Bild, wahrscheinlich vom Maler Gabriel
Angler, als Symbol der Einheit von Fürsten, Adel und Bürgerschaft der Hauptstadt. Diese Einheit zu wahren, mußte
auch Aufgabe des künftigen Regenten sein, jenes Herzogs

Albrecht III., damals noch »der Junge« genannt, der als knapp Einundzwanzigjähriger seine militärische Feuerprobe glänzend bestanden hatte.

Gefahr aus Böhmen

Für Herzog Ludwig gestaltete sich die Situation nach der entscheidenden Niederlage bei Alling äußerst prekär. Seinen Angriff auf München hatte König Sigmund mit der Proklamation des Reichskrieges gegen den Ingolstädter sanktioniert. Nun blieb dem stolzen Fürsten nur noch die Kapitulation und die Flucht in die Obhut des Reichsoberhaupts. Am 2. Oktober 1422 verkündete Sigmund in Regensburg einen vierjährigen Waffenstillstand. Auf Ludwigs Wunsch wurde sein Herzogtum dem Brunorio della Scala als königlichem Landeshauptmann unterstellt. Der Gebartete selbst zog an den Königshof nach Ungarn. Das Problem der Kriegseroberungen seiner Feinde – sechs Städte, sechs Märkte und achtzehn Schlösser – aber blieb ungelöst. Auch die nächsten zwanzig Jahre brachten keinen vollen Ausgleich und Friedensschluß.

Für den König gab es in diesen Jahren allen Grund, auf Frieden im Reich und zwischen den Reichsfürsten zu drängen. Denn in seinem Stammland Böhmen hatte sich ein gefährlicher Sturm entfacht, dessen Kraft und Gewalt Sigmund bereits zu spüren bekommen hatte: die Bewegung der Hussiten. Schon in der Blütezeit Böhmens in der zweiten Hälfte des 14. Jahrhunderts war der Ruf nach Reformen laut geworden. Die Bauern übten Kritik am Besitz der Kirche; latente oder offene Kirchenfeindlichkeit breitete sich im Bürgertum und im mittleren und niederen Adel aus; in den großen Gemeinden, voran in Prag, zeichneten sich wachsende Klassenspannungen ab. Der Prediger Milič von Kremsier erblickte in Kaiser, Klerus und feudalistischer Gesellschaftsordnung Verkörperungen des Antichristen und propagierte Formen des brüderlichen Zusammenlebens nach dem Vorbild der Urkirche. Er starb 1374 während des gegen ihn angestrengten Prozesses im päpstlichen Avignon. Sein Schüler Matthias von Janow bezeichnete die gesamte bestehende Kirchenorganisation als Leib des Antichristen und fand dafür viel Beifall in der Bürgerschaft. Zwar schwor er seine Thesen ab und stellte die öffentliche Tätigkeit ein, in seinem schriftstellerischen Werk jedoch setzte er die Angriffe auf Amtskirche und Klerus fort.

Seit 1390 verstärkte sich die Reformströmung in Prag um eine neuartige Kirche, die Bethlehemskapelle. Ganz als Versammlungsraum für dreitausend Personen konzipiert, diente sie ausdrücklich als Ort der Predigt in tschechischer Sprache. 1402 wurde Johannes Hus zum Prediger gewählt. 1370 in Husinetz/Südböhmen geboren, war Hus weder Gründer noch Führer der nach ihm von ihren Gegnern so benannten Bewegung. Er stand allerdings beispielhaft für eine ganze Generation reformfreudiger böhmisch-tschechischer Magister an der Prager Universität, die sich an den Ideen des englischen Reformators und Ketzers Wiclif orientierten, sittliche Mißstände in Geistlichkeit und Laienwelt kritisierten und gegen das vorwiegend deutsche Patriziat und den papsthörigen Klerus eine bewußt tschechisch-nationale Haltung einnahmen. Hus verlangte besonders die Armut der Kirche, sah in der Heiligen Schrift die alleinig verpflichtende Norm und wandte sich mit seiner Idee von der Kirche als einer Gemeinschaft der Auserwählten einer radikalen Prädestinationslehre zu.

Die Reformbewegung fand nicht nur in breiten Schichten der Bevölkerung Anklang, sondern auch beim Hof, anfangs sogar bei König Wenzel. Dessen Gattin, Sophie von Bayern-München, unter deren Obhut der kleine Herzog Albrecht stand, trat als Fürsprecherin der Reformer auf und stellte sich mehrfach schützend vor ihren Beichtvater Johannes Hus. Sigmund Meisterlin klagte darüber in seiner Chronik der Stadt Nürnberg von 1488: »Es schreiben auch etliche, daß es die Königin mit ihnen gehalten habe, die hoch über ihrem Mann stand, der allein zu Hause auf dem Lotterbett schnaufet und manchmal in den Keller und in die Küchen spazieret.«

Sophies hussitische Neigungen brachten nicht zuletzt ihren Bruder Herzog Ernst in Rage. Nach Ulrich Fuetrer war Ernst nach Prag geeilt, als er Gerüchte vernommen hatte, seine Schwester sei vom katholischen Glauben abgefallen. Er redete auf Sophie ein, wohl um das Jahr 1415, die angeblich trotzig erwiderte, »sy solt in irem glauben ersterben«. Da geriet Ernst in Rage. Er versetzte der königlichen Schwester eine saftige Ohrfeige, »sass auf mit den seinen und schied in grossem widermuet«. Wenig später war Albrecht der Junge wieder in Bayern, doch ist nicht auszuschließen, daß er neben perfekter Beherrschung des Tschechischen nachdrückliche religiös-politische Jugenderlebnisse mit nach Hause nahm, daß sein späteres Engagement für die bayerische Klosterreform in den böhmischen Jugendjahren wurzelt, vielleicht auch manch anderer Wesenszug.

Anders als seine Gemahlin distanzierte sich König Wenzel aufgrund außenpolitischer Erwägungen zunehmend von den Reformern um die Bethlehemkapelle. 1412 kam es zum offenen Bruch. Johannes Hus bekämpfte eine päpstliche Ablaßkampagne, die Wenzel genehmigt und unterstützt hatte, weil er sich davon persönlichen Gewinn versprach. Der König konterte. Hus selbst blieb zwar unversehrt, aber drei seiner Anhänger starben auf königlichen Befehl. Die Bewegung hatte ihre Märtyrer. Der Weg zur Revolution war geöffnet. Erste lokale Aufstände gegen die geistlichen Feudalherren flammten auf, Priester wurden von der Stadt- und Landbevölkerung erschlagen, Pfarreien geplündert und enteignet. Schon setzte der Sturm auf die Heiligenbilder ein, deren Prunk und Pracht als Symbol für die Verworfenheit der Amtskirche, als Verrat an den urchristlichen Idealen Zerstörungswillen und Zerstörungswut hervorriefen.

In dieser gespannten Situation brach Hus zum Konstanzer Konzil auf, um die böhmischen Reformanliegen zu verteidigen. Ausgestattet mit einem Geleitbrief König Sigmunds traf er am 3. November 1414 mit den ersten Teilnehmern in der Reichsstadt am Bodensee ein. Rund drei Wochen später wurde er, noch ehe Sigmund in Konstanz residierte, auf Anweisung des Kardinalskollegiums unter dem Verdacht und Vorwurf der Ketzerei verhaftet. Zwar betrieb der König dann seine Freilassung, gab aber schließlich nach, damit das Konzil nicht scheiterte. Nachdem Hus vergebens versucht hatte, seine Reformgedanken auf dem Boden des geltenden Kirchenrechts zu legitimieren, stellte er die Lehrautorität des Konzils in Frage. Sein Schicksal war damit besiegelt. Als er das Angebot ablehnte, seine Lehren zu widerrufen, traf ihn am 6. Juli 1415 das Los des Ketzers: der Feuertod.

Petrus de Mladenovicz berichtete aus hussitischer Sicht: »Hus sang bald mit lauter Stimme, zuerst: ›Christus, Sohn des lebendigen Gottes, erbarme dich unser!‹ dann: ›Sohn des lebendigen Gottes, erbarme dich meiner!‹ und zuletzt: ›Der du aus der Jungfrau Maria geboren.‹ Und als er zum drittenmal zu singen begonnen hatte, wehte ihm bald der Wind die Flammen ins Gesicht, und bei sich selber betend, die Lippen und den Kopf bewegend, endete er im Herren. In der Zeit des Schweigens aber schien er sich zu rühren, bevor er endete, solange wie rasch zwei oder höchstens drei Vaterunser gesprochen werden können. Als jedoch die Holzbündel und das Stroh verbrannt waren, und der Leichnam noch an der Kette stand, die am Halse hing, stießen ihn die Gerichtsdiener bald samt dem Pfahl zu Boden, nährten das Feuer noch mehr durch einen Wagen Holz und verbrannten ihn. Sie gingen ringsum und zerschlugen die Knochen mit Knüppeln, damit sie um so schneller zu Asche würden. Und als sie das Haupt fanden, zerschlugen sie es in Stücke und warfen es wieder ins Feuer. Als sie sein Herz unter den Eingeweiden entdeckten, nahmen sie einen spitzen Knüppel und steckten es daran wie an einen Spieß, verbrannten es gesondert zu Asche und zerschlugen es mit Stangen. Schließlich verwandelten sie die ganze Masse zu Asche.«

Am 30. Mai 1416 endete an der selben Stelle wie Hus sein Schüler Hieronymus von Prag auf dem Scheiterhaufen. Die grausame Hinrichtungszeremonie, die man an seinem Meister vollzogen hatte, hielt ihn nicht vor dem Bekennertod zurück.

Die Konstanzer Urteile lösten in Böhmen eine Welle der Empörung aus. Auf den Tod des Johannes Hus reagierten 452 Herren und Ritter mit einem geharnischten Protestbrief und bezeichneten die Handlungsweise des Konzils als »Schmach für die böhmische Zunge«. Hus errang den Nimbus eines nationalen Helden. Noch während des Prozesses war in Prag die Forderung nach dem Laienkelch erhoben worden, nach dem Abendmahl in beiderlei Gestalt, Symbol für den Bruch mit der alten Kirche und Stiftung einer neuen religiösen Gemeinschaft. Am 10. März 1417 sprach sich die Universität für die Kelchkommunion aus und wirkte seitdem als »höchste Behörde einer neuen, sozusagen noch gestaltlosen Kirche«. Viele Städte ahmten das Prager Beispiel nach, zugleich die Landbevölkerung, vor allem in den dichter besiedelten Räumen Süd- und Mittelböhmens.

Die »Hussitische Revolution« war jetzt nicht mehr aufzuhalten. König Wenzel versuchte sie im Frühjahr 1419 noch einmal einzudämmen und ließ Anhänger des Laienkelches und Kelchpriester ausweisen und verfolgen. Zehntausende versammelten sich daraufhin zu sogenannten Bergwallfahrten unter freiem Himmel, aus Stadt und Land strömten die Massen zusammen. Am 30. Juli 1419 stürmte und plünderte eine aufgebrachte Menge nach einer Umsturzpredigt die Prager Stephanskirche und zog anschließend zum Neustädter Rathaus, um hussitische Gefangene zu befreien. Als sich dreizehn königstreue und katholische Ratsherren widersetzten, wurden sie nach Besetzung des Rathauses kurzerhand aus dem Fenster geworfen. Mit diesem ersten berühmten Prager Fenstersturz trat die Revolution in ihr offenes Stadium. König Wenzel verstarb am 16. August 1419, Bemühungen Sophies, den Bürgerkrieg durch einen allgemeinen Landfrieden zu verhindern, scheiterten.

Was von Gegnern und Späteren als »Hussitismus« bezeichnet wurde, war schon in den Anfängen keine einheitliche Bewegung, sondern zeigte deutliche Unterschiede in Zielsetzung und Programmatik, in Strategie und Agitation, bildete Gruppen und Flügel. Die Betonung des Tschechischen war zweifellos stark, trieb die Revolution an, doch existierte daneben eine nicht unbeachtliche Strömung deutschen Hussitentums. Die religiöse Frage spielte eine wesentliche Rolle, allerdings in enger Verbindung mit sozialen Anliegen. Die hussitischen Feudalherren und das gleichgesinnte obere Bürgertum begrüßten eine Säkularisierung in Stadt und Land zu ihren Gunsten, wünschten freilich keinerlei grundsätzliche Veränderung der Gesellschaftsstrukturen. Ein Großteil des Hochadels hielt sich neutral, einige hochadelige Familien schlossen sich den hussitischen Städten an, auf eigenen Gewinn hoffend. Der mächtigste böhmische Adelige, Graf Ulrich von Rosenberg, leistete Widerstand. Er blieb katholisch und nutzte die Zeit des böhmischen Bürgerkriegs, um sein Gebiet zu einem selbständigen Landesfürstentum auszubauen.

Die plebejisch-bäuerlichen Gruppierungen dagegen schöpften ihre Triebkräfte aus der Idee eines urchristlichen Kommunismus, fühlten sich als Auserwählte eines künftigen Gottesreiches. Das Urchristentum diente den gesellschaftlichen Unterschichten und Armen als Medium der Selbstbewußtwerdung und als Instrument zur Kritik an jeder Hierarchie, insbesondere an der kirchlichen. Wie weit sich der ideologische Bogen spannte, von adeliger Pragmatik bis zu sozialrevolutionärer Utopie, demonstriert »Das Netz des Glaubens«, Hauptwerk des Landedelmannes Peter von Cheltschitz, eine einzigartige, umfassende Gesellschaftsanalyse des Mittelalters. Der Autor, ganz einer radikalen Urkirchlichkeit verbunden und jede Form der Obrigkeit ablehnend, entwarf ein scharf gezeichnetes Bild des Feudalismus, das in seiner Zeit nicht seinesgleichen fand. Peter von Cheltschitz teilte die Gesellschaft in drei Gruppen ein: »Die erste Gruppe, welche wehrt, zuschlägt und schützt; die zweite Gruppe bildet die geistige Priesterschaft, welche betet; die dritte Gruppe bilden die fronenden Arbeiter, und diese haben zu bestreiten die leiblichen Bedürfnisse jener anderen zwei. Und wenn der geistige Leib Christi solcherart zerteilt ist, welche Ungleichheit ist dann in ihm! Zwei Parteien ist sie schmackhaft, sintemal beide faul, gefräßig und verschwenderisch sind; liegen sie doch auf der dritten Partei, diese sich unterwerfend; und diese trägt mit ihren Schmerzen die Üppigkeit jener zwiefachen Fresser, deren es eine so große Menge gibt.«

Die inneren Spannungen drohten die hussitische Revolution schon frühzeitig zu zerstören. Doch fand die Bewegung immer wieder zur Einheit durch Bedrohung von außen. Wenn es gegen römischen Papst und römischen König ging, hielten Radikale und Gemäßigte wenigstens vorübergehend zusammen. Als Papst Martin V. am 1. März 1420 zum Kreuzzug gegen die ketzerischen Böhmen aufrief, bedeutete dies den Auftakt zu einem fünfzehn Jahre währenden Krieg. Die Hussiten warteten ideell und militärisch wohlgerüstet auf die päpstlich-königlichen Kreuzfahrer. Prager Magister definierten auf Antrag aus dem tschechischen Hochadel die Selbstverteidigung der Revolution als »gerechten Krieg«. Im April 1420 erschienen die »Prager Artikel«, ein Rahmenprogramm des religiösen Hussitismus, mit Forderung nach Kelch, Predigtfreiheit, evangelischer Armut der Priester und Bestrafung aller Todsünden. Damit war nach Ferdinand Seibt »der Widerstand in causa fidei gegen Papst und Königtum zum erstenmal in der christlichen Geschichte mit Rechtsansprüchen definiert worden«.

Im Sommer 1420 überschritt König Sigmund mit einem Kreuzheer die Grenze nach Böhmen, um im Land seines Vaters für Ruhe und rechten Glauben zu sorgen und für sich selbst die Krone als Nachfolger des unglücklichen Bruders zu erwerben. An diesem Zug beteiligte sich ein stattliches bayerisches Kontingent der Mitglieder des Konstanzer Bundes. Am 14. Juli 1420 standen sich am Veitsberg bei Prag die Truppen des Reiches und das Aufgebot der böhmischen Revolutionäre gegenüber. Für Sigmund endete die Schlacht mit einer schweren Niederlage. Immerhin hielt er den alten königlichen Burgberg besetzt, den Hradschin. Am 28. Juli ließ er sich im Veitsdom zum böhmischen König krönen und brach damit endgültig mit seinen revolutionären Untertanen. Die Veitskirche wurde jedoch nicht nur Schauplatz einer fragwürdigen und uneffektiven Staatszeremonie, sondern auch Ort eines höchst unwürdigen Vorgangs. Der König befahl nämlich, die kostbaren Altäre und Kirchenschätze, die goldenen Monstranzen und sogar eine Goldtruhe für die Reliquien des böhmischen Nationalheiligen Wenzel zu beschlagnahmen und einzuschmelzen, um seine Truppen zu bezahlen. Der nur durch Geldnot legitimierte Bildersturm genügte allerdings nicht zur Begleichung aller Verpflichtungen, und so zogen die Bayern, an ihrer Spitze Wilhelm III., Heinrich und Pfalzgraf Johann von Neumarkt, mit dem übrigen Kreuzheer vorzeitig ab. Sigmund hatte zwar eine Krone, aber kein Land gewonnen.

1421 sollte nach Willen von Papst und König die Scharte des Vorjahres ausgewetzt werden. Rom forderte erneut zum Kreuzzug auf, Kardinallegat Branda warb dafür in Deutschland und richtete unter anderem ein Hilfsgesuch an die Stadt Regensburg: »Sie haben augenscheinlich von den Bekennern des katholischen Glaubens die Hände und Finger grausam abgeschnitten, andere ermordet, verbrannt, und sie dürsten auf nichts anderes als auf katholisches Blut. Und sie zerstörten Kirchen und andere heilige Orte, die zur Ehre Gottes und seiner Heiligen gebaut sind, von Grund auf, und sie verbrannten Reliquien und Bilder oder zertrampelten sie mit den Füßen und versuchten mit zahllosen Verirrungen, den katholischen Glauben zu vernichten, und führten gefährliche und abergläubische Irrwege ein.«

Sigmund tat ebenfalls sein Bestes und erinnerte seine Fürsten an ihre Pflichten. An Herzog Heinrich von Landshut schrieb er: »Wir tun Dir zu wissen, daß die Wiklefen unsere Stadt Tachau belegt haben. Wir haben uns aber dazu geschickt, mit Gottes und Deiner Hilfe, der Ketzerei auf diesmal ein ganzes Ende zu machen.« Heinrich solle sich deshalb »mit ganzer Macht« beim königlichen Heer einfinden.

In Böhmen wartete jedoch ein unüberwindbarer Gegner auf die Eindringlinge, der legendäre Hussitenführer Jan Žižka. Er stammte aus dem niederen Adel, hatte als königlicher Gefolgsmann Kriegserfahrungen gesammelt und sich schon am Sturm auf das Neustädter Rathaus beteiligt. Mit seiner neuen Taktik der Wagenburg errang er erste militärische Erfolge. Nach dem Tod des adeligen ehemaligen Burggrafen Nikolaus von Hus trat Žižka Ende 1420 an die Spitze der radikal-militanten Taboriten. Böhmen gehorchte weitgehend seinem Befehl. Obwohl durch eine Verletzung völlig erblindet, leitete er den Kampf gegen die Kreuzfahrer, die von Westen her einmarschierten. Ein erstes Heer, angeblich über 100 000 Mann stark, flüchtete Anfang Oktober allein bei dem Gerücht, Žižka sei im Anrücken. Die königliche Hauptarmee nahte von Osten, im Süden standen weitere Truppen einsatzbereit. Trotzdem errang Žižka mehrere Triumphe, bestätigte und unterstrich durch den Sieg den Ruf der Unbesiegbarkeit. Im Dezember schien sich die Lage endlich zu verändern. Die zahlenstärkeren königlichen Truppen hatten die hussitischen Aufgebote bei Kuttenberg eingekreist, drohten den Feind zu erdrücken. Da durchbrach Žižka mit dem ersten nachweisbaren taktischen Einsatz massierter Artillerie die gegnerischen Reihen und brachte ihnen wenige Tage später in einer erbarmungslosen Verfolgungsschlacht eine vernichtende Niederlage bei.

Seit Anfang 1422 war Sigmund nicht mehr in der Lage, aus eigener Kraft ein Heer aufzustellen und übertrug seither das Reichsaufgebot dem Kurfürsten von Brandenburg. Im eigenen Stammland wurde er als »Feind der böhmischen Nation« für abgesetzt erklärt. Ein dritter Kreuzzug im Herbst 1422 erlitt das Schicksal seiner Vorgänger. Während die Kreuzheere nur mit Mühe zusammenzuhalten waren und deshalb in möglichst großen Blöcken in die Schlacht geführt wurden, ruhte die Schlagkraft der Hussiten auf der Beweglichkeit kleiner Einheiten. Den adelig-feudalen Ritterheeren trat eine Volksarmee entgegen, die den Waffengang als freiwillige und heilige Aufgabe vollzog. Religiöser Fanatismus und Siegesgewißheit beflügelten den Kampfgeist der »Gotteskrieger«. Hinter mannshohen Schilden, bemalt mit religiösen Motiven, rückten sie mit tödlicher Entschlossenheit gegen den Feind und demoralisierten ihn schon beim Anmarsch mit ihrem Schlachtchoral »Wir sind die Streiter Gottes«.

Bayerische Erbschaften

Das Engagement Bayerns gegen die benachbarten Hussiten war in den ersten Jahren der Auseinandersetzung recht dürftig gewesen. Der Krieg gegen Ludwig von Ingolstadt band die Kräfte im Inneren. Am erfolglosen Unternehmen des Herbstes 1422 war dann wenigstens ein geringes bayerisches Kontingent beteiligt. Herzog Albrecht der Junge hatte zwar 1420 Onkel Wilhelm nach Prag begleitet und ebenfalls der Krönung Sigmunds zum böhmischen König beigewohnt, um anschließend schnell das feindliche Land wieder zu verlassen, über weitere Aufenthalte in Böhmen ist aber nichts bekannt. Statt dessen nahm Albrecht am Bayerischen Krieg teil und widmete sich seinen persönlichen Angelegenheiten. Dabei stand ihm offenbar die Mutter hilfreich zur Seite. Im Mai 1423 konnte er gegenüber den Bürgern des Marktes Pfaffenhofen wie ein wirklicher Landesherr auftreten, durch Bestätigung ihrer bisherigen Rechte in einem Freiheitsbrief. Im Juni nahm er den Juden Mosse von Weilheim in Schutz, gewährte ihm die gewöhnlichen Judenrechte und erlaubte ihm in Pfaffenhofen zu wohnen und auf alle Pfänder zu leihen, ausgenommen »blutig Gewand, zerbrochene Kelch und ungebundenes Getreid«.

Im März 1424 erwies sich Herzogin Elisabeth als besonders großzügig und weitschauend. Sie sicherte dem einzigen Sohn aus ihrem Heiratsgut den Mitbesitz der Herrschaften Pfaffenhofen, Geisenfeld, Hohenwart und der Grafschaft Vohburg an der Donau. Am 19. März huldigte die Bevölkerung dem neuen Mitherrn. Albrecht nannte sich seitdem ausdrücklich »Graf zu Vohburg« und besaß mit dem dortigen Schloß ein Refugium ganz persönlicher Art. Auch anderer Eigenbesitz fiel dem jungen Herzog in diesem Jahr zu, nicht zuletzt die Vogtei, die herzogliche Oberaufsicht, über das Kloster Ilmmünster.

Wenig später winkte den Münchner Herzögen eine bedeutende Erbschaft, allerdings nicht nur ihnen, sondern auch den lieben Verwandten in Ingolstadt und Landshut: das Herzogtum Straubing-Holland. Dieses selbständige Fürstentum, ein Kuriosum der bayerischen Geschichte, war aus der Erbmasse Kaiser Ludwigs des Bayern entstanden. 1353 errangen die Kaisersöhne Wilhelm I. und Albrecht I. eine eigene Teilherrschaft mit dem Herzogtum Niederbayern-Straubing und den wittelsbachischen Grafschaften Holland, Seeland, Hennegau und der Herrschaft Friesland. Der altbayerische Teil mit Straubing als Residenzstadt spielte zwar in den folgenden achtzig Jahren nur die Rolle eines Nebenlandes, verwaltet von herzoglichen Landverwesern und Stellvertretern, aber das Land an der Donau erlebte einen bemerkenswerten wirtschaftlichen Aufschwung. Die meist im Haag regierenden Herzöge pflegten eine erfolgreiche Heiratspolitik. Durch Eheschließungen der Regenten oder ihrer Nachkommen ergaben sich Verbindungen zu Cleve-Mark, Schlesien, Böhmen, Österreich, Luxemburg, Burgund, Frankreich und England. Straubing wurde zu einer kulturell und städtebaulich blühenden Stadt, in der die Strömungen der internationalen Gotik in Bau- und Kunstwerken einen qualitätvollen und überdurchschnittlich guten Niederschlag fanden. Innenpolitisch fühlte sich Niederbayern-Straubing durch mehrere gemeinsame Vertragswerke mit den anderen bayerischen Herzogtümern verbunden, außenpolitisch wahrten die in den Niederlanden meist stark beschäftigten Fürsten einen maßvollen Weg, der dem Straubinger Land nicht zuletzt die Teilnahme am großen Bayerischen Krieg ersparte. Niederbayern-Straubing grenzte allerdings unmittelbar an Böhmen, sah sich handgreiflicher und augenscheinlicher der Hussitengefahr ausgesetzt als die anderen wittelsbachischen Fürstentümer, die Pfalzgrafschaft Neumarkt ausgenommen.

Am 6. Januar 1425 wurde Herzog Johann III. in Holland durch Gift ermordet. Der Straubinger Fürst hatte während fünfzehn Jahren Regierungszeit seine Donauresidenz kaum gesehen, sich vielmehr kräftig in die niederländischen Ständekämpfe zwischen Adel und Bürgertum eingemischt. Sein Tod traf Niederbayern-Straubing trotzdem schwer und nachhaltig. Johann hinterließ nämlich keinen männlichen Erben, die Linie Straubing-Holland starb damit männlicherseits aus. Seine Tochter Jacobäa war nicht in der Lage, die holländischen Grafschaften auf Dauer für sich zu erringen, geschweige denn die fernen niederbayerischen Gefilde, die jetzt nach bayerischem Erbrecht den Vettern in München, Ingolstadt und Landshut ins Haus standen.

Der Zeitpunkt für einen Erbkonflikt konnte nicht ungünstiger sein. Im Oktober 1424 war zwar Jan Žižka bei einem Feldzug gegen Mähren gefallen. Die hussitische Bewegung erlahmte aber keineswegs. Hussitische Scharen stießen 1425 in den Bayerischen Wald vor und bedrohten sogar das feste Straubing, dessen Burgschloß an der Donau seit 1420 gegen die böhmische Gefahr ausgebaut worden war. Daß die herzoglichen Erbanwärter angesichts bayerischer und außerbayerischer Zustände die Anwartschaft auf die niederländischen Provinzen praktisch widerspruchslos aufgaben, mag verständlich sein. Von wenig Verantwortungsbewußtsein gegenüber Land und Leuten zeugte dagegen der nun einsetzende Streit um das Straubinger Erbe, der jahrelang das Land zwischen Altmühl und Inn belastete.

Allerdings gewann in dieser Zeit innerer und äußerer Spannungen eine typisch spätmittelalterliche Einrichtung zunehmend an Gewicht: die Landschaft, die Vertretung des Landes durch die Repräsentanten seiner Stände Adel, Bürger, Geistlichkeit. Der Zusammenschluß der Ritterschaft zur Korporation hatte seine Wurzeln im adeligen Einigungsrecht und kam in Niederbayern in der »Ottonischen Handfeste« von 1311 zum Ausdruck. In der korporativen Genossenschaft wahrte der Adel seine herrschaftlichen Gerichtsrechte gegenüber dem Landesherrn und wies dessen finanzielle Forderungen in die Schranken. Zum Ritterstand trat im 14. Jahrhundert der Prälatenstand, die Vertretung der mit Gerichtsbesitz ausgestatteten Klöster. Und ebenfalls im frühen 14. Jahrhundert formierte sich der dritte Stand, die Korporation der Städte und Märkte. Alle drei bildeten die Landschaft, eine »Einung«, der die Herzöge die formelle Beurkundung nicht versagen konnten. Zwar besaß die Landschaft, vom Landesherrn zu Landtagen zusammengerufen, keine direkte Einflußnahme auf dessen politische Entscheidungen, doch aufgrund des Steuerbewilligungsrechts, des Beratungs- und Petitionsrechts wurden die Landstände zu einem nicht übersehbaren Faktor.

Gerade in Niederbayern-Straubing hatte die Landschaft einen kräftigen Aufschwung genommen. Die Abwesenheit der Herzöge begünstigte die Landstände. In den Jahren der Hussitengefahr trugen sie weitgehend die Verteidigung des Landes. In der Straubinger Erbfolge übernahmen sie eine wichtige Rolle als Vertretung des verwaisten Herzogtums und Mittler gegenüber den wieder einmal uneinigen Herzögen. Deren Positionen lagen weit auseinander. Schon am 31. Januar 1425 stellte Ludwig von Ingolstadt eine Maximalforderung auf. Von Wien aus schrieb er an die Räte, Verweser und Ritter des Straubinger Landes und verlangte als »der eltist und wirdigst fürst von Bayrn« das gesamte Erbgut Herzog Johanns III. als Alleinbesitz.

Ludwigs alte Gegner Heinrich, Ernst und Wilhelm hatten natürlich andere Vorstellungen, dachten keineswegs daran, dem Ingolstädter das ganze Erbe nach dem Ältestenrecht zuzugestehen. Heinrich der Reiche pochte auf eine Teilung nach Linien, auf eine Dreiteilung gemäß den wittelsbachischen Häusern Landshut, München und Ingolstadt. Dieser Modus entspreche dem alten bayerischen Landrecht. Ernst und Wilhelm sahen auf ihren Vorteil und propagierten eine Teilung nach Köpfen und damit eine Vierteilung des Landes mit Gleichberechtigung der vier Herzöge gleichen Grades Ludwig, Heinrich, Ernst und Wilhelm. Für Bayern-München zweifellos eine günstige Lösung, beanspruchten seine Fürsten doch damit die Hälfte des Erbguts. Ernst zeigte sich in seiner Argumentation als besonders »modern«, indem er auf kaiserlich-römisches Recht verwies und die Beiziehung von Legisten, von landfremden Gelehrten des Römischen Rechts, befürwortete, was Heinrich als unüblich und unbayerisch ablehnte. Unklar blieb ferner, vor welchem Gremium entschieden werden sollte. Vor den Landständen, vor einem fürstlichen Schiedsgericht, vor dem königlichen Reichsgericht?

Nach acht Monaten intensiver Bemühungen und Verhandlungen der Straubinger Landstände war keine Lösung in Sicht, weder für den Verfahrensmodus noch für den Modus der Erbteilung. Zu allem Überfluß meldete auch König Sigmunds Schwiegersohn, Herzog Albrecht von Österreich, Ansprüche auf das Straubinger Land an. Bald schien eine Beilegung der Affäre ohne Eingreifen des Königs nicht mehr möglich. Aus den Kreisen der Straubinger Landschaft war zu hören, der König solle sich des Erbfalls annehmen und bis zur endgültigen Regelung einen Landpfleger bestellen, weil sonst zu befürchten sei, »es möchte um das Land, so Sr. K. Gnaden Lehen sei, gar gekriegt und dasselbe ganz verderbt werden«.

Eine Neuauflage des Bayerischen Krieges hätte ganz sicher das Land »verdorben«, denn die Gefahr aus Böhmen ließ nicht nach, sondern nahm sogar noch zu. Nach eher gelegentlichen, wenig zielgerichteten Raubzügen über die eigenen Grenzen gingen die radikalen Hussiten zu einer systematischen Angriffspolitik über. An der Spitze des südböhmischen Taboritenheeres stand seit Sommer 1426 Prokop der Große, ein ehemaliger Priester, der mütterlicherseits aus einer deutschen Patrizierfamilie in Prag stammte. Prokop, auch »der Kühne« und »der Kahle« genannt, war Žižka als Heerführer ebenbürtig, als Diplomat überlegen. Er trieb seine Bewegung zur Offensive, um die inneren Spannungen und Kämpfe zu überwinden und die Anerkennung der übrigen Christenheit zu erzwingen. Mit einer Serie von Kriegszügen stieß er zwischen 1426 und 1433 gegen Bayern, Franken, Sachsen und Brandenburg vor, eroberte und besetzte Schlesien, marschierte sogar zur Unterstützung Polens gegen den Deutschen Ritterorden bis an die Ostsee.

Das Reich stand Prokops Truppen hilflos gegenüber. 1426 führte Friedrich von Brandenburg als Reichshauptmann ein weiteres Kreuzfahrerheer gegen die Hussiten – und wurde am 16. Juni bei Aussig geschlagen. Das Unternehmen sollte allerdings weniger der Durchsetzung des römischen Katholizismus dienen, sondern mehr der Abschirmung der bedrohten Länder des Hohenzollernfürsten. Ludwig der Bärtige nahm denn auch nicht teil, seine Kontingente wurden vom König noch nach der Niederlage angemahnt. Der Ingolstädter verspürte keine Ambitionen, dem alten brandenburgischen Erzfeind zu helfen. Insgesamt herrschte in Bayern kaum mehr ein Gefühl gemeinsamer Bedrohung, fehlte die gemeinsame Abwehr. Die besonders betroffenen Gebiete – die Oberpfalz, Regensburg, das Straubinger Land – wehrten sich gegen Einfälle im »täglichen Krieg« und mit einzelnen Unternehmungen, nicht ohne lokale Erfolge, doch mit Mühe und Not. Die übrigen Herzogtümer beteiligten sich an der Bekämpfung der »Hussen« gemäß ihren Verpflichtungen und Verbindungen im Reich, und selbst die Pflichtanteile blieben aufgrund der innerbayerischen Gegensätze uneinheitlich und unbefriedigend.

Am Sommerfeldzug 1427 nahm Heinrich von Landshut persönlich teil, wohl aus Verbundenheit mit dem Brandenburger. Ludwig, Ernst und Wilhelm widmeten sich indes dem Straubinger Erbstreit. Nur Herzog Albrecht zog nach Böhmen und lieh sich dafür von München die städtischen Werkleute zur Geschützbedienung und die Zelte mit dreizehn großen weißblauen Rautenschilden aus. Doch gab es dann im Osten nichts Neues. Am 2. August lösten sich die Truppen vor der Stadt Mies schon beim bloßen Herannahen der Hussiten auf. Eine Reichskriegssteuerordnung, beschlossen von einem Frankfurter Reichstag im Dezember 1427, wurde von den bayerischen Herzögen zwar angenommen, sie lieferten dann aber die Steuererträge nicht ab, sondern finanzierten damit die Teilnahme am ziemlich ergebnislosen Novemberzug des Jahres 1429.

Der Straubinger Erbfall war nach vier Jahren noch immer offen. Die Anwärter beharrten auf ihren Standpunkten. Die Landschaft demonstrierte Verhandlungs- und Vermittlungsbereitschaft, ohne daß sie sich den Forderungen einer Partei angeschlossen hätte. Betont wurden vielmehr Wohlfahrt und Zukunft des Landes und die Notwendigkeit eines vernünftigen Kompromisses. Der Streit der Landesherren förderte das Selbstbewußtsein des Landadels. 1428 gründeten die Ritter den Bund der Böckler, in dem vor allem der Adel des Bayerischen Waldes seine Macht hervorkehrte – nicht nur zur Verteidigung seiner Sonderrechte, sondern auch des ganzen notbeladenen Landes wegen, das in diesem Jahr schwer von den Hussiten heimgesucht wurde.

Erst ein königlicher Spruch auf einem Reichstag in Preßburg bereinigte am 26. April 1429 die Straubinger Erbfolge. Das Münchner Herzoghaus setzte sich durch. Jeder der vier bayerischen Fürsten sollte einen gleichwertigen Teil erhalten, aber nicht gemessen an territorialen Zusammenhängen, sondern nach dem Steueraufkommen der jeweils gegeneinander abzuwägenden Städte, Märkte und Besitzungen. Herzog Ernst erhielt die Stadt Straubing, Mitterfels, Bogen, Haidau und die herzoglich-bayerischen Rechte zu Regensburg ohne die dortigen Juden, Herzog Wilhelm Kelheim, Dietfurt, Eschlkam, Furth, Kötzting, Cham und Deggendorf. Ein großer Teil des Bayerischen Waldes und das Altmühltal gelangten so an das Herzogtum Oberbayern-München. Straubing verlor seinen Rang als Residenzstadt, wurde jedoch nach München die wichtigste Stadt im neuformierten Fürstentum. Niederbayern-Straubing wurde zwar als selbständige politische Einheit aufgelöst, die Straubinger Landschaft aber bestand weiter. Noch galt es eine Fülle von Einzelfragen zu klären. Ein 25 Mann starker Ausschuß der bayerischen Landstände sollte sich dieser offenen Probleme annehmen, damit nicht wieder Streit zwischen den Herzögen entbrannte. Die nächsten Jahre war dieser Ausschuß durchaus beschäftigt.

Herzog Ernsts Tochter Beatrix gratulierte dem Vater am 24. Juni 1429, daß es ihm und Herzog Wilhelm »mit der Teilung des Niederlandes gefallen sei nach ihrem Willen«. Ihr Gemahl, Pfalzgraf Johann von Neumarkt, schloß sich den Glückwünschen ausdrücklich an. Die Verbindung zwischen München und dem oberpfälzischen Grafen bestand seit September 1427. Damals hatte Beatrix, Witwe des Grafen Hermann von Cilli, den ebenfalls verwitweten Johann geheiratet. Der Pfalzgraf hatte sich in den Abwehrkämpfen gegen die Hussiten durch hartnäckigen Widerstand verdient gemacht und 1426 sogar bei Klattau eine hussitische Wagenburg erobert. Nach dem Preßburger Spruch über das Straubinger Land war auch die gebietsmäßige Nachbarschaft zwischen dem Neumarkter und seinen Münchner Verwandten enger geworden. Jetzt hatte Bayern-München unmittelbare Verantwortung an der Grenze zu Böhmen übertragen bekommen. Ernst und Wilhelm unterstützten deshalb einige erfolgreiche Vorstöße Johanns gegen die Taboriten und schlossen am 27. Juli 1429 einen gemeinsamen Landfrieden für ihre Fürstentümer, wahrscheinlich auf einem Landtag in Straubing. Der Friedensbrief legt dar, wie schlimm es um das Land in den Grenzgebieten an Donau und unterer Isar stand. Die Fürsten meldeten, »daß schwere Beschädigung als Rauberey, Mordbrand, Dieberey und sonst mancherley andere Uebelthaten in unserm Lande geschehen und auferstanden sind, auch täglichs an geistlichen und weltlichen Leuten geschehen ...«. Nun sollten wieder Frieden und Recht einkehren.

Für den jungen Herzog Albrecht waren diese bewegten Jahre nach den Erlebnissen des Bayerischen Krieges sicherlich eine weitere aufschlußreiche »Lehrzeit«. Er lernte das ganze Umfeld fürstlicher Politik seiner Zeit kennen: Krieg, Außenpolitik nach eigenem Gusto, Diplomatie ohne größere Skrupel, zähes Ringen um den eigenen Vorteil, Verschlagenheit zur Wahrung der eigenen Position, dabei Betonung des fürstlichen Standes und der ritterlichen Lebensart. Bei den Verhandlungen um die Straubinger Erbschaft wurde er mehrfach namentlich mitgenannt, hussitische Kampfkraft kannte er aus eigener Erfahrung.

Daneben wandte sich Albrecht auch kirchenpolitischen Fragen zu. So bestätigte er dem Kloster St. Emmeram zu Regensburg 1426 seine Gerichtsrechte zu Lauterbach und Vogtareut, behielt aber seinem herzoglichen Gericht in Pfaffenhofen ausdrücklich und ganz im Sinne damaliger Kompetenzverteilung die höhere Justiz über die drei Hauptverbrechen vor, nämlich Totschlag, Diebstahl und Notzucht. 1426 und 1427 betrieb er wahrscheinlich mit Herzog Wilhelm die Reformierung mehrerer bayerischer Klöster durch den Dekan Johann von Indersdorf und zwei Mönche aus Melk und Ochsenhausen. Den Anstoß dazu hatten Bischof Nikodemus von Freising und dessen Generalvikar gegeben, Johann Grünwalder, ein natürlicher Sohn Herzog Johanns II. von München und damit Halbbruder Wilhelms und Ernsts.

Eine zeitgenössische Handschrift bestätigt Albrechts Reformbestrebungen, seine Bemühungen um die Hebung und Wiederherstellung der Klosterzucht, die ihm für seine spätere Regentschaft den Beinamen »der Fromme« einbrachten: »Albrecht neigte von Jugend an dazu, besonders die geistliche Zucht und Ordnung in den Klöstern zu fördern und diese auf ihre Anfänge zurückzubringen, die fast verloren waren durch Faulheit der geistlichen Oberen und der weltlichen Gewalt und die vielfach ganz verloschen waren.«

Der Erfolg seines Vaters im Streit um das Straubinger Land bescherte dem einzigen Sohn des alternden Herzog Ernst die Aussicht auf ein beachtliches Erbe. Allerdings hatte Albrecht zu dieser Zeit nicht nur Klöster und Politik im Kopf, sondern vielleicht schon ein junges Mädchen aus Augsburg im Herzen: die Baderstochter Agnes Bernauer.

Der Herzog und die Baderin

Dunkle Anfänge

Herzog Albrecht von Bayern-München war nach Veit Arnpeck »ain gütiger, frölicher und fridlicher herr. er hett gross lieb zu der kunst musica; er kunt ir auch selber vil«. Dazu rühmte man seine ritterliche Gestalt und sein männliches Wesen. Und nicht zuletzt hieß es, er sei »ain liebhaber der zarten frawen«. Nur verheiratet war dieser musikalisch begabte, attraktive, das schöne Geschlecht verehrende Fürstensohn lange nicht, obwohl man im Spätmittelalter gemeinhin recht früh heiratete: Mädchen im Durchschnitt mit 13, junge Männer mit 17 Jahren.

So nimmt es nicht wunder, daß sich die Frage nach einer guten und angemessenen Partie für den heiratsfälligen Herzog stellte und ein Verwandter des Hauses zu Albrechts 26. Geburtstag einen entsprechenden Hinweis gab. Er kam von Graf Hermann II. von Cilli, dem Schwiegervater der Münchner Herzogstochter Beatrix, die sich am 31. Mai 1424 mit Herrmann III. von Cilli vermählt, aber bereits am 30. Juli 1426 den Gatten verloren hatte. Hermann rühmte in einem Brief an Herzog Ernst das Königshaus Cypern, dessen Herrscher und seine »schone und hubsche tochter, die gerad ihres leibs und wolgeschickt ist«. Ihm würde es sehr gefallen, »das ir von eurs son, unsers lieben swager, herzog Albrechts wegen reden liest«, zudem auch ein entsprechend üppiges Heiratsgut zu erwarten sei. Durchaus möglich, daß Schwester Beatrix die eigentliche Triebkraft für solche gute Ratschläge war, aus denen dann nichts wurde, weil sich für Bayern-München eine weit bessere, politisch günstigere Gelegenheit bot.

Der wittelsbachische Kurfürst Ludwig von der Pfalz hatte bereits im Jahre 1419 seine älteste Tochter mit dem noch minderjährigen Grafen Ludwig von Württemberg verlobt.

Nun vermittelte er eine Verbindung Herzog Albrechts mit Elisabeth, Tochter des 1417 verstorbenen Grafen Eberhard des Milden von Württemberg. Eine Allianz zwischen den rheinpfälzischen und altbayerischen Ländern der Wittelsbacher und dem wichtigsten Territorialstaat des deutschen Südwestens rückte damit in greifbare Nähe. In Heidelberg trafen sich die Unterhändler aus Oberbayern und Württemberg und vereinbarten am 15. Januar 1428 einen Heiratsvertrag für die nach Pfingsten geplante Hochzeit. Elisabeth sollte 30 000 Gulden Heiratsgut an Albrecht bezahlen und als Pfand die Einnahmen aus der Stadt Göppingen verschreiben. Zehn Bürgen sollten außerdem mit je einem Knecht und einem Pferd in Münchner Dienste treten, bis die Summe in einem vertretbaren Zeitraum in Augsburg oder Ulm bar auf den Tisch gelegt wurde. Andererseits versprachen Ernsts Gesandte der zukünftigen Schwiegertochter einen Witwensitz im Wert von 30 000 Gulden und weitere Sicherheiten in gleicher Höhe. Bei Bruch des Verlöbnisses aber hatte die schuldige Partei 10 000 Gulden Strafe zu leisten.

Dieser abschließende Vertragspunkt rückte schnell in den Mittelpunkt des Interesses. Elisabeth nämlich dachte nicht daran, den Münchner Erbprinzen aus dynastischen Erwägungen zu heiraten. Sie liebte den Grafen Johann III. von Werdenberg-Sargans, ergriff deshalb die Flucht, ehelichte den Grafen heimlich und machte damit alle Familienplanungen zunichte. Die erzürnten Brüder und Vormünder reagierten mit harter Verfolgung, steckten die Vertragsbrüchige sogar ins Gefängnis – nur nützten solche Aktionen nichts mehr. 1430 wurde die Ehe schließlich sanktioniert. Allerdings fiel Elisabeth nur eine gekürzte Aussteuer zu, denn Albrecht hatte auf Zahlung der Reusumme gepocht, sie von den Württembergern tatsächlich erhalten und dafür mit 6000 Gulden den an Ritter Parzifal Zenger verpfändeten Salzzoll zu Regensburg für sich eingelöst.

Im Frühjahr 1428, genauer in den Faschingstagen, hielt sich Albrecht in der Freien Reichsstadt Augsburg auf. Mehrere Chronisten bestätigen seine Teilnahme an einem Turnier, z. B. Hektor Mülich: »Des jars was ain stechhof hie und stach darinn hertzog Albrecht von München und ander edelleut und burger.« Geladen hatte das Patriziat Augsburgs, das mit diesem ursprünglich ritterlichen Kampfsport bei Festlichkeiten und hohem Besuch seinen adelsähnlichen Status zu demonstrieren pflegte. Fastnacht und Albrechts Anwesenheit boten dazu gute Gelegenheit.

Wahrscheinlich fand das Turnier vor dem bischöflichen Palast und Dom statt, und zwar als »Deutsches Gestech« ohne Planken, wie Hans Burgkmair in seinem Turnierbuch für diese Zeit überlieferte: »Anno 1436 Jarr allhie in Augspurg der Gebrauch gewessenn, daß mann inn hochen zeugenn gestochenn hatt und die stangen brechenn«. Das »hohe Zeug« bestand aus einem Sattel mit erhöhtem Sitz und einer Vorwand, die vorne aufwärts bis an die Brust, abwärts bis zu den Füßen reichte und so die untere Körperpartie schützte. Der Reiter war im hohen Zeug durch eine um die Hüfte laufende Spange so fest eingeschlossen, daß er nicht aus dem Sattel fallen konnte. Die Stecher galoppierten aufeinander los, bis die Lanzen mit dreigeteilter Krönleinspitze barsten. Erst später kam das »Welsche Gestech« in Mode, bei dem die Planke, eine halbhohe Wand aus Holzbrettern, die Duellanten trennte.

Wie vielen schwäbischen Rittersleuten oder Augsburger Großbürgersöhnen Albrecht beim Faschingsturnier 1428 die Stangen brach, oder ob er selbst im Sattel wankte, ist nicht bekannt. Auch nicht, ob er sich nach dem festlichen Spiel in einer Badestube bei Wein, Weib und Gesang erholte. Anzunehmen ist dies jedenfalls bei den damaligen Gepflogenheiten, und so rankt sich denn seit jeher um das Turnier in Augsburg die Geschichte der ersten Begegnung zwischen Albrecht und Agnes, des Beginns der »lieb seiner Jugent in welcher er zu Augspurg verfirt worden«. Oder wie Felix von Lipowsky poetischer formuliert: »Schon beim ersten Anblick gewann er sie lieb, und Gegenliebe von ihr zu erhalten, war sein Entschluß, sein einziges Bestreben.«

Daß sich Herzog Albrecht von Bayern-München in Augsburg aufhielt, war keine Sensation, keine Überraschung, kein einmaliges Ereignis. Die Reichsstadt und das wittelsbachische Bayern waren Nachbarn, man pflegte gegenseitige Beziehungen, gute und weniger gute. Gegen Albrechts Großvater hatten die Augsburger 1387/88 noch Krieg geführe und als Verlierer 10 000 Goldgulden berappen müssen. Zwei Jahre später standen sie wieder im Bündnis mit Bayern. Als die Bürgerschaft zwischen 1413 und 1423 heftig gegen Papst und Geistlichkeit wegen der Besetzung des Augsburger Bischofsstuhls stritt, verhängten die bayerischen Herzöge zeitweise eine Handelssperre. Doch erkauften sich dann die Reichsstädter die ihnen genehme Eminenz und regelten die Beziehungen zu den Nachbarfürsten.

Augsburg bot seine Hilfe an, wenn es galt, andere gegen bayerische Ambitionen zu schützen. Es leistete jedoch auch den Bayern gute Dienste, wenn die streitenden Fürsten einen Vermittler brauchten. Die Münchner Herzöge vereinbarten zum Beispiel im November 1425 ein Treffen mit Ludwig von Ingolstadt in Augsburg, und Paul von der Leiter bat in königlichem Auftrag Anfang Dezember 1425 die Herzöge Ernst, Wilhelm und Albrecht dorthin. Am 21. März 1429 vereinigten sich in Augsburg die Landstände Bayern-Ingolstadts und Bayern-Münchens, um auf ihre Fürsten zur Friedenswahrung und zur Durchsetzung des Straubinger Teilungsspruches Druck auszuüben.

Den Augsburger Gastgebern mochte solches nur recht sein, denn Frieden in Bayern bedeutete ungestörte Geschäfte im großen Nachbarland. Daß Augsburg als möglicher Zahlort für Elisabeth von Württembergs Heiratsgut genannt wurde, spricht ebenfalls für Beziehungen, die einen jungen bayerischen Fürsten wohl des öfteren in die lebendige und alle Freuden gewährende Stadt führten.

Daß Albrecht auch vom nahen Friedberg aus des öfteren die Augsburger Badstuben beehrte, ist allerdings unwahrscheinlich. Die Stadt, seit 1415 Sitz eines bayerischen Landgerichts, lag im Gebiet Ludwigs des Gebarteten. 1422 griff Wilhelm III. deshalb die Stadt an, nahm sie nach viermonatiger Belagerung und ließ sie niederbrennen. Sie blieb jedoch nicht in Münchner Besitz. Am 27. November 1425 schrieb Ludwig von Friedberg aus an Wilhelm, er solle nach Augsburg reiten, und im Bündnisbrief der Landstände unterzeichnete Friedberg als Mitglied der Ingolstädter Landschaft. Trotzdem gab es genügend Gelegenheiten für Albrecht, die Baderstochter Agnes Bernauer zu umwerben oder sich von ihr becircen zu lassen. Das mag zum erstenmal im Fasching 1428 geschehen sein, vielleicht auch später oder früher – man weiß es nicht.

Völlig ausgeschlossen freilich ist eine eventuelle erste Begegnung auf dem Tanzhaus des Augsburger Patriziats – für Friedrich Hebbel das erregende Moment am Ende der Exposition seines Trauerspiels. Die Augsburger Oberschicht hatte sich 1383 nach dem Verlust ihrer politischen Alleinherrschaft durch Beteiligung der Zünfte am Stadtregiment auf die Schließung der sogenannten Geschlechtergesellschaft geeinigt, um wenigstens den sozialen Status zu wahren. Nur wer adeliger Herkunft war oder aus den alten Ratsgeschlechtern der großen Reichsstädte Straßburg, Nürnberg und Ulm stammte oder als Augsburger Bürger eine »Geschlechterin« ehelichte, konnte Mitglied des Patriziats werden. Nur er hatte Zutritt zu dessen geselligem Zentrum, dem 1412 erstmals erwähnten Geschlechterhaus, »der Herren Bürgerstube« gegenüber dem Rathaus. 1418 tanzte dort König Sigmund. Ein Albrecht von Bayern war sicher ein gern gesehener Gast. Agnes Bernauer kam aus anderer Sphäre. Es muß also schon der Badzuber gewesen sein, der sie mit Albrecht zusammengeführt hat.

Am 2. Juli 1429 versprach Albrecht seinem Hofmeister Jan von Sedlec sechshundert Ungarische Gulden als Heiratsgut für dessen Gattin Margarethe von Waldeck. Er wollte nach Jahresfrist bezahlen oder, falls Jan sterben würde, an dessen Frau und Kinder jährlich hundert Gulden bis zur Tilgung des Hochzeitsgeschenkes entrichten. Die Waldeckerin stellte im September 1430 ein Schreiben aus, das versicherte, Herzog Albrecht habe zwischen ihr und ihrem Ehemann Jan »einen ehelichen Heyrat beredt«. Albrecht versah dieses Dokument sogar mit seinem Siegel. Am 28. Januar 1431 quittierte Sedlec in München den Empfang von hundert Ungarischen Gulden aus dem zugesagten Heiratsgut.

Schon früh tauchte in der Bernauerforschung die Vermutung auf, Albrecht habe mit dieser großzügigen Geste ein Liebesverhältnis mit Margarethe von Waldeck gelöst, nachdem er Agnes kennengelernt hatte. Die Art des Abfindens der bisherigen Favoritin wäre nicht ungewöhnlich gewesen. Kaiser Karl IV. hatte sich 1360 ähnlich verhalten, als er der Tochter des Grafen Burghard von Magdeburg aus diesem Grund achthundert Schock Prager Groschen zur Mitgift bei ihrer Vermählung mit dem Grafen Leopold von Halse schenkte. Und Herzog Ernst belohnte im August 1433 frühere Liebesdienste der Ehefrau seines Zöllners Caspar Winzerer. Besagte Anna hatte dem Fürsten zwei Söhne geboren. Nun vermachte er ihr als Heiratsgut ein Haus samt Grundstück und Garten. Herzog Albrecht bestätigte im Juli 1434 die Verschreibung des Besitzes an die Winzerer und gab damit seine ausdrückliche Zustimmung.

Wenn also Albrecht seinem Hofmeister trotz fortwährend knapper Kasse eine recht beachtliche Summe zusagte, konnte damit der Schlußpunkt unter eine delikate Angelegenheit gemeint sein. Andererseits waren solche Zuwendungen auch an langjährige und treue Berater nicht selten. Jan von Sedlec stand zeitlebens in einem engen Vertrauensverhältnis zu Albrecht. Auch zu den Waldeckern pflegte der junge Fürst seit längerem gute Beziehungen. Er nahm sie im Frühjahr 1426 unter seine besondere Obhut. Jörg von Waldeck stand in Diensten Albrechts, der dessen Ehefrau 1431 persönlichen Schutz und Schirm zusicherte. Ein Zusammenhang zwischen Jans Vermählung und der Bernauerin wäre zwar denkbar, nachweisen läßt er sich aber nicht.

Die erste Begegnung zwischen Albrecht und Agnes bleibt im dunkeln. Was den für weibliche Reize Empfänglichen an der vielleicht achtzehnjährigen Baderstochter faszinierte, läßt sich erahnen, mehr nicht. Bemerkenswert schön nach dem Geschmack der Zeit muß sie jedenfalls gewesen sein. Die Chronisten wiesen immer wieder darauf hin. Hoher Wuchs, weiße Haut und blondes Haar hatten schon die Römer begeistert. Goldglänzende Haartracht, wie sie der Bernauerin stets zugeschrieben wurde, war bei Germanen und mittelalterlichen Deutschen gleichermaßen geschätzt. Während die verheirateten Frauen ihr Haar züchtig zusammenbanden und unter der Kopfbedeckung versteckten, durften es die Jungfräulein offen tragen oder zu Zöpfen flechten. Mag sein, daß Albrecht das Badersmädchen in einer frohen und ausgelassenen Stunde ebenso entzückend erschien, wie der Kirchenvater Epiphanias im vierten Jahrhundert die Heilige Jungfrau phantasievoll beschrieben hatte, wobei er gleichzeitig dem Schönheitsideal des Mittelalters beispielhaft Ausdruck verlieh:

»Wohlgetan an ihrem Leib, war sie die schönste der Frauen; sie war schön weiß, nicht zu kurz, und nach rechtem Maße lang. Ihr Leib war weiß und von schöner Farbe und ohne allen Fehl. Gelb und goldfarben war ihr Haar; ihre Zöpfe waren lang und glatt und recht und wohl geflochten. Ihre Brauen waren braun und schmal, wohlgebildet war auch ihre Stirn. Ihre Augen leuchteten wie das Kerzenlicht und waren weder zu groß noch zu klein, wohl gleich dem edlen Stein, der Saphir ist genannt, oder dem, der Hyazinth heißt. Das Weiße in den Augen war milchfarben und glänzend wie das weiße Glas. Ihre Nase war grade und wohlgebildet, ohne allen Tadel. Ihr Mund war wonniglich und minniglich anzusehen. Ihre Lippen waren rot und rosenfarben und ohne allen Fehler. Ihre Zähne waren alle zusammen in schöner Reihe gerade, weiß und rein, dem weißen Schnee vergleichbar. Ihre Wänglein waren lilienfarben, und es hatte sich da gemischt roter Rosen Farbe und Schnee, wovon die Wänglein so geziert wurden, wie wenn einer eine Lilie hinlegt und ein Rosenblatt darauf. Ihr Kinn war gerundet ohne irgend einen Tadel; mitten darin war ein Grübchen, wodurch seine Zierde noch größer wurde und das Antlitz um so besser aussah. Ihre Kehle war weiß und blank, ihr Hals nicht zu dick und in rechter Länge (...) Weiß und schön waren ihre Hände und wohl geschickt zu allen weiblichen Arbeiten, die ihr ziemten. Ihre Finger waren lang und schmal, ihre Nägel überall schön und rein. Schön stand ihr ihr Gehen an; gütig war ihr Augenschein.«

Im Schatten der Politik

Für die folgenden Jahre schweigen Urkunden, Briefe und sonstige Quellen über eine Verbindung zwischen Albrecht und Agnes. Der Münchner Erbprinz engagierte sich immer stärker an der Seite seines Vaters und seines Onkels für die Belange des Herzogtums, dessen Nordgrenzen nach wie vor von den Hussiten bedroht wurden. Im Oktober 1429 schlossen die Münchner Fürsten ein Bündnis mit Johann von Neumarkt, der sich in lokalen Abwehrkämpfen bewährt hatte. Truppen Herzog Wilhelms führten einen Verwüstungszug über die Grenze, ohne daß sich die militärische Situation dadurch geändert hätte. Andererseits fehlte auch Prokop die Kraft zu einem entscheidenden Erfolg. Er suchte einen Ausweg durch erneute Diskussion der hussitischen Grundforderungen. Aus Furcht vor dem Verlust der päpstlichen Gunst blieb König Sigmund jedoch unnachgiebig, und böhmische Scharen brachen wieder in Bayern ein.

Im Februar 1430 suchte Herzog Ernst Hilfe bei seinem Nachbarn Friedrich von Österreich. Der antwortete nur, er habe nicht viel reisiges Volk zu Roß in seinen Gebirgen, die schwäbischen Ritter, die ihm dienten, kämpften ohnehin schon gegen die Ketzer, und Salpeter für Geschütze besitze er selbst nicht. Herzog Albrecht ritt daraufhin nach Landshut zu seinem Vetter Heinrich. Der zeigte sich hilfsbereit, ohne Eile allerdings und mit dem Zusatz, er werde Unterstützung gegen die schon Deggendorf bedrohenden Hussiten gewähren, wenn die Münchner gegebenenfalls auch ihm helfen würden.

Die böhmische Gefahr ließ im Fasching 1430 sogar die Münchner Bürger hinter ihren festen Mauern erzittern. Sie schafften deshalb eiligst neue Geschütze, Feuerwaffen und Munition an und errichteten ein Jahr später ein neues Zeughaus, das heutige Stadtmuseum. Die »Hussen« griffen derweilen Meißen, Franken und Bayern an, ohne auf ernsthaften Widerstand zu stoßen. Andreas von Regensburg berichtete voll Bitterkeit, die Katholiken seien so mit Angst erfüllt, daß sie, noch ehe sie die Feinde sähen, befestigte Städte und Burgen leer zurückließen.

Im Sommer und Herbst 1430 entschlossen sich König und Reich zu erneuten Abwehrversuchen und zur Gegenoffensive. Sigmund berief einen Reichstag nach Straubing und traf dort am 25. August ein. Die Besetzung des obersten Reichsgremiums war spärlich. Von den hohen Würdenträgern hatten sich nur wenige, zumeist geistliche Fürsten in die Donaustadt bequemt. Die bayerischen Herzöge Ludwig der Gebartete, Heinrich von Landshut und Wilhelm III. waren immerhin erschienen und natürlich die »Hausherren« Ernst und Albrecht. Die Abstinenz der Reichsstädte am Tag zu Straubing war hingegen auffallend groß, nur wenige hatten Gesandtschaften entboten. Der Grund: Sie wollten möglichst geringe Belastungen auf sich nehmen und verzichteten deshalb auf aktive Mitberatung und Beschlußfassung. Sigmund konnte sich nur auf die Fürsten und Herren stützen.

Boten berichteten über das Eindringen böhmischer Heere in den Raum um Pilsen und die bevorstehende Belagerung der noch immer katholischen Stadt. Außerdem traf im großen Saal des Straubinger Burgschlosses die Kunde ein, daß »dieselben keczer, alsbald sy ir ding in dem egenanten kreys schaffen, zu stunden mit czwayn hauffen herauß gen Deutschen landen uber Wald« ziehen wollten.

Unter dem Eindruck solcher Meldungen beschlossen am 30. August König und Adel schnelle Verteidigungsmaßnahmen unter Leitung des bayerischen Ritters Heinrich Nothaft. Im Oktober sollte dann ein Krieg in großem Maßstab der königlich-päpstlichen Sache den endgültigen Sieg bescheren. König, Fürsten, Erzbischöfe, Freiherren, Grafen und Reichsritter riefen dazu auf, in allen Landen und Städten des Heiligen Römischen Reiches jeden vierten Mann sowie alles Kriegszeug aufzubieten. Die bayerischen Herzöge versprachen besondere Einsatzfreude. Ein gewaltiges Heer sollte ein für allemal »zum Lobe Gottes und der Christenheit zum Trost« mit den böhmischen Mordbrennern aufräumen.

Gesagt und nicht getan. Die Reichsstädte, voran Nürnberg, ignorierten die Beschlüsse. In der ersten Septemberwoche 1430 zeichnete sich ein Vorstoß der Hussiten gegen das oberpfälzische Weiden ab, König Sigmund verließ Straubing und zog nach kurzem Aufenthalt in Regensburg in Nürnberg ein. Dort kam es zur Revision der Straubinger Reichstagsbeschlüsse. Jetzt war nicht mehr von einer sofortigen riesigen Heeresmacht die Rede, im Oktober marschbereit gen Osten, sondern nur noch von viertausend Reitern für den täglichen Krieg an der Grenze. Der große Zug wurde auf 1431 verschoben.

Im Februar 1431 rief ein Reichstag, wiederum in Nürnberg, zum Feldzug auf. Alle Fürsten sollten den zwanzigsten Mann ausheben. Albrecht vertrat offiziell seinen Vater und das Herzogtum Oberbayern-München. Ende März schritt König Sigmund auf dem Nürnberger Rathaus endlich zur gerichtlichen Klärung eines längst anstehenden Vorfalls: der Bluttat Herzog Heinrichs an Ludwig dem Gebarteten auf dem Konzil von Konstanz. Angesichts der Hussitengefahr ein nicht nur löbliches, sondern notwendiges Unterfangen zur Friedensstiftung zwischen den bayerischen Wittelsbachern. Wilhelm III. nahm als Urteiler an der Hofgerichtssitzung teil. Ludwig bezog härteste Positionen gegen den zutiefst gehaßten Verwandten. Er forderte die Entehrung Heinrichs, die Verhängung des Kirchenbannes, die Verletzung mit sieben Wunden, »der zwo auf den tod sein«. Außerdem sollte der Landshuter die rechte Hand verlieren, mit der er den Stich in Ludwigs Rücken geführt hatte; ja Heinrichs Land sollte an Oberbayern-Ingolstadt verfallen. Der Richtspruch fiel nach diplomatischer Verteidigung Heinrichs – er stritt die Tat nicht ab, berief sich aber auf die Beleidigungen von Seiten Ludwigs – wesentlich milder aus. Heinrich sollte seinen Verwandten um Verzeihung bitten, drei ewige Messen stiften, mehrere Wallfahrten in eigener Person oder durch Vertreter unternehmen, darunter nach Jerusalem und Rom, alle Arzt- und Genesungskosten Ludwigs übernehmen und hundert Soldaten an Ingolstadt auf drei Monate zum Kampf gegen die Hussiten abstellen. Eigentlich ein akzeptabler Spruch für beide Seiten, aber die Feindschaft blieb trotzdem, und noch Jahre später sprach Ludwig nur von »Heinrich, der sich nennt von Baiern«.

Am 1. Mai 1431 kamen die Münchner Herzöge dem königlichen Befehl für den Böhmenkrieg nach. Sie sandten entsprechende Schreiben an ihre Getreuen, sich am Zug des Königs und des Landes gegen die »Ketzer in Beheim« zu beteiligen und sich bis Ende Juni zwischen Cham und Böhmerwald mit wohlgerüsteter Begleitung einzufinden. Heinrich von Landshut ließ sich Durchzug und Nachtlager seiner Truppen im niederbayerischen Landesteil der Münchner genehmigen, schloß sich selbst jedoch nicht an, weil er zu einem Femeprozeß nach Westfalen reiste – einem Prozeß gegen Ludwig von Ingolstadt, der dementsprechend ebenfalls fehlte und nicht einmal ein Kontingent beisteuerte.

Zurückhaltung demonstrierten auch viele Reichsstädte. Nürnberg hatte neben den üblichen Extraabgaben, dem »Hussengeld«, eine Sondervermögenssteuer erhoben, doch stellte es lediglich 134 Reiter und 150 Fußsoldaten. Straßburg schickte gar nur sechzig Mann. Die Nürnberger hatten sich zwar im Dezember 1430 von Herzog Albrecht ausdrücklich den Schutz ihrer Bürger und Diener in Münchner Landen bestätigen und bekräftigen lassen, aber als der junge Fürst nun gegen die Hussiten besonderes Engagement demonstrierte, schien der eigene Rock wieder näher zu sein.

An der Spitze des Gesamtheeres stand nicht etwa der König selbst. Sigmund hatte sich bei einem Sturz verletzt und den Oberbefehl wieder an Kurfürst Friedrich von Brandenburg übergeben. Die Münchner Herzöge brachen mit diesem und dem tapferen Kardinallegaten Julian Cesarini von Nürnberg aus zur Hauptmacht im Bayerischen Wald auf. Am Kreuzzug selbst nahm dann wohl nur noch Albrecht teil. Über die Größe des Reichsheeres existieren sehr unterschiedliche Angaben. Sie schwanken zwischen 40 000 und 200 000 Mann. Gut 100 000 dürften es jedoch gewesen sein, zu Fuß, zu Roß, im Troß und zum großen Teil kriegsungeübte Bauern. Das Reichsheer rückte unter fürchterlichen Verwüstungen in Böhmen vor. Bereits wieder Richtung eigene Grenze, lagerte der Heerwurm Mitte August in der Gegend der Klöster Kladrau und Taus. Da sickerte die Nachricht vom Heranrücken Prokops und seiner legendären Streiter durch. Sie löste wie immer panischen Schrecken aus. In der Nacht machten sich Teile der bayerischen Fähnlein aus dem Staub, ohne den Feind überhaupt gesehen zu haben. Die Augsburger standen nicht nach und retteten sich und ihr gesamtes Kriegsmaterial mit so rauhen Methoden, daß der Viztum von Amberg in einer späteren Klage von ihnen Schadenersatz verlangte, weil sie bei ihrem »Rückzug« die Wagen seines Kontingents gewaltsam aus dem Weg geräumt hätten. Am nächsten Morgen gab Oberfeldherr Friedrich von Brandenburg klein bei. Die adeligen Reiter voran, stürzten die »Kreuzfahrer« in regelloser Flucht davon. Ein Teilheer stellte sich zwar noch zur Schlacht, erlitt aber eine totale Niederlage.

Nicht alle erwiesen sich als Hasenfüße: Hans von Satelbogen aus dem Bayerischen Wald versuchte z. B. mit achtzig Reitern den Rücken des fliehenden Heeres zu decken, und Herzog Albrecht von München wurde persönliche Tapferkeit gutgeschrieben, aber insgesamt hatte auch in diesem 5. Kreuzzug gegen die Hussiten die adelige Führungsschicht schmählich versagt. Dreitausend Wagen gingen verloren, zwölftausend Tote sollen Flucht und Gemetzel gefordert haben. Oswald von Wolkenstein, Südtiroler Ritter, berühmter Minnesänger und Augenzeuge der Katastrophe von Taus, klagte dann zurecht über den eigenen Stand:

> »Gott muß für uns fechten,
> solln die Hussiten weichen,
> mit Herren, Rittern, Knechten
> läßt sich da nichts erreichen.«

Die spätere Begründung für die schmähliche Kehrtwendung, der Feldzug sollte vor allem dem Kurfürsten von Sachsen dienen, der sich aber weigerte, eine Verbindlichkeit für den Schadenersatz zu übernehmen, mußte in den Ohren der Zeitgenossen eher als Hohn und Exempel für Eigennutz und Egoismus der wappenführenden Herren erscheinen.

Oberbayern-München erntete in Böhmen keinen Ruhm. Dafür wurde ihm wenig später eine besondere Ehre beschieden: Der König betraute Herzog Wilhelm III. am 11. Oktober 1431 mit der Schirmherrschaft und Statthalterschaft auf dem Konzil von Basel. Veit Arnpeck kommentierte mit gewohntem Chronistenlob: »Anno 1431 ward herzog Wilhalm von küng Sigmund gemacht ain stathalter des küngs und ain beschirmer des concili zu Basel, und aus seinem treulichen beschirmen erlangt er gross lob und preys.«

1 Das ehemalige Herzogsschloß zu Straubing (Foto: Manfred Schmid)

2 Schloßkapelle St. Georg im Straubinger Schloß (Foto: Manfred Schmid)

3 Spätgotische Tonfigur der Agnes Bernauer aus dem Museum Straubing
(Foto: M. Kirnberger)

4 Innenhof mit Kreuzgang des Karmeliterklosters in Straubing
(Foto: Manfred Schmid)

Am 2. Februar 1432 verschied in München die Landesherrin Elisabeth, die ihrem Gatten Herzog Ernst den Thronfolger Albrecht und die beiden Prinzessinnen Beatrix und Elisabeth geschenkt hatte. Die jüngste, nach der Mutter benannte Tochter hatte 1430 Herzog Adolf von Jülich und
Berg geehelicht. Noch im Todesjahr der Mutter bereitete
diese Hochzeit finanzielle Sorgen. 32 000 Gulden Heiratsgut hatte Herzog Ernst für Elisabeth versprochen, mehrere
Ritter und Räte hatten Bürgschaften geleistet, um einen Teil
der Summe aufzubringen. Zwei Jahre danach standen noch
immer etliche Tausend Gulden offen, die nicht aus der herzoglichen Privatschatulle, sondern aus dem Steuervermö-
gen des Landes gedeckt werden sollten; im übrigen kein
ungewöhnlicher Vorgang angesichts der permanenten
Geldnot damaliger Fürsten. Außerordentliche Ausgaben
waren nur auf außerordentlichem Wege finanzierbar. 1395
hatte Herzog Ernst z. B. die Mitgift seiner Frau zur Einlösung von verpfändeten Städten verwendet; in die Kasse für
die Kriege gegen München und Ludwig den Bärtigen flossen Silber und Kleinodien der Herzogin; gegen die Hussiten stand 1429 eine Sondersteuer an, und für den Aufenthalt Herzog Wilhelms III. in Basel sollten 1432 die Juden die
Börse zücken. Albrecht mußte allerdings dem Onkel berichten, ihre Juden seien so arm, daß sie nur zweihundert
Gulden berappen könnten.
Außerordentliche Landessteuern wurden nicht zuletzt bei
Verheiratung fürstlicher Töchter fällig. Die Angelegenheiten der Dynastie waren so eng mit denen des Staats verknüpft, daß in grundsätzlichen Fragen eine Beteiligung des
Landes meist statthaft und selbstverständlich erschien.
1424 hatte sich Herzog Ernst auf diesem Wege das Heiratsgut für die erste Ehe der Beatrix beschafft. Für Elisabeth
sollte dieselbe Quelle angezapft werden. Aber diese »Fräu-
leinsteuern« bedurften wie alle Extraabgaben der Mitwirkung und Zustimmung der Landstände. Und diese gaben
ihr Placet nur aus »Liebung«, aus Gefälligkeit und gegen
einen »Schadlosbrief«, nicht von Rechts wegen. München
griff jeweils am großzügigsten in den Säckel. Auch für das

jüngste Herzogskind erwiesen sich Landeshauptstadt und oberbayerische Stände genehmigungsbereit. Anders verhielten sich die Niederbayern im neuen Straubinger Landesteil, konfrontiert mit Herzog Ernsts Begehren nach zwölftausend Gulden zur Deckung seiner Schulden bei Schwiegersohn Adolf. Die Stände des »Niederlands« an der Donau nahmen die Gelegenheit zu einer Machtdemonstration wahr, die Herzog Ernst höchst schmerzlich berührte.

Wegen Krankheit hatte er die ersten Verhandlungen mit ihnen nicht selbst geführt, sondern Albrecht geschickt, »von wegen mancherley Sachen und Nothdurft des Landes danieden auszurichten, und sonders hatten wir ihm befohlen von einer Hilf wegen an dem Heurathgut unsrer lieben Tochter der Herzogin von Berg an die niedere Landschaft zu bringen«. So schrieb Herzog Ernst Ende Mai 1432 an seinen Bruder in Basel und teilte gleichzeitig mit, Albrecht habe nichts ausrichten können, die Straubinger Landschaft habe vielmehr Ernsts persönliche Anwesenheit verlangt. Er wolle deshalb am 1. Juli nach Straubing »und sie von solcher Hilf wegen bitten und begehren«. Wilhelm möge ihn doch durch einen Brief an die Niederbayern unterstützen und ihm so seine gewohnte brüderliche Freundschaft und Treue beweisen. Vor allem sollte Wilhelm kraft seiner neuen Position eine Steuer abwenden, mit welcher der Bischof von Regensburg seine Prälaten im Niederland belasten wollte – just in einem Moment, da Herzog Ernst selbst eine Notsteuer brauchte. Tatsächlich traf der Landesherr am 1. Juli in Straubing ein, eröffnete vor den Ständen den Landtag, ließ Herzog Wilhelms Bittbrief vortragen und formulierte in eigener Person sein Begehren. Die Ritter, Äbte und Vertreter der Städte hörten geduldig zu, um dann jedoch nach vielen Worten und Diskussionen das Gesuch des Herzogs abzuschlagen. Ernst klagte seinem Bruder, er sei »etwas fast irr«, ganz verzweifelt, da er nicht wußte, wo er nun das Geld auftreiben sollte.

Der so arg enttäuschte Landesherr weilte in Begleitung Albrechts in Straubing, der dort fast den ganzen Juni verbracht hatte und dann mit dem Vater wieder in die Nebenresidenz gekommen war. Noch während des Landtages erschien ein Bote aus München mit einer Bitte des Münchner Magistrats. Die Kammerrechnung der Hauptstadt berichtet darüber: »Item ½ Pfund Pfennige haben wir zallt zerung dem Mossmair gen Strawbingen mit der stat brieffen zü der herrschafft ze reyten, do der Münnhawser in die alten vesten entrann und darinnen lag und do die Bernawerin gar zornig darumb was worden, doch pracht der Mossmair gnedig brief hernider von herrschafft, damit der Münnhauser in die scherg stuben kam, post kiliani 1432.«

Mit diesem Eintrag taucht Agnes Bernauer zum ersten Mal in einem authentischen Schriftstück auf. Bei näherer Betrachtung erweist sich der anscheinend dunkle Vorgang als recht klar und aufschlußreich. Die Rede ist von einem Raubritter namens Münnhauser, der mit seinem Gesellen Jackl einigen Bauern Pferde gestohlen hatte. Der »Schalk und Dieb«, so ein anderer Rechnungseintrag, galt als Sympathisant Ludwigs von Ingolstadt und hatte von diesem schon einmal das Pflegamt von Reichertshofen erhalten.

Räuberische Umtriebe, »Pferdeangeln«, Überfälle auf Kaufmannszüge und Bauernhöfe zählten im 15. Jahrhundert durchaus zu den nicht ungewöhnlichen Betätigungen mancher kleiner Adeliger. Der Italiener Campanus klagte 1471 in einem Brief: »Ganz Deutschland ist gleichsam eine große Räuberbande, und der ist unter dem Adel der Geehrteste, welcher der Raubsüchtigste ist.«

Und sein Landsmann Poggio stellte fest: »Die Deutschen halten jene für adelig, die von ihren eigenen Gütern leben können, oder Schlösser oder kleine Städtchen besitzen, und von diesen gibt sich ein großer Teil mit rauben ab. Jene aber, welche eine bessere Erziehung genossen, und also feinere Sitten haben, ziehen an die Höfe der Fürsten und gewöhnen sich an eine bessere Lebensart, die aber doch noch roh und ungebildet ist.«

Der Münnhauser jedenfalls zählte sicher zu den nicht nur rohen, sondern zu den ausgesprochen räuberischen Zeitgenossen. Wo er zuschlug, und welche Bauern er im Sommer 1432 heimsuchte, ist nicht genau zu bestimmen. Möglicherweise lagen die Gehöfte im Burgfriedensbereich Münchens, in den Gemarkungen vor der Mauer, die noch zum Stadtgebiet gehörten und damit unmittelbar der städtischen Gerichtsbarkeit unterlagen. Die Rudolfinische

Handfeste von 1294, die »Magna Charta Libertatum der Stadt München«, hatte dem Stadtgericht einen weiten Kompetenzbereich eingeräumt. Nur die todeswürdigen Verbrechen waren dem herzoglichen Stadtherrn reserviert. Ein königliches Privileg von 1315 übertrug München die Gerichtsbarkeit über die »homines damnosi«, über landschädliche Räuber, herumziehende Schwerverbrecher und mörderisches Gesindel, selbst wenn sie ihre Taten nicht im Stadtgebiet verübt hatten. Spätere Herzöge bekräftigten dieses Privileg und die städtische Justizverfassung. Nach der Zunftrevolution bestätigten auch Ernst und Wilhelm den Bürgern das Recht »die ihrigen zu strafen«. Allerdings gab es Berufsgruppen, die noch lange nur der herzoglichen Gerichtsbarkeit unterstanden, z. B. die Müller, Kalt- und Kupferschmiede und die Brauer. Und es gab Bereiche, vor denen die Gewalt von Rat und Stadtgericht endete. Vor allem waren dies die landesherrlichen Schlösser, in München die alte und die neue Veste.

Die Schandtaten des Münnhauser hätten also vor dem Stadtgericht geahndet werden können, auch wenn er den Raub außerhalb des Burgfriedens begangen hatte, doch war es ihm geglückt, in die alte Veste zu fliehen. Deshalb schickte der Stadtrat einen Boten nach Straubing, um mit herzoglicher Erlaubnis den Schurken in Gewahrsam zu nehmen. Die »herrschafft« entsprach der Bitte und machte keine Anstalten, den Bösewicht zu schützen.

Selbstverständlich war dies in spätmittelalterlichen Zeiten nicht. Herzog Albrechts erstgeborener Sohn Johann beispielsweise machte sich 1457 und 1458 mehrfach einen Spaß daraus, Raubritter noch auf dem Gang zum Galgen dem Münchner Henker zu entreißen. Dem Münnhauser freilich erging es nach Recht und Gesetz. Städtische Söldner, die schon dafür gesorgt hatten, daß er nicht aus der Burg entweichen konnte, warfen ihn in die Schergenstube, das Stadtgefängnis im Rathaus. Während der Untersuchung behauptete der Delinquent zwar, er habe die Pferde mit Wissen und Willen des Herzog Ernst an sich gebracht, aber eine Befragung der geschädigten Bauern ergab wohl einen anderen Sachverhalt, nämlich den des Diebstahls. Das Stadtrecht bedrohte ihn mit Leibes- und Todesstrafe.

Bei geringen Summen erfolgte Brandmarkung, bei schwereren Vergehen endete der Dieb am Strang wie auch der Münnhauser im Laufe des Jahres 1432.

Welche Rolle spielte nun Agnes Bernauer während dieser Räubergeschichte? Einige Historiker behaupteten, sie hätte sich schützend vor den Verfolgten gestellt, das Ansinnen des Stadtgerichts verurteilt, sich damit auf die Seite Ludwigs von Ingolstadt geschlagen und das Mißtrauen des Münchner Rats auf sich gelenkt. Der Eintrag im Rechnungsbuch nach dem 8. Juli 1435 vermittelt jedoch ganz andere Aufschlüsse: Agnes Bernauer war »ganz zornig geworden«, doch nicht über die Botschaft nach Straubing, sondern über den Münnhauser, der sich im Schloß verschanzte. Eindeutig ergibt sich eine Verurteilung seiner Schandtat, nicht eine Verteidigung oder Inschutznahme des Bösewichts. Die ausdrückliche Nennung der »Bernawerin« läßt sogar vermuten, daß sie das Gesuch um Auslieferung unterstützte, ja mitbetrieb, weil sie nicht mit einem Räubergesellen vom Schlage eines Münnhauser unter einem Dach verweilen wollte. Dieses »Dach« aber war nichts anderes als das herzogliche Schloß. Agnes Bernauer hielt sich im Juli 1432 nicht nur in München auf, sondern wohnte in der alten Veste. Die Art der Erwähnung im Kammerbuch deutet darauf hin, daß sie zumindest bei Hof und in eingeweihten Kreisen bereits eine bekannte Person war, die sich nicht schüchtern und schamhaft versteckte, sondern offensichtlich mit Temperament und Selbstbewußtsein ihre Meinung äußerte.

Wenig später, vor dem 10. August, erschien in den Rechnungsbüchern ein weiterer Hinweis auf ihre Anwesenheit. Der Rat Münchens hatte vor diesem Datum, dem Tag des hl. Lorenz, illustre Gäste mit Fisch und Wein bewirtet: Pfalzgräfin Beatrix und ihren Gemahl Johann.

Einladungen für die Mitglieder des Fürstenhauses durch Rat und Bürgerschaft in die Trinkstube am Marktplatz und auf das Rathaus waren keine Seltenheit. Bis in das 16. Jahrhundert hinein verbanden gesellige Veranstaltungen den Hof mit der Elite des Bürgertums. Herzogin und Herzog feierten mit den Patriziern bei festlichem Mahl, Spiel und Tanz. Bei Hochzeiten warteten die Ratsherren mit kostbaren Geschenken auf, bei anderen Gelegenheiten mit Freundschaftsgaben, Speise und Trank. Als z. B. der siebenjährige Albrecht am Neujahrstag 1408 das Rathaus besuchte, erhielt er zwei Gulden aus der Stadtkammer. 1429 spendierte der Rat dem jungen Grafen Ulrich von Cilli ein ansehnliches Präsent an Fischen, dazu zwanzig Kannen Wein und lud ihn zum Tanz in den großen Rathaussaal, nach dem das ganze Gebäude häufig als »Tanzhaus« bezeichnet wurde. 1430 musizierten die Stadtpfeifer drei oder vier Tage lang für Johann von Neumarkt und Elisabeth, »das Fräulein, das dem Herzog von Berg versprochen worden war«. Nach der traditionellen Schlittenfahrt der Münchner Ratsgeschlechter am Sonntag nach Heiligdreikönig zum Herzogschloß und zu den vier Haupttoren trafen sich Herrschaft und Patriziat zum Mahl in der Trinkstube oder auf dem Rathaus. Bei Wein und leckerem Essen wurde manche Zunge locker, auch die fürstliche, und manche Vertrautheit kam auf zwischen Großbürgern und adeligen Gästen.

Pfalzgräfin Beatrix ließ Anfang August 1432 ihren Emotionen jedenfalls freien Lauf. Der Rechnungseintrag besagt, daß sie »mit herzog Albrecht gnug zornig was von herzog fraw nessen wegen der hoch und grosfaisten Bernawerin wegen«. Ihr Bruder hatte sich demnach harte Vorwürfe anzuhören, wegen seiner »fraw nessen«. »Frau« mußte nicht unbedingt »Ehefrau« meinen – davon später –, ein absolut eindeutiger Beleg für eine enge Verbindung ist diese Wendung »wegen der Herzogsfrau Nessen«, geringschätzig statt »Frau Agnes«, ganz bestimmt. Beatrix beschimpfte ihren Bruder sogar »newr zu wunder«, wohl »zur allgemeinen Verwunderung aufs neue«, sie wußte also über das Liebesverhältnis Albrechts Bescheid, mißbilligte es aufs schärfste und scheute dabei nicht einmal das Licht einer wenngleich vertrauten Öffentlichkeit.

Möglicherweise hatte sie Agnes im Winter 1431 kennengelernt, als sie mit ihrem Schwager Adolf von Jülich und Berg bei Albrecht in München oder Pfaffenhofen weilte. Im Sommer 1432 war Agnes dann ohnehin am Hof etabliert. Seinem Schwiegersohn Adolf schrieb Herzog Ernst am 12. Juli 1432, Albrecht werde im Herbst dieses Jahres einen

Jagdaufenthalt bei ihm nehmen. Sollte der Erbfolger München-
chens von seiner Agnes abgelenkt, mit einer Frau fürstlicher Abstammung bekanntgemacht werden?

»Frau Nessen« sorgte jedenfalls für Ärger und Unmut im
Hause Oberbayern-München. »Hoch und großfaist« wurde sie außerdem von Beatrix genannt. Sigmund Riezler interpretierte die Eigenschaftswörter im Sinne von »hochschwanger«, ließ aber später seine Deutung fallen, weil er
noch keine Hinweise auf Nachkommen entdeckte. Tatsächlich schenkte aber Agnes einem Kind Albrechts das
Leben, einer Tochter Sibylla. »Hoch und großfaist« könnte
ein Schimpfwort im Sinne von »hochmütig, aufgeblasen«
sein, »hochschwanger« liegt in Anbetracht Sibyllas näher.
Diese heiratete einen Münchner Bürger Martin Neufahrer
und nach dessen Tod Dr. Johannes Hartlieb. Dieser bedeutende bayerische Frühhumanist und »lärer der Arznei« hatte in Wien Medizin studiert und stand Albrecht spätestens
seit 1450 als Leibarzt zur Seite. Eine vatikanische Urkunde
vom 4. Oktober 1451 nennt ihn den Schwiegersohn des
Herzogs von Bayern. Seine Ehe mit Sibylla Bernauer ist
heute unbestritten. Die Bernauertochter gebar ihm drei
Kinder: den späteren Abt Eucharius von Rufach und Gott-
lieb, 1521 als Pfleger von Tölz gestorben, ferner Dorothea,
Gattin des Münchner Patriziers Wilhelm Tichtl. Als leibli-
che Tochter anerkannt, lebte Sibylla wohlumsorgt in der
Nähe des Vaters, stete Erinnerung an seine einzige wirkliche Liebe, aber auch an den größten Schmerz.

Noch in neueren Publikationen ist außerdem von einem
Sohn die Rede, freilich völlig zu Unrecht. Dieser »Albert
vom Hof« studierte an der juristischen Fakultät der Universität Padua und wurde dort am 22. Juni 1491 zum Rektor gewählt. Diese Position war damals keine Angelegenheit in
Würden ergrauter Magnifizenzen, sondern der Studenten-
schaft, die eines ihrer reicheren und angeseheneren Mitglieder zu diesem Amt berief. Die Fähigkeiten dieses Albrecht als Rektor ließen jedoch zu wünschen übrig, wie der
Nürnberger Humanist Willibald Pirckheimer, damals ebenfalls Studiosus in Padua, zu berichten wußte. 1493 erwarb
Albrecht den Doktor beider Rechte. 1494 wurde er als Sohn
des hochberühmten Fürsten Albrecht von Bayern bezeich-

net. Mit großer Sicherheit war damit aber nicht Albrecht III. gemeint, sondern dessen Sohn Herzog Albrecht IV. »Albert de curia« entstammte einer unehelichen Verbindung dieses bayerischen Fürsten. Mit Agnes Bernauer hatte er nichts zu tun.

Heiraten im Hause Wittelsbach

Das Jahr 1432 brachte den Herzögen von Oberbayern-München nicht nur traurige bzw. beunruhigende Ereignisse wie den Tod der Landesmutter und die Fortsetzung einer zweifelhaften Liebesaffäre durch den Erbprinzen, sondern auch die Vorbereitung einer Hochzeit, mit der man kaum mehr gerechnet hatte. Herzog Wilhelm III. hatte bislang alle Ratschläge, sich zu verheiraten, abgelehnt und auf seinen Neffen Albrecht verwiesen, der die Erbfolge sichern und einmal alleine über das Land seines Vaters und seines Onkels regieren sollte. Ende Juni 1432 begab sich Wilhelm als Statthalter des Konzils von Basel zur Sicherung des Landfriedens im Reich auf Reisen, die ihn bis Köln und Westfalen führten. Immer wieder kam die Rede auf Heirat und eigene Nachkommenschaft für den alternden Mitregenten und Bruder Herzog Ernsts. Wilhelm kehrte nach Basel zurück, jetzt offener für derartige Pläne. Am 24. August bot ihm eine Gesandtschaft die Hand der ältesten Tochter des Herzogs Adolf von Cleve an, am 29. September einigten sich die Parteien über Heiratsgut und sonstige Modalitäten, und am 11. Mai 1433 vermählten sich Wilhelm und die junge Margarethe in Basel.

Die neue Landesherrin zog in München ein und erwarb sich schnell die Sympathie der Bürgerschaft, auch wenn ihr adeliges Gefolge höchst schlechte Manieren demonstrierte. Bei einer Einladung des Rats zu einem Umtrunk, bei dem feines Konfekt aufgetragen wurde, machten sich die Edelleute sofort über Gebäck und Süßigkeiten her »und aßens wie die Schweine mit beiden Händen«. Margarethe gab sich leutselig, lud Bürgersfrauen zum Kartenspielen auf das Rathaus ein und bewies vor Weihnachten 1433 erstmals im großen Saal ihre tänzerischen Qualitäten. Bürgermeister

Kazmair ließ dazu zwanzig Maß österreichischen Wein aus-
schenken. Wilhelm hatte offenbar eine gute und nützliche
Partie gemacht.

Für den alten Hagestolz hatte sich aber nicht nur das Haus
Cleve interessiert. Im Sommer 1432 erhielt Wilhelm noch
ein anderes Angebot, nach eigener Einschätzung sogar ge-
winnbringender, doch mit dem eventuellen Ehehindernis
zu enger Verwandtschaft belastet. Margarethe von Cleve
behielt den Vorrang. Andererseits lockte die ausgeschlage-
ne Offerte, und Wilhelm bat deshalb seinen Bruder, Albrecht die Partie zu unterbreiten, über die er sich gerade näher erkundigen wollte. Jedenfalls würde er gerne bei der
Vermittlung helfen, es stehe nämlich ein Heiratsgut von
300 000 Gulden in Aussicht. Ernst legte Albrecht in Gegenwart seiner Räte und einiger Münchner Bürger den Brief
des Onkels vor und verlieh ihm durch diese Zeugenschaft
den Rang einer Staatsangelegenheit. Durchaus denkbar,
daß Herzog Ernst dabei an die Herzensdame seines Sohnes
dachte, ihn testen und die richtigen Maßstäbe aufzeigen
wollte. Albrecht erwies sich nicht als störrisch und stimmte
einer Heirat zu, allerdings mit der Maßgabe, daß kein
päpstlicher Dispens erforderlich und die Frau jung sei und
vor allem, daß er bald ihren Namen erfahre.

Der Name lautete »Jakobäa von Beieren«. In ihren Adern
floß wittelsbachisches Blut. Als »Frowe Jakob« oder »Dame
Jaques« genießt sie noch heute große Popularität in Holland, dem Land ihres tragischen Lebensweges. Sie zählt zu
den faszinierendsten Frauengestalten der deutschen und
bayerischen Geschichte im Spätmittelalter. Sie wurde wie
Albrecht im Jahre 1401 geboren, nicht in München allerdings, sondern im Haag, wo ihr Vater Herzog Wilhelm II.
von Straubing-Holland residierte, während dessen Bruder
Johann den Straubinger Landesteil verwaltete. Jakobäas
Mutter Margarethe war die Tochter Herzog Philipps II. des
Kühnen von Burgund. Erst fünfjährig, wurde Jakobäa mit
Johann von Touraine, Sohn des französischen Königs Karl
VI. verlobt, vierzehnjährig mit dem körperlich und geistig
gebrechlichen Dauphin verheiratet. Johann starb bereits
1417. Wilhelm II. setzte seine Tochter als Erbin der Graf-
schaften Holland, Seeland, Friesland und Hennegau ein,

und die Landstände legten ein feierliches Gelöbnis auf die zukünftige Regentin ab. Das holländische Lehensrecht ermöglichte die weibliche Thronfolge, nicht jedoch das Reichsrecht und das Hausrecht der Wittelsbacher. Als Wilhelm II. unerwartet an den Folgen eines Hundebisses verschied, ritt Jakobäa sogleich wie im Triumphzug durch ihre Provinzen, ließ sich huldigen und leistete in den Städten ihrerseits einen fürstlichen Treueid. Aber gleichzeitig erhob Herzog Johann von Straubing-Holland, der Onkel Jakobäas, als nächster männlicher Erbe Ansprüche auf die wittelsbachischen Grafschaften im Norden des Reiches. Bisher Regent in Niederbayern-Straubing und »erwählter«, d. h. noch nicht kanonisierter und geweihter Bischof von Lüttich, pochte er auf das Erbfolgerecht des Hauses Wittelsbach.

Der Familienzwist entfesselte einen Bürgerkrieg zwischen den innerholländischen Parteiungen des aufstrebenden Bürgertums, den »Kabeljaus«, und den »Hoeken«, zu denen Adel, flandrische Ritterschaft, Kleinbürgertum und Bauern gehörten. Die Kabeljaus unterstützten Herzog Johann von Straubing, erlitten jedoch eine Niederlage. Jakobäa suchte zudem Hilfe bei ihrem Onkel Philipp dem Kühnen. Der forderte ihre Verheiratung mit Herzog Johann von Brabant, einem schwächlichen Vierzehnjährigen, zudem so nahe mit Jakobäa verwandt, daß ein päpstlicher Dispens notwendig war. Darüber entstand ein Streit auf dem Konzil von Konstanz. Während Frankreich für die Verehelichung plädierte, wollte König Sigmund die Heirat unterbinden, wegen des Verdachts der »ärgsten Gefährdung der Rechte des wahren Erben Hollands, des Herzogs Johann von Bayern«. Papst Martin V. gewährte zwar die Sondergenehmigung, zog sie aber nach vierzehn Tagen wieder zurück. Jakobäa heiratete trotzdem den Cousin aus Brabant. Ihr Kontrahent Johann III. von Bayern-Straubing griff nun wiederum an und besiegte diesmal die Truppen der Hoeken. Jakobäa wandte sich nach Brabant, fand jedoch statt Halt und Hilfe am Brüsseler Hof nur frostige Ablehnung und brüske Beleidigungen. Sie verließ daher Brüssel und den unfähigen Gemahl, erklärte ihre Ehe für ungültig und floh nach England.

Jetzt zwanzigjährig und in voll erblühter Schönheit lernte sie in London Herzog Humphrey von Gloucester kennen und lieben. Der jüngste Bruder des englischen Königs heiratete Jakobäa, setzte mit einem Heer nach Holland über und eroberte an der Seite der Hoeken das Land für seine Gemahlin zurück. Als Herzog Johann im Januar 1425 einem Mordanschlag zum Opfer fiel, schien der Sieg Jakobäas gesichert. Doch da trat ein neuer, mächtiger Gegner auf den Plan: Herzog Philipp der Gute von Burgund, von seinem Onkel Johann von Straubing mit der Erbschaft der Niederlande betraut. Auch Philipp hatte nach Reichsrecht keine Legitimation dazu, da er nicht deutscher Reichsfürst war, doch die Thronfolge wurde nicht mit dem Rechtsbuch, sondern mit dem Schwert entschieden. Die Engländer unterlagen den Burgundern, Humphrey floh nach London und ließ seine Frau schmählich im Stich.

In der Gefangenschaft Philipps des Guten schrieb sie verzweifelt an ihren Mann: »Mein gestrenger Herr! Ich schreibe jetzt als die leidvollste Frau, als die verlorenste und schändlich Verratene auf Erden. All meine Hoffnung und mein ganzes Denken sind auf Euch gerichtet. In Betracht, daß alles, was ich leide, nur geschieht, weil ich Euch liebe. Deshalb flehe ich Euch demütig an: habt um Gottes willen Mitleid mit mir und meinem Jammer, und kommt mir in größter Eile zu Hilfe, wenn Ihr mich nicht verlieren wollt auf immerdar.«

Der Engländer schwieg. Als der Papst seine Ehe mit Jakobäa für ungültig erklärte, wandte er sich ohne ein Wort des Trostes von ihr ab und heiratete wieder. Die in der Zwischenzeit aus dem Gewahrsam Philipps entkommene, in Holland abermals erfolgreich für sich werbende Jakobäa resignierte und suchte im Sommer 1428 Frieden mit ihrem burgundischen Vetter. Sie blieb dem Titel nach Gräfin von Holland, Hennegau und Seeland, mußte jedoch Philipp als ihren rechten Erben anerkennen. Eine erneute Eheschließung hing von der Zustimmung des Burgunders ab, der als Gouverneur die Macht in Holland an sich riß.

Die altbayerischen Wittelsbacher, die Herzöge von München, Landshut und Ingolstadt, hatten den Vorgängen in Holland nicht nur tatenlos zugesehen, sie wußten offenbar auch nur wenig davon, obwohl Jakobäas Heiraten europäisches Aufsehen erregt hatten. Bei den Hochzeitsplänen zwischen Albrecht und Jakobäa ging es bezeichnenderweise keineswegs um eine Chance für das Haus Wittelsbach, die Erbgüter Kaiser Ludwigs des Bayern zu erhalten und zu sichern, sondern nur um das höchst stattliche Heiratsgut, das die ferne und unbekannte Verwandte nach Bayern mitgebracht und ausgeliefert hätte. Wilhelm III. von Bayern-München dachte nicht im Traum daran, dem burgundischen Usurpator die holländischen Grafschaften abzujagen. Er betonte vielmehr, durch seine Verlobung mit Margarethe von Cleve, einer Nichte Philipps des Guten, sei er diesem jetzt freundschaftlich verbunden und könne sich deshalb bei ihm für Albrecht einsetzen.

Am 21. Oktober 1432 meldete Ernst seinem Bruder noch einmal die Einwilligung seines Sohnes. Allerdings hatte sich Albrecht wiederum einiges ausbedungen. Die Verbindung durfte nicht aufgrund zu enger Verwandtschaft gegen Gottes Gebot sein. Sie sollte keine Familienstreitigkeiten heraufbeschwören, die Frau sollte ihm außerdem das Heiratsgut nach Bayern bringen. Nicht zuletzt wollte Albrecht die Katze nicht im Sack kaufen. Vor einem endgültigen Ja wünschte er die zukünftige Gemahlin persönlich zu begutachten oder durch einen Vertrauensmann in Augenschein nehmen zu lassen. Herzog Ernst bat im übrigen um nähere Informationen über die vergangenen Eheverhältnisse der etwaigen Schwiegertochter. Wilhelm ließ geduldig die Ehefähigkeit prüfen, die Verwandtschaft im vierten Glied und damit die kirchliche Rechtsgültigkeit feststellen und verwies ferner auf den Kammermeister Paul Aresinger, der Genaueres über die holländische Verwandte wisse. Fortan wurde aber nichts mehr von diesen wittelsbachisch-wittelsbachischen Heiratsplänen gehört und gesehen.

Die Münchner waren im Oktober 1432 mit ihrem Wissensstand auch hinter den Geschehnissen zurückgeblieben. Jakobäa hatte nach ihrem Rücktritt aus der Politik den Ritter Frank von Borselen kennengelernt, Stellvertreter Philipps in einem Teil Hollands und sein Gewährsmann gegenüber Jakobäa. Er verliebte sich Hals über Kopf in die 27jährige

Schönheit, und sie erwiderte seine Gefühle aus tiefstem Herzen. Im Sommer 1432 vermählte sie sich heimlich in ihrer Kammer mit Frank von Borselen. Ihre Zustimmung zu einer Ehe mit Albrecht von Bayern war wohl nur ein taktisches Manöver, um Philipp den Guten abzulenken. Als die Heirat mit Borselen doch aufflog, vielleicht gerade in Zusammenhang mit den Münchner Verhandlungen, setzte Philipp Ritter Frank gefangen und zwang im April 1433 Jakobäa zum völligen Thronverzicht. Burgund vereinnahmte ihre Grafschaften. Der letzten Wittelsbacherin im spätmittelalterlichen Holland waren wenigstens noch einige Jahre privaten Glücks mit Frank von Borselen gegönnt. Am 9. Oktober 1436 starb sie an der Schwindsucht.

Hatte Herzog Albrecht von der heimlichen Heirat seiner möglichen Partnerin gewußt und seine Zustimmung nur vorgetäuscht, um eigene Probleme zu überdecken? Soweit überhaupt sicher beurteilbar, lassen die Vorgänge im Herbst 1432 eher auf Unkenntnis schließen. Albrechts Bedingungen waren außerdem so formuliert, daß er die Ehe aus Gründen fehlender Sympathie für die Erwählte hätte ablehnen können. Seine nächste Umgebung mußte jedenfalls noch im Oktober 1432 davon ausgehen, daß er heiratsfähig und unter Umständen auch heiratswillig war, daß ihn zwar ein Liebesband mit »Frau Nessen« verknüpfte, aber daß dies kein Hindernis für eine Ehe mit einer Dame fürstlichen Geblüts sei.

Ob, wie und wann Albrecht die Bernauerin geehelicht hat, gehört zu den besonders diskutierten Problemen dieser spätmittelalterlichen Liebesgeschichte und Staatsaffäre. Die Primärquellen geben leider keine eindeutige Auskunft, weder Privatkorrespondenzen noch Urkunden oder Einträge in den Münchner Kammerrechnungen. Ein Trauschein existiert nicht, ebensowenig ein Vermerk in einem Traubuch; beides war damals noch ganz unüblich. Erst das Konzil von Trient verordnete 1563 den Pfarreien das Führen von Ehebüchern.

Die frühesten Regensburger Chronistenstimmen über den Fall Agnes Bernauer im Umkreis des Zeitgenossen Andreas von Regensburg belegen die charakteristische Unsicherheit bezüglich einer rechtsgültigen Ehe: »... eine überaus schöne Frau, die Geliebte seines Sohnes Albrecht – einige aber sagten, daß sie dessen wirkliche und rechtmäßige Gattin war –, die Bernauerin genannt ...«. Spätere Geschichtsschreiber urteilten unterschiedlich. Von der »Geliebten« ist ebenso die Rede wie von der »Hoffnung auf Verehelichung«, die Albrecht in Agnes erweckt habe. Johannes Turmair sprach einmal von der »Buhlschaft«, dann davon, daß der junge Herzog die Bernauerin »ganz wie eine rechtmäßige Gattin hielt und die Absicht hatte, sie öffentlich mit feierlichen Hochzeitszeremonien sich antrauen zu lassen«. Veit Arnpeck behauptete, Agnes habe Ernsts Sohn »zu der ee genomen«, für Hans Ebran von Wildenberg war sie dagegen nur eine »Schlaffrau«, also eine der üblichen Gespielinnen.

Die hofergebenen Historiker des 17. Jahrhunderts lehnten natürlich Mutmaßungen über eine tatsächlich erfolgte und vollzogene Verheiratung ab, wiesen stattdessen auf die Gefahren hin, die in dieser Richtung drohten, so Anton Wilhelm Ertl 1685: »Er beschenkte dieses sein Götzenbild mit recht fürstlichen Präsenten, und es waren des jungen Prinzen Gedanken von dem zarten Netz des blinden Cupido dergestalt verwickelt, daß man zu Recht befürchten mußte, es möchte einstens, zu ewigem Schandfleck eines durchlauchtigsten Hauses, welches von seinem ersten Urquell an niemals seine hohe Königsfarbe mit einer ungleichen Ehe beflecket hat, diese Sach einen ganz traurigen Ausgang gewinnen.«

Gegenüber solch barockem Schwulst hebt sich die Meinung des Benediktinermönchs Clemens Sender fast wohltuend sachlich ab: »Hertzog Albrecht von Bayern zu München hat aines Baders tochter mit namen Agnes, ain fast schönes mensch, aufs höchste lieb gehabt, also daß man sagt, der Herzog hatte sie zu der ee genommen und die ee versprochen, aber doch nit zur Kirche gefiert.«

Den Bernauerforschern des 19. Jahrhunderts ging es nicht viel besser als den Chronisten. Die Ansichten über einen Ehebund widersprechen sich, die Begründungen weichen nicht selten in den Bereich des Irrationalen aus oder bleiben im eigenen Zeitgeist haften, etwa wenn Lipowsky bei einem rein erfundenen Treueschwur zwischen Agnes und

Albrecht auf »die strenge Keuschheit deutscher Weiber und Mädchen alter Zeit« rekrutierte.

Eine Wiedergabe der gesamten Diskussion würde zu weit führen. Siegmund Riezler jedenfalls befürwortete nach sorgfältigen Erwägungen eindeutig die rechtsgültige Ehe und begründete dies nicht zuletzt mit dem Hinweis auf die Intensität des Verhältnisses und der Reaktionen von Seiten der Gegner. Eine uneheliche Verbindung wäre nichts Besonderes gewesen, hätte auch nicht jene furchtbar harten Reaktionen zur Folge gehabt. Riezler folgerte: »Unseres Erachtens hat eine heimliche Ehe bestanden, von der jedoch nur wenige Eingeweihte, besonders die nächsten Verwandten, auch die mit Herzog Ernst aufs engste stehenden regierenden Kreise Münchens Kenntnis hatten, während in die große Menge nur unsichere Gerüchte über das Verhältnis gedrungen sind.«

Ehe zwischen Zwang und Freiheit

Die geplatzte Verlobung Albrechts mit Elisabeth von Württemberg, die Ehen Jakobäas von Bayern, die Frage nach einer Heirat zwischen Agnes und Albrecht ließen schon die Problematik des mittelalterlichen Ehebrauchtums und Eherechts aufscheinen, eine Problematik mit starken Konsequenzen für den einzelnen und die Gesellschaft im Ganzen. Wie auf allen juristischen Gebieten gab es im Heiratsrecht keine absoluten und einheitlichen, für sämtliche Stände und Schichten, Staaten und Landschaften gleichermaßen gültige Normen und Maßstäbe. Durch die Ausformung des kirchlichen Eherechts bildete sich jedoch ein Ordnungsrahmen mit umfassenden Grundsätzen, denen Bischof und Bader, Herzog und Handwerker um ihres Seelenheiles willen und aus sozialen Gründen Achtung zollen mußten.

Bei den germanischen Völkern war die Ehe bis zum 11./12. Jahrhundert eine rein weltlich-geschäftliche Angelegenheit, jenseits der juristischen Sphäre der Kirche. Sie ruhte auf einem Vertrag zwischen den beteiligten Familien, war »Sippenvertrags- und Kaufehe«. Der Bräutigam leistete den Kaufpreis, die familiäre Schutzgewalt über die Frau, die »Munt«, wechselte dafür auf ihn über. Bei Weigerung der Braut scheiterte das Muntgeschäft, doch waren solche Ablehnungen sicher sehr selten, der Heiratszwang der Eltern und Verwandten schaltete den Eigenwillen der Braut aus.

Im Hochmittelalter vollzog sich die Eheschließung in zwei rechtlich verschiedenen Handlungen. In der Verlobung vereinbarten Bräutigam und Muntwalt, der bisherige Gewaltträger über die Braut, den zu schließenden Bund. In der Trauung erfolgte die Übergabe der Frau an den Mann. Durch die anschließende Heimführung, das festliche Geleit der Vermählten durch die Hochzeitsgesellschaft in ihr gemeinsames Haus, wurde die Braut zur Herrin des Hauses. Juristisch fundiert war auch das Beilager. Mit ihm begann die Ehe, die Frau galt nun als »Genossin des Mannes«, in lebenslanger Treue mit ihm verbunden. Beilager oder »Bettsetzung« erzeugten erst die güterrechtlichen Wirkungen der Vermählung. Formlose Geschlechtsverbindungen des alten Ehebrauchtums führten lediglich zu einer Unehe oder Kebsverbindung. Die Kebse konnte niemals Herrin des Hauses und Genossin des Mannes werden. Wenn sich Agnes Bernauer nach Vorwurf des Herzog Ernst hartnäckig um das Schloß zu Straubing verhielt, dann mag damit die Erinnerung an den rechtlichen Sinn der Heimbegründung und des Beilagers verbunden gewesen sein.

Im 13. Jahrhundert wandelte sich die Verlobung zum gegenseitigen Eheversprechen durch Treuegelöbnis, später mit Eid oder Handschlag. Für die Trauung konnte die Braut selbst den Vormund wählen, die Fesseln der Abhängigkeit von Sippe und Muntwalt fielen, sie wurde zur freien Mitkontrahentin, zur Partnerin, vom Objekt zum Subjekt. Immer stärker trat der Konsens zwischen den Brautleuten in den Vordergrund, die gegenseitige Einverständniserklärung als ehebegründende Handlung. Demgemäß formte sich der Kaufpreis in eine Dotation um, eine Gabe des Mannes an die Gattin. Die Kirche hatte an dieser Entwicklung wesentlichen Anteil.

Sie machte im Anschluß an das römische Kaiserrecht jahrhundertelang die Gültigkeit der Ehe nicht von der Einhaltung einer bestimmten Eheschließungsform abhängig. Bereits Ignatius von Antiochien (gest. 107) lehrte jedoch, es sei christliche Sitte, Ehen unter Mitwirkung des Bischofs einzugehen. Tertullian (ca. 200) wünschte den Vermählungsakt mit dem Altaropfer verbunden, Formularien für den Brautsegen reichen in das 5. Jahrhundert zurück. Aus dieser Zeit ist als rein kirchlicher Akt ohne Konsequenzen für den weltlichen Rechtsbestand die »traditio puella«, die Übergabe der Braut durch den Priester, bezeugt, z. B. durch den hl. Augustinus. Schon damals trat an die Stelle des »ich nehme sie (die Braut) an« das »ich verbinde euch«, das die Gleichheit von Mann und Frau ausdrückt. Die Rolle des Priesters blieb lange unfixiert, die Ritualien wichen weit voneinander ab. Es gab Brauchtumsräume im Mittelalter, in denen der Pfarrer aktiv mitwirken konnte, normalerweise beschränkte sich seine Tätigkeit bis zum 12. Jahrhundert auf bloße Einsegnung, und dies entsprach den gängigen Anschauungen. Im Bewußtsein des Volkes stellte die vor der Kirchentür und damit vor aller Öffentlichkeit stattfindende Trauung durch Zusammenführung und Jawort der Partner den eigentlichen ehestiftenden Akt dar. Der Brautsegen in der Kirche war gute Gepflogenheit. Die Kirche sträubte sich nicht grundsätzlich dagegen, strebte jedoch danach, daß die Trauung im Beisein eines Geistlichen vollzogen wurde. Nicht ohne Erfolg, Gottfried von Straßburg empfahl z. B. in »Tristan und Isolde« die kirchliche Trauung als angemessen und glückverheißend. Seit dem 13. Jahrhundert, in Deutschland erstmals 1227, wurde der Priester als legitimer Trauungsmittler verlangt, ohne daß sich das damit ausgesprochene Verbot der Laienkopulation völlig durchgesetzt hätte.

Zu diesem Zeitpunkt aber hatte sich die römische Kirche das gesamte Eherecht unterworfen. Seit den frühchristlichen Anfängen ruhte die Ehe auf der gleichen und gegenseitigen Treuepflicht der Geschlechter. Im Hochmittelalter entwickelte sich dann der Konsensgedanke zum wesentlichen, ungemein wichtigen Element des gesamten kirchlichen Eherechts. Während jedoch die weltliche Zustimmungsehe den formalen Rahmen der Öffentlichkeit und Feierlichkeit beim Zusammensprechen »zu Lieb und Leib«

beachtete, ging die kanonische Konsenslehre rigorosere Bahnen. Das von Gott gesetzte Naturrecht erforderte keine bestimmte Form für die Ehewillenserklärung, äußeres Beiwerk entsprang der Tradition oder dem Bedürfnis nach Rechtssicherheit.

Eine Instruktion Papst Nikolaus I. an die Bulgaren aus dem Jahre 866 markierte eine wichtige Station auf dem Weg zur allgemein verbindlichen Auffassung des Mittelalters. Er schilderte die in der römischen Kirche für eine Hochzeit üblichen Feierlichkeiten, die notwendige Zustimmungszeremonie vor der Kirche, bei welcher der Braut der Ring angesteckt und der Ehevertrag zur Aufbewahrung übergeben wurde, anschließend im Gotteshaus selbst Brautmesse, Segen, Kranz und Schleier. Aber der Papst stellte ausdrücklich fest, daß die förmliche Trauung für die Gültigkeit der Ehe nicht wesentlich sei, die Heirat erfolge durch bloßen Konsens: »... darum laßt die einfache Zustimmung der Heiratenden genügen, wie das die (bürgerlichen) Gesetze vorschreiben. Doch wenn diese Zustimmung bei einer Hochzeit fehlt, so werden alle anderen Feiern nichtig, und dies sogar dann, wenn die körperliche Vereinigung schon vollzogen sein sollte.«

Um 1050 hieß es in einer Auswahl spätrömischer Gesetze für das katholische Eherecht: Wenn ein Mann einem Weib schwört, er werde es heiraten (ducere), dann handelt es sich um ein Versprechen und keine Ehe; aber wenn er schwört, er wolle es als seine Frau halten (habere), so ist die Ehe dadurch eine vollendete Tatsache. Ähnlich beantwortete Papst Innozenz III. eine Anfrage des Bischofs von Genua: Wenn ein Mann geschworen hat, er werde das Weib immer als seine gesetzmäßige Ehefrau halten, dann ist das Band unlöslich, selbst wenn er das Band nicht hält. Aber wenn er nur geschworen hat, er wolle sie heiraten, dann berechtigt ihn Untreue auf ihrer Seite, die Ausführung seines Versprechens zu verweigern. Auf Albrecht III. angewandt: Ein Versprechen, Agnes zu heiraten, hätte gemäß diesen kirchlichen und päpstlichen Positionen noch keine gültige Ehe bedeutet. Doch wäre Albrecht eidbrüchig geworden, hätte er die Geliebte ohne triftigen Grund, sprich Untreue ihrerseits, verlassen.

110

Seit der Mitte des 13. Jahrhunderts entfalteten die kirchlichen Rechtsgelehrten, die Kanonisten, eine intensive und gründliche Diskussion. Paris und Bologna waren die Zentren der juristischen Interpretation und Aufbereitung eherechtlicher Probleme. Bei mancher Unterschiedlichkeit im Detail unterstrichen alle Kanonisten die entscheidende Bedeutung der gegenseitigen Zustimmung. Papst Hadrian II. erklärte eine Ehe auch dann für kirchlich gültig, wenn keine Segnung durch den Priester stattfand. Papst Alexander III. setzte in der zweiten Hälfte des 12. Jahrhunderts einen bahnbrechenden Schlußpunkt. Er verkündete in einer Stellungnahme des Heiligen Stuhls, die Ehe sei ihrem Wesen nach ein Vertrag, daher sei nichts notwendig als die Übereinstimmung der Partner. Die allgemeine Vertragslehre treffe auch auf die Ehe zu. Die »desponsatio«, das Gelöbnis zum Zwecke der Vermählung, stiftete die Ehe. Zu unterscheiden war lediglich die Richtung des Versprechens auf die Gegenwart oder auf die Zukunft. Die »desponsatio de futuro«, das »Ich werde dich zum Weib nehmen«, war der Verlöbnisakt. Die »desponsatio de praesenti«, das »Ich nehme dich zum Weib an«, begründete die Ehe.

Wenn Herzog Albrecht also jene »desponsatio de praesenti« geleistet, wenn er einmal »Ich nehme Dich als die Meine an« oder so ähnlich zu Agnes und diese im gleichen Sinn gesprochen hatte, dann waren beide nach der zitierten päpstlichen Entscheidung Gemahl und Gemahlin. Mochte das allgemeine Volksempfinden für kirchenrechtliche Spitzfindigkeiten noch so wenig Verständnis haben und eine Trauung nur mit formalem Zeremoniell akzeptieren – vor den kirchlichen Rechtsgelehrten und dem Stellvertreter Christi auf Erden bestand eine gültige Heirat, sofern sich Herzog und Baderin das Sakrament der Ehe gespendet hatten. Obwohl nämlich im Spätmittelalter Positionen laut wurden, die erst in der Segnung des Priesters die Spendung des Sakraments sahen, herrschte im allgemeinen die Überzeugung des Thomas von Aquin vor: »Die Worte, durch die die Zustimmung zur Ehe ausgesprochen wird, sind die Form dieses Sakraments, nicht der Segen des Priesters, der nur etwas Sakramentales ist.«

In der Praxis der Seelsorge versuchte die Kirche, den radikalen rechtlichen Standpunkt zugunsten der Beibehaltung traditioneller Formen und ihrer Dienstbarmachung für das religiöse Ritual zu mäßigen. 1076 hatte eine englische Kirchenversammlung beschlossen: »Niemand darf eine Tochter oder sonstige Verwandte ohne priesterlichen Segen einem Manne zur Frau geben! Wenn er dem zuwiderhandelt, so soll dies nicht als gesetzmäßige Eheschließung, sondern als Kuppelei beurteilt werden.«

Dies hieß freilich nicht, daß die Ehe selbst null und nichtig gewesen wäre; sie sollte nur vor einem kirchlichen Gerichtshof bis zum absoluten Beweis des Konsenses so behandelt werden. Das Ganze war nur eine Frage der kirchlichen Disziplin, und zu deren Aufbau und Aufrechterhaltung erließen die kirchlichen Institutionen immer wieder Anordnungen und Gebote. Das IV. Laterankonzil betonte die Mitwirkung des Priesters bei der Eheschließung, machte sie aber von einem vorherigen Aufgebot abhängig. Die tatsächliche Befolgung des Konzilsbeschlusses stand auf einem anderen Blatt. Bischof Konrad von Salzburg äußerte sich z. B. im Jahr 1291 schon zufrieden, wenn die Eheschließung binnen Monatsfrist vor zwei oder drei Zeugen gemeldet wurde. Noch Mitte des 15. Jahrhunderts waren in Halle an der Saale keinerlei Aufgebote üblich. Johann Busch, ein eifriger Propst, verbot deshalb allen ihm unterstellten Geistlichen der Stadt, irgendeine Ehe ohne vorangegangenes Aufgebot einzusegnen und zu schließen. Der Magistrat konterte mit dem Aufruf, sich nun extra nach altem Brauch und Recht ohne Aufgebot zu kopulieren. Erst später drang der Propst, nach eigenem Bericht, mit seinem Anliegen durch.

Deutsche Partikularsynoden, Kirchenversammlungen in einzelnen Diözesen, schrieben seit dem 13. Jahrhundert die Konsensabgabe vor dem Priester und zwei Zeugen vor. Im 14. Jahrhundert setzte sich die kirchliche Form der Eheschließung immer mehr auch im Volksbewußtsein durch, im 15. Jahrhundert dürfte sie ziemlich üblich gewesen sein. Kirchliche Erlasse mit Androhung weltlichen Zwangs waren trotzdem oft notwendig, um die Trauung mit Mitwirkung des Priesters zu propagieren. Aber nochmals sei betont: Für die Kirche war dies lediglich die feierliche Bestätigung der durch den Konsens der Brautleute geschlossenen Ehe. Sie knüpfte ihre *Erlaubnis* an diese »Solemnität«, die *Gültigkeit* wurde davon nicht berührt. Ob sich Herzog Albrecht und Agnes Bernauer nur in Anwesenheit engster Freunde mit oder ohne Segen eines Priesters trauten, ob sie ein, zwei oder überhaupt keinen Zeugen beanspruchten, ob sie einander mit oder ohne Aufgebot die Hand reichten, war eine Frage des Gehorsams gegenüber äußeren kirchlichen Formen, nicht eine Frage der Legalität vor Gott.

Parallel zur Kodifizierung des Konsensusrechtes entwikkelte die Kanonistik ein System von Ehehindernissen. Nur »trennende« Hindernisse vereitelten eine gültige Heirat. Trotzdem geschlossene Ehen waren nichtig. Dazu gehörte unreifes Alter der Brautleute. Bis zum 14. bzw. 12. Lebensjahr galten die Beteiligten als unfähig, den Sinn der Vermählung zu begreifen. In der Praxis durch die Tradition des Elternrechts nicht immer durchführbar, zeitigte diese Lehre wenigstens die Beschränkung der Familiengeschäfte auf die einfache Verlobung, die eine Möglichkeit des Rücktritts im heiratsfähigen Alter offenließ. Ein Dekret Papst Innozenz III. von 1215 beschränkte die Ehe zwischen Verwandten auf den vierten Grad, d. h. auf Vettern dritten Grades. So konnte Jakobäas Ehe mit Johann von Brabant wegen zu naher verwandtschaftlicher Beziehungen für ungültig erklärt werden; deshalb ließ Herzog Albrecht – überflüssigerweise – beim Konzil von Basel die kirchliche Rechtslage eruieren. Daß beide Hindernisse auf den Fall Agnes Bernauer nicht zutrafen, versteht sich von selbst.

Von besonderer Bedeutung war die Lösbarkeit nicht vollzogener Ehen bzw. von Ehen mit impotenten Partnern. Auf diesem Sektor divergierten die Meinungen. Der Kirchenlehrer Hugo von St. Victor (gest. 1141) erklärte, die gegenseitige Zustimmung von Braut und Bräutigam sei ein Ausdruck innerer Neigung und äußeres Zeichen der Liebe Gottes zur Seele als Empfängerin seiner Gnadengaben; der Vollzug füge dem Sakrament nichts hinzu. Die Kanonisten von Bologna, an ihrer Spitze Gratian, lehrten dagegen die Notwendigkeit des Vollzugs. Bei noch nicht erfolgtem Beilager eröffnete sich daher noch die Möglichkeit der Auflösung, wenngleich nicht willkürlich, sondern nur, wenn ein anerkannter Grund vorlag: eine nachfolgende, durch fleischliche Vereinigung perfekt gewordene Hochzeit, absichtliche Unzucht mit einem anderen, Entführung, Vergewaltigung, Eintritt ins Kloster, Ausführung eines schweren Verbrechens, dauernde Krankheit des Partners, lange Fernhaltung durch Gefangenschaft.

Der Beischlaf, die »copula carnalis«, hatte dementsprechend einen hohen Stellenwert. Entgegen deutschem weltlichem Recht genügte dann die »desponsatio de futuro«, das Eheversprechen für die Zukunft, zur Ehebegründung, wenn die geschlechtliche Vereinigung hinzutrat. Nach Papst Alexander III. zählte das gegenseitige Recht der Partner über den Körper des anderen zum Inhalt des Heiratsvertrages. Dieses Recht bedurfte nicht unbedingt der Ausübung, es mußte nur existieren. Freiwillige beidseitige Enthaltsamkeit – ein Aspekt der zwiespältigen Haltung der Kirche zur Sexualität – war davon nicht berührt. Die Ehebegründung durch reinen Verbalkonsens »de praesenti«, das »Ich nehme dich jetzt an«, behauptete zwar den Vorrang, daneben bestand aber die theologische Auffassung, daß erst die körperliche Vereinigung der Gatten die Spendung des Sakraments der Ehe, die »una caro« – »ein Fleisch«, voll verwirklichte. Immerhin propagierten bedeutende Päpste wie Alexander III., Innozenz III. und Gregor IX. diesen Standpunkt. Dieser Position gemäß hätte ein Verlöbnisversprechen Albrechts und anschließender Verkehr mit Agnes Bernauer zur Schließung einer kirchlich gültigen Ehe genügt.

Übrigens spielte im Mittelalter die Frage der Jungfräulichkeit der Braut eine viel geringere Rolle als in späteren Zeiten. Ob der kirchliche Segen vor oder nach geschehenem Beischlaf erteilt wurde, war kein nennenswerter Streitpunkt. Eine Nürnberger Verordnung aus dem 13. Jahrhundert vertrat den Kirchgang als Notwendigkeit nach dem Beilager: »Ez soll auch ein ieclich burger oder burgerin, die die hohzeit haben wollen, di praut des morgens, als si des ersten nahtes bei gelegen ist, zu kirchen fueren.«

In Heinrich von der Türlins »Goldener Krone« begibt sich der Ritter Gawein ohne vorherige Verlobung mit seiner Geliebten Amunfina zum Beilager und leistet dann im Brautbett einen Eid, sie zu ehelichen. Darauf heißt es: »Nu ist Gâwein ze wirte worden.«

Die Sitte der Komm- und Probenächte, des »Kiltgehens«, der voreheliche Geschlechtsverkehr bei Heiratswilligen, war im Mittelalter auch bei den höheren Ständen üblich. Bezeichnend dafür ist der Fall des Grafen Johann IV. von Habsburg um 1378. Er schlief rund ein halbes Jahr bei seiner Verlobten Herzlande von Rappolstein. Diese verstieß den zum Beischlaf Untüchtigen. Als langwierige Kuren und Bemühungen mit anderen »Versuchsobjekten« keine Besserung bei Graf Johann brachten, wurde er offiziell von Herzlande getrennt.

Im 15. Jahrhundert kamen die kirchlichen Feierlichkeiten häufig nach vollzogenem Beilager. Das Konzil von Salzburg 1420 stellte fest, dies sei allgemeine Sitte in Deutschland.

Vor solchem Hintergrund entspringt die Behauptung, Agnes habe dem Drängen Albrechts aus moralisch-sittlichen Erwägungen erst nach der Schließung des Ehebundes nachgegeben, einer unhistorischen Argumentation. Es ist durchaus möglich, daß Agnes selbst das Eheversprechen und den Eheschluß betrieb, um nicht jederzeit als kleine Geliebte und Bettgenossin abgeschoben werden zu können. Die in mehreren älteren Darstellungen beschriebene Opferung ihrer Jungfräulichkeit erst nach der Heirat, die angebliche sittsame Bewahrung ihrer unschuldigen Reinheit bis zum Bund fürs Leben ist eine unhistorische Sehweise aus den Moralvorstellungen des 19. Jahrhunderts.

Konnte aber eine Ehe gegen den Willen des herzoglichen Vaters überhaupt eingegangen werden? Mißachtete die Kirche den Aspekt des kindlichen Gehorsams, des elterlichen Sorgerechts, der familiären Traditionen, der Sippengebundenheit? Bei den germanischen Stämmen entkamen die Söhne der väterlichen Aufsicht mit Erreichung des heiratsfähigen Alters, die Tochter blieb in der Gewalt des Vaters. Im römischen Recht war die Zustimmung des Familienoberhaupts für die juristische Anerkennung der Ehe seiner Kinder unabdingbar notwendig. Die griechisch-orthodoxe Kirche unterstützte seit frühesten Zeiten die elterliche Autorität. Der hl. Basilius zum Beispiel sah in Verbindungen ohne elterliche Zustimmung keine Ehen, sondern Konkubinate.

In der römischen Kirche rechnete im 9. Jahrhundert Papst Nikolaus I. das Placet der Eltern zu den gebräuchlichen Vorbedingungen der Verheiratung, doch sei es nicht nötig für die Legalität vor den Augen der Kirche. Bis zum 12. Jahrhundert wurde das Gebot der Ehrfurcht gegenüber den Eltern immer wieder betont, versuchte die Kirche, die germanischen Rechtsformen mitzutragen, die Wirksamkeit der Ehe in Zusammenhang mit Öffentlichkeit, Verlobung, Übergabe der Braut durch die Verwandten zu deklamieren. Der endgültige Sieg der Konsensidee brachte dann auch das elterliche Zustimmungsrecht ins Wanken. Die Theologie über das Ehesakrament verbannte seit dem 12. Jahrhundert das Ja oder Nein der Eltern aus dem Kernbereich der Eheschließung. Wer die Gehorsams- und Ehrfurchtspflicht gegenüber Vater und Mutter verletzte, sündigte zwar, aber an der kirchlichen Gültigkeit seiner Ehe änderte dies nichts. Die Beachtung der Elternwünsche unterlag der moralischen Pflicht, keineswegs einer kirchlich-juristischen. Herzog Albrecht verstieß bei einer Eheschließung mit Agnes Bernauer zweifellos und mit kaum zu überbietender Deutlichkeit gegen den väterlichen Willen. An der Rechtslage vor dem Forum der Kirche änderte dies nichts. Die Ehe war kirchenrechtlich gültig – gültig bedeutete unauflösbar.

Das Dogma der Unauflöslichkeit der Ehe entsprang dem Sakramentcharakter. Es war in der römischen Kirche unbestritten, und es wurde von den Päpsten selbst unter schwersten Anfechtungen verteidigt. Als Beispiel steht der berühmte Fall des französischen Königs Philipp August, der sich 1193 mit Ingeborg von Dänemark vermählte, danach jedoch in heftige Abneigung verfiel und festen Willens war, sich von der ungeliebten Gattin zu befreien. Einige wohlgesinnte Bischöfe hoben die Ehe aufgrund angeblicher Verwandtschaftshindernisse auf. Die so schnöde Behandelte rief Papst Cölestin I. an, der revidierte das bischöfliche Urteil und rehabilitierte Ingeborg. Trotzdem ließ sich Philipp förmlich und in aller Feierlichkeit mit Agnes von Meran trauen. Cölestins Nachfolger Innozenz IV. übernahm mit der Tiara die Last der Entscheidung in diesem

Kampf zwischen weltlicher Willkür und göttlichem Gebot aus dem Munde des höchsten Kirchenvaters. Und er gab nicht nach, bis der König von Frankreich im Jahre 1213 seine zweite, illegale Ehe annullierte und Ingeborg wieder als rechtmäßige Gemahlin anerkannte.

Eine Scheidung sprach auch ein Ahnherr Herzog Albrechts aus, kein geringerer nämlich als Ludwig der Bayer kraft kaiserlicher Gewalt. Er trennte Margarethe Maultasch, Gräfin von Tirol, von ihrem Gatten Johann Heinrich, damit sie zum Vorteil des Hauses Wittelsbach einen Sohn Ludwigs, den Markgrafen von Brandenburg, heiraten konnte. Der Franziskaner William Ockham verteidigte Ludwig in seiner Schrift »Die Gerichtsbarkeit des Kaisers in Ehesachen«. Die fragwürdige kaiserliche Rechtsauffassung konnte jedoch das kirchliche Eherecht nicht erschüttern, schadete vielmehr dem Ansehen Ludwigs und blieb ein Einzelbeispiel, nicht anwendbar auf den Fall des kaiserlichen Urenkels Albrecht. Wenn dieser die christliche Ehe vollzogen hatte, einschließlich der geschlechtlichen Vereinigung – und letzteres steht außer Zweifel – dann konnte seitens der Kirche nicht einmal der Papst diesen Bund lösen, solange Agnes Bernauer lebte.

Schwere Folgen heimlicher Ehe

Die kirchliche Rechtsdoktrin förderte im Ehegebaren des Mittelalters eine Erscheinung, die zu größten Übeln für die gesamte soziale Ordnung führte: die heimliche Ehe. Elisabeth von Württemberg entzog sich auf diese Weise dem Münchner Verlobten, Jakobäa von Bayern verband sich so unzertrennlich mit Frank von Borselen. Die Kirche mißbilligte die klandestine (nicht in der Öffentlichkeit geschlossene) Heirat, verurteilte sie als schwere Verletzung der kirchlichen Satzungen und belegte sie mit schweren Sündenstrafen. Doch war sie genauso gültig wie eine unter Einhaltung aller möglichen Formalitäten und Feierlichkeiten geschlossene Ehe. Die Verdammung durch die Kirche fiel dabei weniger ins Gewicht als die unbedingte Wahrung des Sakraments, das in göttlichem Recht und Gebot wurzelte. Die kirchlichen Behörden konnten einer heimlichen Vermählung im Bereich ihrer Öffentlichkeit die Anerkennung verweigern, etwa durch Aufstellung einer Rechtsvermutung, daß kein gültiger Ehewille vorlag. Vor Gott und dem Gewissen blieb die Ehe in Kraft, war eine zweite Verheiratung ausgeschlossen.

Thomas von Aquin wertete im Konflikt zwischen eventueller Kirchenstrafe und Wahrung des Sakraments eindeutig zugunsten des durch gegenseitige Zustimmung frei vor Gott gespendeten Lebensbundes: »Es ist besser, der Mann stirbt im Banne, als in der Ehe mit der, die doch nicht seine Frau ist.«

Wenn Albrecht und Agnes sich heimlich verheiratet hatten, dann hatten sie in jedem Fall eine kirchlich rechtsgültige und wahre Ehe gestiftet, ungeachtet der Tatsache, daß eine schwere Verletzung des kirchlichen Formgebotes vorlag. Der vorreformatorische englische Theologe William Harrington kommentierte das Problem mit schneidender und einprägsamer Schärfe: »Die, so insgeheim einen solchen Ehestand errichten, seien verdammt für solches Tun ohnerachtet, daß der Ehestand ist ein fester Bund und gilt vor Gott so viel. Und so ein Teil der Beiden das andere verlässet, und nimmet einen anderen zur Ehe, so leben sie in verfluchtem Ehebruch.«

Klandestine Hochzeiten stellten den Staat vor schwierige juristische Fragen. Sie zogen immer wieder Zweifel über die Legitimität von Kindern, Erbschaftsprozesse und unversöhnlichen Familienstreit nach sich. Die weltlichen Machthaber versuchten deshalb, sie durch Verbote und Abwehrmaßnahmen zu bekämpfen. König Koloman von Ungarn ließ sie zum Beispiel vor seinen Gerichtshöfen als bloßes Beiwohnen behandeln. König Roger II. von Sizilien entzog Frauen und Kindern aus heimlichen Ehen jeglichen Rechtsanspruch, Alfons der Weise von Kastilien verbot um 1260 die Klandestinität bei Geld- und Körperstrafen. Viele Länder und Städte Deutschlands und Italiens stellten sie ebenfalls unter Bestrafung oder schlossen die Söhne aus heimlicher Ehe vom Erbe der Väter aus. Doch konnten alle Repressalien eines nicht bewirken: Die Auflösung der Ehe vor dem Gewissen der Partner, den Vorrang des irdischen vor dem göttlichen Gebot, die Aufhebbarkeit vor dem Richtstuhl Gottes.

Der Begriff der »heimlichen Ehe« unterlag einem nicht unwichtigen Wandel. Noch im 13. Jahrhundert existierten zwei unterschiedliche Anschauungen. Klandestin konnte eine Vermählung genannt werden, wenn sie ohne Zeugen erfolgte, seien es weltliche oder geistliche, denn sie verstieß gegen das ausdrückliche Gebot der Öffentlichkeit. Für strengere Kirchenjuristen erfüllte auch der privat vor wenigen auserwählten Vertrauten vollzogene Trauakt dieses Gebot nicht. Ein »Ja« zwischen Albrecht und Agnes lediglich im Kreis treuer Eingeweihter war als heimliche Hochzeit zu bezeichnen. Als klandestin galt sogar die Ehe ohne Feierlichkeiten, insbesondere ohne den kirchlichen Brautsegen.

Mit dem IV. allgemeinen Laterankonzil 1215 begann eine Periode bis zum Konzil von Trient, die den Begriff der Heimlichkeit im kirchlichen Bereich schärfer definierte, nämlich als Vermählung ohne öffentliches Aufgebot beim zuständigen Priester. Jeder Geistliche, der zukünftig eine Ehe ohne vorherige Verkündigung einsegnete, sollte drei Jahre von seinem Amt suspendiert, die Brautleute mit harter Kirchenbuße belegt werden. Die nach germanisch-deutscher Sitte eingegangene Ehe vor einem weltlichen Fürsprecher ohne Beiziehung eines Priesters unterlag dem geistlichen Verdikt ebenso, wie das absolut geheime »Ja« hinter verschlossenen Kammertüren. Eine Ehe zwischen Albrecht und Agnes als geheim in diesem Sinne einzustufen, fällt nicht schwer.

Erst das Konzil von Trient versuchte den Konflikt zwischen Vorrang des Konsenses als sakramentale Handlung und der gleichzeitigen Strafandrohung bei Heimlichkeit ein Ende zu setzen. Das Dekret »Tametsi« vom Februar 1563 betonte noch einmal die Gültigkeit der bisherigen, wenn auch geheim eingegangenen Zustimmungsehen, bestimmte jedoch für die Zukunft Öffentlichkeit und Mitwirkung des zuständigen Pfarrers als bindendes Kriterium. Klandestinität und Mißachtung des Formzwangs machten die Ehe kirchenrechtlich null und nichtig, nach mehrheitlicher Auffassung der Kirchenväter kraft ihres Auftrags und ihrer geistlichen Macht jetzt auch vor Gott.

Selbst nach dem tridentischen Erlaß war allerdings noch eine Art heimlicher Ehe möglich, die sogenannte »Überraschungsehe«. Wenn zwei junge Leute in Begleitung von Zeugen ihrer Wahl vor dem Priester erschienen und in seiner Gegenwart erklärten, daß sie einander zum Mann und zur Frau nähmen, wurde der Geistliche gegen seinen Willen zum kirchlichen Zeugen. Die wesentlichen Bedingungen der Heirat waren nach wie vor erfüllt, die Ehe gültig, wenngleich als Bruch des Kirchengesetzes mit einer schweren Sünde beladen. Ob die Ehe als »legitime« angesehen wurde, mußte dann die gesellschaftliche Praxis erweisen.

Die Begriffe »legitime Ehe« bzw. »legitime Gattin« unterlagen einem gewissen Bedeutungswandel, wurden zudem nicht einheitlich definiert. Herzog Albrecht bekam den Vorwurf zu hören, er weigere sich, wegen seiner Geliebten Agnes Bernauer eine »uxor legitima«, eine legitime Gemahlin zu nehmen. Das alte deutsche Recht bezeichnete eine Ehe als »legitim«, wenn bei ihrer Schließung die vorgeschriebenen Formalitäten der Werbung, Verlobung, Brautausstattung und Trauung eingehalten waren. Eine solche Hochzeit zog die gewöhnlichen Rechtsfolgen, wie Zeugung erbberechtigter Kinder und eheliche Güterrechte nach sich. Fehlten die allgemein anerkannten und tradierten Formen und Konsequenzen, hatte die Ehe gleichwohl Bestand, doch nur als »matrimonium illegitimum«. Nach weltlicher deutscher Rechtsauffassung war eine heimliche Heirat zwischen Prinz und Baderin keine »legitime«, Agnes galt in den Augen der Öffentlichkeit nicht als »uxor legitima«.

Im Bereich des kanonischen Rechts stellte der sogenannte Pseudo-Isidor um das Jahr 850 fest: »Ein matrimonium legitimum kann nur so abgeschlossen werden, daß man die Frau von denen, die offenbar Gewalt über sie haben, zur Ehe erbittet und daß zur rechten Zeit (so, wie es Sitte ist) diese unter Gebeten und Meßopfern vom Priester eingesegnet wird. Zögert nicht, anders geschlossene Verbindungen als Ehebruch (...) oder Unzucht zu betrachten, sofern nicht die ausdrückliche Absicht das Fehlende ersetzt und ein gesetzmäßiges Ehegelübde Hilfe gebracht hat.«

Der Verfasser verfocht bei aller Unterstreichung der Äußerlichkeiten und noch verhaftet im alten Munt- und Verwandtschaftsrecht doch die Legitimität der heimlichen oder formlosen Ehe auf Konsensbasis, wenn dafür ein juristisch gültiger Beweis erbracht wurde. Im 12. Jahrhundert entschied sich Petrus Lombardus für die sakramentale Zustimmung als Basis der Legitimität, Gratian dagegen differenzierte. Ging ein Christ unter Wahrung der zum Teil vom weltlichen, zum Teil vom kirchlichen Recht entwickelten Formen eine Ehe ein, so war dieses matrimonium ein »legitimum und ratum«, d. h. legitim und unauflöslich. Setzte er sich über diese Formen hinweg, schloß er aber mit »affectu martiali«, mit klarem Ehewillen, ein Geschlechtsverhältnis, so war es wenigstens unauflösbar. Als legitim konnte es vor der Gesellschaft und ihren Rechtsinstitutionen erst gelten, wenn beide Eheleute öffentlich ein Bekenntnis zum gemeinsamen Bund ablegten und damit den für die Legitimität notwendigen Beweis erbrachten. Das von mehreren Chronisten behauptete, in den Primärquellen nicht eindeutig nachweisbare Pochen der Bernauerin auf ihre ehelichherzogliche Position wäre ein solches Bekenntnis gewesen. Die Albrecht zugeschriebene, noch weniger belegbare Erklärung, Agnes sei sein angetrautes Eheweib, hätte den absoluten Beweis bedeutet für ein »matrimonium ratum et legitimum«.

Das Problem der Legitimität weist auf die bereits erwähnten verhängnisvollen Konsequenzen für manche heimliche Ehe im Mittelalter. Während der intensiven Debatten um die Einführung des kirchlichen Formzwangs gegen die klandestine Vermählung auf dem Konzil von Trient beschworen die Verfechter anschaulich die Mißstände im Gefolge geheimer Hochzeiten: viele Streitigkeiten, Erbauseinandersetzungen, leichter Ehebruch, problemloses Auseinandergehen der Eheleute durch fehlende oder inoffizielle Zeugenschaft. Seit Generationen hatten die Urteile der geistlichen Gerichte, kompetent für Ehesachen, die oft fatalen Zusammenbrüche heimlicher Ehen demonstriert. Ein Dekret auf einem Regionalkonzil von London hatte im Jahre 1102 den kritischen Punkt einprägsam und beispielhaft zum Ausdruck gebracht: »Eine zwischen Mann und Weib heimlich und ohne Trauzeugen ausgetauschte Eheverpflichtung ist nichtig, wenn einer der beiden Teile sie bestreitet.«

Dieser Grundsatz bestimmte fortan die Theorie und Praxis des Kirchenrechts im Gesamtbereich der römisch-katholischen Kirche. Noch einmal Gratian: »Heimlich geschlossenen Ehen wird an sich der Charakter als Ehe nicht bestritten, und es wird auch keine Auflösung des Bundes verlangt, wenn sie durch das Zeugnis beider Teile erwiesen werden können. Aber sie sind trotzdem verboten, denn wenn ein Teil den Schritt bereut, kann der Richter das Zeugnis des anderen nicht als Beweis annehmen.«

Immer wieder warnten päpstliche Verlautbarungen vor der Gefahr, daß ein Mann sich durch heimliches Eheversprechen eine Geliebte sicherte und diese später doch verstieß, um eine andere Verbindung einzugehen. Behauptete der Mann nämlich vor Gericht, er habe gar keine Ehe beabsichtigt, seine angebliche Gemahlin lüge oder habe alles ganz falsch verstanden und fehlinterpretiert, dann war ihm der Weg zu einer zweiten, »legitimen« Ehe geebnet. Andererseits konnte ein gewitztes Mädchen ihrem Buhler das Ja-Wort nebst feierlichem Gelöbnis entlocken und ihn damit in Ehebande legen. Meistens waren aber Frauen die Leidtragenden. Ein Urteilsbuch des Augsburger Diözesangerichts enthält für das Jahr 1349 über 111 einschlägige Fälle. 101mal traten Frauen als klagende Partei auf. Über 80mal wiesen die Urteiler die Klage auf Zuerkennung des Gatten zurück, weil die »probatio« fehlte, der Beweis.

Die – wohl heimliche oder zumindest formlose – Ehe zwischen Agnes und Albrecht ist heute nicht mehr umstritten. Die bisherige Erörterung der Grundrisse des kirchlichen Eherechts dürfte ebenfalls veranschaulicht haben, daß eine ganze Reihe von Möglichkeiten und Gelegenheiten bestand, den Bund fürs Leben auch außerhalb der üblichen Normen einzugehen. Ein ziemlich sicherer Beweis sind außerdem die symbolhaften beiden Ringe am Ringfinger und kleinen Finger der rechten Hand der Bernauerin auf ihrem Gedenkstein, die allgemein und einleuchtend als Verlobungs- und Trauring gedeutet werden. Die Ehe zwischen den ungleichen Gatten war vor dem »forum internum«, vor ihrem Gewissen, unauflöslich. Nur vor dem »forum externum«, dem irdischen Gericht der Kirche, hätte die Trennung erfolgen können. Voraussetzung wäre ein Bruch der elementarsten Treue gewesen, ein gegenseitiger Verrat oder ein meineidiges Verstoßen des Partners.

Eine übereinstimmende Erklärung der Eheleute, sie betrachteten ihr Zusammenleben als reine Geschlechtsgemeinschaft und nicht als sakramentalen Bund, hätte Albrecht eine »legitime« Ehe mit einer anderen eröffnet. Agnes Bernauer wäre dann wirklich nur eine Geliebte, ein Schlafweib, eine Kokotte am Herzogshof gewesen und hätte sich selbst dieser Rolle unterworfen. Vor Gott freilich wäre die Sünde größer gewesen als jede Verletzung ritueller oder traditioneller Förmlichkeiten, Albrechts zweite Verheiratung ein Akt der Bigamie. Gleiches gilt für einen Verrat Albrechts an Agnes. Deren Chancen, mit einer Klage gegen eine offizielle Vermählung ihres Mannes mit einer Adeligen vor einem geistlichen Gericht zu gewinnen, bedürfen keiner Erläuterung. Wäre schließlich die Leugnung durch Agnes selbst geblieben, der Verzicht durch das fingierte Geständnis, Albrecht ohne Willen zur Ehe in böse Liebesbande geschlagen zu haben. Die Scheidung wäre zwar juristisch noch immer kompliziert, aber angesichts der Umstände und betroffenen Personen möglich gewesen. Doch Agnes Bernauer und Herzog Albrecht taten keinen Kniefall vor den Gegnern ihrer gültigen und vor Gott und der Kirche unauflöslichen Ehe. Sie opferten ihre Liebe nicht der »Mode«, sondern verteidigten den Vorrang, des göttlichen Rechts gegen menschliche Konvention.

Die »unehrliche« Ehe der Bernauerin

Die kirchliche Anerkennung und Sanktionierung einer Ehe sicherte noch nicht ihre bürgerliche Rechtsgültigkeit. Diese war abhängig von der Form der Vermählung und vor allem vom sozialen Status der Brautleute. Selbst in der Kirche dauerte es lange, bis das Naturrecht mit seiner Betonung der Gleichheit vor Gott die Standesschranken des weltlichen Eherechts überwand. Papst Leo der Heilige antwortete auf eine Anfrage des Bischofs Rusticus von Narbo, ob eine Ehe zwischen einem freien Mann und einer Sklavin anzuerkennen sei, noch ganz im Sinne des römischen Kaiserrechts: »Ein Ehebund entspricht dem bürgerlichen Gesetz, wenn die Teilhaber frei geboren und vom gleichen Stand sind. Der Herr selbst führte diese Regel ein (Gen. II, 24), lange bevor das römische Recht begann.« Der hl. Calixtus dagegen erlaubte christliche Hochzeiten zwischen freigeborenen Frauen und Sklaven. Im frühen Mittelalter befürwortete die Kirche das Zustimmungsrecht der Herren bei der Heirat von Leibeigenen. Erst Papst Hadrian IV. (1154–1159) beseitigte diese schwere Last der armen Leute oder wenigstens ihre religiöse Legitimation. In einem brieflichen Dekret an den Bischof von Salzburg erklärte er eine nach den Regeln der Kirche und auf der Basis des Konsenses gestiftete Ehe zwischen Leibeigenen und Hörigen für gültig, selbst wenn ihre Herren sie ausdrücklich verboten hatten.

Die weltlichen Gesetze und Gepflogenheiten liefen anders. Im Spätmittelalter war die bürgerliche Rechtsgültigkeit der Ehe abhängig von dem »zu Kirch und Strassen Gehn«, der Öffentlichkeit und Kundbarmachung. Und sie war in ihrem Wert bestimmt von der Frage des sozialen Standes – im Mittelalter und noch lange danach.

Wenn sich heutzutage Angehörige unterschiedlicher gesellschaftlicher Schichten vermählen, mag das zu Naserümpfen und lästerlichem Gerede neugieriger Nachbarn oder zu Unstimmigkeiten innerhalb der betroffenen Familien führen. Die Ehe zwischen einem Ministerialdirektor und einer stadtbekannten Hure könnte Schlagzeilen in der Boulevardpresse provozieren, ein Minister müßte dafür – normalerweise – die Karriere opfern. Die Rechtssphäre unserer Gesellschaft bliebe unberührt. Die Bayerische Landesordnung von 1553 urteilte noch ganz anders. Sie belegte nicht standesgemäße Ehen mit dem Verlust von Erbrechten. Anstiftung und Beihilfe zu solchen »Winkelheiraten« sollten als strafbare Kuppelei geahndet werden.

Die Landesordnungen von 1578 und 1616 übernahmen und verschärften diesen Rechtszustand. Dr. Wiguläus Hund, Hofratspräsident und Verfasser des 1585 erschienenen Baierischen Stammbuches, äußerte sich sehr abfällig

über die unstandesgemäßen Neigungsehen, die »Lusthei-
raten«. Er betonte den natürlichen Stolz jedes wappenführenden Herren auf die »ehrlichen Heirathen«, auf Verbindungen, die das Gebot der Standesehre nicht schmähten.
Die weltliche Ehe verlangte also Ebenbürtigkeit der Ehegatten. Die Vorstellung von der »Ebenburt« entsprach der
ständischen Gliederung des Volkes. Der niedriger, schlech-
ter Geborene galt als »Ungenosse« des besser Geborenen.
Standesunterschied verursachte zwar kein prinzipielles
Heiratshindernis – das kirchliche Eherecht war dafür zu
stark geworden –, aber nach profanem Gesellschaftsgesetz
entstand daraus keine Vollehe, traten nicht die vollen Wirkungen der Vermählung ein. Die Ehe war gültig, jedoch
ungleich. Der niedriger stehende Mann bestimmte in einer
solchen Mißheirat den künftigen Stand der Frau. Entstammte er dem Kleinhandwerk, sie dem Handelsbürgertum, stieg nicht er die soziale Leiter nach oben, vielmehr
sank sie auf der Pyramide gesellschaftlichen Wertes und sozialer Privilegien ein Stück nach unten. War der Gatte ein
»Übergenoß«, seine Gemahlin niedrigerer Herkunft, blieb
ihr der Weg in die höhere Sphäre verwehrt, behielt sie ihren
angeborenen geringeren Stand. Soziale Mobilität existierte
nur in einer Richtung.
Selbst innerhalb des Adels schälten sich Heiratsschranken
heraus. In der zweiten Hälfte des 13. Jahrhunderts schotte-
ten sich Fürsten und Edle gegen die nachdrängenden kleineren Adeligen ab. Die Grenzen wurden zwar wieder flie-
ßender, Vermählungen zwischen hochadeligen Töchtern
mit Dienstmannen waren hundert Jahre später in Bayern
nicht ungewöhnlich. Aber ungleiche Adelsehen im Man-
nesstamm waren noch im 15. Jahrhundert recht selten,
wenngleich keine direkten Rechtsnachteile mehr auftraten.
Vor solchem Hintergrund feudalistischer Standesgesell-
schaft, Ständehierarchie und Ständeideologie mußte die
Ehe zwischen Agnes und Albrecht zwangsläufig mit Mißachtung und schärfster Mißbilligung belegt werden. Sie
war ungleich, unebenbürtig, unstandesgemäß, unehrlich,
eine Mißheirat, Lustheirat, Winkelehe. Vor den Standesgenossen des Herzogs – und nicht nur vor diesen – konnte
eine Baderin keine Herzogin werden, durfte aber auch ein

Herzog nicht der Neigung und angeblicher Liebe halber seine Krone aufs Spiel setzen.

Dabei war Agnes Bernauer nicht die einzige Augsburgerin, die einen standeshöheren Herrn ehelichte. Philippine Welser, Tochter des finanzstarken Patriziers Franz Welser, vermählte sich im Januar 1557 heimlich mit dem 32jährigen Erzherzog Ferdinand II. von Österreich, damals Statthalter in Böhmen. Er war ein Sohn Kaiser Ferdinands I. und der jüngere Bruder Kaiser Maximilians II. 1567 bezog das Paar Schloß Ambras bei Innsbruck. Ferdinand widmete sich als Graf von Tirol dem Wohle des Landes, Philippine lebte unter dem Titel einer Freifrau von Zinnenburg an seiner Seite. Sie hatten schwören müssen, ihre Ehe gegenüber der Öffentlichkeit nicht preiszugeben. 1576 wurden sie von diesem Gelübde befreit.

Auch diese Ehe war unebenbürtig, das Gefälle zwischen einer Welserin und dem Kaisersohn, zwischen Stadtadel und Reichsadel allerdings nicht annähernd mit dem zwischen Agnes Bernauer und Albrecht von Wittelsbach vergleichbar. Zudem brachte die tirolische Lebensgemeinschaft keine politischen und dynastischen Verwicklungen, keine Gefährdungen von Thron und Land mit sich.

Einen gleichfalls glücklichen Verlauf nahm die Ehe der Klara Tott oder Clara Dettin mit Friedrich dem Siegreichen, Kurfürst von der Pfalz. Friedrich übernahm 1452 nach dem Tod seines regierenden Bruders Ludwig IV. die Vormundschaft über dessen einjährigen Sohn Philipp und adoptierte ihn. Anstatt seinem Neffen und Ziehsohn bei Volljährigkeit die Regentschaft zu überlassen, behielt Friedrich sie selbst auf Lebenszeit. Philipp und das Land stimmten zu, doch mit der Maßgabe des Versprechens der Ehelosigkeit, damit Philipp aus einer Heirat Friedrichs des Siegreichen keine Konkurrenz für den Thron erwachsen konnte, genauer gesagt aus einer ebenbürtigen mit einer standesgleichen Fürstentochter. Denn als Friedrich 1472 den Wunsch anmeldete, seine langjährige Geliebte, die Tochter des Augsburger Ratsdieners Klara Tott zu ehelichen, stand ihm nichts im Wege. Aus solcher Winkelehe entsproß kein Nebenbuhler für Philipp, kein Erbkandidat mit berechtigten Chancen und legitimen Ansprüchen auf den Kurhut der Pfalz. Klara hatte Friedrich zwei Söhne geboren, die vom Vater und Stiefbruder bestens ausgestattet wurden, der jüngere, Ludwig, sogar mit einer Grafschaft. Philipp aber trat ohne Probleme die Nachfolge an, heiratete Margarethe von Niederbayern-Landshut und erhielt von der Nachwelt den Ehrentitel »der Aufrichtige«.

Mit der Situation des Hauses Oberbayern-München angesichts der Weigerung Albrechts, eine »legitime« und standesgemäße Ehe zu schließen, ist die Heirat zwischen Friedrich und Klara nicht zu vergleichen. Sie wirft vielmehr ein Licht auf die Schwierigkeiten, denen sich Vater Ernst gegenüber sah.

Die Kinder aus Winkelehen folgten dem schlechteren Stand, der »ärgeren Hand«, wie der Schwabenspiegel, ein Rechtsbuch des 13. Jahrhunderts gebot: »… und gewinnent si chint, den hörent ze der ergern hant«. Nachwuchs aus heimlichen Ehen konnte vom Erbrecht ausgeschlossen werden, Unebenbürtigkeit zeitigte ebenfalls negative Konsequenzen. Eine Nachfolge auf dem Herzogsstuhl von Oberbayern-München für einen Sohn aus der Ehe zwischen Agnes Bernauer und Herzog Albrecht war nach adeligem Standes- und Geblütsrecht undenkbar. Er hätte höchstens als fürstlicher Bastard gelten dürfen, ähnlich den zahlreichen natürlichen Sprößlingen aus fürstlichen Liebschaften. Uneheliche Kinder waren ursprünglich rechtlos, im Spätmittelalter machten königliche und landesherrliche Erlasse die »Ehelichung« und Teilhabe am väterlichen Erbe möglich, nicht jedoch die Übertragung eines Herzogsstabes an den Sohn aus klarer Mißheirat. Anerkannte Bastarde des Herrenstandes wurden milder behandelt als ihresgleichen in unteren Schichten. Nebenher gezeugte Söhne wurden sogar häufig in die Adelspyramide eingegliedert, zählten aber nicht zum höheren, sondern zum niederen Adel, wie z. B. Albrecht vom Hof oder Conrad von Egenhofen, ein außereheliches Kind Wilhelms III. Der Herzog verschrieb seinem Conrad, den manche Zeitgenossen als Stegreifritter einstuften, am 1. Oktober 1425 die Burg Planeck, Ernst und Albrecht willigten ausdrücklich in diese Schenkung ein. Dr. Johann Neuhauser, ein natürlicher Sohn Herzog Albrechts III. aus seinen späteren Jahren, wurde hochangesehener Geistlicher und Kanzler seines herzoglichen Bruders Albrecht IV.

Außereheliche Nachkommen fürstlicher Herrschaften mußten also nicht am Hungertuch nagen, erreichten sogar beachtliche gesellschaftliche Positionen, nur nach ganz oben, in die hochadelige Spitze war ihnen der Aufstieg verwehrt. Einem unebenbürtigen Sohn der Agnes Bernauer wäre es unter normalen Umständen nicht schlimmer, doch auch nicht besser ergangen.

Für die Folgen der Bevorzugung eines Bastardsohnes vor dem legitimen Erben legt die Geschichte des Hauses Oberbayern-Ingolstadt ein erschreckendes Zeugnis ab. Ludwig der Gebartete wandte unter seinen natürlichen Kindern einem Sohn seine Gunst in ungewöhnlich hohem Maße zu. Er war ihm im Jahre 1400 von Canetta Schwelcher geschenkt worden, der Tochter des Pflegers zu Graisbach, Wieland Schwelcher, nach dem der Knabe genannt wurde. Ludwig berief den alten Schwelcher in seinen Rat, vermählte Canetta mit einem Herrn von Freyberg und förderte den jungen Wieland, wo er nur konnte. Er ließ ihn 1418 vom Papst legitimieren, anschließend in Bologna studieren, berief ihn zu seinem Kammermeister, verheiratete ihn 1438 mit Gräfin Amalia von Wertheim und überhäufte ihn überreich mit Geld und Kleinodien. Eine Urkunde über die Schenkungen an Wieland vom Oktober 1438 spricht von 60 000 Gulden, französischen Kronjuwelen aus dem Privatbesitz der Königin Isabeau und einer Menge Goldgeschirr. Wieland von Freybergs ritterliche Erscheinung, sein stattliches Aussehen und seine männliche Ausstrahlung bildeten einen krassen Gegensatz zur bedauernswerten Gestalt Ludwigs des Jüngeren, genannt »der Bucklige«. Er war der einzige erbberechtigte Sohn aus standesgemäßer Heirat. Ludwig der Bucklige beäugte Wieland höchst mißtrauisch und eifersüchtig, sah sich immer mehr in seinem Erbgut geschmälert und fürchtete gar um die Erbfolge. Er beklagte sich bitter bei seinem Freund Albrecht III. von München, der Ludwig den Gebarteten vergeblich umzustimmen versuchte. Im Herbst 1438 schloß der jüngere Ingolstädter ein Schutzbündnis mit Albrecht und erklärte im Januar 1439 dem eigenen Vater den offenen Kampf. Er begründete den

unerhörten Schritt mit der unnatürlichen Härte, mit der ihn
sein Vater nicht vor sein Antlitz lasse und um sein Erbe
bringe und mit der Verschwendung, mit der dieser einen
unehelichen Sohn bereichere, während so viele Schulden
noch nicht bezahlt seien und das Land Not leide. Bis 1443
herrschte Krieg im Haus und Land Ingolstadt. Albrecht zog
sich zwar zurück und wollte den Buckligen zum Einlenken
bewegen, dafür trat Heinrich von Landshut an dessen Seite, um den alten Erbfeind endgültig zu vernichten. Der Gebartete geriet im September 1443 in die Gefangenschaft des
Sohnes. Das Ende des Hauses Oberbayern-Ingolstadt kündigte sich an.

Ein Bauernhof für »Jungfrau Agnes«

Wann Agnes und Albrecht geheiratet haben, ist nicht exakt
feststellbar und wird wohl nie mit absoluter Sicherheit geklärt werden. Riezler meinte: »Als Ehegatten lebten sie
spätestens seit dem Frühjahr 1432 zusammen, meistens in
Straubing.« Dieser Termin für die klandestine Vermählung
dürfte zu früh sein, ein zeitweiser Aufenthalt in München
liegt aufgrund der ersten Nachrichten über die Bernauerin
näher als ein Liebeshort in Straubing. Oft wurde Vohburg
als Trauungsort genannt und als erste Wohnstätte des jungen Paares. Die Stadt an der Donau pflegt denn auch eine
ausgesprochene Bernauer-Tradition.
Die ehemals wichtige Markgrafenburg, Mittelpunkt eines
bedeutenden Güter- und Herrschaftsbereiches, kam 1204
an Herzog Ludwig I. 1246 feierten Staufer und Wittelsbacher dort die glanzvolle Hochzeit Konrads IV., Sohn Kaiser
Friedrichs II., mit Elisabeth, der Tochter des Bayernherzog
Otto des Erlauchten. Als Gerichtsort und Sitz landesfürstli-
cher Behörden wurde Vohburg vielleicht um 1270 zur Stadt
erhoben, 1316 jedoch im Kampf Ludwigs des Bayern gegen
seinen Bruder Rudolf zerstört. Erst hundert Jahre später
widmete mit Herzog Ernst I. sich wieder ein Landesherr
mit besonderer Fürsorge dem abgesunkenen Gemeinwesen. 1404 hatten Ernst und Wilhelm die Vohburg noch an
Heinrich von Landshut verpfändet, der sie 1406 an die Ed-

len von Seyboldsdorf weiterschob. 1413 kaufte dann Herzogin Elisabeth von diesen die Burg um 9500 Gulden zurück. Ihr Gatte, Herzog Ernst, befahl 1414/15 den Wiederaufbau der Burg und ließ gleichzeitig eine Ringmauer um den Bürgerort ziehen. Im Juni 1415 nahm das Fürstenpaar an der Einweihung der neuerrichteten Veste teil.

Am 11. März 1424 schenkte Elisabeth die Vohburg ihrem Sohn Albrecht, der fortan »Grave zu Voheburg« in seiner Titulatur führte. Allerdings konnte Albrecht nicht einfach schalten und walten, wie er wollte. Herzog Ernst blieb als Landesherr und oberster Lehensherr in seinem Fürstentum letztlich auch für Vohburg zuständig. Gunsterweise und Privilegien, vor allem zur Behebung der Schäden einer Feuersbrunst, die 1434 die Stadt verheert hatte, zeugen davon. Daß Albrecht seiner Agnes auf der Vohburg ein trautes und abgeschirmtes Liebesnest einrichtete und ihr dort im Herbst 1432 den Bund fürs Leben versprach, ist möglich, beweisen läßt es sich nicht.

Ein anderer herzoglicher Ort steht dagegen sicher mit Agnes und Albrecht in enger Verbindung: Menzing und das nahe Jagdschloß Blutenburg im Umland Münchens. Im März 1432 nahm Albrecht einen Bürger von Dießen in Schutz, wenn er ihm alljährlich »gen Plüdenburg auf das Haws« einen rheinischen Gulden bezahle. Die Blutenburg liegt bei Menzing und in diesem Dorf, genauer in Niedermenzing, erwarb die Bernauerin einen Bauernhof. Laut Urkunde vom 7. Januar 1433 verkauften der Pfarrer von Aubing und die Kirchpröpste von St. Ulrich zu Laim eine Hube und Hofstatt in Niedermenzing um 25 Pfund Münchner Pfennige der »Ersamen Junckfrawen Agner der Pernawerinn und allen Iren erben«. Die geistlichen Herren erklärten, sie würden als ihre Vertreter und Vertrauensleute fungieren und ihr gegenüber für alle eventuellen Schäden mit dem Gut des Gotteshauses zu Laim haften. Auch die Pächter von Feld und Hof wurden genannt, die nun an die neue Besitzerin ihre Abgaben zu leisten hatten. Es handelte sich demnach um ein Renditeobjekt für Agnes, nicht um ein Bauernsach, auf dem die Bernauerin selbst den Stall ausmisten und die Hühner füttern mußte. Die Oberlehenshoheit des Herzogs Ernst wurde ausdrücklich erwähnt: »Und die

obgenant Hub und hofstat lehen sint von dem durchlauchtigen hochgeporn Fürsten und herrn Ernstn Pfalzensgraf
pej Rein und Herzog In Bayrn unserm genedign Herrn.«
Vielleicht wußte Ernst von dem Kauf, betrachtete ihn
jedoch als eine der üblichen Abfindungen für angenehme
Liebesdienste, nicht als Teil eines viel gravierenderen Ak-
tes: der heimlichen Vermählung seines Sohnes. Vielleicht
war die Nennung des Landesherrn aber nur eine reine
Rechtsformel, eine Ablenkung vom eigentlichen Initiator
des Handels, Ernsts Sohn und Erben Albrecht, von dem gewiß das Geld für den Kauf stammte. Die Bezeichnung
»Jungfrau Agnes« besagte, daß es sich um eine unverheira-
tete Dame handelte oder um eine Person, die als solche in
der Öffentlichkeit erscheinen wollte oder sollte.
Der Zusammenhang mit der klandestinen Ehe ist des öfteren betont worden, wohl nicht zu Unrecht. Wieder tut sich
eine Verbindung mit den grundsätzlichen Problemen des
Eheschlusses im Mittelalter auf, diesmal mit dem ehelichen
Güterrecht. Die normale Ehe bildete eine Verwaltungsge-
meinschaft ohne Gleichberechtigung der Partner. Der
Mann trug alleine die Lasten, dafür vereinnahmte er das
gesamte Vermögen seiner Gemahlin in seine »Gewere zu
rechter Vormundschaft« nach dem Grundsatz: »Mann und
Weib haben kein gezweiet Gut bei ihrem Leib«. Die Frau
durfte nur kleinere Haushaltsdinge alleine besorgen. Andere Rechtsgeschäfte, die das Ehegut betrafen, brauchten
die Zustimmung ihres Gatten. Aller Erwerb durch Kauf
während der Ehe ging in das Eigentum des Hausherrn
über, selbst wenn die Mittel dafür aus der Schatulle der
Frau flossen. Anders verhielt es sich mit dem »unbewegli-
chen« Ehegut der Frau. Es umfaßte ihr eingebrachtes Heiratsgut und was sie während der Ehe durch Erbschaft,
Tausch oder Schenkung erwarb. Hatte Albrecht die Pfrün-
de in Niedermenzing vor der Hochzeit erworben, so waren
sie nach der Heirat als unbewegliche Sache für die Bernauerin und ihre Erben gesichert. Die Bezeichnung »Jungfrau«
weist in diese Richtung.
Ein reicher Ehemann gab der Frau eine »Leibzucht« in Form
von Grundstücken, später auch Kapitalien, die in Sat-
zungs- oder Rentenform in Grund und Boden angelegt wa-

ren. Diese »Leibzucht« wurde vielerorts mit dem »Wittum« oder der »Morgengabe« gleichgesetzt. Die Morgengabe war ein Zeichen der Eheschließung nach vollzogenem ersten Beischlaf oder nach der Brautnacht. Nach altem deutschem Recht war sie ein freies Geschenk des Mannes an die Frau, eine Anerkennung dafür, daß sie ihn zum Gatten genommen hatte. Noch im Spätmittelalter findet sich die Morgengabe häufig als Teil von Eheverträgen, nicht zuletzt zwischen adeligen Partnern.

Bei einer ganz besonderen Art der Ehe jedoch war die Morgengabe ein elementarer Bestandteil: bei der morganatischen Ehe, einem Lebensbund ohne die gewöhnlichen Rechtsfolgen. Als Morganat wurde die Hochzeit eines Edlen mit einer Frau niedrigeren Standes bezeichnet. Die normale Erbberechtigung für Gemahlin und Nachkommenschaft war ausgeschlossen. Dieser Lebensgemeinschaft fehlten daher die »instrumentale legalia«, die üblichen Rechtseigenschaften und Rechtsfolgen. Gratian bezeichnete den weiblichen Part einer solchen, vor der Kirche gültigen Ehe als »concubina«, keineswegs zu verwechseln mit gewissen Damen späterer Zeiten nach Bedeutungsverschlechterung des Begriffes. Die »Summa Parisiensis«, eine französische Rechtssammlung der zweiten Hälfte des 12. Jahrhunderts, verknüpfte diese Form des Konkubinats vorbildhaft mit der morganatischen Ehe. Herzog Albrecht lebte mit Agnes Bernauer in einer solchen morganatischen Gemeinschaft. Seine Frau war »uxor« und »concubina« zugleich, Gattin zwar, aber ohne die Rechtsansprüche einer Gemahlin aus hochadeligem Haus.

Gerade im bayerisch-österreichischen Raum war die Morgengabe nicht nur eine Formalität bei Heiraten hochgestellter Persönlichkeiten, sondern Rechtsinstrument bei morganatischen Ehen. Sie gewährleistete der Frau und ihren Kindern finanziellen und materiellen Schutz, schloß jedoch gleichzeitig den gesetzlichen Güterstand aus, der bei einer Mißheirat nicht wirksam werden konnte. Der Pfründenerwerb von Niedermenzing durch bzw. für Agnes Bernauer ist so zu deuten. Hinzu kommt die Zeugenschaft für den Kaufvertrag. Es war üblich, daß Ehevereinbarungen vor Gericht oder zumindest vor Zeugen getätigt, zumindest schriftlich abgefaßt wurden. Die Aubinger Urkunde nennt nicht nur den Pfarrer und die Kirchenverwalter als unmittelbare Geschäftspartner, sondern daneben einen Münchner Juristen, der beratend und formulierend zur Seite stand, ferner zwei Münchner Handwerker als Zeugen für das Siegel und zwei Menzinger als Zeugen für die Handlung »und ander erber läwt genug«. War der Menzinger Kauf tatsächlich die Morgengabe der morganatischen Heirat zwischen Agnes und Albrecht, dann hatten sie sich das Eheversprechen wahrscheinlich kurz davor gegeben, um Weihnachten 1432 oder Anfang Januar 1433, wohl nach der Geburt ihrer Tochter Sibylla.

Der Zusammenhang zwischen Blutenburg und Menzing, Albrecht und Agnes wird durch für den Fall Bernauer überraschend klare Zeugnisse dokumentiert. Am 14. März 1433 befahl der an »kaltem Fieber« erkrankte Albrecht seinem Kastner zu Vohburg, Saatgut nach »Mentzingen« zu schikken, oder notfalls in München zu besorgen. Am 30. Mai 1433 quittierte er eine Geldsumme »zu Pluedenburg«. Am 21. November dieses Jahres machte er da Quartier. Am 25. Januar 1434 übergab der Kastner zu Vohburg dem herzoglichen Hofmeister in Menzing fünf rheinische Gulden, »di hat er der pernawerin geantwurt«.

Albrecht ließ also Agnes aus der Hand seines vertrautesten Beamten Geld zufließen, und zwar im Bereich ihrer Besitzungen bzw. des Schlosses Blutenburg. Auch im Januar 1435 war Albrecht dort. Eine solche Häufung eher zufällig erhalten gebliebener Dokumente beweist, daß unser Paar in Blutenburg eine gern besuchte Stätte gefunden hatte, abseits des gefährlichen Münchner Hof- und Rathausklimas, abseits aber auch des politischen Betätigungsfeldes Albrechts, des herzoglichen Schlosses in Straubing.

Am 17. Januar 1433 setzte Herzog Ernst seinen Sohn als Statthalter in Straubing ein. Albrecht hatte ihn ausdrücklich um die Verwaltung des niederbayerischen Landesteils gebeten und dem Vater versichert: »Auf das geloben wir, daß wir im Niederland sitzen, und wesentlich dort sein wollen, und seinen Landesteil treulichst regieren bis auf sein Widerrufen; und wenn unserem Vater etwas zustößt, wollen wir ihm mit allen unseren Landen helfen, und dazu mit dem Niederlande. Wir wollen auch keinen Krieg anfangen, noch Bündnisse machen, nichts verkaufen, versetzen, keine Diener ein- und absetzen, es sei denn nach seinem Rat und Wissen.«

Albrecht mußte aus den Einnahmen des Straubinger Landes die Zinsen der herzoglichen Gläubiger bezahlen, einen Beitrag zur Besoldung der oberbayerischen Räte des Vaters leisten und für dessen Hofhaltung einen ordentlichen Obolus aus den niederbayerischen Einkünften abzweigen. Der Chronist Vitus von Ebersberg berichtete, Albrecht habe nach Übernahme des Verweseramtes Agnes Bernauer eine Wohnung im Straubinger Schloß eingeräumt. Dies ist mehr als wahrscheinlich, denn Albrecht hatte sich ja verpflichtet, dort die meiste Zeit zu verbringen. Außerdem wurde Agnes von Herzog Ernst ausdrücklich mit dem Schloß zu Straubing in Verbindung gebracht.

Formierung der Gegner

Am 3. September 1433 berichtete Albrecht seinem Vater, daß ihn ein »kaltes Fieber« ergriffen habe und er gerne Pomeranzen und Magramäpfel zu sich nähme, sie aber weder in Straubing noch in Regensburg bekäme. Er bat ihn deshalb, ihm sogleich welche zu schicken. Ernst hatte schon von der Krankheit seines Sohnes erfahren, ihm einen Arzt empfohlen und ihm außerdem geschrieben, er solle sich »vor frawen hütten«, weil das bei Brechanfällen sehr schädlich sei und sogar zum Tod führen könne.

Es liegt nahe, in der väterlichen Empfehlung eine Anspielung auf Agnes Bernauer zu vermuten, einen Fingerzeig, wenngleich ohne jede Schärfe. Albrecht reagierte darauf scherzhaft und mit ironischer Spitze. Der Vater möge sich selbst in acht nehmen, »wenn ir und Pauls Aresinger zu schonen frawen kämpt und sollicher sach pflegen woltet«. Der offizielle Anlaß für das Schreiben des Straubinger Statthalters war eine Fehde mit dem Raubritter Gräuter, gegen den Albrecht bereits zwanzig Reiter mit Kriegsknechten eingesetzt hatte. Ernst sollte ebensoviele aufbieten. Drei Wochen später wiederholte Albrecht sein Hilfsgesuch und meldete gleichzeitig: »Auch lassen wir Euch wissen, daß an die dreitausend Ketzer mit Macht über den Wald gegen unsern lieben Schwager Herzog Johann gezogen sind. Den schädigen sie hart mit Raub und Brand. Der hat uns dringend gerufen und gebeten, ihm zu Hilfe zu kommen. Darauf haben wir mit unseren Räten beschlossen, zu helfen und haben allen unseren Rittern und Knechten und allen sonstigen, die zu uns gehören, geschrieben und sie aufgefordert, so schnell wie möglich und bei Tag und Nacht Richtung Cham zu ziehen. Nun haben etliche gefordert, daß wir entstehenden Schaden bezahlen sollen. Wir haben dies weder abgelehnt, noch zugesagt, sondern sie losreiten lassen.«

Albrecht bat den Vater um Rat, ob er die außerordentlich schweren Kriegslasten auf sich nehmen, oder ob er zukünftig zwar das eigene Land sichern, die Gebiete Johanns und Herzog Wilhelms aber von den Hussiten verheeren lassen sollte, ohne einzugreifen. Er warnte vor solchem Egoismus, der »Schande und große Unehre« mit sich bringe. Er hatte auch bereits das Hilfsheer gegen die Eindringlinge ziehen lassen, mit der Hoffnung, daß keine unbezahlbaren Schäden zu beklagen waren.

Wenige Tage später bezogen die Hussiten tatsächlich ihre erste wirkliche Niederlage auf deutschem Boden. Johann von Neumarkt feierte bei Hiltersried einen legendären Sieg. Ob Albrechts Kontingent überhaupt noch in die Kampfhandlungen eingreifen mußte, bleibt fraglich. Aufwendungen waren den Teilnehmern jedenfalls entstanden, und die Rechnungen wurden dem jungen Herzog bald in höchst unangenehmer Weise präsentiert.

Der Sieg bei Hiltersried bedeutete freilich noch keinen durchschlagenden Erfolg. Einen wirklichen Schritt nach vorne tat vielmehr das Basler Konzil auf dem Verhandlungsweg. Im November 1433 schlossen die gemäßigten Hussiten mit den Katholiken die »Prager Kompaktaten«, ein Kompromißwerk, das böhmische Positionen wie Kelchkommunion und Säkularisation von Kirchenbesitz zugestand, andererseits die hussitische Bewegung endgültig spaltete. Während die radikalen Taboriten unter Prokop weiterhin ihr Heil auf dem Schlachtfeld suchten, rückten die konservativen Utraquisten von ihnen ab und näherten sich der päpstlich-königlichen Partei.

Im März 1434 sollten sich bayerische Fürsten und böhmische Herren auf Wunsch Sigmunds in Cham treffen, um eine gegenseitige Vereinbarung zu erzielen. Johann von Neumarkt forderte auch Albrecht auf zu erscheinen, der deshalb seinen Vater am 3. März unterrichtete und um Stellungnahme bat, »ob wir also zu dem tag gen Camb reiten und war wir von ewern und unsers Vettern Hertzog Adolphs wegen furbringen sollen«.

Albrecht hoffte auf Frieden zwischen Böhmen und Bayern und fügte hinzu: »Es würd unserm vettern Hertzog Adolphen zu kunfftigem nutz komen an seinen leuten und guten.«

Die Hinweise auf Herzog Adolf, ja seine Hervorhebung, die Unterstreichung, ein Frieden würde ihm für Land und Leute zukünftigen Nutzen bescheren, sind besonders bemerkenswert. Herzog Adolf, Sohn Wilhelms III. und seiner Ehefrau Margarethe, war zu diesem Zeitpunkt knapp einen Monat alt! War er für Albrecht trotzdem schon der künftige Erbe Oberbayern-Münchens? Stand hinter solch ausdrücklicher Würdigung der Position eines Babys, das gerade mit Mühe und Not das Licht der Welt erblickt hatte, der eigene eventuelle Thronverzicht? Nicht unbedingt, denn Albrecht konnte damit den Eigenbesitz Wilhelms und seines Sohnes aus dem Straubinger Erbe gemeint haben. Auffällig ist diese Briefstelle bestimmt, wenn man an die morganatische Ehe mit Agnes denkt und ihre möglichen Konsequenzen.

Außerdem berichtete Albrecht dem Vater, Kaiser Sigmund habe ihm den Befehl über ein Heer gegen die Türken angeboten. Wieder ersuchte er um Meinung und Rat, »das wir unser Antwurt darauf gen unserm gnedigsten Herrn dem Kayser wissen zetun«. Albrechts Schreiben dokumentiert, wie alle in den ersten beiden Regentschaftsjahren in Straubing, ein enges Vertrauensverhältnis gegenüber Vater Ernst. Warum Albrecht die kaiserliche Feldherrnrolle nicht annahm, ist unbekannt; vielleicht weil der alte Landesherr ihn brauchte, während Bruder Wilhelm in Basel weilte und dessen Söhnchen erst in der Wiege schrie.

Die spärlichen Quellen für die Beziehungen zwischen Vater und Sohn im Jahre 1434 lassen noch keinen spürbaren Bruch erkennen. In München jedoch braute sich ein Ungewitter gegen Agnes und Albrecht zusammen, das nicht nur innerfamiliären Donner ankündigte. Vor dem 14. März 1434 vermerkte der Stadtschreiber im Rechnungsbuch: »Item 36 Pfennige haben wir zalt umb den brief, den die Aicherin uber sich geben mäst, do sie die jungen purgern verschrieben het gen dem Bernauerin.« Und weiter: »Item 5 Schilling minus 6 Pfennig haben wir zalt dem Slegel kostgelt von der Aicherin und irer gespilen, der betlerin, ir paider 12 tag, do sie gevangen lag von der geschrift wegen der Bernauerin getan.«

Die merkwürdigen Einträge berichten von einem polizeilichen Fahndungserfolg gegen zwei Frauen. Die eine wird nur als »Aicherin« vorgestellt, – nach einer Forschungsmeinung eine »notorische Landstreicherin« –, die andere ohne Namen als ihre Gefährtin, die »Bettlerin«. Die Rede ist von einem Schriftstück, das die Aicherin herausgeben mußte und mit dem sie die »jungen Bürger« dazu bewegen wollte, sich der Bernauerin zu verschreiben. Es handelte sich demnach um eine Werbeaktion für Agnes und zwar wohl nicht unter den altersmäßig jungen Bewohnern der Landeshauptstadt, sondern unter jenen, die erst vor kurzem das Bürgerrecht errungen hatten, die nicht zu den alteingesessenen Großbürgerschichten zu rechnen waren. »Junge Bürger« waren Handwerker und kleine Leute, die selbst noch in der Zunftrevolution gegen die Herzöge und das Patriziat um eine demokratischere Verfassung gekämpft hatten oder von ihren Vorfahren darüber erzählen hörten. Es waren auch jene, die mißtrauisch oder neidisch auf die reichen und mächtigen Ratsherren blickten – kurz gesagt: ein mögliches Unruhepotential in Krisenzeiten.

Die beiden Frauen landeten beim Schlegel, dem Kerkermeister in der Schergenstube, der sie zwölf Tage gefangenhielt, mit Essen und Trinken versorgte und dafür das von der Stadt für Unbemittelte entrichtete Kostgeld erhielt; übrigens nicht in voller Höhe, die beiden mußten offenbar einen Teil selbst bezahlen. Über weitere Aufwendungen, vor allem für Folterung zur Erfragung der Auftraggeber, Hintergründe usw. wird nichts gesagt. Es ist anzunehmen, daß die Unruhestifterinnen aus der Stadt verbannt wurden, nachdem sie Urfehde schworen, d. h. versprachen, sich nicht an der Gemeinde und ihren Bewohnern für Haft, Verfolgung und Ausweisung zu rächen. Die kurze Dauer der Gefangennahme war nicht ungewöhnlich. Längere Inhaftierung oder echte Kerkerstrafe zählten in München zu den Ausnahmen. Die Ausweisung verschonte zwar Leib und Leben, bedrohte jedoch aufs Schwerste die weitere Existenz der Betroffenen. Als schnell vollzogene Sanktion war sie im Falle der Aicherin naheliegend.

Die dunklen Vorgänge weisen auf Bekanntheit der Bernauerin in der Hauptstadt hin, auf Bekanntheit nicht nur bei den führenden Kreisen, sondern in breiteren Volksschichten. Sie belegen außerdem die Annahme einer Verehelichung zwischen Agnes und Albrecht, denn nur in einem solchen schon existierenden oder zu erwartenden Fall waren Sympathiekundgebungen oder Werbemaßnahmen für sie sinnvoll. Nur für die flüchtige Geliebte eines Fürsten Risiken auf sich zu nehmen, war wenig sinnvoll, für eine mögliche zukünftige Landesherrin schon eher.

Daß Agnes selbst hinter den Aktionen der Aicherin steckte, ist kaum anzunehmen. Naheliegender ist eine persönliche, zudem wenig geschickte Sympathiebezeugung einer kleinen Frau, deren Vergehen nicht groß publik gemacht wurde, um weiteres Aufsehen und Aufregungen zu vermeiden, die den Gesprächsstoff »Bernauerin« nur hätte fördern können. Vielleicht war die Aicherin auch nur vorgeschoben worden, steckten Kräfte dahinter, die aus dem Verborgenen eine Intrige gegen die Bernauerin anzetteln wollten, um den alten Herzog endlich zu entschlossenerem Handeln zu zwingen.

Ob Werk von Einzelgängern, ob bereits Ausdruck einer unterschwellig vorhandenen Volksstimmung, ob Gefahrenzeichen für einen erneuten Konflikt zwischen den sozialen Schichten der Hauptstadt unter dem Banner einer »Herzogin aus dem Volk«, oder ob eine ganz anders gemeinte Kabale, – *eine* Gesellschaftsgruppe mußte durch solche Ereignisse aufmerksam, sogar unruhig und besorgt werden: Die »alten Bürger«, die Ratsherren und Führungskräfte, zu denen auch der Stadtschreiber gehörte, dessen Bemerkungen und Randnotizen beispielhaft demonstrierten, wie man die Dame an der Seite Herzog Albrechts einschätzte, nämlich ganz sicher nicht als »Duchessa«, als herzogliche Gemahlin, sondern als dahergelaufene »Bernauerin«.

Die wirtschaftliche, politische und gesellschaftliche Führung in der Stadt lag um 1430 bei etwa zwanzig eng miteinander verwandten und verschwägerten Familien. Ausschließlich Männer aus ihren Reihen hatten die zwölf Sitze des Inneren Rates und einen Teil der 24 Sitze des Äußeren Rates inne. Gegen ihre Stimmen fielen keine wichtigen Entscheidungen innerhalb der Gemeinde, sie repräsentierten die Kommune nach innen und außen. »Ehrbar und weise« wurden diese Leute genannt. Erst um 1500 tauchte in München die Bezeichnung »Geschlechter« auf, der Begriff »Patrizier« gut fünfzig Jahre später. Die damit gemeinte Position bekleideten sie auch ohne besondere Nomenklatur. Nach Michael Schaffenhofer verstand man unter »Patriziat« – und zwar nicht zuletzt für München – »einen Kreis vermögender Familien, der mit einer gewissen ständischen Exklusivität, die bis zur Ausbildung eines geschlossenen Geburtsstandes gehen konnte, die Macht einer Stadt, den Rat und die wichtigsten Ämter oft ohne verfassungsrechtlichen Auftrag in Händen hatte und dem sein Reichtum die ehrenamtliche Ausübung des Stadtregiments und einen gehobenen, adelsähnlichen Lebensstil erlaubte«.

Die Anfänge des Münchner Patriziats liegen im 12. Jahrhundert. Angehörige ehemals ritterlicher Geschlechter und reichgewordene Bürger suchten in der Stadt die soziale Angleichung an den niederen Adel, wollten ebenfalls »Herren« oder »edle Männer« sein. Die ständische Geschlossenheit und elitäre Abschirmung wurde aber nie so ausgeprägt wie z. B. in Nürnberg. Die sozialen Barrieren waren etwas durchlässiger, ermöglichten dem noch nicht »ehrbaren und weisen«, doch bereits finanzstarken und einflußreichen Bürger die »Einheirat«. Vielfach dem Adel gleichgestellt, reichte manche Patriziertochter einem Rittersmann vom Lande die Hand zum Ehebund; Geld und Titel gesellten sich zusammen. Münchens Führungsschicht trieb Fernhandel bis Amsterdam und Hamburg, bis Venedig und Genua, legte ihr Kapital auch in anderen Städten an, vor allem in Augsburg, und erwarb weitgestreuten Grundbesitz in den Landgerichten um die Hauptstadt. In der Regierungszeit der Herzöge Ernst I. und Wilhelm III. stand den besten und angesehensten Patriziern noch ein politisches Betätigungsfeld von besonders hohem Wert offen: der herzogliche Rat.

Dieses Gremium war noch keine exakt strukturierte Behörde mit feststehendem Personenkreis und ressortmäßiger Aufteilung im Sinne des modernen Staatsapparates. Doch Ernst und Wilhelm legten in ihrem Herzogtum einen wesentlichen Grundstein zu seiner künftigen Ausgestaltung in Bayern. Sie verliehen dem Rat klarere Organisationsformen, erhöhten sein Gewicht und seinen Wert für das Herrscheramt durch stärkere Betonung persönlicher Bindungen an den Landesherrn. Der herzogliche Rat war aus der Teilhabe der Ständevertreter, der Landschaft, an den Geschikken des Landes entstanden. Die meisten Räte kamen deshalb traditionsgemäß von den Adelsbänken der Landtage, waren Räte aufgrund ihrer Herkunft. Andere begründeten ihre Ratseigenschaft mit einer Beamtentätigkeit am Hof, eine dritte Gruppe verband ein besonderes Vertrauensverhältnis mit der Person des Fürsten. Dieser konnte sich in der Regel seine Räte auswählen, und er tat es häufig nicht nur nach Adelssitte, Sympathie oder Wissen um Kompetenz, sondern nach finanziellen Erwägungen. Ein Rat war zugleich Diener und Gläubiger des Landesherrn. Er bezog einen jährlichen Sold von normalerweise hundert Gulden und trat selbst als Kreditgeber für den oft tief verschuldeten Herzog auf. Für Inhaber großer Vermögen eröffnete sich damit ein Zugriff auf landesherrliche Ämter, auf Einfluß in Dynastie und Staat.

Dieser finanzielle Aspekt mag dazu beigetragen haben, daß unter Herzog Ernst eine stattliche Gruppe von Bürgerlichen den Ratsmantel trug. Ludwig der Gebartete schätzte ebenfalls die Mitarbeit reicher, tatkräftiger und gewandter Patrizier, so daß in Bayern-München und Bayern-Ingolstadt die Zeit von 1420 bis 1440 einen Höhepunkt der politischen Einflußnahme des Bürgertums erlebte. Unter Ernst und Wilhelm standen in den Jahrzehnten ihrer Regierung mindestens 93 weltliche Räte unter Vertrag – die Geistlichen fielen noch nicht ins Gewicht –, davon 38 aus dem Kleinadel oder Bürgertum. Einen herausgehobenen Rang nahm das Münchner Patriziat ein. Es stellte für Ernst fünfzehn Räte, die zum Teil sogar zum allerengsten, nochmals gesonderten Vertrauenskreis um den Fürsten zählten, zu den »heimlichen und geschworenen« Räten.

Als Angehörige des Inneren Rates ohnehin dem herzoglichen Stadtherrn eidlich verpflichtet, andererseits als ritterliche Grundbesitzer mit dem Adelsprädikat ausgestattet, als Bürger der Landeshauptstadt gesellschaftlich dem Hof zugewandt, ließen sich die bürgerlichen Räte oft bereitwilliger für herzogliche Tätigkeiten anwerben als mancher selbstbewußte sture Landedelmann. Münchner Bürger hatten daher Anteil an allen großen Aufgaben der Regierung: an der Abfassung von Staatsverträgen und der Entscheidung über Krieg und Frieden, an der Besetzung des Hofgerichts, an der Finanzverwaltung wie der inneren Staatsverwaltung und an der Bewältigung von Angelegenheiten der herzoglichen Familie zum Wohle des Hauses wie des gesamten Landes.

Die enge Verbundenheit des Münchner Großbürgertums mit allen wichtigen Bereichen des spätmittelalterlichen Herzogstaates Ernsts I. erklärt seine Rolle im Falle Agnes Bernauer. Es mußte mißtrauisch reagieren, wenn Personen wie die Aicherin alte Wunden aufbrachen, wenn an die mühsam überbrückte Kluft zwischen Kleinbürgertum und Stadtadel erinnert wurde, wenn gar vielleicht die Sehnsucht nach revolutionäreren Zeiten der Vorgeneration wach werden konnte. Agnes Bernauers Verbindung mit Albrecht bedeutete aber gerade für die bürgerlichen Vertrauten Herzog Ernsts noch mehr. Sie bedrohte nicht nur eventuell ihre Stellung in der Landeshauptstadt, sondern durch mögliche Erschütterung des Gesamtstaates die Position Münchens als Haupt- und Residenzstadt, seine politische und wirtschaftliche Kraft und Zukunft. Einem Rat der Stadt *und* des Herzogs mußte die Mißehe des künftigen Landes- *und* Stadtherrn ein Dorn im Auge sein, ein Anlaß nicht nur zu tiefster Besorgnis, sondern zu aktivem Entgegenwirken.

Daß dies geschah, lassen nicht nur die Ereignisse des Jahres

1434/35 erkennen. Während unter Ernst, wie erwähnt, ein beachtlicher Teil der Räte aus München stammte, außerdem drei aus der Bürgerschaft der wohlwollend geförderten und hochgeschätzten Stadt Landsberg, trat das bürgerliche Element im Rat Albrechts III. nach dessen Regierungsübernahme wieder auffallend stark zurück. Die Ursache dafür dürfte nicht zuletzt persönliche Abneigung gegenüber jenen Kräften gewesen sein, die in München und Landsberg die Ausschaltung seiner ersten Gattin mit besonderem Eifer betrieben hatten.

Mit dem Mißmut unter dem Patriziat der Residenzstadt bahnte sich eine kollektive Verurteilung der Winkelehe Albrechts durch die Oberschicht des Landes an. Albrecht verletzte nicht nur die materiellen und politischen Interessen des Münchner Großbürgertums, sondern auch dessen Standesbewußtsein oder Standesdünkel. In den Kreisen der Ritterschaft dürfte ebenfalls manches lästerliche Wort gefallen sein über die Baderin, die den Jungherzog so kräftig eingeseift hatte, daß er gegen Stand und Ehre nicht mehr von ihr abließ.

Einen charakteristischen Ausdruck fand diese Stimmung am 23. November 1434 auf einem Turnier in Regensburg. Albrecht hatte als Freund aller ritterlichen Spiele und Vergnügungen zugesagt und seinen Vater einige Tage vor Beginn gebeten, ihm »zu dem Hof gen Regensburg« ein Silbergeschirr zu leihen und es ihm unverzüglich durch einen Kammerdiener zu schicken. Neben Albrecht trafen Schwager Johann von Neumarkt und dessen Sohn Christoph in Regensburg ein. Der Stadtrat begrüßte sie mit einem Gastgeschenk, wie es sich bei Anwesenheit von fürstlichen Herrschaften gehörte. Jedem Bayernherzog wurde ein Fäßchen Rheinwein im üblichen feierlichen Zug aufgetragen, ebenso drei jungen Markgrafen aus Brandenburg, die dem Spektakel beiwohnten. Alles schien in bester Ordnung.

Das Turnier war in den ersten Oktobertagen 1434 beim Rat angemeldet worden. Noch während eines Aufenthalts Kaiser Sigmunds in der Reichsstadt waren nach Auskunft von Gemeiners Chronik »Hans Zenger von Zangenstein, Dietrich Staufer zu Ernfels, Hans Frawnberger zu Zaitzkoven und Degenhart der Hofer zu Sinching vor den Rath gekommen und hatten ihn im Namen der Ritterschaft in Bayern gebeten, einen Hof zu Turnir und Schimpf in der Stadt zu vergönnen, und sie des Schirm zu halten«.

Der Stadtrat bewilligte den Stechhof, die Ritter mußten jedoch bei einer Strafe von tausend rheinischen Gulden versprechen, für die Sicherheit der Stadt zu sorgen, das Turnier bestimmt abzuhalten, nicht zu verschieben oder zu verlängern, »auch bey sich ergebender Zwietracht dem Rath treulich zu helfen und beizustehen«. Die Antragsteller benannten sechs weitere adelige Bürgen für die Erfüllung der Bedingungen. Das Turnier konnte also beginnen.

Von dem Skandal, der über den nichtsahnenden Albrecht hereinbrach, berichtete nur Andreas von Regensburg, der immerhin Zeitgenosse am Ort war. Alle späteren Darstellungen orientierten sich mehr oder weniger frei an dessen Chronik. Dort heißt es: »Im selben Jahr, am Tag des Heiligen Clemens, als der Römische Kaiser Sigmund in Ungarn weilte, fand in Regensburg ein Turnier statt, an dem die bayerischen Herzöge Johann und sein Sohn Christophorus und Albrecht teilnahmen. Bei diesem Turnier ist dieser ob seiner Tugenden gerühmte Fürst wegen einer Geliebten, wegen der er, wie man glaubte, sich weigerte, eine legitime Gattin zu führen, angegriffen und geschlagen worden.«

Schon bald nach Abfassung dieser ersten Nachricht fügte eine andere Hand den Namen der Agnes Bernauer hinzu, die tastende Zurückhaltung gegenüber dem prekären Verhältnis war nicht mehr nötig. »Amasia«, »Geliebte«, wird Agnes von Andreas genannt. Vorsichtig formulierte er: »wegen der er, wie man glaubte«. Schließlich benützte er den Begriff der »uxor legitima«, der »legitimen Gattin«. Gegen die heimliche Ehe spricht die Stelle bei Andreas nicht, der Vorgang läßt eher darauf schließen. Albrecht wurde wegen Agnes Bernauer zur Rechenschaft gezogen, »impugnatus et percussus« heißt es im lateinischen Originaltext. Das konnte Angriff und Bestrafung bedeuten im Sinne einer Verweisung aus den Turnierschranken, aber auch einen tätlichen Angriff auf den Prinzen.

Die mittelalterlichen Turniere wurden zur Sicherung der Chancengleichheit nach genauen Regeln abgehalten; nur ebenbürtige, freie und unbescholtene Männer hatten das

Recht zur Teilnahme. Bereits eine angeblich aus dem 10. Jahrhundert stammende Stechordnung verurteilte einen unsittlich lebenden Ritter und verbot diesem die Ehre des Turnierens. Spätmittelalterliche Regeln wiederholten immer wieder diesen Grundsatz. Die Würzburger Turnierordnung von 1479 verhängte den Ausschluß über »alle bekannten und offenbaren Ehebrecher und jene die in der Mißehe sitzen«. Ähnlich deutlich die Heidelberger und Heilbronner Richtlinien von 1482: »Wer von adeliger Geburt und Herkunft ist; wer ohne Zweifel und öffentlich als Ehebrecher erkannt wurde; wer im eigenen ehelichen Stand oder außerhalb desselben mit anderen Eheweibern oder geistlichen Personen in solcher Weise zu schaffen hatte, auch Frauen und Jungfrauen schwächte oder öffentlich schändete, kann nicht turnieren. Also alle bekannten und offenbaren Ehebrecher, und die also in der Unehe sitzen.« Noch Loens Adelsbuch von 1752 vermittelt eine Vorstellung von den Turniernormen als Ehrenkodex der adeligen Gesellschaft, als zumindest theoretischer Anspruch auf Überprüfung moralisch und ständisch einwandfreier Lebensführung, als Gruppenkorrektiv mit Sanktionen. Nach den alten deutschen Turniergesetzen war laut Loens nicht teilnahmeberechtigt:

> »Wer ketzerischen Glauben hat,
> Verachtet Kayserlich Mandat.
> Wer Frauen schändt, schwächt eine Maid,
> Wer Siegel fälscht und schwört Meyneid.
> Wer Feld fleucht, läßt den Herrn in Nöth,
> Wer seinen Bettgnosse ertödt.
> Wer bestiehlt Kirchen, Wittwen, und Waisen,
> Wer unabgesagt tut kriegen und reisen.
> Wer neu Zoll, Maut und Beschwerd aufricht.
> Wer ohne Ehe sitzt oder Ehe bricht.
> Der Fürkauff, Wucher, Wechsel treibt.
> Wer nicht in edlen Stämmen bleibt
> Mit Heiraten oder sein Geschlecht
> Nicht von vier Stammen edel brächt.
> Das seynd die zwölf Thurnier Stück
> Die der Kaiser ordnet mit Glück.«

Loen kommentierte die Stelle »Wer ohne Ehe sitzt oder Ehe bricht« mit: »Nemlich wer mit einer Beyschläferin oder Concubine hauset, und sonst in puncto Sexui sich versündiget«. Andernorts betonte er noch einmal die Folgen einer Mißheirat: »Wer also, laut den Thurnier-Gesetzen, nicht in edlen Stämmen bleibet, sondern außer Stand heyrathet und sich mit dem Pöbel vermenget, der derogiert dadurch seinem Adel, und dessen Kinder können weder in hohen Stiftern noch zu Thurnieren zugelassen werden.«

Die hehren Ansprüche der Stechordnungen dürften in einem Zeitalter höchst lockerer Moral bei Adeligen und Fürsten nur selten realisiert worden sein. Bei gravierenden Fällen der Verletzung adeliger Ehre aber konnten solche Normen herangezogen werden, z. B. 1487 auf einem Turnier in Regensburg, als die Ritter Jörg Taufkircher und Caspar Torer »von ders weybs wegen« geschlagen wurden. Daß es sich bei Albrechts Affäre mit Agnes Bernauer um eine wirklich ernste Angelegenheit handelte, die den Prinzipien des ritterlichen Lebens und dem adeligen Standesbewußtsein Hohn sprach, lag auf der Hand, selbst wenn man nicht genau über das Ausmaß seiner Bindung Bescheid wußte. Fest stand, daß er sich nicht nur eine Geliebte hielt – das taten sie schließlich zuhauf –, sondern daß er sich derentwegen noch mit keiner Fürstentochter öffentlich und mit allen weltlichen und kirchlichen Feierlichkeiten verehelicht hatte, und das im Alter von 33 Jahren! Eine Abreibung konnte da nicht schaden, sei es durch Verweigerung des Turniers oder gar durch eine Tracht Prügel mittels hölzener Bengel oder Kolben, wie sie die Würzburger Turnierordnung für solche Anlässe empfahl.

Wer verursachte die öffentliche Bloßstellung Herzog Albrechts? Andreas gab darüber keine Auskunft, ebenso schweigen andere Quellen. Spätere Geschichtsschreiber glaubten in Herzog Ernst den Urheber zu sehen, ließen ihn als zürnenden Vater auftreten, der nach einer barocken Oberaltaicher Chronik »mit wohl empfindlicher Hand und Worten deß Alberti seines Sohnes blindes Begunnen bestraffet«.

Literarische Blüten rankten sich um Albrechts Reaktion, bei Hebbel effektvoller Höhepunkt seines Trauerspiels, bei Lipowsky Anlaß zur Schilderung eines feurig-heißblütigen Albrecht, der seinen Widersachern entgegenschmetterte: »Ich gebe mich nicht mit einer Buhldirne ab, treibe keine öffentliche Unzucht, und entehre nicht die Tugend eines Mädchens. Agnes – rief er mit hallender Stimme, – Agnes ist meine Gattin.« Über die tatsächliche Reaktion des so schwer Beschämten wissen wir nichts.

Ob Herzog Ernst die Regensburger Vorgänge initiiert hatte, bleibt zweifelhaft. Er war sicher nicht selbst anwesend, hatte mit Vorbereitung und Durchführung des Turniers nichts zu schaffen. Die Landesherren traten im 15. Jahrhundert immer weniger als Veranstalter solcher Kampfspiele auf, vielmehr entwickelte sich ein neuer Organisationsstil, der die enge Verknüpfung des Turnierwesens mit dem Fürstenhof löste. Der Herzog war nicht mehr erklärter Mittelpunkt und Protektor des Stechens. Träger wurden die Turniervereine, Zusammenschlüsse der Adeligen, basierend auf dem genossenschaftlichen Prinzip. 1393 hatten in Regensburg noch die Herzöge Albrecht I. von Straubing sowie Johann II. und Ernst I. von München zu einem Turnier gerufen. 1408 sorgten dafür die beiden Turniervereine »zum Hirsch« und »von den Rüden«. 1428 gründete der höhere bayerische Adel die Gesellschaft der Böckler, so genannt nach ihrem Einhorn-Emblem, kurz danach die »zum Greif«.

Solche Vereinigungen existierten manchmal nur kurze Zeit, lebten jedoch immer wieder auf. Die Landesherren schauten nicht ohne Mißtrauen auf diese Organisationsformen, denn die Turniergesellschaften standen in enger Verquickung mit den allgemeinen Ritterbünden, deren standespolitische Zielsetzungen nicht immer den fürstlichen Vorstellungen entsprachen. Bereits die bayerische Turniervereinigung von 1361 galt als »politische Partei in gesellschaftlichen Formen«. Die Bestätigung der ritterlichen Einungsrechte durch König Sigmund 1420 förderte noch die Entstehung von Ritterbünden und Turniervereinen mit politischem Akzent.

Die Vorbereitungen des Regensburger Stechhofs vom November 1434 belegen eindeutig die genossenschaftliche Organisationsform. Es war eine Angelegenheit der »bayerischen Ritterschaft«, wohl mehrerer Turniergesellschaften, nicht des Herzogs von Oberbayern-München. Der bayerische Adel hatte im Einvernehmen mit der Stadt Regensburg zum friedlichen Kräftemessen geladen. Er zeichnete deshalb verantwortlich für die Einhaltung der Regeln, für die Zulassung oder Ablehnung der Teilnehmer und damit auch für die Bestrafung des Herzogs Albrecht von Bayern. Seine Zurechtweisung war ein Akt kollektiven Handelns im Rahmen von Gruppennormen und Gruppensanktionen.

Die Teilnehmerzahl am Turnier ist unbekannt, doch dürfte sie beachtlich gewesen sein. In Regensburg stritten im Mittelalter manchmal bis zu dreihundert Helme um den Ehrenpreis auf dem Turnierplatz »auf der Haid«. Im Jahre 1393 war von 224 Reitern die Rede.

Das Turnierwesen galt ursprünglich als Ausdrucksform der geschlossenen höfischen Gesellschaft. Der höhere Adel versuchte, ein Reservatrecht daraus zu machen, ein Statussymbol in Abgrenzung gegen den niederen Adel, der sich in Aufsteigermanier in den Lebenskreis der hochedlen Geschlechter drängte. Gerade im 15. Jahrhundert waren die gesellschaftlichen Grenzen in der Oberschicht durchlässiger, durften selbst kleine Ritter auf das Turnierfeld reiten. Laut Bundbrief der Eselsgesellschaft vom 29. August 1425 mußte ein Mitglied sein »ein edelmann von rittersart von seinen vier anchen geboren«. Der Bewerber hatte demnach die Ritterbürtigkeit beider Elternteile nachzuweisen, was dem niederen Adel nicht schwerfiel. Erst gegen Ende des Jahrhunderts fixierten die Turnierordnungen wieder stärkere geburtsständische Schranken und forderten eine längere adelige Familientradition.

Neben dem Landadel stieg natürlich dann auch der Stadtadel ins hohe Zeug, man denke an das Faschingsstechen 1428 in Augsburg. München zählte zwar nicht zu den wichtigen deutschen Turnierhöfen, aber zwischen 1370 und 1440 fanden dort fast jedes zweite Jahr Kampfspiele statt. Auf dem von Schranken umsäumten Marktplatz tummelten sich Ritter aus Bayern, Franken, Schwaben und die Ehrbaren und Weisen Münchens und anderer Städte. Den »Dank« stifteten Hof, Ritterschaft und Patriziat. In jüngeren Jahren legte Herzog Ernst ebenfalls die Lanze ein und demonstrierte seine Verbundenheit mit den Herren des Rathauses auch auf diesem Terrain.

Daß Münchner Patrizier den Wettbewerb am Clemenstag 1434 in Regensburg besuchten, ist anzunehmen. Die Leitung oblag wahrscheinlich nicht, wie Ende des Jahrhunderts gebräuchlich, einem Turnierkönig, bestimmt von der veranstaltenden Gesellschaft aus den Reihen ihrer Mitglieder, sondern dem gefeiertsten Fürsten des bayerischen Grenzlandes, dem Sieger über die Hussiten Johann von Neumarkt. Die Drahtzieher des Anschlags auf Albrecht konnten aus verschiedenen Gruppen der Turniergäste stammen. Die Münchner Patrizier kamen dafür wohl ebenso in Frage wie Mitglieder des Hochadels, allen voran Pfalzgraf Johann. Dieser hätte plausible Gründe für ein solches Vorgehen gegen den Schwager gehabt, brachte doch dessen Liebesaffäre Unruhe in das verbündete und verwandte Herzogtum München und Aufregung in den eigenen Hausstand, in dem die temperamentvolle Gattin Beatrix wütend über das Straubinger Liebesnest lamentierte.

Wie sehr Albrechts Schwester die »Nessen« ablehnte, zeigten schon ihre mißachtenden Worte im Sommer 1432. Im Advent 1434 reiste sie nach München, um die neue, wenngleich jüngere Tante Margarethe zu besuchen. Albrecht war nach dem unangenehmen, doch noch folgenlosen Warnschuß in Regensburg wieder zu seinen Straubinger Regierungsgeschäften zurückgekehrt und zog keineswegs persönliche Konsequenzen aus dem Vorfall. Beatrix ließ bei einem Empfang im Münchner Rathaus ihrem Zorn freien Lauf. Die Gastgeber kredenzten »24 kandel schanckweins Muscatell, Rainfall und walisch wein«. Die Ehrengabe lockerte die Zunge, und Beatrix wetterte und klagte gegenüber Margarethe »von irs pruder, herzog Albrechts wegen, das der nit auch ain schonen frawen het«.

Die Weinrunden der Herzogin Margarethe und der Münchner Patrizierfrauen müssen um die Weihnachtszeit 1434 recht fröhlich gewesen sein, denn der Stadtschreiber bemerkte, daß etliche Bürgerinnen »gar hart fielen in den Feiertagen«. Da dürfte mancher Klatsch die Runde gemacht haben, und nicht selten war wohl Herzog Albrechts

Liebe das Objekt böser Bemerkungen und scharfzüngiger Witzeleien. Während die Gemahlin Wilhelms III. sich glanzvoll im Mittelpunkt der Münchner Gesellschaft bewegte, dem fürstlichen Hof wieder weiblichen Charme verlieh und sich ganz als junge Landesherrin etablierte, konnte sich Herzog Albrecht mit seiner Agnes bei solcher Gelegenheit nicht sehen lassen, weil die Baderin für diese Kreise nicht »schön« genug, d. h. nicht ebenbürtig war.

Vielleicht fühlte Agnes Bernauer das herannahende Gewitter, die drohende Gefahr. Sie ließ im Kreuzgang des Straubinger Karmelitenklosters einen Altar errichten und wünschte sich, hier einmal begraben zu werden. Der Konvent der unbeschuhten Karmeliten in Albrechts Residenzstadt stand in besonders enger Verbindung mit dem herzoglichen Haus. Das Kloster war von Herzog Albrecht I. in Nachbarschaft des Schlosses gestiftet und von den Regenten Straubing-Hollands stets gefördert worden. Das Gotteshaus der Fratres stellte eine Art Hofkirche und Grablege der Straubinger Linie der Wittelsbacher dar. Wer hier seine letzte Ruhestätte fand, an der Spitze Herzog Albrecht II. in einem prachtvollen Marmorhochgrab, zählte zur Elite der Stadt und des Landes. Agnes Bernauer beanspruchte zwar keinen Platz in der Wittelsbacher Gruft unter dem Chor der Kirche, aber Altarstiftung und Bestimmung des zukünftigen Grabes im Kreuzgang zeugen nicht nur von Frömmigkeit, sondern auch von Selbstbewußtsein und Wissen um hervorgehobene Stellung und nicht alltägliche Position an der Seite des herzoglichen Statthalters und Thronfolgers in Straubing.

Der liebe Onkel Wilhelm

Die Rolle Herzog Wilhelms III., von Albrecht im Stil der Zeit stets als »Vetter« bezeichnet, in der Bernauer-Geschichte wurde im Sinne einer bayerischen Fürstengenealogie gesehen: Er war »guet Freind mit Herzog Albrecht und liebte ihn vast, weshalb so manchs fier in bey Herzog Ernst geschlichtet und geordnet hat«. Oder Lipowsky: »So lange aber Herzog Wilhelm lebte, vermochten alle Kabalen, die an Ernstens Hoflager gegen Agnes gespielt wurden, nichts gegen sie und ihren Gemahl; indem Wilhelm, ein kluger, sanfter und guter Fürst, immer die Hitze seines Bruders mäßigte.«

Betrachtet man jedoch die Politik und persönliche Ambitionen des Münchner Mitregenten genauer, so ergibt sich ein differenzierteres Bild. Nicht Ernst erscheint dann als der konsequentere und zäh eine Sache verfolgende Herr, sondern Wilhelm III., der seinen Bruder oft vor zu großer Nachgiebigkeit in Regierungssachen warnte und zu energischem Handeln antrieb. Sein diplomatisches Talent, seinen beharrlichen Fleiß und sein abwägend überlegtes, gleichzeitig berechnendes Urteilsvermögen stellte Wilhelm als Statthalter König Sigmunds auf dem Konzil von Basel nachhaltig unter Beweis.

Papst Martin V. hatte das Konzil für den 1. Februar 1431 unter dem Druck der öffentlichen Meinung in vielen Ländern Europas einberufen. Erst 1449 ging es endgültig auseinander. Wieder einmal standen die Befriedung der Christenheit und die Reform der Kirche an Haupt und Gliedern auf dem Programm. Außerdem sollten die böhmischen Ketzer in den Schoß der Mutter Ecclesia zurückgeführt werden. König Sigmund band vor allem dynastisches Interesse an das Konzil, denn ohne Lösung der Hussitenfrage blieb ihm sein Stammland Böhmen verschlossen. Trotzdem übernahm Sigmund nicht von Anfang an die persönliche Schutzherrschaft über das Konzil, sondern zog nach Italien, um die Kaiserkrone zu erwerben. Am 11. Oktober 1431 ernannte er deshalb »mit Willen und Gunst« der Kirchenversammlung Herzog Wilhelm zum königlichen Statthalter und Protektor in Basel. Dieser wich der schwierigen Aufgabe nicht aus, war er doch von der Reformbedürftigkeit der Kirche und besonders des Papsttums überzeugt und hoffte außerdem auf reichen Lohn. Allerdings trat Wilhelm wegen Streitigkeiten mit Heinrich von Landshut das Amt erst im Februar 1432 an und entsandte bis dahin seinen Halbbruder und Freisinger Generalvikar Johann Grünwalder als Vertreter nach Basel. Durch Herzog Wilhelm und Grünwalder nahm Bayern beachtlichen Anteil am Zustandekommen und am – wenn auch begrenzten – Erfolg des Konzils.

In den ersten zwei Sitzungsjahren wurde kaum eine wichtige Angelegenheit ohne Mitwirkung Wilhelms erörtert, und durch das Münchner Engagement wurden sogar innerbayerische Angelegenheiten Thema des Konzils, z. B. noch immer schwelende Streitigkeiten aus dem Straubinger Erbfall. 1433 erreichte eine Basler Gesandtschaft unter Leitung des französischen Erzbischofs Amadeus von Lyon eine Verlängerung des Waffenstillstands zwischen den Herzögen.

Unter Wilhelms maßgeblicher Mitwirkung wurde auch das Hussitenproblem gelöst. Als öffentliche Disputationen mit einer böhmischen Gesandtschaft nicht zum erwünschten Ziel einer Befriedung und Einigung gelangten, griff Wilhelm ein. Er glaubte, durch vertrauliche Besprechungen, durch »heimliche Kuntschaft« die Hussiten zur »richtnuß« bringen zu können. Das Konzil lehnte zuerst diese Art von Geheimdiplomatie ab, schlug dann aber doch diesen Weg ein. Der königliche Verweser leitete die Verhandlungen, zunächst mit wenig Erfolg. Die Böhmen wurden »je länger je härter«. Wilhelm vertraute im Gedenken an die zahlreichen militärischen Niederlagen dennoch auf den Sieg der Diplomatie. Im November 1433 kamen die »Compacta« mit den gemäßigten Hussiten zustande. Das Kompromißpaket spaltete die böhmische Bewegung. Konservative und Radikale zogen das Schwert jetzt gegeneinander. Während die Taboriten die Fortsetzung des heiligen Krieges proklamierten und 1434 wieder in den Bayerischen Wald vordrangen, wandten sich die Gemäßigten, unterstützt vom Adel, gegen die Armeen Prokops. Am 30. Mai 1434 fiel bei Lipan die innerböhmische Entscheidung. Prokop wurde vernichtend geschlagen. Das Gemetzel unter den Taboriten war so fürchterlich, daß, wie man berichtete, nur noch die Waisenkinder übrigblieben.

Neben seiner Tätigkeit beim Konzil hatte Wilhelm auch die Regierungsgeschäfte in Bayern im Auge und machte das Recht der Mitregentschaft durchaus geltend. Den Lohn, den er sich für seine Verdienste um Kaiser und Kirche versprach, betrachtete er als Angelegenheit des ganzen Hauses. Stets verfolgte er neben dem eigenen Interesse das des Bruders und des Neffen. Die Heirat mit Margarethe von Cleve tat dem scheinbar keinen Abbruch. Am 24. August

1432 schrieb Wilhelm an Ernst, es sei sehr oft mit ihm geredet worden, warum er nicht zu heiraten trachte, besonders seitdem Herzog Ernsts Gemahlin tot wäre. Daß sie jetzt alle drei, Ernst, Wilhelm und Albrecht, ohne Frauen und Erben seien, bereite den ihrigen Bekümmernis. Daß Wilhelm Albrechts Verehelichung nicht ungern gesehen hätte, zeigten seine Bemühungen um Jacobäa von Holland. Andererseits stimmte Ernst der Vermählung Wilhelms freudig zu. Der Ehebund vom 11. Mai 1433 mit der achtzehnjährigen Margarethe scheint nicht nur dynastischen Überlegungen entsprungen zu sein. Der um Jahrzehnte ältere Wilhelm empfand ihn als Herzenssache. Kurz nach der Trauung schrieb er an seinen Schwiegervater Herzog Adolf von Cleve: »Eure liebe Tochter Frau Margarethe und wir sind hier in dem heiligen Concil vor allen Cardinälen, Erzbischöfen, Bischöfen, Prälaten und allen gelehrten Doctoren und Meistern, der dann eine große Menge hie und dabei gewesen ist, nach dem Gesetz der heiligen Ehe gar löblich und ehrenvoll zusammengegeben worden, in der Domkirche, am Montag nach dem Sonntag Cantate, durch den Cardinal von Bologna, genannt Hostiensis, welcher derselbe Cardinal ist, der einen jeden Papst krönt, so daß man ihm die allermeiste Würdigkeit beilegt.«

Wilhelm beklagte sich allerdings über den recht bescheidenen Aufzug, mit dem Margarethe von ihrem Vater auf den Weg nach Basel zur Hochzeit geschickt wurde, beteuerte aber: »Doch wie dem nu allem ist, so habt Ihr uns eine solche fromme und liebe Tochter gegeben, die wir höher als alle Güter halten und schätzen wollen, und die uns lieber ist, denn irgend ein Gut, das uns je zufallen möchte.«

Durch die Gründung eines eigenen Hausstandes verpflichtete sich Herzog Wilhelm zur Sorge für Frau und eventuelle Kinder. Seine persönlichen Angelegenheiten, die Wahrung und Vermehrung des eigenen Besitzes gewannen für ihn damit stärkere Bedeutung als bisher. Wilhelm vertrat diesen Standpunkt offensichtlich schon bei der Einsetzung Albrechts als Statthalter in Straubing sehr deutlich, denn Ernst beruhigte ihn in einem Brief am 31. Januar 1433: »Dann haben uns etliche der Unsrigen mitgeteilt, daß sie Euch geschrieben und die Meinung geäußert haben, daß

Ihr Euren Landesteil auch unserem Sohn mit entsprechenden Zuwendungen anvertrauen solltet. Lieber Bruder, nun verstehen wir Eure Antwort darauf so, daß Ihr glaubt, diese Schreiben seien mit unserem oder unseres Sohnes Wissen erfolgt, als ob wir das befohlen hätten. Euer Lieb soll in Wahrheit wissen, daß weder wir noch unser Sohn das Geringste davon gewußt haben und es uns sehr mißfallen hat.« Ernst bekräftigte, er hätte seinen Räten ein solches Ansinnen verboten, wenn er davon erfahren hätte. Bei allem guten Einverständnis mit Bruder und Neffe betonte also Wilhelm seinen Eigenbesitz an der Straubinger Erbschaft. In Deggendorf oder Kelheim hatte Herzog Albrechts nichts zu sagen.

Daß Herzog Wilhelm auf die eigene Kasse achtete, ist nicht verwunderlich. Die Statthalterschaft auf dem Konzil war kein einträgliches Geschäft, sondern verlangte zuerst einen tiefen Griff in den eigenen Geldbeutel. Ernst schätzte die Situation des Bruders realistisch ein, erhoffte jedoch spätere Vorteile: »So vernehmen wir auch, daß Ihr große Kosten und Zehrung zu Basel habet, dazu Ihr auch Geldes notdürftig wäret. Doch so getrauen wir zu dem allmächtigen Gott, daß Euch und uns dies noch zu großen Nutzen und Frommen hier und dort kommen werde.«

Mit Zukunftserwartungen war es für Wilhelm nicht getan. Er hatte Ansprüche gegenüber dem Bruder und erinnerte nun an deren Begleichung. Ernsts Verpflichtungen rührten von seiner Hochzeit mit Elisabeth Visconti her. 75 000 Gulden waren Ernst vom Mailänder Schwiegervater als Hochzeitsgut versprochen worden. Vater Herzog Johann II. überließ ihm 1396 für diese Summe pfandweise eine Reihe von Schlössern, die so viel eintrugen, daß sich jenes Kapital zu zehn Prozent verzinste. Von den 75 000 Gulden blieben jedoch 25 000 Gulden unbezahlt. Ernst und Elisabeth behielten trotzdem die verpfändeten Güter länger als dreißig Jahre, so daß deren Ertrag das Ursprungskapital mehr als dreimal überstieg. De facto wurde Herzog Wilhelm dadurch an seinem eigenen Erbgut geschmälert.

Wohl wegen der bevorstehenden Ausgaben in Basel wollte Wilhelm nach Übernahme des Verweseramtes seine finanziellen Verhältnisse und Einkünfte verbessern und ordnen.

Er beauftragte den gemeinsamen Beichtvater Hans Staerchel, auf den Bruder im Sinne eines längst fälligen Finanzausgleiches einzuwirken. Laut Wilhelm soll Ernst dem Priester geantwortet haben, »er habe eine kranke Hausfrau, die sich leicht erzürnen ließe, die wolle er darin schonen und nicht gern kränken, um so weniger, als zu erwarten sei, daß sie doch nicht lange mehr lebe; wenn dann Gott solches über sie verhängte, so wolle er sich gegen den Bruder so verhalten und stellen, in allen Dingen, wie ein treuer Bruder gegen den andern soll«.

Herzogin Elisabeth verstarb im Frühjahr 1432. Ernst behielt dennoch die besagten Schlösser zusammen mit Albrecht in seinem Besitz. Im März 1433 gab Wilhelm zu verstehen, daß er aus Rücksicht auf seine künftige Familie in den Genuß des väterlichen Erbes kommen wolle. Gleichzeitig wandte er sich wieder an den Hofgeistlichen und bat ihn, in der Osterzeit den säumigen Bruder zu ermahnen, auf die ungerechten Einnahmen zu verzichten. Er würde es außerdem nicht ungern sehen, wenn der Beichtvater gleichsam von selbst mit den anderen geheimen Räten in der Beichte spräche und sie anwiese, ebenfalls im Sinne Wilhelms bei Herzog Ernst zu argumentieren. Nur der Rat Erasmus Hausner, Wilhelms »Verweser in Oberbayern«, wurde von seinem Herrn noch über die Angelegenheit informiert. Ansonsten legte Wilhelm großen Wert auf Vertraulichkeit. Sein Hang zur Geheimdiplomatie, entwickelt und bewährt in vielen Jahren außenpolitischer Betätigung, drang auch in die Familiensphäre ein.

Ernst reagierte auf die Forderungen seines jüngeren Bruders ausweichend und verwies auf dessen baldige Heimkehr, aber nicht ohne eindringliche Versicherung, er werde sich so verhalten, daß das bisher bestehende Verhältnis nicht gestört werde und daß keiner ihrer Widersacher sich je über eine Entzweiung der herzoglichen Brüder freuen könne. Wilhelm gab sich nicht mit solchen Bezeugungen guten Willens zufrieden. Er holte Gutachten von den gelehrtesten Juristen des Konzils ein, z. B. von Nikolaus von Kues und Georg Heimburg, die zu seinen Gunsten urteilten. Münchner Räte reisten nach Basel und legten ihrerseits Forderungen und Beschwerden Ernsts vor. Doch vermieden die beiden Fürsten einen wirklichen Bruch ihrer Beziehungen, hielten den Streit weitgehend intern und beauftragten den herzoglichen Rat mit der Behandlung der Sache. Als Wilhelm sein Amt an den Kaiser zurückgab, stand das Ergebnis noch offen. Daß er nicht einfach auf Rechte und Einkünfte zugunsten des Bruders und des Neffen verzichten würde, hatte er in Freundschaft, doch auch mit Nachdruck und Konsequenz klargemacht.

Wilhelminische Schachzüge

Albrechts Onkel, Herzog Wilhelm III. von Bayern-München, hatte seine Verhandlungskunst, seine Begabung, sich ins rechte Licht zu setzen, seinen ausgeprägten Sinn für das Einfädeln feiner politischer Gespinste, in jahrzehntelanger Übung erlernt. Langmut, Ausdauer, Gerechtigkeitssinn machten ihn für die einen zu einem Musterbild des pietätvollen und tugendreichen Fürsten. Andere sahen in seiner Frömmigkeit nur den Deckmantel der Selbstsucht, nannten ihn habgierig und intrigant. Es war eine Frage der Parteinahme, weil auch Wilhelm seine Positionen unter dem Standpunkt der eigenen Partei, der eigenen und Münchner Interessen definierte und verfocht.

Schon im Straubinger Erbstreit hatte er seine ausgeprägten Fähigkeiten so deutlich dokumentiert, daß er für sich und seinen Bruder zur allgemeinen Überraschung auch der bayerischen Landstände seine Wünsche und Vorstellungen beim König durchsetzte. Er war 1425 sofort nach dem Tod Johanns von Straubing zu Sigmund geeilt, um ihn für seine Anliegen zu gewinnen. Die Annäherung an den König weckte das Mißtrauen Ludwigs von Ingolstadt, des Gegners aus den ersten Regierungsjahren, des Feindes aus dem Bayerischen Krieg, des Besiegten von Alling. Wilhelm klagte, »daß er mit Ludwig mehr denn einmal zusammen beim König gewesen sei, ohne daß jener je ein Wort mit ihm habe reden wollen; da könne er dann freilich auch mit Ludwig nicht reden, seit dieser sich so gröblich gegen ihn gehalten habe«.

Der Preßburger Spruch über die Straubinger Teilung mußte

das Mißtrauen noch vertiefen. Trotzdem gelang es 1431 einem gemeinsamen Ausschuß der Landstände Ingolstadts und Münchens nach zweijähriger Arbeit, alle noch strittigen Einzelfragen zu klären. Freundschaft kehrte dennoch nicht ein. Der Streit um Ludwigs Verhältnis zu einer Reihe von bayerischen Klöstern überschattete die Regelungen im Straubinger Erbfall. Und in Ingolstadt vermutete man nicht zu Unrecht Herzog Wilhelm als einen der maßgeblichen Drahtzieher im Hintergrund.

»Herzog Ludwig belegte die Klöster und alle geistlichen Güter in seinem Land gar schwer mit Jägern und Falknern nach französischer Sitte. Er hatte auch im letzten Krieg den Klöstern viel Zins- und andere Güter genommen, was die Prälaten nicht dulden wollten.« So schilderte Veit Arnpeck den Stein des Anstoßes, der schon zwischen 1424 und 1426 zu einer schweren Auseinandersetzung zwischen Herzog Ludwig und den Äbten geführt hatte, nicht ohne daß Wilhelm und Ernst ihren Part dazu beigetragen hatten. Um 1430 lebte die Klosterfrage wieder auf. Es ging um die Nachtselde, die Verpflichtung der Klöster zur Verpflegung und Beherbergung des herzoglichen Jagdgefolges und um das Jägergeld, eine Finanzleistung an Stelle der Naturalverpflegung und Einquartierung, dessen Erhebung und Eintreibung von Ludwig höchst willkürlich und rücksichtslos gehandhabt wurde. Am 27. September 1431 bewirkten acht bayerische Klöster den Kirchenbann über Ludwig, wegen »Bedrückung ihrer Jagd- und Scharwerke«.

Dabei hatte der Gebartete nichts Ungewöhnliches getan, wie ein Schreiben Wilhelms an Ernst belegt. Der Konzilsverweser ermahnte Anfang März 1432 seinen Bruder, das Jägergeld zu beseitigen, da es ihrem Ansehen sehr schaden könnte, wenn beim Konzil Beschwerde dagegen eingelegt würde. Außerdem habe er vor der ganzen oberbayerischen Landschaft den Prälaten die Abschaffung versprochen, als er wegen einer außerordentlichen Landsteuer für das Heiratsgut der Herzogstochter Elisabeth verhandelte. Während Wilhelm die eigene Position absicherte, ließ er sechs Münchner Klöster mit Hilfe Johann Grünwalders und eigener Unterstützung auf dem Basler Konzil gegen Ludwig den Gebarteten Klage erheben. Am 5. September 1433 verhängte das Konzil den verschärften Kirchenbann über den Ingolstädter, nachdem dieser sich allen Schlichtungsversuchen verweigert hatte. In einer besonderen Akkusationsschrift ersuchten die Konzilsväter den Kaiser, gegen Ludwig mit dem weltlichen Schwert vorzugehen. Ein gehöriges Unwetter braute sich zusammen und prasselte bald auf den stolzen Herzog herab.

Am 25. November erreichte Ludwig zu allem Ärger mit dem Konzil noch ein Achturteil der Feme aufgrund einer Privatklage von drei Rittern wegen Geldschulden Herzog Stephans III. Die Feme gehörte zu den eigenartigsten Erscheinungen der deutschen Rechtsgeschichte im Spätmittelalter. Sie entstand auf der Grundlage der westfälischen Freigerichte, den Nachfolgern der von Karl dem Großen in Sachsen eingeführten Grafengerichte. Die Urteiler und Richter stammten im ausgehenden Mittelalter meist aus dem Stand der Freien oder Beamten. Diese Ding- oder Freigrafen richteten im Namen des Königs und an dessen Stelle und luden deshalb auch Fürsten vor ihre Schranken. Das Wort »Feme« bezeichnete einerseits wohl eine Vereinigung, andererseits den Landfrieden. Die Feme befaßte sich in ihren heimlichen Sitzungen vor allem mit Diebstahl, Raub und Gewalt gegen Kirchen, Straßenraub, Mord, Eidbruch und Rechtsverweigerung. Gerade die Klage über Rechtsverweigerung durch normale Gerichte machte fast jede Sache fembar.

Ludwig von Ingolstadt hatte 1431 den königlichen Sühnespruch gegen Heinrich von Landshut wegen des Konstanzer Überfalls zwar formell anerkannt, sich dann aber sofort in Köln an die westfälische Feme gewandt, die allgemein noch als Ersatz für die wenig wirksame Reichsgerichtsbarkeit galt. In Bayern wandten sich des öfteren Adelige an die sogenannten Freistühle, manche Ritter fungierten selbst als Schöffen. Die Landesherren leiteten eine Reihe von Rechtsstreitigkeiten vor den Femgerichten ein, nicht zuletzt auch Wilhelm III.

Gegen Ludwig von Ingolstadt trat außerdem wieder einmal die Front der Konstanzer Liga auf. Heinrich von Landshut, Friedrich von Brandenburg, Pfalzgraf Johann von Neumarkt, die Bischöfe von Passau, Regensburg und Augs-

burg, die Grafen von Öttingen, die Reichsstädte Donauwörth, Rothenburg, Nördlingen, Dinkelsbühl, Weissen-
burg und Bopfingen und mehr als hundert Edelleute be-
schwerten sich bei Wilhelm als Beschützer des Konzils über
Ludwig wegen »Verletzung des Friedstands«. Der Münchner nutzte die Gunst der Situation und forderte Ernst und
Albrecht auf, mit ihrer Landschaft einen Katalog von Klage-
punkten zu erarbeiten und in Basel zu präsentieren. Kon-
zilsbeschluß, Femeurteil und weltliche Vorwürfe wurden
als gemeinsame Note mit zwanzig Anklageparagraphen
dem Kaiser vorgelegt. Sigmund tat zwar die Vorwürfe der
weltlichen Fürsten vorerst mit einer Mahnung an Ludwig
ab, von jeder weiteren Gewalttat Abstand zu nehmen, die
Urteile von Konzil und Feme aber veranlaßten ihn zu ra-
schem und scheinbar hart entschlossenem Einschreiten gegen Ludwig. Nebenbei winkte für ihn die Chance, bei dem
Ingolstädter 23 000 Gulden Schulden aus der Zeit des Konstanzer Konzils loszuwerden.

Ebenfalls am 25. November 1433 verkündete Kaiser Sigmund das Urteil gegen den Herzog von Oberbayern-Ingolstadt. Mit Berufung auf Kirchenversammlung und Freige-
richt beabsichtigte er, gemäß seiner Pflicht gegen das heilige Konzil und die heilige Kirche, deren Vogt, und gegen
das heimliche Gericht, dessen oberster Richter er ist, »mit
Hilfe Gottes, der heiligen Kirche und des Römischen Reiches nach dem Herzog Ludwig und seinen Landen und
Leuten zu stellen«. Im Klartext: Der Kaiser enthob Ludwig
seines Herzogamtes und entzog ihm das Land, das nach
Reichsrecht der kaiserlichen Lehensgewalt unterlag. Als
Lohn für seine treuen Dienste aber sollte an Wilhelm III. ein
Großteil des Ingolstädter Herzogtums verliehen und auf
diese Weise dem Hause und Stamme von Bayern erhalten
werden. Allerdings sollten Wilhelm und seine Erben erst
nach dem Tod des Kaisers in den vollen Genuß des neuen
Lehensgutes gelangen; bis dahin durften sie nur als kaiserliche Verweser und Statthalter auftreten.

Noch am selben Tag gelobte Wilhelm als Dank neuerlichen
treuen Gehorsam. Außerdem zeigte er sich dem kaiserlichen Kanzler Caspar Schlick gegenüber in einer Weise er-
kenntlich, die manchen Beobachter an Wilhelms Redlich-

keit und Integrität zweifeln ließ. Schlick hatte sich seit langem für Wilhelm stark gemacht. Der Münchner Fürst verpflichtete sich jetzt gegenüber Schlick und dessen nächsten Verwandten, ihnen ein Schloß mit einem jährlichen Erlös von fünfhundert Gulden zu überlassen, sobald er Ludwigs Land oder dessen größeren Teil, besonders den Donaustrom, in seine Hand bekommen würde.

Der Versicherung Wilhelms haftet der Geruch von Korruption an. Der Vorgang muß jedoch nicht unbedingt ungewöhnlich oder gar rechtswidrig gewesen sein. Es handelte sich um die durchaus übliche Taxe für die Ausstellung eines »Majestätsbriefes« durch die kaiserliche Kanzlei. Da Schlick die finanziellen Engpässe Wilhelms kannte, sicherte er sich anstelle einer Geldzahlung für die hohen Kanzleigebühren ein entsprechendes Besitztum. Ob mit größerer oder geringerer »Nachhilfe« – Wilhelm III. winkte Ende November 1433 die Aussicht auf beträchtlichen Gebietszuwachs für sich und sein Haus. Die Schachzüge des Münchners schienen den Ingolstädter matt zu setzen.

Noch war der Anspruch auf Ludwigs Land nur auf dem Papier vorhanden, der Inhalt der Verleihungs-Urkunde drang kaum an die Öffentlichkeit. Aus kaiserlicher Sicht war er auch nicht ganz wörtlich zu nehmen, diente er vielmehr als Instrument der Gefügigmachung. Solche Einschüchterungsversuche nützten bei Ludwig wenig. Sigmund verordnete deshalb am 6. Dezember 1433 die Verkündung der verhängten Strafen im ganzen Reich. Bald aber setzte bei dem wankelmütigen Kaiser ein Gesinnungswandel ein. Doch noch einmal ging eine scharf formulierte Ladung vor das königliche Hofgericht an den Ingolstädter. Herzog Albrecht sollte persönlich den Befehl überbringen, damit der Bärtige den Boten nicht wie in früheren Fällen die Ohren abschnitt oder die Ladebriefe vertilgen ließ.

Ludwig entschuldigte sich wegen Krankheit und schickte seinen Sohn als Vertreter nach Basel. Am 24. Februar 1434 erfolgte die erste Achterklärung, am 18. April die zweite. Ludwig der Gebartete war vogelfrei, konnte von jedermann ohne Rechtsfolgen verfolgt und getötet werden. Über Wilhelm strahlte dagegen die königlich-kaiserliche Gnade. Drei Tage nach der Verdammung des Vetters offerierte ihm Sigmund die Landvogtei Schwaben. Leider war auch in diesem Falle das kaiserliche Urkundenpergament geduldig. Die Verschreibung der Schutzrechte in Schwaben, ein einträgliches Privileg, war lediglich ein Akt der Gunstbezeugung. Der Kaiser hatte sie verpfändet, und Wilhelm hätte alles in allem gut 200 000 Gulden aufbringen müssen, um die Vogtei tatsächlich zu besitzen. Woher so viel Geld nehmen?

Bei genauerer und realistischer Betrachtung erwiesen sich die Sanktionen gegen Ludwig den Bärtigen als fragwürdig und wenig effizient. Selbst Herzog Ernst äußerte sich skeptisch über die vom Kaiser versprochenen Erwerbungen des Bruders und befürchtete Krieg, wenn die Ingolstädter Gebiete tatsächlich von einem Reichsheer eingezogen werden sollten. Wilhelm gegenüber meinte er: »So ist auch unser Herr der Kaiser ein alter und kranker Herr, dem Krankheit und andere Sachen zustoßen möchten, wie mit dem Konzil, dem Papst und den Böhmen, weshalb er in diesen Sachen auch nicht auswarten möchte.«

Ernst schätzte die mangelnde Ausdauer Sigmunds richtig ein. Der geistliche Konzilspräsident Kardinal Cesarini warnte wegen der Hussiten vor einem Feldzug gegen Ludwig, manche Reichsstädte zeigten sich unentschlossen, und selbst Heinrich von Landshut neigte zu Mäßigung und Zurückhaltung. Herzog Albrecht von München schien sogar offen mit dem Ingolstädter zu sympathisieren. Wilhelm war einer friedlichen Beilegung des Streits ebenfalls zugänglich. So begnügte sich der Kaiser mit einer Machtdemonstration auf einem Reichstag in Ulm. Nach anfänglich erfolglosen Verhandlungen flehte Ludwig der Bucklige am 10. August 1434 kniefällig um Gnade für seinen Vater. Die Reichsexekution, die gewaltsame Absetzung unterblieb. Ludwig entkam aus der Acht, und Sigmund wurde beim Endurteil seine Schulden los. Für Wilhelm III. blieb Ingolstadt unerreichbar.

Hauspolitische Vorteile brachte das Basler Konzil den Münchnern nur gegen Heinrich von Landshut. Ernst und Wilhelm erhoben nach der Straubinger Teilung berechtigte Forderungen gegenüber dem jüngsten Cousin. Er ignorierte sie hartnäckig, ebenso ein entsprechendes Urteil seiner schlichtenden Bundesgenossen. Wilhelm machte seinen Einfluß beim König geltend und erwartete im Februar 1431 einen Spruch gegen Heinrich. Sigmund bereitete aber gerade seinen Italienzug vor, delegierte die Leitung des Prozesses gegen den Landshuter an Haupt Marschall von Pappenheim und glaubte mit der Berufung Wilhelms zum Basler Statthalter die Affäre zu beruhigen. Wilhelm ließ nicht locker. Im Juli 1432 strengte er persönlich im Westfalen einen Femeprozeß gegen Heinrich an. Bemühungen der Landshuter Landstände im Mai 1433, Herzog Albrecht als Vermittler bei einem Rechtstag in München einzuschalten, scheiterten an dessen Absage. Wilhelm forcierte indessen die politischen und juristischen Aktivitäten. Er forderte von Ernst und Albrecht nicht nur einen Klagenkatalog gegen Ludwig, sondern auch gegen Heinrich, der von Bevollmächtigten der oberbayerischen Landschaft dem Kaiser überreicht werden sollte.

Angesichts der kaiserlichen Gunsterweise für Wilhelm und der drohenden Niederlage im Femeverfahren gab der dickköpfige Landshuter klein bei und beugte sich einem kaiserlichen Spruch vom 1. Januar 1434. Heinrich mußte Mehreinnahmen aus dem Straubinger Erbstreit zurückbezahlen, neue Mautgebühren an der Donau bei Vilshofen wieder zurücknehmen, die Rechte der Münchner Kaufleute auf den alten Straßen nach Salzburg bestätigen und neu errichtete, mit Gebühren belegte Verkehrswege auflassen. Für Wilhelm bedeutete das Urteil die einzige konkrete Entlohnung für das Basler Amt, für Heinrich eine schmähliche Niederlage. Dessen Nachgiebigkeit eröffnete aber den Weg zu einem erneuten Bündnis mit München. Herzog Ernst neigte schon im April 1434 in diese Richtung. Er befürchtete Ärger mit Ludwig, falls dieser den Konflikt mit dem Kaiser gut überstand und dann auf Revanche für die Gebietsgelüste der oberbayerischen Vettern sinnen wollte.

Herzog Albrecht in Bedrängnis

Während Onkel Wilhelm Außen-, Kirchen- und Hauspolitik betrieb, widmete sich Herzog Albrecht in erster Linie den Angelegenheiten des Straubinger Landes. Er regierte mit Selbstbewußtsein und war keineswegs ein Schwächling, der nur seinem Vater nach dem Mund redete und in blindem Gehorsam handelte. Bei aller Liebe und bei allem Respekt gegenüber Herzog Ernst versuchte er eigenes Profil zu gewinnen. Während der Vater als ausgesprochen städtefreundlich galt, hatte Albrecht auch ein offenes Ohr für die Sorgen der Bauern, der »armen Leute«, wie die stehende Bezeichnung für die weitaus größte Mehrheit der Bevölkerung treffend lautete. Im März 1434 bat er Ernst, die Bauern von einer eben beschlossenen Landsteuer zu befreien: »Dann lieber Herr vergeßt nicht, daß unsere armen Leute in der Sache auch ungeschätzt und hinfür unversehrt bleiben. Uns ist z. B. heuer ein armer Mann nachgelaufen, den der Magenbuch und andere besteuern und belasten wollten; darum laßt das auch in der notwendigen Weise regeln, ehe man die Briefe übergibt.«

Der genannte Ritter Magenbuch stand für viele Adelige und Kleriker, die sich erfolgreich von den Steuern befreiten, während die Bauern ihre Lasten trugen und am meisten unter den Kriegen und Streitereien der Herren litten. Auf der Basis einvernehmlichen Zusammenwirkens regelten die Münchner Herzöge ein für die Stadt Straubing besonders vordringliches Problem: deren Verhältnis zum Augsburger Domkapitel. Seit dem hohen Mittelalter besaß es bedeutende Ländereien im Straubinger Bereich und im vorderen Bayerischen Wald. Als Herzog Ludwig der Kelheimer im Jahre 1218 die Neustadt Straubing zu bauen begann, tat er es auf dem Grund und Boden der Domherren, die seitdem als Grundbesitzer große Anteile an den Stadtrechten innehatten und den Autonomiebestrebungen des Bürgertums entgegenstanden. Die Zeit der Selbständigkeit des Herzogtums Straubing-Holland hatte das bürgerliche Selbstbewußtsein noch gestärkt. Nach der Vererbung an Bayern-München versuchten Rat und Gemeinde ihren Anspruch auf größere Unabhängigkeit von augsburgischen Ämtern und Beamten durchzusetzen. Als sich das Ringen zuspitzte, forderte Herzog Ernst im Januar 1434 den Stadtrat Straubings auf, die Rechte des Domkapitels nicht zu beschneiden oder den Konflikt vor seinen Räten auszutragen.

Ernst berief einen Verhandlungstag in Straubing ein, doch weigerten sich die Straubinger, die Sache nur vor seinen Räten zu diskutieren, sehr zum Verdruß des Landesherrn. Sie wünschten den Herzog selbst als Vermittler. Ernst bestimmte einen neuen Termin und mahnte: »Doch so hoffen wir, daß unser Sohn und unsere Räte, wenn sie zu Euch hinabkommen, Euch beiderseitig auf einem gütlichen Weg der Einigung treffen können.«

Der Rechtsstreit beschäftigte auch das Basler Konzil. Im April 1434 vernahmen die Bürger in Wort und Schrift die Vorstellungen des Erzbischofs Martin von Korfu, den das Konzil zum Richter und Kommissär in der Straubinger Sache berufen hatte. Nur nützten herzogliche und geistliche Eingriffe vorerst wenig, Bürger und Domherren blieben uneinig. Am 20. September 1434 klagte das Domkapitel vor Ernsts Hofgericht, ohne Erfolg. Deshalb appellierte es im Januar an Papst Eugen IV. und bat diesen um Hilfe. Der Straubinger Rat wandte sich indes an Albrecht um Unterstützung. Im März 1435 kam schließlich ein Kompromiß zustande. Offenbar war es Herzog Wilhelm III. gelungen, seine guten Beziehungen spielen zu lassen und dadurch die Augsburger Herren an den Münchner Verhandlungstisch zu bewegen, an den sie sich nach der Niederlage im September nicht mehr begeben wollten. Neben Herzog Wilhelm wirkte Bischof Peter von Augsburg an einem schiedsrichterlichen Entscheid mit, den beide Parteien akzeptierten. Er brachte den Straubingern neue Eigenrechte ohne den Status der Domherren ernsthaft zu gefährden. Ernst und Albrecht bestätigten durch Mitbesiegelung, daß die Schlichtung mit ihrem Wissen und Willen erfolgte. Herzog Ernst konnte mit einer zufriedenen Straubinger Bürgerschaft rechnen, der er ohnehin 1434 durch die Verlegung des Landgerichts in die Stadt eine besondere Gunst erwiesen hatte. Im April 1435 belohnte Albrecht seinerseits den Ritter Hans den Haibecken für seine Treue als Rat mit dem Richteramt auf Lebenszeit »mit seiner zugehörung ausserhalben und innerhalben unser stat zue Straubing«. Vater, Sohn und Onkel schienen Hand in Hand das Land zu regieren und zu verwalten und in harmonischer Eintracht je nach Position und Möglichkeit für das Ganze zu sorgen.

Doch der Schein trog. Neben gemeinschaftlichem Handeln entwickelte sich ein gefährlicher Familienzwist, der bei Herzog Ernst zum Ärger über Agnes Bernauer noch einiges andere hinzugesellte.

Am 19. März 1434 schrieb Albrecht nach München: »Auch lieber Herr und Vater. So tun wir Euer Lieb zu wissen, daß uns die Ritterschaft hart anlangt wegen der Schäden in Böhmen, und meint, die Angelegenheit nicht länger stehen zu lassen. Und sie sind uns in allen Sachen unbillig und widerspenstig und sorgen dafür, daß wir deshalb etliche Feinde gewinnen werden. Nun wißt Ihr wohl, daß wir wegen Euch und wegen unseres lieben Vetters Herzog Wilhelm gehandelt haben.«

Albrecht wehrte sich vorsorglich dagegen, die gesamte Verantwortung und Schuldentilgung alleine zu übernehmen, weil er damit »ins Verderben« gestürzt würde. Er ersuchte den Vater dringend, sich zusammen mit Wilhelm der Angelegenheit zu widmen, damit die Ritterschaft keinen Grund zur Klage mehr hätte. Jetzt lasse sich die Affäre noch leichter regeln als bei noch längerem Zuwarten: »Lieber Herr, laßt Euch die Sache ein Anliegen sein. Möget Ihr Euch mitsamt Euren Räten darauf besinnen und die Dinge förderlich beenden und mit Hilfe unseres lieben Vetters, damit nicht größere Schäden daraus entstehen können.«

Ernst berichtete umgehend an Wilhelm nach Basel, um dessen Standpunkt zu erfahren: »Lieber Bruder, wir lassen Euch wissen, daß die Ritter und Knechte, die unlängst wegen uns in Böhmen Schäden erlitten haben, uns deshalb sehr bedrängen und meinen, die Sache nicht länger anstehen zu lassen.« Herzog Wilhelm aber schwieg.

Die Forderungen der Ritter wurzelten in den Beziehungen zwischen Herzog und Adel, zwischen Landesherr und Landleuten. Das Untertanenverhältnis war zwischen ihnen nicht bestimmt vom Prinzip Befehl und Gehorsam, es gründete auf Gegenseitigkeit, auf beidseitiger Verpflichtung. In den Hussitenkriegen stellten die Ritter persönliche Kampfkraft, Pferde, Waffen und Gefolge zur Verfügung, doch nicht umsonst. Der Fürst mußte dafür nach vertraglicher Abmachung bezahlen. Im November 1429 zum Beispiel kassierte Heinrich Nothaft von Wernberg von den

Herzögen Ernst und Wilhelm zweihundert rheinische Gulden Sold für vierzig gute reisige Leute und Pferde. Ein Kriegsroß kostete jährlich sechzig Gulden. Erasmus Sattelboger von Lichteneck quittierte im Juni 1430 den Erhalt von hundert Gulden, weil er den Münchner Brüdern gegen die Hussiten sieben Monate mit zwei Burgen gedient hatte. Heinrich Nothaft ließ sich die Hauptmannschaft im Bayerischen Wald vom König mit achthundert Gulden begleichen. Ritterliche Treue war also nicht nur eine Frage des Standesethos, sondern der Zahlungsfähigkeit des Fürsten. Er konnte die Dienste seiner adeligen Gefolgschaft erwarten und in Anspruch nehmen, mußte jedoch zur Erhaltung einer standesgemäßen Lebensführung beitragen. Dienst und Lohn ergänzten sich. Blieb der Lohn aus, wurden die Ritter störrisch.

Für welchen Zug gegen Böhmen die Ritter Schadenersatz forderten, ist nicht genau zu ermitteln. Es dürfte sich aber um Unternehmungen der Jahre 1432 oder 1433 gehandelt haben, vielleicht sogar noch teilweise um das Desaster von Taus. Albrecht hatte nun auszubaden, was eigentlich auf Rechnung Ernsts und Wilhelms ging. Bei einer Hofgerichtssitzung im Juni 1434 ließen die anwesenden Räte unter Vorsitz des Hans von Degenberg ihre Macht spüren. Sie wiesen die Klage Albrechts gegen einen Adeligen, eingebracht im Namen des Vaters und Onkels, zurück, weil er nur eine Vollmacht Ernsts, nicht Wilhelms beigebracht habe. Da der Streitfall auch Ludwig den Gebarteten berühre, sei diesem mitzuteilen, daß er seine Sachwalter binnen sechs Wochen und drei Tagen nach Straubing schicken solle, ebenso wie Ernst und Wilhelm, »indem nicht billig wäre, daß dem Herzoge Ludwig solch Recht nicht verkündet oder daß jemand rechtlos bleiben solle«. Der Spruch hielt sich zwar an den formalen Rechtsrahmen, war aber sicherlich daneben als Ohrfeige für Albrecht gedacht. Daß die Vorfälle auf dem Regensburger Turnier, die Schmähung wegen der Bernauerin vor solchem Hintergrund die Autorität Albrechts weiter untergraben mußten, versteht sich von selbst. Im Frühjahr 1435 griff die Ritterschaft zu ihrer schärfsten Waffe: zur Fehde.

Sie war die Aufkündigung des Friedens. Nur Personen

oder Gruppen mit Waffenrecht durften dieses Mittel der Rache bzw. Selbsthilfe in Anspruch nehmen. Kaiser Friedrich I. Barbarossa hatte vergeblich versucht, dieses archaische Mittel der Rechtsdurchsetzung zu verbieten. Es erfolgten nur gewisse Einschränkungen. Die Fehde bedurfte der förmlichen Absage, der offiziellen Ankündigung drei Tage vor Beginn der Feindseligkeiten. Erklärte sich der Gegner zur Unterwerfung unter einen Gerichtsspruch oder ein Schiedsurteil bereit, mußte die Fehde abgebrochen werden. Begründungen für das Anzetteln einer Fehde fanden sich leicht. Wernher der Gärtner ließ in seinem berühmten Werk »Meier Helmbrecht« seinen jungen Raubritter Helmbrecht beispielhaft dreist und verantwortungslos erklären:

>»Noch einen Reichen, Frechen
>kenn ich, der mir das schwerste Leid
>von allen zugefügt; es schreit
>zum Himmel; bäte für den Mann
>ein Bischof selbst – nicht nähm ichs an!«
>»Was war es denn?« der Vater drauf.
>»Er tat den Gürtel weiter auf,
>dieweil er saß zu Tische.
>Hei, was ich nur erwische
>vom Seinen! Alles nehm ich mit,
>was ihm den Zug und Wagen zieht.«

Bisweilen beschränkte sich die Fehde auf eine papierene Auseinandersetzung, auf den Austausch von Streit- und Schmähschriften. Meistens aber wurde der Gegner direkt geschädigt, durch Raub von Vieh und Habe und Heimsuchung der bäuerlichen Hintersassen, deren Höfe und Stallungen dann in Flammen aufgingen. Die Burg des Kontrahenten genoß dagegen Schonung. Sie zu zerstören, wäre Gewalt gewesen, die eine rechte Fehde zum Friedensbruch machte. Oft endete ein solcher Konflikt erst nach langem Streit durch Sühne oder mit dem Spruch eines Schiedsgerichts.

In der Osterwoche 1435 teilte Herzog Albrecht nach München mit, daß ihm, »an montag umb essenzeit ain absagprief von Peter Kamerawer, Jacoben Gewolf, Hermann und

Casparn den Nußpergern und Albrechten Nothaft zu handen komen ist von der schäden wegen zue Beheim«. Zahlreiche Ritter und kleinadelige Knechte aus dem Straubinger Land und vor allem aus dem Nachbargebiet Herzog Wilhelms standen an der Seite der angesehenen Fehdeführer. Wohl 41 Adelige lagen mit Albrecht in offener Auseinandersetzung. Sie waren keine Helmbrechts, sondern argumentierten mit durchaus berechtigten Gründen. Sie pochten auf Begleichung der fürstlichen Schulden und klagten über ihre mißliche wirtschaftliche und finanzielle Lage. Die Aufkündigung der Gefolgschaft und die formelle Erklärung der Feindschaft waren nicht willkürlich, sondern aus Sicht der Zeit einleuchtend. Albrecht sah sich in seinen Warnungen bestätigt, die er bereits vor Monaten seinem Vater vorgetragen hatte, damals wie jetzt ohne sichtbaren Erfolg.

Die Ritter handelten, sie wollten ein Faustpfand erobern. Gegen das stark befestigte Straubing hatten sie keine Chance, das herzogliche Burgschloß war sakrosankt, aber der Markt Bogen bot sich an. An einem Tag der Osterwoche rückten etwa 140 Mann gegen Bogen vor, um den Ort im Handstreich zu nehmen. Die Gelegenheit schien günstig, denn die Bewohner waren in der Kirche, oben auf dem Bogenberg. Rund fünfhundert Gläubige hatten sich zum Gottesdienst versammelt. Dennoch mißlang der Anschlag. Der Anmarsch der Ritter wurde entdeckt, die Bürger eilten in den Markt zurück und richteten sich zur Verteidigung ein. Den Angreifern blieb nur der Rückzug.

Albrecht meldete seinem Vater den Vorfall, bedrängte ihn eindringlich, sich mit dem Adel zu vergleichen, lehnte für sich selbst aber einen Krieg gegen die Fehdegegner ab, weil er das Recht der Ritter auf Schadenersatz nicht verletzen wollte, denn sie hatten von ihm darauf »Brief und Siegel«. Allerdings rief Albrecht die Feme an, die bis Sonnwend schlichtend eingreifen sollte.

Der Konflikt mit den Rittern wurde von einem Familienkrach begleitet, der die Beziehungen Albrechts zu Vater und Onkel erheblich belastete und auch eine Einigung in der Entschädigungsfrage erschwerte. Es ging um Geld und Besitztümer, genauer um Ansprüche und Forderungen aus der Erbschaft Herzog Johanns einerseits und Albrechts Mutter andererseits. Wilhelm III. hatte die nun schon einige Jahre schwelende Angelegenheit nicht ruhen lassen und drängte mit gewohnter ruhiger Zähigkeit auf einen Ausgleich mit dem Bruder. Albrecht meldete ebenfalls Rechte aus dem mütterlichen Erbgut an und verwies auf Schuldverschreibungen seines Onkels im Briefnachlaß der Herzogin Elisabeth. Seit Ende Januar 1435 führte die Erbsache zu einer ernsten Auseinandersetzung. Während Ernst und Wilhelm kurz vor Abschluß eines Vergleichs standen, verweigerte Albrecht die von ihm erwartete Zustimmung. Ernst berief ihn deshalb mehrfach nach München, doch der Sohn wich aus, entschuldigte sich mit dringenden Geschäften in Straubing und wünschte vor allem eine Abschrift der Vereinbarungen.

Im März 1435 wurde Albrecht deutlicher und erinnerte an die vordringlichere Maßnahme, die Einigung mit den Rittern, »da wir doch zu der Sache in der wir jetzt sind, nur wegen Euch und unserem Vetter gekommen sind und täglich großes Verderben fürchten müssen«. Im Ton dem Vater gegenüber noch kindlich gehorsam und unterwürfig, dachte Albrecht in Wirklichkeit nicht daran, einfach nachzugeben und seine Ansprüche ad acta zu legen. Er warf dem Onkel Unnachgiebigkeit und unfreundliches Verhalten vor und verwies auf seine Schwestern, die in der Erbfrage auch mitzureden hätten, denn sie würden seinen Besitz erhalten, falls er ohne Erben sterbe. Zwar erklärte er, darauf zu vertrauen, daß sich der Vater nicht gegen den Willen des Sohnes mit Wilhelm einigen würde, ließ jedoch nachdrücklich in einem Kanzleikonzept feststellen: »Und wir meinen, wenn unser Vater unser Erbe unberechtigt vergibt, dann schadet das seiner Seele mehr als von seines Bruders wegen.« Die Frage der Einnahmen aus einigen strittigen Schlössern, die Herzog Wilhelm bezog, sollte nach Vorschlag Albrechts mit seinen und Ernsts Räten geklärt werden – unter Sicherung der Anrechte des jungen Herzogs. Außerdem sollte Wilhelm jetzt seine Schulden bei Albrecht bezahlen, damit dieser nicht mit ihm in »Unfreundschaft« gerate.

Am 24. April 1435 schrieb Albrecht einen Brief an Ernst, der die bislang entwickelten Standpunkte und Argumente zusammenfaßte und in klarer Diktion vortrug. Der Straubinger Statthalter wies auf einen drohenden Hussiteneinfall hin, der ihn im Grenzland festhalte. Er könne deshalb nicht nach München kommen, wie der Vater es wünsche, um die Erbeinigung mit Wilhelm in Anwesenheit und unter Zeugenschaft der »Rät aus dem Niderland« zu besiegeln. Ein weiteres Mal führte er außerdem den Streit mit der Ritterschaft ins Feld und sein wiederholtes Begehren um eine Abschrift der bisherigen Vereinbarungen zwischen Ernst und dem Onkel, damit er diese mit seinen »haimlichesten Räten«, seinen engsten Vertrauten beraten könne. Im Ton noch verbindlich, verwahrte sich Albrecht dagegen, den von Vater und Onkel an den Adel zu leistenden Schadenersatz zu übernehmen und sogar dazu Abstriche an seinem Erbe zu befürworten. Dann fuhr er fort: »Ir seit gen unserm vettern daran, daß wir von der schäden wegn an schaden enthebt werden. Wann doch die, die uns die veintschaft yetzo zugeschribn und beweißt haben, all In unser vettern lannde sitzen. Sullen wir und unser lannd und lewt nu von seinen wegn von den seinen bekriegt und beschedigt werden, so versteht ewr lieb aber woll, daz uns darinn gar ungutlichen beschicht.« Von bestem Einvernehmen zwischen Wilhelm und Albrecht, von Schutz und besonderem Wohlwollen des Onkels konnte also keine Rede mehr sein. Was sich spätestens in diesem Brief Albrechts manifestierte, war ein handfester Dissens, war eine Frontstellung des Neffen gegen den Onkel und alles andere als ein harmonisch herzliches Verhältnis. Albrecht ersuchte Ernst nicht nur, ihn vor Schaden zu bewahren, sondern erhob laute Klage gegen die Ritter Wilhelms und gegen diese selbst: »Sollen wir und unser Land und Leute nun seinetwegen von den Seinen bekriegt werden …« Das Schreiben an den Vater endete ungewohnt förmlich, ja hart und gar nicht mehr freundlich devot: »Darauf begehren wir Eure Antwort zu wissen bei dem Boten.«

Judenverfolgung in Straubing

Die Osterzeit 1435 stand für Albrecht wahrlich unter keinem guten Stern. Die familiären Probleme und die Fehdeansage der Ritter genügten alleine schon, ihm das Leben zu vergällen. Dazu kam aber noch eine Strafaktion gegen die Straubinger Juden, die den bereits schwelenden Vater-Sohn-Konflikt erheblich anstachelte. Herzog Albrecht schilderte selbst den Vorfall in aller Breite, um Anklagen entgegenzuwirken und gegenüber Herzog Ernst seine Handlungsweise zu legitimieren. Am 16. Mai 1435 teilte er dem Vater mit:

»Hochgeborner Fürst, lieber Herr und Vater! Wir lassen Euer Lieb wissen: Als wir jetzt in der Fastenzeit nach Straubing gekommen sind, da hat sich Herr Heinrich, unser Beichtvater zu Straubing, bei der Beichte sehr bei uns über die Straubinger Juden beklagt; daß sie große Unzucht mit den Christinnen treiben, besonders wie eine einmal in einer Kirche gegen ihren Willen von einem Juden zu solcher Sache genötigt worden sei; und das sei unserem obengenannten Beichtvater auch während der Beichte berichtet worden. Er hat uns darum in der Beichte ernsthaft empfohlen, uns in dieser Angelegenheit gebührend zu verhalten, damit solches Übel unterbunden und bestraft wird, und er sagte, er wollte deshalb selbst gern mit uns zu Euer Lieb hinauf nach München reiten. Danach haben der ganze Rat und ein Teil der Bürgerschaft auch bei uns Klage geführt und mehrmals vorgetragen, wie schwer sie von den Juden belastet würden, so wie wir das Euer Lieb auch schon etliche Male mitteilen haben lassen. Lieber Herr und Vater! Da uns nie so große Anklage über Unzucht mit Christen durch die Juden, was doch gräßlich gegen die Christenheit ist, zu Ohren gekommen ist wie kürzlich, waren wir skeptisch und wollten es nicht glauben. Wir sind der Sache selbst nachgegangen, heimlich bis an die Orte, wo die Juden solche Dinge suchen und treiben. Da haben wir das selbst erfahren und gesehen, daß sie zur selben Stätte gekommen sind und haben danach mit den betroffenen Christinnen eine vertrauliche Unterredung geführt. Die haben uns derartige Dinge auch selbst bekannt und preisgegeben und auch noch mehr geschildert, was nicht zu schreiben ist, weil es wirklich seltsame und unerhörte Sachen sind. Als die Juden nun vielleicht etwas merkten und sich dachten, daß wir uns mit der Angelegenheit befaßten, da wollte ein Teil fliehen und sein Gut mitnehmen. Als sie dann auch einen Teil zusammengestellt und verborgen hatten, da waren sie zu spät dran. Lieber Herr und Vater, aufgrund der Unterweisung durch unsern Beichtvater, auch durch den Rat und sonstige, und weil wir den Vorfällen selbst bis auf den Grund der Wahrheit nachgegangen sind, so haben wir nach Rat der Unsrigen die Juden festgenommen und haben sie nach Art und Umfang der Tat bestraft.« Albrecht beteuerte abschließend: »So bitten wir Euer Lieb nachdrücklich, wenn die Sache anders vor Euer Lieb gepracht worden sein sollte, Ihr das nicht glauben wollet, weil wir sicher nicht anders gehandelt haben als in der Weise wie hier beschrieben, und wir es Euch auch ganz erzählen wollen, wenn wir jetzt zu Euer Lieb hinaufkommen werden.«

Albrechts Rechtfertigungsbrief enthält typische Aspekte des spätmittelalterlichen Antisemitismus: den Vorwurf der Schändung christlicher Mädchen und Frauen und damit ein Religionsdelikt und die Klage über die Ausbeutung durch die Juden. Mittelalterliche Pogrome gegen die Juden entstanden häufig aus dem Bestreben der »Schuldenbegleichung«, verschleiert durch die Unterstellung sakrilegischer Verbrechen. Nicht immer wurde der Weg mörderischer Exzesse gegen ganze Judengemeinden beschritten. Privatklagen wurden in prozessualen Formen beigelegt. So wurde zum Beispiel im Oktober 1428 Judmann der Jud zu Regensburg gefangengenommen und aus der Stadt verwiesen, weil er den Christen auf ihre Pfänder nur geringe Summen geliehen, diese Pfandgüter aber wieder um sehr viel mehr Geld versetzt hatte. Die Kollektivklage des Straubinger Rats legte für Albrecht ein generelles Verdikt über die Judenschaft der Stadt nahe. Die unselige Rolle seines Hofpriesters erhellt sich aus dem Bruch des Beichtgeheimnisses, bzw. der denunziatorischen Verwendung von angeblichen Sündenbekenntnissen von genötigten Christinnen. Herzog Albrecht III. war ein Antisemit im Stil seiner Zeit. Die Juden waren Außenseiter und wurden seit dem

14. Jahrhundert in ganz Europa immer wieder zu Sündenböcken für alles Mögliche und Unmögliche, für Pest, Seu-
chen, Rätselhaftes und Absurdes gestempelt und von fana-
tisierten Volksmengen vertrieben, gequält, ermordet und
verbrannt. Bereits das IV. Laterankonzil von 1215 hatte den
Juden das Tragen des weiß-gelben Spitzhuts vorgeschrie-
ben, eine Übernahme der Maurendiskriminierung in Süd-
spanien. Die Juden standen grundsätzlich außerhalb der
städtischen Gemeinschaften. Für sie galt eigenes Recht. Sie
konnten nicht von der Feme verfolgt werden, gemäß dem
westfälischen Freigraf Heinrich von Lindenhorst »weil Gott
vom Himmelreich und König Karl das heilige heimliche
Recht also gemacht und gefreit haben, daß es nur die erfahren sollten, die dazu geboren sind«.
Juden waren eben nicht dazu geboren, sie gehörten nicht
zur christlichen Gemeinschaft der Gläubigen, waren Aso-
ziale. 1434 genehmigte König Sigmund dem Rat der Stadt
Augsburg, die Juden durch ein »zaichen uff ir gewand«
kenntlich zu machen, und zwar durch gelbe Stoffringe auf
den Kleidern. Das aufstrebende Handelsbürgertum schob
die lästige jüdische Konkurrenz beiseite, zuerst durch äu-
ßerliche Zeichen, dann durch Bedrohung ihrer Existenz.
Nach dem Vorbild Wiens, Kölns und Speyers wurde über
die Augsburger Juden 1438 die Vertreibung aus der Stadt
verhängt. Herzog Albrecht III. vollzog das Verdikt für sein
Fürstentum im Jahre 1442.
Bis dahin verhielt sich Albrecht entsprechend den allgemeinen Gepflogenheiten. Die Juden waren für König und Landesherren nützliche Besteuerungsobjekte, die man unter
besonderen Schutz nahm, damit sie die fürstlichen Kassen
genügend bedienen konnten. Die jüdische Bevölkerung
mußte für ihre lebenswichtigen Privilegien bezahlen, und
das nicht wenig. Ludwig der Gebartete bezog zum Beispiel
von den Juden in Regensburg, die ihm nach der Straubinger Erbteilung zugefallen waren, jährlich zweihundert
Pfund Regensburger Pfennige, die Stadt Regensburg kassierte außerdem noch sechzig Pfund.
Alle bayerischen Herzöge gewährten den Juden Schutz bei
entsprechenden finanziellen Gegenleistungen. Auch Albrecht lieh sich von jüdischen Untertanen Geld. Im April

1433 gelobte er z. B., seinen Landschreiber Ernst zu Pfaffenhofen, den er bei den Juden Mosse und Mändlein um 122 rheinische Gulden versetzt hatte, in einer bestimmten Zeit wieder auszulösen. Am 24. August 1434 bestätigte er die Rechte und Freiheiten der Straubinger Juden. Er nahm sie in Schutz und Schirm, garantierte ihnen Frieden, Geleit und Sicherheit, billigte ihnen den Wohnsitz in Straubing zu oder »anderswo in unserm land«, wo dies möglich sei. Mit Genehmigung des Landesherrn sollten sie nach Abgabe einer Jahressteuer auswandern dürfen. Ausdrücklich stimmte der Herzog den jüdischen Pfandleihgeschäften zu, »ausgenomen dreierlai pfant, plutigs gewant, zerprochen kelich und auch ungewuntens traid«.

Das Verbot der Darlehensgewährung für blutige Kleider und Kirchengerät findet sich in vielen derartigen Judenschutzbriefen. Ungewöhnlicher ist dagegen das Verbot der Beleihung von ungedroschenem Getreide; es sollte wohl eventueller Wucherei vorbeugen.

Albrecht berichtete in seinem Schreiben an den Vater von Untersuchungen, die er selbst angestellt habe und von Befragungen der betroffenen Christen. Die Formulierungen klingen wenig aussagekräftig, vermeiden das Detail und geben geringen Aufschluß über einzelne Schritte des Prozedere. Der Verdacht der Schönfärberei liegt nahe. Der Herzog griff von Amts wegen ein und erreichte Geständnisse. Welche Mittel dabei angewandt wurden, bleibt offen. Albrecht erweckt den Anschein, als habe er nur vertrauliche Gespräche geführt. Ob die Geständnisse aber nicht doch auf das Mittel der Folter zurückzuführen waren – seit 1350 bei Judendelikten üblich –, ist zumindest fraglich. Jedenfalls handelte es sich um eine Art Inquisitionsverfahren. Die Beschuldigten saßen nur kurz in Haft und wurden Anfang Mai nach Unterzeichnung eines Urfehdebriefs entlassen: »Ich Joppel, ich Sinay, ich Hirsch, ich Elias, ich Mair, ich Josepp, ich Kopfel, ich Markert, ich Mandel, ich Michelin, ich Grässel und ich Joseppin, die Juden zu Straubing, bekennen von solcher Beschuldigung wegen, die auf uns zu Straubing gekommen und an unsern gnädigen Herrn Herzog Albrecht gelangt ist, der uns darum in seine Strafe genommen hat, also daß wir, unser jeglicher, seinen Gnaden das abgetragen hat: auf das geloben wir, alle obgeschriebenen Juden, daß wir dem obgenannten unserm gnädigen Herrn, als den Seinen, auch denen, die in den Sachen verdacht sind von der Fängnis und Sachen wegen, fürbas nimmermehr feind sein sollen und auch alles das, darum wir mit seinen Gnaden übereingekommen sind, getreulich halten wollen.«

Neben den üblichen Gelöbnissen, niemandem feind zu sein, weder Verfolgern noch Denunzianten, beteuerten die Straubinger Juden die Erfüllung von Vereinbarungen mit Herzog Albrecht. Was damit gemeint war, erhellt ein dringender und ernstlicher Befehl vom 27. Mai 1435. Darin betonte Albrecht, das Geld aus den Judensachen sei unverzüglich und auf Heller und Pfennig an die herzogliche Kasse in Straubing abzuliefern. Die Strafaktion hatte demnach auch einen handfesten materiellen Hintergrund: Der Statthalter im Schloß zu Straubing litt wie seine Standesgenossen an permanentem Geldmangel. Die Hofhaltung verschlang beträchtliche Summen, Vater und Onkel erwiesen sich als unzugänglich; das Land war seit Jahren jenseits einstiger Blüte. Da mußte eine Verfolgung der Juden als willkommene Gelegenheit erscheinen, nicht nur der Bürgerschaft und Geistlichkeit einen Gefallen zu tun, sondern auch den eigenen Beutel wenigstens ein bißchen aufzufüllen.

Überzeugend wirkten Albrechts Argumentation und Verhaltensweise nicht, und sie waren nicht dazu angetan, den Unmut des Vaters zu zerstreuen. Dieser hatte, wohl durch Albrecht selbst, von den Vorgängen erfahren und den Sohn am 12. Mai zurechtgewiesen: »So habt Ihr die Juden zu Straubing jetzt gefangen gesetzt ohne unseren Rat und gegen die Freiheit, die sie von uns und unserem Bruder haben. Das hättet Ihr nicht tun sollen, nachdem wir Euch das Niederland anvertraut haben. Denn hätten sie solche Übeltaten begangen wie ihr schreibt, so hättet Ihr sie richtigerweise unter Anwendung des normalen Rechts strafen müssen, und auch nur die Juden, die derartiges begangen hatten, ebenso die Christin, mit der sie solches Übel getrieben haben, und dürftet deshalb nicht alle Juden gefangen halten.«

Ernsts Vorwurf traf den Kern der Sache. Albrecht sprach einerseits von unglaublichen und unerhörten Dingen, so skandalös, daß sie nicht zu schildern waren, andererseits beschränkte er sich auf kollektive finanzielle Sanktionen. Die Unzucht zwischen Juden und Christen hätte ganz anders geahndet werden müssen. In Augsburg wurde zum Beispiel ein Jude, der mit einer Christin verkehrt hatte, gehängt. Die Frau sollte lebendig eingemauert werden. Nur das Bittgesuch eines Fürsten rettete sie vor dem grausamen Tod. Sie wurde begnadigt, doch des Landes verwiesen. Das Augsburger Judenrecht galt seit 1315 auch in München. Albrecht löste die Straubinger Affäre nicht im Sinne dieser Rechtsgepflogenheiten und geriet dadurch in den Verdacht der Bereicherung, des Ungehorsams gegen den Vater und des Mißbrauchs seines Statthalteramtes.

Kein Wonnemonat Mai

Die Auseinandersetzung um Albrechts Judenverfolgung war nur ein Punkt, sogar ein nachgeordneter, in einem emotionsgeladenen Briefwechsel zwischen Vater und Sohn im Mai 1435. Am 5. des Monats hatte Herzog Ernst harte Töne angeschlagen, seinen Verweser in Straubing als Schuldenmacher bezeichnet und ihm gedroht, selbst wieder die Regierung im niederbayerischen Landesteil zu übernehmen, um »alle Sachen in einen guten Stand zu bringen«. Er kündigte Albrecht die mögliche Rückberufung nach München an, »das ir ain erbergen stand haben solt als einem fursten zu gehört«. Eine ehrbare Position sollte der Sohn wieder einnehmen, wie sie sich für einen Herzog geziemte.

Dies war zweifellos eine Anspielung auf Agnes Bernauer, denn nichts konnte den »Stand« so sehr erschüttern wie das unlegitime Verhältnis des Herzogs mit einer Nichtadeligen, mit einer Baderin. Ernst dachte vielleicht damit an eine friedliche Konfliktlösung, eine Bereinigung der Affäre im Kreis der Münchner Residenz. Möglicherweise schwebte ihm sogar eine Neuregelung der Erbfolge vor, denn Wilhelm und seine Nachkommen wären dafür in Frage gekommen, ohne daß Ludwig von Ingolstadt oder Heinrich von Landshut Rechte hätten anmelden können.

Eine Woche später bekräftigte der alte Herzog diese Hinweise nach der Schelte wegen der Juden: »Aber wie dem allem ist, legen wir Euch mit ganzem Ernst nahe, unverzüglich zu uns heraufzukommen und uns die Sache, wegen der wir Euch vormalen geschrieben haben, vorzutragen und Euch unsers Willens befleißigt und Euch Euern Hof nach unserm Rate besetzen laßt. So sollt Ihr gewahr und inne werden, daß wir Euch mehr tun wollen, als ein Vater seinem Sohn schuldig ist und einen ehrbaren fürstlichen Hof halten. Wollt Ihr uns folgen und tun, was wir Euch schaffen, so wollen wir Euch bald aus den Schulden helfen.« Abermals hob Ernst Albrechts Hofhaltung mißbilligend hervor, die »Besetzung«, die Frage der »Ehrbarkeit«. Trotz fehlender Namensnennung wird man darin auch einen deutlichen Fingerzeig auf die erste Dame am Straubinger Hof sehen dürfen, auf Agnes Bernauer.

Albrecht entgegnete im schon erwähnten Schreiben vom 16. Mai: »Lieber Herr und Vater, wir verstehen wohl, daß Euch andere Dinge über uns vorgebracht werden, als wie sie in Wirklichkeit sind und wollten gerne, möchte es sein, uns gegen jene, die Euch solches über uns berichten, vor Euer Lieb verantworten.« Albrecht betonte, er sehe keine Fehlentwicklung im Straubinger Land. Auf die Andeutungen des Vaters in der Erbfrage erklärte er: »... und wir hoffen, wir woltn noch ainem grossern lannd an allen sachen obgottwil wol vor sein, und dar Inn nichts unpillichts noch unrichtigs gestattn lassen, als verr wir möchten«.

Er hoffte also mit Gottes Hilfe auf die Herrschaft über ein noch größeres Land, das er nach besten Kräften lenken wollte. Damit konnte nur der Anspruch auf das väterliche Erbe gemeint sein, auf die Thronfolge in München, wenngleich die eher verklausulierte Formulierung auffällt. Albrecht versäumte es wiederum nicht, auf die Verantwortung Ernsts und Wilhelms im Konflikt mit den Rittern hinzuweisen. Ernst wisse selbst, »daz wir sollich krieg nur von ewrn und ewrs pruders unsers vettern hertzog wilhalm wegen haben und nit von unsern wegen, ...« Über die familiären Finanzprobleme mit Wilhelm schwieg Albrecht, obwohl Ernst am 12. Mai erneut enttäuscht bemerkt hatte: »Wir haben Euch mehr als einmal von den Einigungen berichtet, die wir mit unserem lieben Bruder gefunden haben und Euch selbst mündlich dargelegt, wie wir sie abgefaßt haben, Euch mehr zum Nutzen als zum Schaden. Daß Ihr sie gemeinsam mit uns besiegelt, haben wir bisher von Euch nicht erreichen können.«

Neben der Familiensache widersetzte sich Albrecht in einer haus- und außenpolitischen Angelegenheit, die Ernst sehr am Herzen lag: »Wir haben Euch auch geschrieben, daß wir gern sähen, daß Ihr das Bündnis, das wir und unser lieber Bruder mit unserem Vetter Herzog Heinrich geschlossen haben, auch besiegelt. Ihr habt uns bisher nie eine Antwort gegeben, ob Ihr das tun wollt oder nicht.«

Gemeint war der von Herzog Ernst seit dem Frühjahr 1434 angestrebte Bund mit dem Landshuter. Im September 1434 hatten sich Ernst, Wilhelm und Heinrich in Freising zu Verhandlungen getroffen. Vor allem Wilhelm wollte aber die »sach nit gern an gen«. Ein erneuter Anlauf im Januar 1435 scheiterte über den Vertragsformulierungen. Am 19. April 1435 war es dann so weit. Ernst, Wilhelm und Heinrich vereinbarten das »Freisinger Bündnis«, nachdem der Landshuter noch einmal ausdrücklich die Gültigkeit des für ihn negativen kaiserlichen Schiedsspruchs zugesichert hatte. Wilhelm war eben ein vorsichtiger und hart taktierender Fürst. »Nach rat unser raete und ander unser lieben getrewen«, unter Einsatz des Hof- und Staatsapparates also, war der Kontrakt zustande gekommen, in dem sich die Herzöge gegenseitig schworen, »bey einander treulich zu beleiben vier jar, die naegst nach einander koment, wider alle die, die uns unrecht taeten und von den wir rechtens nit bekomen mochten«.

Obwohl nicht explizit genannt, war als potentieller Gegner ersten Ranges natürlich Herzog Ludwig von Ingolstadt gemeint, gegen den sich jetzt München und Landshut wieder zu gegenseitigem Schutz zusammenschlossen. Heinrichs Sohn Ludwig bestätigte den väterlichen Eid durch eigene Besiegelung, und dasselbe wurde von Albrecht erwartet. Der übte sich ohne große Entschuldigungsworte in Zurückhaltung. Die unüberhörbare nochmalige Aufforderung des Vaters am 16. Mai ignorierte er.

Die Reihe der Vorwürfe ging weiter. Ernst beschuldigte Albrecht, er habe dem Ritter Sunderhaimer, der mit den Augsburger Domherren in Fehde lag, Geleit gewährt und dadurch die mit den Münchner Fürsten verbündete Rittergesellschaft zum St. Jörgenschild beleidigt und den Bund gefährdet. Albrecht erwiderte, ebenfalls am 16. Mai, er zweifle nicht daran, daß der Vater sein Verhalten bei näherer Prüfung billigen werde. Außerdem wünschte er ein Treffen mit den Augsburger Domherren »oder wer uns die sach gen ew verunglimpft hiet« in München, um sich zu rechtfertigen.

Ähnlich gelagert, wenngleich schwerwiegender, war ein anderer Fall und Klagepunkt Ernsts: »So haben wir selbst mit Euch wegen des Ramingers gesprochen, daß Ihr Euch von uns und unserem Bruder nicht trennen und mit ihm versöhnen sollt und wir uns dann in solchen Angelegenheiten, in denen uns Unrecht geschieht, damit trösten wollten, daß Ihr uns beistehen solltet mit Eurem Hab und Gut und besonders mit dem Niederland und anderen Burgen, die Ihr von uns innehabt. Das habt Ihr auch nicht getan.« Der Herzog unterstellte dem Sohn nicht weniger als die Verletzung seiner Beistandspflicht gegen die Feinde der Landesherrn und des Landes.

Mit dem ausdrücklich genannten schwäbischen Ritter Hartneit von Ramingen befehdeten sich die Münchner Fürsten seit längerem. 1433 hatte der Raminger einen Absagebrief geschickt, weil ihm Wilhelm nach dem Leben getrachtet habe. Zusammen mit Ritter Burghard von Neuenegg, der wegen angeblich nicht bezahlter Schulden die Fehde erklärt hatte, und anderen Stegreifrittern verursachte Hartneit den Münchner Brüdern großen Schaden, zumal Herzog Ludwig von Ingolstadt ihn unterstützte. Bereits 1433 wurde Ludwig wegen Begünstigung des adeligen Raubwesens angeklagt, wurde ihm vorgeworfen, daß die Raubritter in seinen Landen und Schlössern frei ein- und ausreiten könnten, einige sogar, wie der Raminger, Egrer und andere, in seinen Diensten ständen. Der Achtspruch gegen den Gebarteten vom 28. April 1434 wiederholte diesen Vorwurf, insbesondere daß er durch Hartneit von Ramingen einem kaiserlichen Boten hatte die Ohren abschneiden und einen Abt in Donauwörth an den Sattel binden, schleifen und würgen lassen.

In einer Sitzung des kaiserlichen Hofgerichts erging gegen den Ingolstädter ein Urteil wegen Majestätsbeleidigung, weil er es mit den Raubrittern Hartneit von Ramingen und Gocz Gress gehalten habe, obwohl diese in der kaiserlichen Acht lagen. Unter den Beisitzern des obersten Fürsten- und Reichsgerichts befand sich übrigens auch Herzog Wilhelm III. von Bayern-München. Der Raminger galt als Inbegriff des Stegreifritters und Raufgesellen. Immer wieder gefangen, immer wieder nach Friedensbeteuerungen in Freiheit gesetzt, blieb er sein Leben lang unter dem Schutzmantel des adeligen Fehderechts dem Raubwesen treu. In späteren Jahren mußte sich Herzog Albrecht wiederholt mit ihm beschäftigen. 1437 erreichte ihn z. B. eine Warnung, »wie der Raminger vier aus dem Rieß ausgeschickt, pilgrimweis gehend, tragen Gottszeichen an den Hüten, auch Säck wie Pilgram; darin tragen sie Röhren und Feuerzeug, in seiner Gnaden Land zu brennen, soll derowegen gut Fürsehung tun«. 1443 fiel Hartneit den Ulmer Bürgern in die Hände. Diese machten nicht viel Federlesens und schickten den ritterlichen Mordbuben aufs Schafott.

Am 23. September 1434 verübte Hartneit im Gebiet des Markgrafen von Brandenburg einen Überfall auf einen Kaufmannszug. Straubinger Bürger und andere Untertanen Bayern-Münchens verloren dabei ihre Habe. Ernst und Wilhelm verfolgten den Fehdegegner. Durch einen Schiedsspruch des Kurfürsten von Mainz kam der Raubritter glimpflich davon, mußte nur die gestohlenen Güter wieder herausrücken. Die Münchner Fürsten und Albrecht gewährten ihm im Februar 1435 Verzeihung wegen der Schädigung der Straubinger und bemühten sich um eine generelle Beilegung der Fehde. Ein Beamter Albrechts ritt im Auftrag Herzog Ernsts zum Raminger, um einen Rechtstag zu vereinbaren. Von Hartneits Reaktion berichtete der Sohn dem Vater am 20. April 1435:

»Auf das ist der Benannte unser Diener als nächstes zu uns hergekommen und hat uns erzählt, wie ihm der Raminger geantwortet habe: Er wolle gerne mit Euch tagen, in eines unserer Schlösser kommen, z. B. nach Pfaffenhofen, Geisenfeld oder Vohburg, doch daß wir selbst auch wirklich dabei sind, und daß er und die seinen mit Geleit versehen werden, sonst wolle er weder in Eure noch unsere Schlösser reiten. Wenn wir selbst aber nicht persönlich dabei sein möchten, so will er mit Euch zu einem Tag nach Augsburg kommen, und da seine Ansprüche und Positionen hören lassen.«

Ernst solle die weitere Vorgehensweise mitteilen, damit sich Albrecht entsprechend orientieren könne. Es muß diesen gehörig überrascht haben, daß ihm der Vater keinen Monat später eigenwilliges Handeln und Vertrauensbruch unterstellte, nicht aber einen Vermittlungsversuch im Sinne des ursprünglichen Auftrags.

Ganz generell vermißte Herzog Ernst bei Albrecht den nötigen Respekt und Gehorsam. Wieder am 12. Mai: »Ihr habt uns jetzt in Euren Briefen und auch davor in anderen Nachrichten geschrieben, daß Ihr Euch allzeit unserem Willen beugen und uns in allen Dingen gehorsam sein wollt, wie es ein Sohn billigerweise gegenüber seinem Vater tun sollte. Lieber Sohn, daß ihr das bisher getan hättet oder noch tätet, dafür wollten wir viel geben, weil das uns in Wort und Tat viel Nutzen bringen würde. Aber leider sehen noch empfinden wir nicht viel in dieser Beziehung.« Albrechts Straubinger Amtsführung etwa entsprach aus Ernsts Sicht nicht den Anweisungen vom Januar 1433: »So haben wir Euch eine Ordnung gesetzt, als wir Euch das Niederland anvertrauten, wie Ihr Hof halten solltet, um befriedigend auszukommen und nicht in Schulden zu geraten. Daran habt Ihr Euch nie gehalten und habt große Schulden gemacht; bei all dem können noch mögen wir nicht verstehen, daß Ihr uns nicht folgsam seid.«

Auf solche Beschwerden wußte Albrecht in geradezu flehentlicher Manier zu antworten. Er könne gar nicht alles schreiben, was er sagen müßte, würde aber bald in München erscheinen und »ewr lieb unser notdurft In den und andern sachen« besser erzählen als er schriftlich mitteilen konnte. Nach innigster Beteuerung des Gehorsams endete der Brief vom 16. Mai: »… und wir vertrauen Euer Lieb ganz besonders, daß Ihr uns bei Euch nicht schlecht machen und verunglimpfen laßt, bevor Ihr uns nicht gehört habt. Das

wollen wir uns jederzeit mit aller Untertänigkeit williglich verdienen.« Am 20. Mai ging Ernst gerade auf solche Versprechungen, Wünsche und Bekundungen seines Sorgenkindes ein, indem er klar die Verantwortung als Vater und Fürst hervorhob und unterstrich: »So sind wir Euch von göttlicher Gesetze und väterlicher Treue wegen schuldig, daß wir Euer Würde, Nutz und Frommen stetiglich betrachten und bewahren, was wir auch als ein getreuer Vater gerne tun wollen und darin gegen Euer Lieb gar nichts sparen. So seid Ihr uns von söhnlicher Untertänigkeit wegen schuldig in allen Sachen gefolgig und gehorsam zu sein. Darum, lieber Sohn, so trauen wir Euch wohl, Ihr kommt unverzüglich zu uns herauf, so wollen Wir über alle Sach, die unser und Euer Notdurft, auch Würde und Frommen antreffend sind, mit Euch treulich und väterlich reden und darauf Euer Antwort gütlich hören und Euch unsren treuen Rat mitteilen. Wollt Ihr uns dann folgen, so sollt Ihr inne werden, daß wir Euch solchen Nutz, Frommen und Würde schaffen wollen, daß Ihr uns treulich danken werdet, wann uns je nicht größere Freude erstehen möchte, dann wir Euch in großer Würde und Ehre setzeten, und nicht größeres Leid, dann so Euch bestände, das Euch nicht ziemlich noch nützlich ist. Darum lieber Sohn, so laßt Euch von Niemand anders raten, dann Ihr kommt zu uns hieher ohne alles Verziehen. Dessen verlassen wir uns gänzlich auf Euch und begehren, um das zu wissen, Eure schriftliche Antwort.«
»In brennender Sorge« könnte über solchen Zeilen stehen. Man spürt die Angst des alten Vaters um den kaum mehr begreifbaren Sohn, unter drohendem Drängen offenbart sich ein tiefes Wissen um den Ernst der Lage, um die Problematik einer Situation, die nicht nur bestimmt war von der »Notdurft« der Schulden, Streitereien und Fehden, sondern vor allem auch von der Gefährdung der Zukunft Albrechts und seiner Würde als Fürst. Geradezu beschwörend klingt Ernsts Appell, der Sohn solle sich von niemandem etwas anderes raten lassen. Ist hierin nicht eine versteckte Warnung vor der engsten Vertrauten, der Geliebten, der Frau zu sehen, die aus der Perspektive des hochadeligen Landesherrn der Würde und Ehre Herzog Albrechts zwangsläufig gefahrvoll entgegenstand?

Der so arg Bedrängte unterstrich sofort wieder seine Bereitschaft zum Gespräch mit dem Vater in München. Ohnehin
seltsam, daß er noch immer den Weg von der Donau an die
Isar gescheut hatte, begründete er seine Zusage nicht zuletzt mit dem heißen Wunsch, mit dem Kreis bösartiger
Verleumder am Münchner Hof abzurechnen, die vor seiner
Ehrbarkeit »in ihrer Bosheit fliehen« müßten. Er bat den Vater, sich von jenen zu trennen, die behaupteten, er sei nicht
mehr in der Lage, das Niederland Straubing zu verwalten,
oder ihn anderweitig schlecht machten, dann wolle er sich
»von Stund an Euer Lieb fügen und uns so vor Euer Lieb
verantworten, wie es ein richtiger Fürst tun soll, und, wenn
Gott will, mit braven Rittern und Büchern belegen, daß Euer Land, das Ihr uns anvertrautet, nie in einem anderen als
guten Zustand war«.
So schrieb Albrecht am 23. Mai. Spätestens am 29. Mai war
Herzog Ernst in Straubing, denn an diesem Tag bestätigte
er dort dem Heimeran Nußberger zu Kalmberg den zu der
Feste Kalmberg gehörigen Wildbann, – und er bestätigte
ihn für sich und seinen Vetter Adolf, den Sohn Herzog Wilhelms, – etwa gar schon für den potentiellen und auserko-
renen künftigen Regenten?
Eine Woche später, an Pfingsten 1435, hielt sich Albrecht in
München auf. Ein leider unvollständiger Eintrag in den
Rechnungsbüchern berichtet von einer Zahlung für
Schankwein und Fisch für »herzog Hainrich, do der hie was
in den pfingstveyertagen und do herzog Albrecht auch hie
was und ain indern rat fraget rats, ob er die puntnüs auch
sigeln solt oder nit; der frag wer der rat gern vertragen gewesen, wann sie verstanden …«
Offensichtlich sollte Albrecht in Anwesenheit Heinrichs zu
dessen Beruhigung und zur Demonstration des einträchti-
gen Zusammenwirkens zwischen München und Landshut
endlich das Freisinger Bündnis unterzeichnen. Was aber tat
er? Er fragte ein Mitglied des Inneren Rates, ein Mitglied jener Kreise, die ihn mit großer Sorge beobachteten, ob er das
auch wirklich tun oder sich weigern solle. War der einstige
Kriegsheld von Alling, der musikalisch begabte und kunst-
sinnige Fürst, der Liebhaber der Jagd und vor Jahren auch
der schönen Frauen noch ganz bei Sinnen?

Ab Juni 1435 ist Albrecht nicht mehr als Statthalter in Straubing nachweisbar. Urkunden und Briefe mit Namen und Siegel des Herzogs stammen nicht aus der niederbayerischen Nebenresidenz, sondern aus dem Grafenschloß in Vohburg. Der Herzogssohn war offenbar vom Verweseramt suspendiert oder hatte sich nach Absprache mit dem Vater freiwillig nach Vohburg zurückgezogen. Dort ging er täglichen Verwaltungsgeschäften nach, vergab zum Beispiel am 24. Juni zwei Tagwerk Wiesen und verlieh am 21. September einen Ziegelstadel, widmete sich aber auch den noch ungelösten Problemen, die seit dem Frühjahr den Konflikt mit Ernst und Wilhelm heraufbeschworen hatten. In jedem Schreiben an den Vater bekräftigte er seine stete Hilfsbereitschaft, seinen treuen Einsatz in allen Angelegenheiten des Münchner Hofes.

Vor allem betätigte sich Albrecht als Friedensvermittler in Streitfragen. Er bemühte sich nach wie vor um Schlichtung der Fehde mit Hartneit von Ramingen und bediente sich dabei der Hilfe des Oswald Ötlinger, Pfleger Herzog Ludwigs des Gebarteten in Gensberg. Der Ingolstädter Beamte führte Gespräche mit dem Raubritter, der Albrecht durch Boten berichten ließ, er sei nach Erledigung eines anderen Rechtstages zu einem Treffen mit Ernst und Wilhelm bereit. Albrecht meldete am 18. Juni und 16. Juli von Vohburg aus seine Verhandlungsergebnisse nach München und bat um Anweisungen. Daneben setzte er sich für die Beilegung der Fehde zwischen Ernst und dem Ritter Hochprant Sanizeller ein. Dieser stimmte einem Rechtstag zu, wenn ihm freies Geleit gewährt würde. Albrecht riet dem Vater, diese Zusicherung zu geben, mußte aber zur Kenntnis nehmen, daß Herzog Ernst auf seine Bemühungen nicht reagierte. Am 16. Juli, vier Wochen nach den ersten Mitteilungen, erinnerte er an seine Nachricht über den Sanizeller. Ernst habe ihm darauf nicht erwidert, »darumb so lat uns noch ain verschriebn antwurt wissen«.

Herzog Albrecht mag es mit seiner Vermittlertätigkeit gut gemeint haben. Er stand jedoch schon im politischen Abseits, ja bot sogar Angriffsflächen für seine Gegner, wenn er mit Parteigängern Ludwigs von Ingolstadt verhandelte. Der Konflikt mit der niederbayerischen Ritterschaft verfolgte Albrecht auch in Vohburg. Ein Brief seiner Gläubiger im Juli 1435 erinnerte ihn mit harten Worten an die Treuepflicht gegenüber Gefolgsleuten. So bei der Ehre gepackt, unterstrich der Herzog wieder einmal Ernsts und Wilhelms Zuständigkeit. Um den 20. Juli gab er dem Vater zu hören: »Und helft uns aus den Sachen, weil Ihr uns dies und alles Gute wohl schuldig seit, da wir unserer Ehre halber die Affäre nicht mehr länger hinausziehen mögen. Und sollten wir dann die Schulden für Euch bezahlen müssen, was doch ein Unfug und gar ungerecht wäre und ein unerhörter Vorgang, so gerieten wir deshalb gänzlich ins Verderben.« Er vertraue darauf, daß der Vater so etwas nicht wolle und anstrebe. Hielte dieser aber Albrechts Forderung für unangemessen, würde er sich gerne vor den Räten Ernsts und Wilhelms verantworten und ihren Schiedsspruch akzeptieren. Der Schiedstag sollte noch vor dem 10. August stattfinden, »wann wir nit lenger frist darumb haben mügn«.

Wohl in weiser Voraussicht und aus der Erfahrung, daß die Münchner Fürsten in der Ritterfrage beharrlich auswichen, hatte Albrecht parallel zu seinen Ansprüchen gegenüber Vater und Onkel mit den niederbayerischen Fehdeführern direkt verhandeln lassen, und zwar mit Erfolg. Am 21. Juli sagten Peter Kamerauer, Jakob von Degenberg, Albrecht Nothaft und die Nußberger einen Aufschub ihrer Schuldansprüche zu. Wenigstens diese Sorge war Herzog Albrecht einstweilen los.

Der familiäre Erbstreit klärte sich ebenfalls. Nach schiedsrichterlicher Entscheidung eines Ausschusses der herzoglichen Räte einigten sich Ernst und Wilhelm am 15. August abschließend über ihre gegenseitigen Ansprüche. Der Sohn und Neffe wurde nicht gefragt, spielte keine Rolle, blieb außerhalb des Geschehens. Dafür war er Gegenstand von Kabalen und Anfeindungen, die zu einer weiteren Entfremdung zwischen Vater und Sohn beitrugen.

Ende August 1435 überbrachte ein Bote aus Vohburg einen umfangreichen Brief Albrechts in der Münchner Residenz: »Hochgeborener Fürst, lieber Herr und Vater. Wir lassen Euer Lieb wissen, daß uns Haintz von Ketz mitgeteilt hat, wie Euch gesagt worden sei, daß wir uns mit unserem Vetter Herzog Ludwig verbunden haben sollen, und das sollt Ihr in Wahrheit wissen, lieber Herr und Vater: Wer das von uns behauptet und Euer Lieb vorbringt, der tut uns damit gräßliches Unrecht und Mißgunst an (...) Und, lieber Herr und Vater, wir bitten Euer Lieb inniglich um Gottes Willen, ihr wollet solches nicht von uns glauben und wollet uns nicht bei Euer Lieb schlecht machen lassen, denn wir verstehen es nicht anders, als daß uns solche bösen Leute und Klaffer gern einen ungnädigen Herrn und Vater machen wollten. Aber wir vertrauen auf Eure väterliche Treue, daß Ihr uns nicht fallen laßt und uns deshalb auch anhört. Das wollen wir uns, solange wir leben, um Eure väterliche Treue verdienen, weil wir doch allzeit gern täten und auch, so Gott will, allwegs tun wollen, was Euch lieb und dienlich ist. Lieber Herr und Vater, wegen jenes unrechten Schlechtmachens, das man uns täglich bei Euch antut, sollt Ihr wissen, daß uns das ganz gewiß hart kränkt. Und wir müssen vielleicht vor unserer Zeit sterben, so sehr fressen wir es täglich in uns hinein.«

Außerdem berichtete Albrecht über einen kürzlichen Besuch in Ingolstadt und ein Angebot Ludwigs: »Da gab er uns zur Antwort, er wollte alles tun, was Euch lieb wäre, und er hatte etliche Forderungen an Euch, die uns der Ötlinger für ihn schriftlich übergab und die wir Euer Lieb durch Haintz den Ketz geschickt haben. Um die Sachen wollte er mit Euch einig werden, desgleichen sollten wir ihm Eure Forderungen auch übergeben und zuschicken.« Albrecht legte diese bereits nach München geleiteten Ingolstädter Vorstellungen noch einmal bei und betonte zum richtigen Verständnis seiner Aktionen, daß der Gebartete seine Forderungen ursprünglich nur mit ihm und Ludwig dem Jungen mündlich besprechen wollte, sie jedoch auf Albrechts Drängen schriftlich fixiert und nach Vohburg zur Weitergabe an Herzog Ernst gesandt habe. Albrecht versuchte, damit seine Vermittlerrolle zu untermauern, sein Auftreten als ehrlicher Makler, der nicht in den Verdacht der Konspiration mit Ludwig von Ingolstadt geraten wollte: »... was Eure Meinung und Euer Gefallen darin sei, was wir fortan in dieser Richtung tun sollen, das mögt Ihr uns schriftlich wieder wissen lassen, da wir doch in diesen und allen Sachen, um Gottes Willen, immer willig sein und alles das tun wollen, was Euch zu allen Zeiten ganz gefallen soll, wie es sich gehört.«

Albrechts Nachrichten über seine Verhandlungen mit Herzog Ludwig lassen keine konkreten Bündnisabsichten erkennen, konnten allerdings weiteren Anlaß zu Mißtrauen und Gerüchten geben. Kritikern und übel Gesinnten bot sich eine willkommene Chance, das entspannte Verhältnis des jungen Fürsten zum Ingolstädter für eigene Zwecke auszunützen. Ob Ludwig der Gebartete wirklich guten Willens war und seine Angebote gegenüber dem Münchner Großcousin ernst meinte, oder ob er dessen Vermittlungsstreben zum eigenen Vorteil ausnutzen wollte, bleibt dahingestellt. Von großer Friedensliebe und einer Erfüllung der kaiserlichen Gebote nach den für ihn glimpflich verlaufenden Verfahren war nicht die Rede. Ludwig sollte die geschädigten Klöster zufriedenstellen. Statt dessen appellierte er, wenngleich erfolglos, gegen die kaiserliche Entscheidung an Papst Eugen IV. Anfang Juli 1435 erhob er Einspruch gegen die Urteile des Basler Konzils. Der alte Zänker trat in gewohnter Manier auf und provozierte damit eine erneute Formation der Gegner.

Im Juni fand eine heimliche Besprechung zwischen ludwigfeindlichen Fürsten in Regensburg statt. Ernst und Wilhelm nahmen teil, begleitet von den Münchner Räten Lorenz Schrenck und Stefan Püttrich. Und am 12. August 1435 verlängerte Kaiser Sigmund den Frieden zwischen Ludwig und seinen Widersachern um ein weiteres Jahr, doch besagten solche Bemühungen erfahrungsgemäß nicht viel, siegte gegebenenfalls landesherrlicher Eigennutz sehr schnell über die Interessen von Kaiser und Reich. Landshut und München schlossen neue Feindseligkeiten nicht aus. So zahlte der Münchner Rat zur Zeit der scheinbaren Befriedung einem Landshuter Boten vier Kannen Wein, »do der hie was von des Kriegs wegen; got behuet uns vor«.

Ernst und Wilhelm zeigten sich einerseits verhandlungsbereit und sandten einige Räte, darunter den Patrizier Peter Rudolf »zu herzog Ludwig, alles von des kriegs wegen«, um diesen zu verhindern. Andererseits ritten Lorenz

Schrenck und andere Münchner »mit unser gnedig herrschaft gen Regenspurg, do die herrn all zu einander komen von ains punds wegen«. Die alte Konstanzer Liga, das Schutz- und Trutzbündnis gegen Ludwig von Ingolstadt sollte neu aufleben. Am 6. September bemühten sich der Bischof von Eichstätt und Vermittler aus Württemberg, Regensburg und Augsburg um Erneuerung des Waffenstillstands zwischen Landshut und Ingolstadt – ohne sichtbaren Erfolg. Während Albrecht in Vohburg aus Gutmütigkeit oder taktischen Erwägungen Friedenspolitik auf eigene Faust betrieb, rüstete man in den bayerischen Herzogtümern für den Kriegsausbruch, der sich in vereinzelten Zusammenstößen der Gefolgsleute ankündigte.

Die Intrige

Das Münchner Kammerbuch hält unter der Datumsangabe »vor Galli 1435« einen der wichtigsten Einträge zum Fall Agnes Bernauer fest: »Item 13 Schilling 10 Pfennig haben wir zalt dem Lysaltz mit unserm gnedigen herrn hertzog Ernsten gen kelhaim zu zerung, do die fursten und hern ein underred mit einander hetn von herzog Lud. und von der Bernawerin wegen.«
»Vor Galli« bedeutet »vor dem 16. Oktober«. Dieser Tagesvermerk bezog sich nicht auf das tatsächliche Ereignis, sondern auf die Auszahlung der Reisekosten und bietet deshalb keine sichere Gewähr für eine exakte Datierung des besagten Treffens in Kelheim. Die Informationen des Textes sind höchst aufschlußreich, wenngleich ebenfalls nicht von absoluter Schärfe und Klarheit. Fest steht, daß Herzog Ernst nach Kelheim ritt und mit ihm Karl Ligsalz, seit 1431 Mitglied des Inneren Rats der Stadt München. Ligsalz entstammte einem der vornehmsten Patriziergeschlechter, stand dem Hof sehr nahe und hatte schon manch andere Angelegenheit für den Landesherrn erledigt. 1434 nahm er z. B. für Herzog Ernst gemeinsam mit Lorenz Schrenck tausend Gulden von der Stadt Regensburg in Empfang. 1436 erschien er erstmals als herzoglicher Rat und Rechtsprecher im Münchner Hofgericht. Möglicherweise hing dieser noch

187

gesteigerte Vertrauensbeweis mit jener Mission zusammen, die ihn im Herbst 1435 nach Kelheim führte, in Sachen Herzog Ludwigs und der Bernauerin. In seiner Person dokumentiert sich noch einmal die Mitschuld des Münchner Patriziats am Tod der Herzogsfrau.

Der Eintrag spricht von »Fürsten und Herren«, und stets wurden damit Herzog Ernst und Herzog Heinrich von Landshut identifiziert. Die Zusammenkunft selbst wurde für die zweite Septemberhälfte angesetzt oder die ersten Oktobertage, jedenfalls nach dem überraschenden Tod Herzog Wilhelms III. am 13. September in München. Siegmund Riezler betonte ausdrücklich: »Wenn nun in unserer Nachricht von dem Kelheimer Tag von anwesenden ›Fürsten‹ die Rede ist, so muß darunter neben Ernst unbedingt Heinrich verstanden werden. Denn Kelheim lag in seinem Gebiete, er war seit mehreren Monaten Ernsts Verbündeter und die Beratungen drehten sich um ihren gemeinsamen Gegner, den Ingolstädter Herzog.« Kelheim lag aber nicht in Heinrichs Territorium! Die Stadt gehörte zum Gebiet Wilhelms III., und zwar zu jenem Erbgut, das ihm aus der Straubinger Teilung zugefallen war!

Natürlich käme auch Heinrich als Gesprächspartner über Ludwig den Gebarteten in Frage; die Bernauer-Affäre berührte ihn als wittelsbachisch-bayerischen Fürsten und aufgrund von Albrechts Skepsis gegenüber dem Bündnisvertrag, doch gab es für den Landshuter keine unmittelbaren Gründe, wegen Agnes Bernauer nach Kelheim zu reisen. Langfristig hätten die Erbfolgeprobleme im Hause Bayern-München ihm sogar Möglichkeiten auf Gebietszuwachs und Zugriff auf Ernsts Land eröffnet. Momentan mag ihm allerdings mehr an einer Rückkehr Albrechts zur politischen Linie des Vaters gelegen gewesen sein, an einer Abwendung von Ludwig und einem tatkräftigen Bekenntnis zum Freisinger Bündnis. Wenn Agnes einer solchen Rückkehr im Wege stand, dann nützte ihre Beseitigung auch Heinrich dem Reichen. Ein Vierteljahr nach dem Tod der Bernauerin schrieb er an Herzog Ernst: »Euer Lieb weiß wohl, daß wir dahinter unschuldig gekommen sind und auch um die Sache nichts gewußt haben, bis Ihr selber her zu uns gen Landshut gekommen seid.«

Heinrichs Beteuerung seiner Unschuld, seiner Nichtteilhabe an der Hinrichtung von Albrechts Gemahlin, ist durchaus nicht unglaubwürdig. Dann mußte ein anderer »Fürst« in Kelheim mit Herzog Ernst beratschlagt haben, wahrscheinlich der Hausherr selbst, Herzog Wilhelm III.

Daß Albrechts Onkel mit Zähigkeit und Konsequenz seine politischen Vorstellungen vertrat, daß er im eigenen Haus seine Position wahrte und seine Ansprüche durchsetzte, hatte er zur Genüge bewiesen. Das einst gute und vertrauensvolle Verhältnis zu Albrecht war ohne Zweifel schwer getrübt. Wilhelm hatte seine finanziellen Forderungen gegen den Willen und Widerstand des Neffen verfochten und diesem keinerlei Beistand in der Ritterfehde gewährt. Dem Fürsten, der auf Stand, Ehre und adelige Lebensformen großen Wert legte, mußte Agnes Bernauer ein Dorn im Auge sein. Der eigenen Nachkommenschaft stand zwar bei einem eventuellen Thronverzicht Albrechts das Gesamterbe im Hause Bayern-München offen, aber solche Hoffnungen waren an Gesundheit und Leben des kleinen kränklichen Adolf geknüpft, oder an das noch ungeborene Kind, das Margarethe gerade unter ihrem Herzen trug.

Gegenüber Ludwig von Ingolstadt hatte Wilhelm stets eine gegnerische Linie eingenommen, trotz taktischer Vorsicht, trotz prinzipieller Kompromiß- und Friedensbereitschaft. Der Gebartete war für den Münchner Mitregenten ein potentieller Feind. Und Ludwig hatte seinerseits nicht Wilhelms Versuch vergessen, das Herzogtum Ingolstadt an sich zu bringen. Ein Lavieren Albrechts zwischen den Fronten oder gar ein Bündnis mit Ingolstadt, wie am Münchner Hof kolportiert wurde, mußten den politisch hochsensiblen und wachsamen Onkel tief beunruhigen. Oftmals hatte er den entscheidungsfreudigeren Part in der gemeinsamen Regierung mit Ernst gespielt. Angesichts des offenen Zerwürfnisses des Bruders mit dem Sohn und Nachfolger lag ein Eingreifen Wilhelms nahe, ein Drängen auf Entwirrung des Knotens, der die Handlungsfreiheit und die Position des ganzen Herzogtums einengte. »Von herzog Lud. und von der Bernawerin wegen« weist auf die brennendsten Probleme hin, mit denen sich die Münchner Fürsten konfrontiert sahen, auf das außenpolitische Grundproblem und auf die hauspolitische Affäre, die noch immer auf eine Lösung harrte.

Die Unklarheit der Datierung erlaubt einen früheren Zeitpunkt für das Kelheimer Gespräch. Es könnte ohne weiteres noch in der ersten Septemberhälfte stattgefunden haben, kurz vor Wilhelms Tod. Schließlich war Karl Ligsalz auch kein armer Bediensteter, der auf sofortige Auszahlung von Reisespesen angewiesen war. Wilhelm verstarb zwar in München, nichts spricht aber dagegen, daß er nach der Unterredung im abseits gelegenen Kelheim, in seinem niederbayerischen Eigenbesitz, wieder in die Landeshauptstadt zurückkehrte. Jedenfalls bekunden die innere Logik der Ereignisse und die Quellentexte selbst viel mehr eine Beteiligung Wilhelms als Heinrichs.

War der Landshuter dann völlig unberührt von der Intrige gegen Agnes, die nun mit tödlicher Zwangsläufigkeit abrollte? Das wiederum nicht. Zwei weitere Einträge im Münchner Rechnungsbuch geben wichtige Informationen. Vor dem 21. September erhielt der Bote Jörg 42 Pfennige Lohn »gen Mospurg zü unserm gnedigen herrn, hertzog Ernsten, entgegen mit der stat klagbrief, do unser gnediger herr, hertzog Wilhelm, mit tod ist abgangen«.

Der Münchner Rat schickte die Trauerbotschaft also zu Herzog Ernst nach Moosburg – und diese Stadt lag im Herzogtum Niederbayern-Landshut. Vielleicht ergriff Ernst schon da die Gelegenheit, das in Kelheim Besprochene, sicherlich in Richtung einer Radikallösung der Bernauer-Sache Besprochene, zu realisieren und Herzog Heinrich dabei eine unselige Rolle zuzuweisen.

Eine weitere Möglichkeit eröffnete sich etwas später. Vor dem 16. Oktober bezog ein anderer Bote 42 Pfennig »zerung gen Ardingen unsern gnedigen herrn ze manen und hertzog Hainrich ze wissen ze tun von der beswarung wegen ains gulden, den hertzog Fridrich auf ain vas weins gelegt habent und sie mit einander hineinschriben«.

Ernst sollte erinnert und Heinrich informiert werden, daß Herzog Friedrich von Österreich den Weinhandel mit einem zusätzlichen Steuergulden belegt hatte. Der Münchner und Landshuter waren also wieder zusammen, in Erding, in einer Stadt Herzog Heinrichs. Auch da konnte

Ernst den Bündnispartner um einen Gefallen gebeten haben, einen Gefallen, der diesen bewußt oder unbewußt zum Mitspieler gegen die Bernauerin machte. Es ist sogar zu vermuten, daß Herzog Ernst oder seine Räte ihn nicht gänzlich einweihten, um keine vorzeitige Aufdeckung ihrer Pläne zu riskieren.

Am 6. Oktober erging folgende Einladung vom Landshuter Hof zu Albrecht nach Vohburg: »Unsere freundlichen Dienste zuvor, hochgeborener Fürst, lieber Vetter. Es kommt zu Euch unser Rat und lieber Getreuer Vivian Aheimer, um für ein Anliegen von uns zu werben, daß Ihr zu uns nach Landshut kommen sollt. Und wir bitten Euer Lieb freundlich, Ihr wollet ihm vollkommen glauben, worum er Euch diesmal ersuchen wird, und wollet uns nicht abschlagen zu uns zu kommen, da wir mit Euch jagen und fröhlich sein und auch sonst bereden wollen, was wir Euch nicht schreiben können.«

Albrecht antwortete am 8. Oktober: »Unser freundlich Dienst zuvor, hochgeborner Fürst, lieber Vetter. Wie Euer Lieb Vivian Aheimer mit einem Glaubbrief zu uns geschickt und uns gebeten hat, zu Euer Lieb zu kommen etc. Lieber Vetter, wir lassen Euer Lieb wissen, daß uns unser lieber Herr und Vater unlängst nach Straubing beordert hat und wir dachten, er wollte mit uns und der Ritterschaft wegen der Schäden in Böhmen einig werden; da ging er uns wegen anderer Sachen gar hart an und erzählte uns dabei ausführlich, wie Ihr und andere seiner Freude ihn kürzlich zu Regensburg hart hergenommen und von unsertwegen angesprochen hättet. Das hätten wir Euch und Euer Lieb nicht zugetraut, weil Ihr doch Haintzen Langen, Euern Pfleger zu Neustadt, deshalb zu uns geschickt und Euer Wort gegeben habt. Und daher wissen wir nicht, lieber Vetter, wie oder mit welchem Gefühl wir zu Euer Lieb reiten. Lieber Vetter, wir werden am St. Gallustag beim Totengottesdienst für unseren lieben Vetter, Herzog Wilhelm selig, in Straubing sein, wohin uns unser lieber Herr und Vater bestellt hat. Doch wollt Ihr bitten, zu Euer Lieb zu kommen, so wollen wir auf den Pfinztag bei Euer Lieb in Landshut sein. Laßt uns deshalb Eure schriftliche Antwort wissen.«

Ernst hatte demnach seinen Sohn nach Straubing beordert

und ihm dort eine herbe Enttäuschung bereitet. Nicht die Schadensbegleichung mit den Rittern und damit die Beseitigung eines Streitpunktes lag dem Vater am Herzen, sondern »andere Sachen«. Daß die Bernauerin dabei Diskussionsstoff lieferte, sagte Albrecht nicht explizit, es ist aber mehr als wahrscheinlich. Vielleicht drängte Ernst den Sohn noch einmal zur Umkehr. Der Vorwurf, Heinrich und andere Freunde Ernsts hätten sich in Regensburg laut beklagt, verweist auf die Bündnisbesprechungen der Gegner Ludwigs, bei denen das Abweichen Albrechts von der gemeinsamen Linie aufs Tableau gebracht werden konnte. Zuvor hatte Heinrich wohl eine andere Verständigungsbasis mit dem Vohburger gesucht. Trotz seiner Verärgerung nahm Albrecht aber die Einladung an, falls sie noch einmal bekräftigt und der vorgeschlagene Termin bestätigt würde. Er war ein leidenschaftlicher Jäger, der nicht nur sein Leben lang argwöhnisch über die eigenen Jagdrechte wachte, sondern auch in fremde Reviere eindrang, wenn sie reiche Beute versprachen. Heinrich hatte den richtigen Köder gelegt, um den »lieben Vetter« an die Isar zu holen.

Am St. Gallustag, am 16. Oktober, hatte Herzog Albrecht zum Totengottesdienst für Herzog Wilhelm in Straubing zu erscheinen. Am Pfinztag, d. h. am 13. Oktober, wollte er in Landshut eintreffen. Seine Zusage dürfte Heinrich am 9., spätestens am 10. Oktober erreicht haben, der sofort den Termin bestätigen und ihn umgehend an Herzog Ernst weitermelden konnte – an einen Herzog Ernst, der entschlossen war, sich zwischen Sohn und Schwiegertochter zu werfen und mit Gewalt zu trennen, was sonst nicht zu trennen war. Der 12. Oktober war der ideale Termin, denn an diesem Tag ritt Albrecht in ganz andere Richtung zu fröhlichem Vergnügen. Für Agnes Bernauer nahte die letzte Stunde.

Wo aber befand sich Albrechts Frau in diesen entscheidenden Tagen? Die Quellen schweigen über ihren Aufenthaltsort in den Sommermonaten, im September und in den ersten Oktobertagen 1435. Erst am 12. Oktober, am Tag ihres Todes, tritt sie in Straubing in Erscheinung. Weilte sie mit dem Gatten in Vohburg? Die Wahrscheinlichkeit spricht dafür. Wurde sie von Vohburg nach Straubing geschafft?

Eine Lokaltradition der Grafenstadt berichtet davon, gemäß einer Inschrift aus dem Jahre 1910 über einem Turmzimmer an der Burgmauer:

»Diese Burg bewohnte 1435 die
unglückliche Agnes Bernauer, vermählt
mit Herzog Albrecht III. von Bayern.
In diesem sog. Hungerturm soll sie
in Abwesenheit ihres Gemahls auf Veran-
lassung ihres Schwiegervaters,
des Herzogs Ernst v. Bayern, gefangen
gehalten u. von hier aus nach Straubing
verbracht worden sein. Dort wurde sie
andern Tages zum Tode verurteilt
u. in die Donau gestürzt.«

Es wäre zumindest ein riskantes Unternehmen gewesen, Agnes aus Vohburg zu entführen, um sie ins achtzig Kilometer entfernte Straubing zu schleppen und dort zu exekutieren. Wie leicht hätte Albrecht davon erfahren und noch rechtzeitig eingreifen können! Möglicherweise reiste Agnes gleich nach Straubing, während Albrecht den Umweg über Landshut einschlug. Denkbar wäre eine noch frühere Ankunft und ein anschließender Aufenthalt, z. B. anläßlich Albrechts letztem Besuch in der niederbayerischen Residenz, als er noch an ein Entgegenkommen des Vaters geglaubt hatte. Daß Agnes Bernauer besonders gerne im Straubinger Schloß wohnte, daß sie sich dort durchaus als Herrin fühlte, erhellt sich aus einem Anklagepunkt Herzog Ernsts, und gerade dieser Vorwurf legt nahe, daß Agnes schon in Straubing war, als Herzog Ernst erschien und sie vor sein Gericht rief.

Anklage und Verdammung

Prozeß und herzogliche Instruktion

Das Verfahren gegen Agnes Bernauer hat seit jeher die Gemüter der Geschichtsschreiber bewegt. Fand überhaupt ein ordentlicher Prozeß statt? Oder wurde die Angeklagte einfach beseitigt, ohne viel Federlesens aus dem Weg geräumt? Die Meinungen gehen weit auseinander, widersprechen sich oder verbleiben im Unbestimmten und Unverbindlichen. Da erscheint Herzog Ernst in Straubing und läßt Agnes gefangennehmen – und schon setzt die Legendenbildung ein. Nach alter Überlieferung wurde sie in einen Turm an der Nordwestecke der Straubinger Schloßanlage gesteckt, um dort auf Aburteilung und Hinrichtung zu warten. Aber dieser »Agnes-Bernauer-Turm« wurde erst nach 1480 bei der Verstärkung der Stadtbefestigung errichtet, hatte als innen offener Schalenturm reine Verteidigungsfunktion und keineswegs Gefängnischarakter.

Hier spiegelt sich die Vorstellung vom »Hexenturm« wider, vom Einkerkern der Zauberer und Hexen hoch über der Erde, jenem Element, aus dem sie Kraft und Stärke gewinnen konnten. Wahrscheinlicher dürfte die Annahme sein, daß Agnes in ihren Gemächern im Fürstenbau des herzoglichen Stadtschlosses in Verwahr genommen wurde. Nach Aventin folgte dann ein Gerichtsverfahren durch ein adeliges Richterkollegium. Vielleicht schloß der berühmte Chronist jedoch nur aus der Sachlage auf einen wirklichen Prozeß oder konnte sich als rechtlich denkender Mann keinen außergerichtlichen Gewaltakt des Landesherrn vorstellen. Für Aventin entsprang die Blutgerichtsbarkeit wie selbstverständlich der Position des Fürsten, allerdings war für ihn die gerechte Bestrafung mit gerechtem Verfahren verbunden.

Johannes Vervaux schrieb knapp zweihundert Jahre nach

dem Tod der Bernauerin ebenfalls von einem förmlichen Vorgehen: »Während Albrecht abwesend war, ließ Ernst sie in Straubing vom Rat gefangen nehmen und die Befragung über ihren Charakter nach dem Gesetz durch die Behörde vornehmen.«

Vervaux war Beichtvater des Kurfürsten Maximilian I., seine bayerische Chronik ein typisches Werk der Hofgeschichtsschreibung. Nicht abwegig, daß er Ernsts Tat durch die Bemäntelung mit einem Gerichtsverfahren beschönigen wollte.

Das Dunkel um die Stunden vor der Ertränkung liegt in der Natur der Sache. Herzog Ernst selbst forderte seinen Sohn dazu auf, über die ganze Affäre zu schweigen, damit sie bald in Vergessenheit gerate. Sicher stand der Herzog unter Zeitdruck, denn Albrecht hätte bei einem ausgedehnten tagelangen Prozeß eingreifen können. Ein Schauprozeß wie gegen Jeanne d'Arc, mit 95 Gerichtsmitgliedern und zweimonatiger Dauer, war von vornherein unmöglich. Andererseits demonstrierte gerade der Prozeß gegen die französische Nationalheldin, daß politische Gewaltakte gern im Rahmen vorgeschriebener Normen vollzogen wurden, daß man es sehr wohl verstand, Rechtskonstruktionen machtpolitisch auszunützen. Rechtsschutz und Rechtsprechung standen Agnes Bernauer ohnehin zu, selbst als Frau aus niedrigster Schicht. Auch spricht eine gewisse innere Logik für die Wahrung legaler Formen bei ihrer Verdammung, obwohl das Urteil selbst gewiß schon feststand. Herzog Ernst konnte nicht mit einem Achselzucken Albrechts rechnen, sondern mit einer heftigen, vielleicht sogar gewaltsamen Reaktion. Die Absicherung der Bluttat durch prozessuale Formen bot sich deshalb viel eher an als der bloße Todesbefehl kraft herzoglicher Machtvollkommenheit.

Man wird also Aventin, Vervaux und anderen Chronisten glauben dürfen, wenn sie von einer Verurteilung durch ein Gericht berichten. Daß eigentliche Prozeßakten fehlen, verwundert nicht. Solche Protokolle aus damaliger Zeit sind selten. Außerdem wurden möglicherweise wichtige Schriftstücke über den Fall Bernauer bewußt nicht archivalisch verwahrt oder bei einer späteren Revision der herzoglichen Archive vernichtet, weil man die Angelegenheit als peinlich empfand. Dennoch existiert ein Dokument, das über die Chronistenberichte und allgemeinen Schlußfolgerungen hinaus Aufschlüsse über die Ereignisse vom 12. Oktober 1435 geben kann: die herzogliche Instruktion an Friedrich Aichstetter.

Dieses merkwürdige Schriftstück bildet eine wesentliche Quelle für den Fall Agnes Bernauer. Es ist weder eine Urkunde noch ein Privatbrief, sondern eine Unterrichtung des herzoglichen Schreibers Aichstetter über die Sachverhalte, die er mündlich keinem Geringeren als Kaiser Sigmund darlegen sollte. Nach der Hinrichtung der Bernauerin spitzte sich die Lage für Ernst und sein Herzogtum so zu, daß sich der Fürst genötigt sah, den Kaiser, der damals in Ungarn weilte, um Hilfe und Unterstützung zu bitten. Aichstetter erhielt am 28. Oktober in Straubing ein herzogliches Begleitschreiben, das die absolute Glaubwürdigkeit des Gesandten hervorhob und die Dringlichkeit des herzoglichen Anliegens unterstrich:

»Allerdurchlauchtigster Kaiser! Euer Gnaden meinen bereitwilligen Dienst in ganzer Untertänigkeit! Ich schicke zu Euer Gnaden meinen Diener und lieben Getreuen Friedrich Aichstetter, dem ich aufgetragen habe, Euer Gnaden meine und auch des ganzen Landes Bayern merkliche Notdurft anzuempfehlen. Ich bitte Euer Gnaden mit untertänigem Fleiß, meinen genannten Diener gnädig anzuhören und ihm so vollkommen zu glauben wie mir selbst, was er diesmal Euer Gnaden berichtet.«

Ernst betonte, er setze seine ganze Hoffnung in den Kaiser, der sich Gottes Lohn und den Dank des ganzen Bayernlandes verdiene, wenn er den von Aichstetter vorgetragenen Wünschen entspreche. Am selben Tag schrieb Ernst außerdem an den kaiserlichen Rat Brunorius von der Leiter und den kaiserlichen Schreiber Caspar Schlick und ersuchte sie, bei der Gewährung einer Audienz für Aichstetter behilflich zu sein. Der Münchner Herzog betrieb also einen gehörigen Aufwand, um seine Anliegen vor den kaiserlichen Thron zu bringen.

Friedrich Aichstetter stammte nicht aus altem Adel, er war ein »homo novus«, ein Aufsteiger durch herzoglichen Dienst. Vermutlich schon 1421 in der Kanzlei tätig, arbeitete er 1427 als Geheimschreiber Wilhelms III., 1433 als dessen Sekretär. Auf dem Konstanzer Konzil verlieh ihm Kaiser Sigmund den Wappenbrief und hob ihn damit in den Adelsstand. 1437 war Aichstetter Vizekanzler Herzog Ernsts, vielleicht ein Dank für die Mission zu Sigmund. Allerdings fiel er auch unter der Regentschaft Albrechts III. nicht in Ungnade, denn dieser ernannte ihn zeitweise zum Landrichter von Wolfratshausen, zum Landschreiber in Oberbayern und berief ihn in seinen Rat. 1452 überließ ihm Albrecht »aus Gnaden« das Dorfgericht zu Sauerlach. Aichstetter war mit der Münchner Patriziertochter Catharina Türndl verheiratet und starb am 5. Mai 1463. Herzog Ernst hatte in ihm zweifellos einen diplomatisch erfahrenen Botschafter, der aufgrund seiner Tätigkeit für Herzog Wilhelm die Verhältnisse am kaiserlichen Hof kannte und den Kaiser entsprechend einschätzen konnte.

Aichstetters Amt als Schreiber verweist auf die herzogliche Kanzlei. Diese war ausführendes Organ für die Beschlüsse des Herzogs und des Rats. Sie stand im Mittelpunkt der landesfürstlichen Hofregierung, geführt von einem Pronotator, seit 1367 Kanzler genannt. Dem Kanzleivorstand oblag es, den herzoglichen Willen in Urkunden und Schriftstücken klar niederzulegen, Regierungsentscheide auf ihren materiellen Gehalt zu prüfen, den Herzog in strittigen Fragen zu beraten und die Interessen des Landesherrn rechtlich abgesichert zur Geltung zu bringen. Der Kanzler verfügte über Rechtskenntnisse, zum Teil auch im Kirchenrecht. Wenngleich nicht Mitglied des Rats, besaß er bei entsprechendem Geschick erhebliche Einflußmöglichkeiten auf den Wortlaut von Regierungsschreiben und auf die Regierungstätigkeit selbst. Die Kanzlei war zwar eine zuarbeitende, ausführende und weisungsgebundene Einrichtung, ihr Vorsteher konnte sich jedoch durch Sachkompetenz und unmittelbaren Zugang zum Fürsten eine wichtige Stellung am Hof sichern.

Unter Herzog Ernst war Oswald Tuchsenhauser von 1428 bis 1438 Kanzler. Er zählte wie Aichstetter zu den sozialen Aufsteigern. Um 1420 Schreiber in der Kanzlei Herzog Ludwigs von Ingolstadt und dann mit diesem in Ungarn, studierte er im Winter 1422 an der Universität Wien, im

15. Jahrhundert für bayerische Studenten die wichtigste Hochschule im deutschen Raum. 1423 trat er in Münchner Dienste und errang schnell das Wohlwollen Herzog Ernsts, der ihm sogar eine adelige Heirat vermittelte, die über seinem sozialen Stand lag. Wie schon seine Vorgänger bemühte sich Tuchsenhauser erfolgreich um die Modernisierung der Kanzlei, die sich nicht nur in der Register- und Buchführung zeigte, sondern vor allem in der Aufbewahrung der Briefkonzepte, aus der sich, ergänzt durch Rats- und Kanzleinotizen, das entstehende Aktenwesen abzuzeichnen begann. Der Anlage von Amts- und Kanzleibüchern, heute im Hauptstaatsarchiv München aufbewahrt, ist wohl der Erhalt der Instruktion für Aichstetter zu verdanken. Als Kanzler entwarf Tuchsenhauser Konzepte für Regierungsvorlagen oder Regierungsangelegenheiten. Möglich, daß die Instruktion von ihm beeinflußt wurde, vielleicht sogar von ihm selbst stammte. Als Schreiber gehörte Aichstetter zu seinen direkten Mitarbeitern.

Aufgrund der Handschrift wäre allerdings auch an den Kammermeister Paul Aresinger zu denken, der nach dem Hofmeister und dem Marschall das wichtigste Hofamt innehatte. Aresinger war ein seit Jahren bewährtes Mitglied des Hofgerichts und wurde nicht nur bei vertraulichen Unterredungen der Münchner Herzöge hinzugezogen, sondern ging sogar mit Ernst zu »schönen frawen«. Ein Beamter also, der in bemerkenswert hoher persönlicher Gunst stand und schon daher als Verfasser der Instruktion, ja als einer der Männer im Hintergrund des Falles Agnes Bernauer in Frage käme.

Aichstetters erster Auftrag lautete, dem Kaiser das Ableben Herzog Wilhelms III. zu melden, »der doch sein getrewer williger fürst und diener gewesen sey mit allem seinem vermögen«. Danach sollte er Sigmund mitteilen, daß Wilhelm zwei Söhne hinterlassen habe, zur Freude Ernsts und sicher auch zur Freude des Kaisers. Der Herzog verband mit diesem Hinweis wohl eine versteckte Aufforderung, kaiserliche Verpflichtungen gegenüber dem verstorbenen Bruder nun für dessen Erben zu erfüllen. Im Klartext blieb er allerdings ausgesprochen unterwürfig und empfahl sich samt eigenem Sohn und Neffen der kaiserlichen Gnade »als sein untertäniger gehorsamer fürst«. Nach dieser huldigenden Einleitung hatte Aichstetter zum ersten Hauptpunkt seines Vortrags zu kommen: zur Hinrichtung der Bernauerin. Ernst setzte dabei Kenntnisse Sigmunds über die Verbindung Albrechts mit Agnes voraus, ließ den Boten erklären, daß dem Kaiser »wol wissnlich sey, daz sein sun beladen sey gewesen mit einem poesn weyb«. Die Passage über Agnes Bernauer verfolgte offensichtlich den Zweck, dem Kaiser die Straubinger Vorgänge im Sinne Herzog Ernsts darzulegen, seine Härte zu begründen und anderen Berichten und Auffassungen zuvorzukommen.

Konkrete Angaben über einen Prozeß oder gar genauere Verfahrensweisen enthält die Instruktion nicht. Riezler meinte daher: »Das Schweigen, das Ernst hinsichtlich dieses Punktes später in einem alle vermeintlichen Rechtfertigungsgründe sammelnden Schriftstücke (der Instruktion. Anm. d. Verf.) beobachtet, läßt nur die zwei Erklärungen zu, daß entweder kein gerichtliches Verfahren stattgefunden hat oder daß der Herzog selbst kein Gewicht darauf legte.«

Noch einmal ist auf den nichtoffiziellen Charakter der Instruktion zu verweisen. Es war ein Vortragskonzept für einen Gesandten, eine Handlungsanleitung, eine Fixierung besonders hervorhebenswerter Aspekte. Der Vorgang als solcher, der Rahmen, in dem das Geschehen in Straubing ablief, waren dem Kanzleimitglied Aichstetter bekannt, konnten von diesem ohne schriftliche Gedächtnisstütze vermittelt werden. Herzog Ernst übernimmt in der Instruktion die Verantwortung für den Tod der Bernauerin: »hab er daz selbig weyb ertrencken lassen«. Doch dieses »hab er« steht über durchgestrichenem »haben wir«, ein bemerkenswerter Fingerzeig auf einen kollektiven Akt. Außerdem wurde mehrfach ein »unsern« für die herzoglichen Diener und Räte durch »seinen« für den Landesherrn selbst ersetzt; eine nachträgliche Konzentration und Zuspitzung auf den Herzog also, den hochadeligen Landesfürsten, der dem Kaiser in Rangfolge und Position besonders nahe stand, durch die Betonung seiner Person als Reichsfürst die Bedeutung der Botschaft an das Reichsoberhaupt verstärkte. Die Instruktion widerlegt ergo nicht die

Wahrscheinlichkeit eines Gerichtsverfahrens, sondern unterstreicht sie eher, und zwar die Wahrscheinlichkeit eines Prozesses vor dem Landesherrn und seinen Vertrauten: dem herzoglichen Hofgericht.

Das Hofgericht

Das Hofgericht war neben Kanzlei und herzoglichem Rat die dritte zentrale Institution des Landes und zählte zu den Grundlagen des staatlichen Lebens. Es wurzelte im herzoglichen Schieds- und Lehengericht und in der haus- und hofherrlichen Gewalt des Herzogs über sein Gesinde. Nach Unterstellung der niederen Hofdienste unter die Gerichtsbarkeit von Hofmeister und Marschall um etwa 1300, wurde es Sondergericht für die höheren Stände, die der herzoglichen Landeshoheit direkt unterlagen, und letzte Appellationsinstanz für die niedrigeren Gerichte und für die Juden. Den privilegierten Gerichtsstand vor dem Hofgericht besaßen die Ritter bei Schuld- und Kriminalfällen, alle Mitglieder des Rats und die Herzöge. Rechtsansprüche gegen die Fürsten wurden vor diesem Gremium verhandelt, und sie selbst erhoben dort Anklage gegen Dritte. Die Zuständigkeit des Hofgerichts bei einer ordentlichen Klage Herzog Ernsts gegen Agnes Bernauer liegt deshalb sehr nahe. Für alle Gerichte galt normalerweise der Grundsatz des »forum domicili«: Ein Beschuldigter wurde in seinem Wohn- und Lebensbereich vom Gericht des Grundherrn, vom Stadt- oder Landgericht verurteilt. Agnes Bernauer lebte am herzoglichen Hof, in einem fürstlichen Schloß, ihre angeblichen Verbrechen bezogen sich auf die landesherrliche Sphäre. Sie geriet damit unter die Kompetenz des Hofgerichts.

»Vor uns und unseren raeten« lautete die spätmittelalterliche Umschreibung für die höchste juristische Instanz Bayern-Münchens. Der Landesherr und seine Räte verkörperten das Hofgericht. Während des ganzen 15. Jahrhunderts stammten die Urteiler aus dem herzoglichen Rat, der damit wesentlich die oberste Rechtsprechung trug. Nur wenn zu wenig Räte an Ort und Stelle waren, konnten ausnahmsweise andere gerichtsfähige Leute von Rang und Namen eingesetzt werden, z. B. einmal in Burghausen im Jahre 1430. Eine solche Situation stellte sich Herzog Ernst im Oktober 1435 in seiner Nebenresidenz Straubing zweifellos nicht. Die personelle Besetzung des Hofgerichts wechselte, Bedingung war nur die Ratseigenschaft der Beisitzer. Die Zahl der Rechtsprecher schwankte zwischen mindestens fünf und höchstens fünfzehn. Da hatte Ernst im Straubinger Schloß genügend Auswahl, schon allein durch den Trauergottesdienst für den verstorbenen Mitherrscher, der gewiß Ratsherren aus dem ganzen Herzogtum, zumindest aber aus dem Straubinger Niederland, in die Stadt führte.

Im Hofgericht gab es keine Differenzierung zwischen oberbayerischem und niederbayerischem Landesteil, trotz der sonst deutlichen Rechtsschranken und der getrennten Ratskollegien. Zwar hatte Albrecht als Statthalter in Straubing, an die Tradition der Herzöge von Straubing-Holland anknüpfend, ein eigenes Hofgericht installiert, das regelmäßig in Belangen des Straubinger Landes zusammentrat. Ein wirklich eigenständiges Gremium, gar eine echte Konkurrenz zum Münchner Hofgericht des Vaters war es aber nicht und konnte es auch nicht sein. Für eine Sitzung vom 14. April 1434 sind die Urteiler dieses Straubinger Hofgerichts unter der Leitung des Erbhofmeisters Hans von Degenberg bekannt. Über die Zusammensetzung des Gerichts über Agnes Bernauer sagen diese Namen nichts, der Landesherr wählte die rechtsprechenden Räte aus, nach seinem Belieben und von Fall zu Fall. Für eventuelle Symphatisanten Albrechts und der Bernauerin hätte gegen den herzoglichen Willen kein Recht auf Teilnahme bestanden.

Das Hofgericht wirkte im Rahmen der obrigkeitlichen Tätigkeit, die sich in drei Sphären ausdrückte: in Gesetzgebung, Aufsicht und Strafe. Im Fall Agnes Bernauer kam aus heutiger Sicht ein weiterer Aspekt hinzu: der Rechtsbruch. Obrigkeit trat als maßgebende Ordnungsmacht auf, sie fühlte sich legitimiert durch die Verpflichtung gegenüber allgemeinen Leitbildern, die den Rahmen von Recht und Ordnung absteckten. Im Spätmittelalter und seinem stark religiös geprägten Weltbild stand als höchstes Prinzip die Verantwortung gegenüber Gott und der von ihm gewollten

Weltordnung fest. »Ex Autoritate«, aufgrund der von Gott verliehenen Autorität rief der Herzog das Hofgericht zusammen, und seine Mitglieder leiteten ihren Auftrag davon ab. In der Hand des Fürsten und seiner Urteiler lag deshalb auch die höchste Sanktion in der Rechtsprechung: die Blutgerichtsbarkeit. Mochten im niederen und mittleren Gerichtswesen die grundherrlichen Gerichte mit den fürstlichen Landgerichten konkurrieren, die Verhängung der Todesstrafe war seit dem 14. Jahrhundert unbestritten herzogliches Reservat, für ihn als Person oder von ihm bestimmte Vertreter.

Wiederholt betonten königliche Privilegien die Stellung der bayerischen Herzöge als oberste Gerichtsherren ihres Landes. Ihre Untertanen waren von jeder fremden Justiz befreit, insbesondere den königlichen Hof- und Landgerichten. Abgesehen von Fällen der Rechtsverweigerung standen bayerische Untertanen nur vor heimischen Gerichten. Kaiser Karl IV., sonst gar nicht bayernfreundlich, bestätigte im Jahre 1362 als erster deutscher Herrscher den wittelsbachischen Fürsten und ihren Erben diese hohe Position, »in Ansehung des edlen, alten und würdigen Stammes der Fürsten von Bayern, so ein Königreich gewesen«.

Herzog Ernsts Hofgericht tagte zumindest seit 1431 vorwiegend in München, in der Alten Feste, doch fanden auch auswärts Sitzungen statt, z. B. in Reichenhofen und Deggendorf. Das Hofgericht trat regelmäßig an den Quatembern zusammen, im April, August und Dezember. Auf herzogliche Weisung bestand allerdings die Möglichkeit außerordentlicher Tage, wie wohl zur Aburteilung der Bernauerin. Ein Hofgerichtsbuch für ordentliche Münchner Sitzungen in den Jahren 1431/32 bis 1438, bestehend aus Verhandlungsprotokollen, Konzepten und Kopien von Gerichtsbriefen, zeigt deutlich, daß vor der höchsten Rechtsinstanz Oberbayern-Münchens stets Urteile gefällt wurden und nicht Schiedssprüche zur Beilegung von Streitigkeiten politischer oder privatrechtlicher Natur. Stets sprach das Hofgericht in »iudicio«, nicht in »consilio«. Auch unter diesem Aspekt war es für Agnes Bernauer zuständig, denn nicht um Schlichtung ging es, sondern um Verurteilung.

Das Mittelalter kannte eine grundsätzliche Unterscheidung

zwischen Strafrecht und Privatrecht. Je nach Art der Klage bestanden drei Gruppen, die bürgerliche, die peinliche und die gemischte Klage. Erstere zielte auf Schadenersatz und Leistung, zweitere auf körperliche Bestrafung, die dritte konnte, z. B. bei Treubruch, eines von beiden anstreben oder beides. Nicht der Grund der Klage war bestimmend, sondern der Klagezweck – bei Agnes Bernauer eindeutig die peinliche Sanktion, die Bestrafung und Beseitigung der Delinquentin. Im Prozeßverfahrensrecht war dagegen noch keine scharfe Trennung zwischen Zivil- und Strafsachen erreicht. Allerdings zeigte sich eine zunehmende Differenzierung zwischen dem Zivilprozeß, getragen vom Vortrag der Parteien, und dem Strafprozeß, der den Sachverhalt aufklären sollte. Fand ein Strafverfahren gegen die Bernauerin statt, mußten also entsprechende Vorwürfe und Sachverhalte als Prozeßgrundlage genannt werden. Eine genauere Analyse der Instruktion wird gerade diesen Gesichtspunkt bestätigen.

Für das königliche Reichshofgericht galt normalerweise das Verfahren nach den Gepflogenheiten des deutschen Rechts, ebenso für die landesherrlichen Hofgerichte. Noch behaupteten sich Mündlichkeit und Öffentlichkeit als beherrschende Prinzipien, wenngleich im Prozeß gegen Agnes Bernauer eher an einen kleinen Kreis von Beobachtern zu denken ist oder an einen Vorgang hinter verschlossenen Türen in der Straubinger Residenz. Der mittelalterliche Prozeß hielt im großen und ganzen an Normen und Formen der fränkischen Zeit fest, ohne sich Neuerungen zu verschließen. Die Leitung lag beim Richter, der aber nichts aus eigener Vollmacht verfügte, sondern sich an der von den Urteilern erfragten Entscheidung orientierte, in unserem Falle also an den herzoglichen Räten des Hofgerichts. Verstöße gegen formale Regeln im Prozeßgang konnten ein großes Risiko für den Kläger bedeuten. Diese Gefahr sollte durch die Berufung von Vorsprechern, die für die Parteien redeten, verringert werden.

Der Richter hatte demnach kein Urteil zu finden, aber mit Urteilen zu richten. Zu dieser für uns Heutige seltsam anmutenden Situation bemerkte der Schwabenspiegel: »Vor dem weltlichen Gericht sprechen die Richter nicht selber

Urteil. Das ist deshalb so festgesetzt, weil die weltlichen Richter nicht alle gelehrte Männer sind, und weil es viel wahrscheinlicher ist, daß unter all den Leuten, die da beim Richter im Gericht sind oder sitzen, viel gelehrtere sind als der Richter selbst.«

Rede und Gegenrede der Parteien bildeten die Grundlage des Urteilsspruches. Die in Klage und Zurückweisung von den Streitenden formulierten Rechtssätze waren Gegenstand der Urteilsfindung. Zwischen ihnen sollten die Urteiler entscheiden, jedenfalls von der Idee her. War der Prozeß gegen Agnes Bernauer wirklich in den normalen Verfahrensformen verlaufen, dann war es wohl bei der Idee geblieben. Denn die Darstellung der unterschiedlichen Positionen des Klägers und Angeklagten war nicht Ausdruck verfahrensrechtlicher Fairneß, sondern bestimmte nur den Inhalt der Urteilsfrage und umriß den Gegenstand der Urteilsfindung.

»Urteilfinden« – auch Urteile »weisen«, »geben«, »sprechen«, »erteilen« – und »Richten« waren in der mittelalterlichen Rechtswelt vor der Einführung des studierten selbsturteilenden Richters gegensätzliche und doch zusammengehörige Begriffe. Der Gerichtsvorsitzende leitete das Urteilfinden durch eine Urteilfrage ein, meist an einen aus der Gruppe der Urteiler. Konnte dieser das Urteil nicht weisen, ging die Frage einzeln reihum. Zur Wirksamkeit bedurfte das Urteil ursprünglich der Einstimmigkeit der Schöffen oder urteilenden Beisitzer. Schon seit dem 13. Jahrhundert setzten sich aber einfache Mehrheiten durch. Auf dem durch ein Urteil festgestellten Satz wurde durch neue Urteilsfragen weitergebaut, so daß das ganze Verfahren von Urteil zu Urteil fortschritt. Dem so entwickelten Urteilfinden folgte das Richten durch den Richter. Er gebot und verbot, erlaubte und untersagte, was die Urteiler vorgetragen hatten. Erst dadurch erhielt der Urteilsspruch für die Parteien bindende Kraft.

Hatte Agnes Bernauer einen Für- oder Vorsprecher? Die Übernahme des Amtes galt als öffentliche Pflicht, der man sich nur ausnahmsweise entziehen konnte. Der Vorsprecher trat als »Mund seiner Partei« auf, sollte über die richterlichen Tugenden »Gerechtigkeit, Weisheit, Stärke und

Mäßigung« verfügen und rechtskundig sein. Doch glich seine Position und Aufgabe keineswegs denen unseres Rechtsanwalts oder Strafverteidigers. Ihm oblag nicht so sehr der Schutz der gerichtsunerfahrenen Partei. Er vertrat und verteidigte nicht im modernen Sinn einen Mandanten, sondern gab lediglich dessen Standpunkte in gerichtsüblichen Formen wieder. In Bayern waren die Fürsprecher bis zum Ende des 15. Jahrhunderts sogar gleichzeitig Urteilsfinder. Zudem konnte der Richter nicht beide Vorsprecher, sondern in Sonderfällen nur einen um einen eidlich bekräftigten Urteilsvorschlag bitten. Selbst wenn Agnes Bernauer also einen Fürsprecher beim Hofgericht besessen und dieser sogar ihre Position gegen seine Ratskollegen verteidigt hätte, genützt hätte es ihr nichts. Im übrigen wird zu fragen sein, ob das Verfahren überhaupt in den geschilderten offiziellen Formen vor sich ging, oder ob durchaus mögliche Abweichungen und andere Verfahrenswege anzunehmen sind.

»Der Richter soll auf seinem Richterstuhl sitzen als ein griesgrimmiger Löwe und das rechte Bein über das linke schlagen und an das strenge Recht denken und an das Gericht, das Gott über ihn halten wird am Jüngsten Tag, und richten dann nach Klage und Antwort.«

So gebietet es die Soester Gerichtsordnung aus der 2. Hälfte des 15. Jahrhunderts anschaulich und beschwörend jenen Herren, die über Leib und Leben anderer den Stab brachen. Wer war der Mann, der als »griesgrimmiger Löwe« das Urteilergremium im Fall Agnes Bernauer leitete, an das »strenge Recht« dachte oder die – angeblichen – Erfordernisse des Herzogtums Oberbayern-München, an das Jüngste Gericht oder die Lösung einer verzwickten Situation? Es könnte Herzog Ernst selbst gewesen sein. Denn er konnte als oberste Autorität des Landes jedermann in eigener Person vor sich laden, so auch die eigene Schwiegertochter. Ihm stand immer, wenn er es wollte, der Vorsitz im Hofgericht zu. Als Herrscher des Landes ließ er seine gerichtsherrlichen Aufgaben nicht nur durch Vertreter wahrnehmen, es galt vielmehr das Rangprinzip. War der Herzog bei Gerichtstagen am Hof und wünschte er die Leitung, dann saß er selbst auf dem Richterstuhl. Allerdings nahmen die

Herzöge im 15. Jahrhundert diese Funktion selten wahr: sicher nachweisbar im Jahr 1422 Wilhelm III. einmal, 1435 Albrecht einmal, zwischen 1431 und 1438 Ernst achtmal.

Der Normalfall war die Stellvertretung durch einen der obersten Hofbeamten oder durch einen heimlichen Rat. Den Vorzug hatte dabei der jeweils Ranghöchste. Das Präsidium kam vor allem dem Hofmeister zu, der Kraft seines Amtes bevorzugte politische und verwaltungsmäßige Aufgaben erfüllte. Als nächster Anwärter folgte der Hofmarschall, der tatsächlich nach dem Hofmeister die größte Anzahl von Hofgerichtssitzungen führte. Die Viztume, die Vertreter des Herzogs draußen im Land, waren dagegen nur mögliche Richter, hatten in unserer Zeit nicht bevorzugt den Vorsitz.

Damit entfällt bereits das in älterer Literatur manchmal angenommene Richteramt des Straubinger Viztums Heinrich Nothaft von Wernberg im Prozeß gegen die Bernauerin. Auch Herzog Albrechts späteres Wohlwollen ihm gegenüber spricht gegen diese Möglichkeit. Ebenso unwahrscheinlich ist der Vorsitz durch den herzoglichen Stadtrichter in Straubing, Heimeran Nußberger. Eher käme dessen Onkel Konrad Nußberger in Frage, der als »Rat des Niederlandes« und niederbayerischer Erbmarschall eine hervorragende Stellung unter der Straubinger Ritterschaft besaß. Er wurde aber an Rang und Würde noch von Hans von Degenberg übertroffen, dem Erbhofmeister im niederbayerischen Landesteil Herzog Ernsts.

Die Stammburg der Degenberger stand nahe des Marktes Schwarzach im heutigen Landkreis Straubing-Bogen. Der Chronist Ulrich Füetrer nannte die hochadeligen Ritter »wäldische Edelleute«, Wiguläus Hund schrieb 1586 von einem »alt stattlich Geschlecht vorm Behaimischen Wald enthalb der Thonaw oberhalb Metten dem Closter hoch an den Pergen«. 1329 errangen die finanzkräftigen Degenberger das »äußere« Hofmeisteramt, dessen Inhaber nicht in der herzoglichen Residenz walteten. 1353 traten sie als »Erbhofmeister« in den Dienst der Straubinger Herzöge und sicherten das Amt durch das Erbrecht für ihre Familie. Im Straubinger Erbfolgestreit hatte Hans von Degenberg als Vorsitzender eines Schiedsgerichts über die Ansprüche der zerstrittenen wittelsbachischen Herzöge eine gewichtige Position inne. Nach dem Preßburger Spruch blieb er niederbayerischer Erbhofmeister der Münchner Fürsten. Sein Selbstbewußtsein dokumentiert ein Brief aus dem Jahre 1433, in dem er sich, nicht ohne Übertreibung, als Verweser des Konzils von Basel und als Statthalter des römischen Kaisers bezeichnete. Sein Hofmeisteramt sicherte ihm gleichzeitig den erblichen Vorsitz im Straubinger Hofgericht Herzog Albrechts, im herzoglichen Rat war sein Ansehen besonders hoch. Er kam zwar selten zu Verhandlungen des Münchner Hofgerichts in die Landeshauptstadt, erhielt dann aber auch bei Anwesenheit des »inneren« Hofmeisters den Vorsitz.

Letzter Hofmeister Herzog Ernsts in München war Georg von Gundelfingen, der sich in politischen Landessachen auszeichnete und außerdem von den Herzögen in persönlichen Dingen herangezogen wurde. Im Prozeß gegen die Bernauerin könnte der Gundelfinger mitgewirkt haben, das Richteramt lag aber eher bei Hans von Degenberg kraft dessen Position und aufgrund des Gerichtsorts Straubing.

Im Jahre 1434 hatte Albrecht für sich und für Vater und Onkel gegen zwei Ritter vor seinem Straubinger Hofgericht Klage erhoben und in beiden Prozessen hatte Hans von Degenberg als Richter fungiert. Daß Albrecht nach der Übernahme der Regierung den Degenbergern das Erbhofmeisteramt entzog und selbst Jahre später noch trotz kaiserlichen Befehls die Wiedereinsetzung verweigerte, mag seinen Grund in der Richterrolle des Hans von Degenberg gehabt haben, als es darum ging, Agnes Bernauer zu Tode zu bringen.

Es wäre überraschend, hätte Herzog Ernst gegen die Bernauerin nicht persönlich die Prozeßleitung übernommen. Im Falle der Schwiegertochter sprach der Landesherr nicht nur allgemeines Recht, sondern konnte selbst als Kläger in einer Familien- und Landesangelegenheit auftreten, um eventuell als Vorsprecher für seine Partei das Urteil zu finden und zu weisen und dem Richter nur den – sicheren – Vollzug anzuvertrauen. Ein Risiko ging Herzog Ernst nicht ein, weder als Kläger noch als Richter, und die Verantwortung trug er allemal.

Im Spätsommer 1433 hatte Herzog Ernst seinem Sohn geschrieben, er solle sich »vor frawen hütten« und damit wohl die Bernauerin gemeint. Nun, gut zwei Jahre später, galt es diese Frau zu beseitigen, ihr den Prozeß zu machen, den Fehler auszumerzen, den der herzogliche Sohn begangen hatte. Das Verfahren richtete sich nicht gegen einen Mann, gar einen Mann von Position und adeliger Herkunft, sondern gegen eine Angehörige jenes Geschlechts, das es recht schwer hatte in der spätmittelalterlichen Gesellschaft. Zwar war die Stellung der Frau sehr unterschiedlich, wechselte je nach Stand, Rang und Landschaft. Insgesamt aber galt: »Die Frau hat nichts mitzureden«. Sie hatte gemäß einem Wort des hl. Paulus in der Kirche zu schweigen und nicht nur dort. Auch das Recht war reine Männersache, und in Familie, Staat und Gesellschaft führten Männer das Wort. Die Zeiten waren vorbei, in denen Frauen als Herrscherinnen und berühmte Äbtissinnen, als herausragende Gestalten des höfischen Lebens, als Dichterinnen und Mystikerinnen in die Annalen eingingen, ihren »Mann standen« neben den Männern. Frauen wie Katharina von Siena gehörten zu den seltenen Ausnahmen, hatten höchstens Feigenblattfunktion angesichts eines sozialen Lebens, in dem die Frauen eine bestürzend niedrige Rolle einnahmen. Auch wenn auf ihnen in Stadt und Land ein Hauptteil der Arbeitslast ruhte, sie nicht nur am häuslichen Herd wirkten, sondern in vielen Gewerben – eine ihnen feindliche Ideologie drängte sie aus dem öffentlichen Leben. Dafür gab es kaum einen Ausgleich. Im Strafprozeß zum Beispiel wurden Frauen nicht wesentlich milder behandelt, gegebenenfalls folterte man selbst Schwangere.

Jeffrey Burton Russell stellte fest: »Die Angst vor den Frauen wurzelt tief im mystischen Bewußtsein des Mannes.« Seit den patriarchalischen Hochkulturen der Frühzeit wurde diese Angst bekämpft: durch Herrschaft über die Frau. Die Juden des Alten Testaments, die römischen Literaten, die germanischen Krieger – diese vielleicht noch am wenigsten – und die christlichen Theologen behaupteten allesamt, die Aufgabe der Frau bestehe darin, Dienerin des

Mannes zu sein. Paulus erteilte den Rat, Sklaven sollten ihren Herren und Frauen ihren Ehemännern gehorchen.

Aus dem Verhältnis zwischen Menschheit und Christus, dem Oberhaupt der Kirche, wurde rückgeschlossen auf die Beziehung zwischen Ehefrau und Ehemann, dem Oberhaupt der Familie. In nahtlosem Anschluß an antik-heidnische Traditionen, vor allem die aristotelische Biologie mit ihrer Vorstellung von der Frau als Mißerfolg, vom »verstümmelten Mann«, mußte sich die Frau in den Schriften der Kirchenväter als »Janua diaboli« beschimpfen lassen, als Pforte, durch die der Teufel eintritt. Eine sexualfeindliche Askese steigerte die Evastochter zur Verführerin schlechthin, die den Mann in seinem Streben nach Vollkommenheit störte, ihn mit aufreizender Kunst und betörender Begierde vom wahren Weg, vom Himmelspfad ablenkte. Und Versuchung durch das Weib war dann gleichzusetzen mit Versuchung durch den Teufel, gemäß den Worten des hl. Hieronymus: »Die Frau ist die Pforte des Teufels, der Weg der Bosheit, der Stachel des Skorpions, mit einem Wort ein gefährlich Ding.«

Was sich an Frauenfeindlichkeit in Antike und frühem Christentum entwickelt hatte, wurde im 13. Jahrhundert insbesondere von der scholastischen Philosophie und Theologie aufgegriffen und im Spätmittelalter bis über die Schwelle der Perversion getrieben. Für Thomas von Aquin verhielt sich die Frau zum Mann wie das Unvollkommene und Defekte zum Vollkommenen. Er sprach vom »Gebrauch der notwendigen Dinge, der Frau, die für die Erhaltung der Art notwendig ist, oder der Nahrung oder der Getränke«. Für ihn war die Frau geschaffen worden, »um dem Manne zu helfen, aber einzig bei der Zeugung ..., denn bei jedem anderen Werk hätte der Mann bei einem anderen Manne eine bessere Hilfe als bei einer Frau«.

In der geistlichen Literatur des Spätmittelalters wurde das verachtete Weib oft als »die Sünde« dargestellt, galt es bei vielen Mönchen und Theologen nur als »Menschenmaterial«. Es war verdammt von einer Moral von Männern und für Männer.

Natürlich existierten auch aufgeklärtere Meinungen, doch blieben sie im Kreis der Theologen und Gelehrten in der

Minderzahl. Manchmal war sogar Lob auf die Frauen zu hören. So meinte der Prediger Berthold von Regensburg (gestorben 1272): »Ihr Frauen, ihr geht lieber in die Kirche, zur Predigt und zum Ablaß und sprecht euer Gebet lieber als die Männer.« Oder Johannes Nider, um 1430: »Die Frauen sind gottesfürchtiger als die Männer.« Er rühmte außerdem den häufigen Sakramentenempfang.

Diese positiven Einschätzungen beruhten jedoch auf einer wesentlichen Einschränkung. Solcher Ehrungen durften sich nämlich nur die jungfräulichen, unberührten Mitglieder des weiblichen Geschlechts erfreuen, jene also, die der Jungfrau Maria nacheiferten. Selbst die Ehe war eine zwar notwendige, aber dennoch verdächtige Einrichtung. Auch in der Ehe bildete Keuschheit das moralisch erstrebenswerte Ziel, die vor mannigfacher schwerer und leichter Versündigung bewahrte, hervorgerufen durch die Verführungen des Weibes.

Die Frau als Verkörperung der Fleischeslust – wie leicht konnte diese Vorstellung auf Agnes Bernauer angewandt werden, auf das Mädchen, das so augenscheinlich auch durch körperliche Reize den Münchner Prinzen begeistert hatte und damit Zwietracht gesät hatte im Hause der Wittelsbacher. Wie leicht war es, sie mit den Worten des hl. Paulus im Galaterbrief in Verbindung zu setzen, mit Worten, die nicht zuletzt späteren Hexenrichtern zur Begründung des tödlichen Urteilsspruches dienten: »Die Werke des Fleisches sind deutlich erkennbar: Unzucht, Unsittlichkeit, ausschweifendes Leben, Götzendienst, Zauberei, Feindschaften, Streit, Eifersucht, Jähzorn, Eigennutz, Spaltungen, Parteiungen, Neid und Mißgunst, Trink- und Eßgelage und ähnliches mehr.«

Für spätmittelalterliche Gelehrte, die ernsthaft über die These sinnierten, wonach das Weib überhaupt kein richtiger Mensch sei, war die Auffassung selbstverständlich, daß Frauen mehr als Männer der Vernunft entbehrten und deshalb den Geistern gefügiger seien – dem Magischen also, Zaubereien und Hexereien. Die Tradition reicht wiederum weit zurück. So stellt der Talmud wiederholt fest: »Die Frauen neigen zur Zauberei«, »je mehr Frauen, um so mehr Zauberei«, »die Mehrzahl der Frauen sind Zauberer«.

Im Hellenismus betrieben insbesondere Frauen Dämonenspuk und alle möglichen Praktiken der Bezauberung und Beschwörung. Im alten Volksglauben war die Fähigkeit der Frau zur Zauberei fest verwurzelt. Im Volksmythos herrschte mit unterschiedlichen Ausprägungen die Furcht vor nachtfahrenden weiblichen Dämonen. Die abergläubischen Ansichten festigten sich, als Theologen zur wissenschaftlichen Begründung antraten. Alexander von Hales, gestorben 1245, griff bei der Antwort auf die Frage, warum Frauen häufiger als Männer Zauberei betrieben, auf die biblische Erzählung vom Sündenfall zurück. Wie schon Eva wegen ihrer geringen Unterscheidungskraft vom Teufel verführt worden sei, so seien auch heute noch Weiber der Zauberei zugänglicher als Männer. Sein Zeitgenosse Wilhelm von Paris, ebenfalls ein hervorragender Theologe, meinte, Frauen seien von Natur aus sowohl für die himmlischen als auch für die teuflischen Einsprechungen empfänglicher als die Vertreter des anderen Geschlechts. Im 14. Jahrhundert sah der Schriftsteller Nikolaus von Lyra die größere Beteiligung von Frauen an der Zauberei schon in den Büchern des Moses bezeugt. Eine Diözesansynode von Langres leitete im Jahre 1404 den weiblichen Hang zur Zauberei aus der schwächeren Natur der Evastöchter ab, und ähnlich äußerte sich der Heidelberger Theologieprofessor Johann von Frankfurt in einer Abhandlung von 1412. Kardinal Johann von Torquemada begründete um 1440 solche Irrungen und Wirrungen des männlichen Geistes ohne größere Mühe mit dem alten kirchlichen Satz, das Weib sei das Haupt der Sünde. Die Verbindung Frau-Sünde-Zauberei war im 15. und 16. Jahrhundert herrschende Schulmeinung, wiedergegeben etwa von Johann Hartlieb, der ebenfalls erklärte, »daß gewöhnlich die Weiber leichter sind an ihrem Gemüt und Glauben; darum mischt sich der Teufel fester zu ihnen als zu den Mannen«.

Von besonderer Wirkung und Bedeutung im süddeutsch-österreichischen Raum war der Dominikanerpater Johannes Nider, geboren um 1380 in Isny im Allgäu. Er engagierte sich nicht nur eifrig für die Reformbemühungen seines Ordens, sondern nahm kurz am Konzil von Konstanz teil, lehrte nach längerem Aufenthalt in Italien um 1425 an der

Universität Wien, war als Prior des Dominikanerklosters in Nürnberg tätig und als Vikar aller reformierten deutschen Klöster. 1431 als Prior in Basel eingesetzt, wirkte er bis 1434 bis 35 am Basler Konzil mit und dürfte dadurch sicher auch näheren Kontakt zu Herzog Wilhelm III. von Oberbayern-München gefunden haben. Seine Schriften wurden zu Hauptwerken und Hauptquellen für die später vollentwickkelte Hexentheorie. Nider glaubte grundsätzlich an die Macht des Bösen über den »seinen Einflüsterungen geneigten Menschen«. Er erläuterte beispielhaft und zusammenfassend die Anfälligkeit der Frauen für Aberglauben und Zauberei: Weiber seien leichtgläubig und wegen der Beweglichkeit ihres Naturells dem Einfluß der Geisterwelt leichter zugänglich. Sie seien geschwätzig und gäben deshalb ihre Kenntnisse über schwarze Kunst ihren Genossinnen weiter. Von Natur aus zu schwach, um sich zu rächen, bedienten sie sich zauberischer Mittel.

Die Bezeichnungen für solch zauberische Frauen schwanken, sind mannigfach, von Land zu Land, von Region zu Region, von Autor zu Autor verschieden. Mehrere Jahrhunderte blieben sie uneinheitlich und vielfältig, nicht immer in ihrem Gehalt eindeutig zu definieren. Melchior Goldast lieferte in seinem Gutachten »Rechtliches Bedenken von Konfiskation der Zauberer- und Hexengüter« von 1661 eine ganze Liste von Weibern dieser Art: »Lamias, Stryges, Sortiarias, Hexen, Allraunen, Feen, Drutten, Sägen, Böse Weiber, Zäuberschen, Nachtfrawen, Nebelhexen, Galsterweiber, Feld-Frawen, Menschen-Diebin, Milch-Diebin, Gabel-Reitterin, Schnuervögel, Besenreitterin, Schmaltzflügel, Bock-Reuterin, Teufels-Buhlen, Teuffels-Braut, und insgemein Unholden, darumb daß sie Niemanden hold, sondern Gottes, der Menschen und aller Geschöpffen Gottes, abhold, und geschworene Feinde sind«.

In dieser kurios-phantasievollen Reihe fällt eine Bezeichnung besonders ins Auge: »Böse Weiber«. Denn als »böses Weib« bezeichnete Herzog Ernst die Frau seines Sohnes in der Instruktion an Friedrich Aichstetter!

5 Grabkapelle der Agnes Bernauer auf dem Friedhof St. Peter in Straubing
(Foto: Manfred Schmid)

6 Epitaph der Agnes Bernauer in der Grabkapelle (Foto: Helmut Neuberger)

7 Grabplatte für Kaiser Ludwig den Bayern mit der Versöhnungsszene zwischen Herzog Ernst und Herzog Albrecht (Foto: Bayerisches Nationalmuseum)

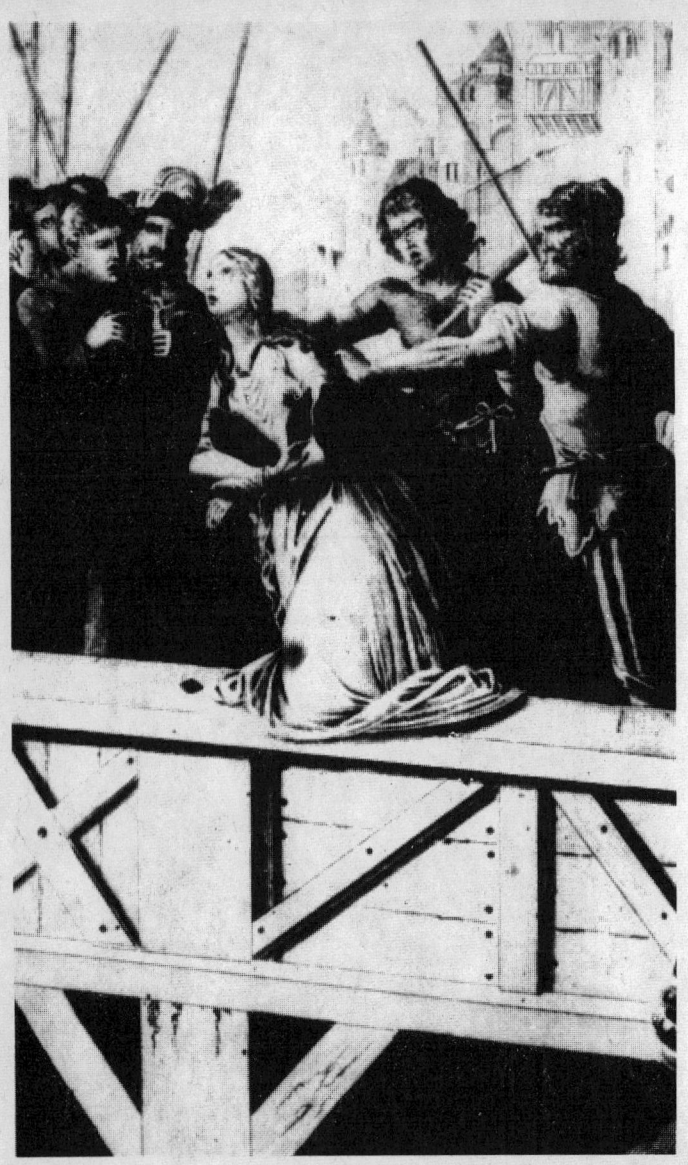

*8 Historisierende Darstellung der Hinrichtung Agnes Bernauers
aus dem 19. Jahrhundert (Archiv des Verfassers)*

Der herzogliche Schreiber sollte dem Kaiser verdeutlichen, »daz sein (Ernsts) sun beladen sey gewesen mit einem poesn weyb ...« Siegmund Riezler ging in seinem Akademiebericht nicht näher auf die Benennung »böses Weib« ein, übernahm sie vielmehr ohne Kommentar aus dem Text. Auch sonst äußerte er sich zurückhaltend zu der in früheren Arbeiten zum Bernauer-Stoff angestellten Vermutung des Zaubereivorwurfs: »Man hat wohl gemeint, die Anklage gegen Agnes Bernauer habe auf Zauberei gelautet, und ich selbst habe früher die Ansicht gehabt, es möge damit zusammenhängen, daß man Agnes den für Hexen üblichen Wassertod sterben ließ. Allerdings war der Begriff des Liebeszaubers dem Zeitalter geläufig, wie denn 1421 in Kempten eine Frauensperson aus diesem Grunde verhaftet wurde. Gegen die Annahme einer gleichen Anklage im Falle der Bernauerin fällt jedoch schwer ins Gewicht, daß in der Instruktion Herzog Ernsts für Aichstetter davon keine Rede ist.«

Deutlicher behauptete Mittermüller: »Von einer Anklage auf Zauberei und Hexerei, von der man oft faselte und die selbst Buchner noch zum Besten gibt, findet sich nicht die leiseste Spur in den Quellen.«

Nach Horchler dagegen »läßt sich immerhin ein geheimnisvoller, unabweisbarer, nach damaligen Ansichten nur durch Zauberei ermöglichter Einfluß folgern«. Andere Autoren nahmen einen Prozeß wegen Zauberei oder Hexerei an oder halten es für »nicht abwegig anzunehmen, daß die Anklage gegen Agnes auf Liebeszauber lautete, wie sich ferner aus einem sicher echten Dokument, aus der Instruktion des Herzogs Ernst an den Kaiser ersehen läßt« (Huber).

Die Bezeichnung »böses Weib« wurde in der Forschung m. W. nicht auf ihren ursprünglichen Bedeutungsgehalt geprüft. Im Spätmittelalter und noch lange danach war darunter eben nicht nur ein boshaftes Frauenzimmer zu verstehen, eine Männerplage mit Haaren auf den Zähnen, eine Xanthippe, die dem Ehemann das Leben schwer macht, sondern eine zauberische Frau, eine Magierin, eine

Zauberin, Hexe usw. Und Albrecht war »beladen« mit diesem Weib, sie saß ihm auf, übte Herrschaft über ihn aus. Was lag da näher als der Verdacht – bzw. die Unterstellung – eines übernatürlichen Einflusses? Wie sonst hätte eine Baderin so große Gunst erobern, ja solche Liebesmacht über einen Fürstensohn gewinnen können? War die enge und unzerrüttbare Bindung zwischen Agnes und Albrecht nicht durch zauberische Mittel und Künste zu erklären, die man erlernen oder mit Hilfe von Geistern sich aneignen konnte, um Wirkungen hervorzubringen, die das gewöhnliche menschliche Vermögen überstiegen?

Herzog Ernst war ein bemerkenswerter Vorgang im gräflichen Haus Cilli durch Beatrix' erste Ehe sicher bestens bekannt. Dort hatte 1425 ein Magieprozeß stattgefunden, dem Fritz Byloff eine gewisse Ähnlichkeit mit dem Fall Agnes Bernauer zuschrieb. Graf Friedrich II. von Cilli hatte nach dem unaufgeklärten Tod seiner ersten Frau ein kroatisches Edelfräulein Veronika von Deschnice geheiratet. Sein Vater Hermann II. mißbilligte diese wenig standesgemäße Ehe, sah seine ehrgeizigen Pläne durchkreuzt. Der Volksmund führte die ungleiche Verbindung auf »Zauberlisten«, auf Liebeszauberei der Veronika zurück, munkelte gar von Mord unter dem Einfluß ihrer magischen Verführungskünste. Hermann stellte seine Schwiegertochter unter der Anklage der Zauberei und des Giftmordversuches gegen ihn selbst vor das Cillier Gericht. Doch Veronikas Anwalt entkräftete alle Vorwürfe und erwirkte einen Freispruch. Letztlich umsonst, denn Graf Hermann ließ sie im Oktober 1425 in einem Bottich ertränken, griff nach dem gescheiterten juristischen Versuch zur rohen Gewalt.

Der Aberglaube des Liebeszaubers hatte sich von der antiken in die abendländische Welt fortgepflanzt und fand sich, ja findet sich noch, in gleichen oder verwandten Formen in anderen Erdteilen. Es war ein Liebe erweckender oder erhaltender Zauber, dem Wunsch entsprungen, durch magische Bindungen fremdes Leben dem eigenen zuzuwenden. Mit Liebeszauber konnte Liebe nicht nur erzeugt und eingeflößt, sondern aufgezwungen werden, das Opfer wurde damit »beladen« und gefügig gemacht. Der Liebeszauber bediente sich bestimmter Mittel, im volkstümlichen Denken oft eng verbunden mit der »Kräuterhexe«. Magische Liebestränke enthielten pflanzliche Ingredienzien wie Liebstöckel, Alraune, vierblättrigen Klee, Schierling, Baldrian, Efeu, Malve, Zypresse und Lorbeer oder tierische Bestandteile, z. B. Blut, Balg und Herz der Fledermaus, Hasenorgane, Katzenherz und besonders Frösche, Frosch- und Krötenschenkel, von Ameisen abgenagte Skeletteile usw.

Schon in der Antike war der Liebeszauber mit Wachsbildern bekannt. Dazu kamen menschliche Gebrauchsgegenstände wie Schuhe und Leibwäsche, vor allem Bestandteile des menschlichen Körpers; schließlich heilige Dinge wie Graberde, Totengebeine und Reliquien. Mit solchen obskuren Mitteln sollte sich Liebe erregen und verhindern lassen, wurde der Koitus gefördert oder auch – und dies war ein besonderes Problem für die mittelalterlichen Theologen – verhindert, die Fortpflanzungsfunktion der Ehe außer Kraft gesetzt.

Die Vorstellung vom Liebeszauber war nicht nur eine Sache des niederen Volkes. Auf einem Reichstag zu Worms berichteten die fränkischen Bischöfe Kaiser Karl, »es sei ganz zweifellos, daß von gewissen Menschen beider Geschlechter mit teuflischer Hilfe durch Liebestränke oder Speisen die Gemüter anderer dem Wahnsinn überantwortet würden«. Angebliche Liebesmagie brachte Unheil in den Ehen zwischen Ludwig dem Frommen und Judith, Lothar II. und Teutberga. Mathilde von Artois soll den Tod König Ludwig X. von Frankreich durch einen Liebestrank aus Kröten und Schlangenpulver verursacht haben.

Die mittelalterlichen Bußbücher verdammten die Liebestränke und reihten sie unter die todeswürdigen Verbrechen ein, die Volksprediger wetterten gegen den Liebeszauber, Kaiser und Päpste teilten diesen Glauben ebenso wie scheinbar aufgeklärte Gelehrte. Vom 9. Jahrhundert bis zur Blüte der Hexenverbrennungen wuchs die Zahl derer, die dem Aberglauben zum Opfer fielen. Mittelalterliche Sexualmoral stand Pate, denn alle Liebe zwischen Mann und Frau rückte ja in die Nähe des »Versuchers« und eines »Ergriffenwerdens«, das leicht als magisch interpretiert werden konnte. Im Jahre 1406 klagte zum Beispiel in Luzern eine Frau gegen eine andere: »Anna Kollers het Annen Leners zu ir ze stuben gelatt, und het ir ze trinken geben uß einem geschirr; von des trankes wegen si hern Heinzman Walker hold ist worden.« Nicht selten sollte ein böses Weib durch Liebeszauberei sogar die Brust eines Mönches für die irdische Liebe entfacht und ihn in den Sündenpfuhl gestoßen haben.

Im Fall des Kirchenmannes überwand Zauberei den liebesabwehrenden Affekt des geistlichen Standes, sprengte sie die Fesseln des Keuschheitsgelübdes. Im Fall Agnes Bernauer lag es nahe, die Überwindung der quasi naturgegebenen gesellschaftlichen Grenzen auf Magie zurückzuführen. Der Verdacht der Liebeszauberei war durch soziale Zustände gegeben, die den normalen Möglichkeiten der Liebeswerdung und Liebesbegegnung im Wege standen, für die Frau im allgemeinen, für eine Baderin im besonderen.

Zur Liebesmagie zählte auch der Liebe störende Zauber, oft dem eigentlichen Liebeszauber vorangestellt, mit Beseitigung des Nebenbuhlers und Entzweiung Liebender usw. Hatte nicht die Inbesitznahme Albrechts durch Agnes Zwietracht zwischen Vater und Sohn gesät, waren vielleicht hier schon ihre Zauberkünste am Werk?

Endlich gehörten zum Liebeszauber besonders geeignete Situationen, bereits im Altertum bei Theokrit und Lukian beschrieben und später zumal in den Hexenprozessen von großer Bedeutung. Oft waren bestimmte Tage und Stunden dazu nötig, vor allem jedoch Nacktheit des Zaubernden und die Verwendung von Wasser, Feuer und Licht. Taucht da nicht das Bild der Badestube auf, die Gäste im Bottich planschend, betreut von nackten Töchtern der Venus?

Liebeszauber aber war nur *ein* Aspekt der magischen Künste. Zauberei konnte grundsätzlich als unwiderlegbare Ursache für jede ungewöhnliche Erscheinung, für jedes Ungemach angenommen, jede Schädigung als Zaubereiverbrechen interpretiert werden. Der Gebrauch von magischen Mitteln zur Schädigung oder Tötung von Menschen war alt und vielseitig, trat überall in verschiedensten Variationen auf. Die traditionelle Bezeichnung lautete: Schadenzauber. Die strafrechtliche Ahndung erfolgte im Zaubereiprozeß. Das volkstümliche Wort »verhexen« meinte diese Schaden bringende Tätigkeit und die bösen Einflüsse von Hexen, Zauberern und unsichtbaren Mächten, die sich gegen Menschen richteten, gegen Ernte und Nutztiere. Wetter- und Krankheitszauber zählten zu den ältesten Erscheinungformen der Zauberei.

In den Schriften des Johannes Nider finden sich ganze Kataloge und Abhandlungen über ihre Wirkungen. Zwar erwähnt er auch noch die Weiße, die vorteilhafte Magie, den Heilzauber, doch überwiegt die Schwarze Magie, die auf sieben Arten Schädigungen erzielt. Sie kann Liebe einflößen, Haß hervorrufen, Zeugung und Empfängnis verhindern, Siechtum an einem Glied bringen, Menschen verrückt machen, sie des Lebens berauben und auf die eine oder andere Weise Eigentum und Vieh gefährden. Nach Nider verleugnen Zauberer und Hexen den Gottessohn, den Glauben und die Sakramente, huldigen dem Teufel, verzehren Kinder, können sich in Mäuse verwandeln, Gegenstände von einem Ort zum anderen transportieren, das Wetter beeinflussen, durch Blitz töten, Kinder vor den Augen der Eltern ins Wasser werfen, Unfruchtbarkeit der Felder erzeugen, Pferde unter den Reitern durch die Lüfte entführen, Verborgenes aufdecken, die Zukunft weissagen.

Schon in vorchristlicher Zeit war der Schadenzauber eine zentrale Kategorie des Glaubens an magische Kräfte und Praktiken. Dazu gehörte z. B. das »Versehen«. Hierbei handelte es sich ursprünglich um eine Art Berührung. Nach Epikur traten Lichtstrahlen aus dem Auge und flogen gegen das Objekt, das verzaubert werden sollte. Nach altnordischer Überlieferung wurde durch einen bösen Blick das Schwert des Gegners unschädlich gemacht. Thomas von Aquin lieferte die theologische Begründung für den bösen Blick, die Faszination; durch ihn wurde diese Form der Bezauberung ein Teil der kirchlichen Schulmeinung im späten Mittelalter.

Der Schadenzauber, das »maleficium«, war nach Döbler »alles, was angeblich mit Hilfe magischer Praktiken an Schaden angerichtet wurde – wobei wiederum ein Schaden, den man sich nicht erklären konnte, meist aus solchen Ursachen erklärt wurde«. Die spätmittelalterliche Kirche glaubte fest an die Wirksamkeit des Malefiziums, Thomas sah in Zweifeln an seiner Realität einen Verstoß gegen den wahren Glauben und die Autorität der Heiligen. Neben der Faszination nannte er die Vergiftung von Mensch und Tier (veneficium), das Loswerfen mit magischer Fernwirkung (sortilegium), die Beschwörung (incantatio), das Nestel-knüpfen, die Anfertigung von wächsernen Bildern und Statuetten. Beim Bildzauber wurde eine Wachsfigur oder eine kleine Puppe modelliert, eventuell vermengt mit Fin-gernägeln des Opfers, mit Haar oder Blut, und auf dessen Namen getauft. Zauberer oder Zauberin bohrten eine Na-del in das Abbild, und der getroffene Körperteil erkrankte. Papst Johannes XXII. (1316–1334), der sich und andere ständig durch Zaubereien bedroht fühlte, bezog sich in sei-nen Erlassen des öfteren auf diese Wachsfiguren, due »en-vouter«.

Uns Heutigen mögen diese Vorstellungen vom Schaden-zauber absurd erscheinen, in vorindustriellen Gesellschaf-ten, geprägt von ganz anderen Anschauungen über Krank-heitsursachen und Tod, wurzelten sie tief im Bewußtsein der Menschen.

Betrachtet man die herzogliche Instruktion über Agnes Ber-nauer unter dem Gesichtspunkt des Schadenzaubers, so er-gibt sich eine interessante, ja wesentliche Feststellung. Aichstetter sollte berichten, Albrecht sei beladen gewesen »mit einem poesn weyb und daz sey seinem sun so hart und so streng gewesen, daz man daz mit wenig worten nit ausgesprechen kund. ez sey auch sein sun in drein oder vier jarn nie recht froelich gewesen, er hab auch seines Su-nez leben vor ir besorgt ...«

Siegmund Riezler meinte dazu: »Die Wahrheit läßt sich hier ungefähr erraten: der Widerstreit zwischen der Liebe zu seinem Weibe einerseits, den Mahnungen des Vaters und mancherlei Anfechtungen andererseits mag dem jungen Herzoge schwere Stunden bereitet haben; der Agnes wur-de angesonnen, diesen Conflikt zu lösen, indem sie den Ansprüchen auf ihren Gatten entsagte; daß sie darauf nicht einging, war ihre Härte und Strenge.«

Riezlers Interpretation entbehrt zwar nicht einer gewissen Glaubwürdigkeit, dennoch greift sie wohl zu kurz. Die

Härte und Strenge, die Agnes vorgeworfen wurden, beziehen sich wohl insgesamt auf die außerordentlich enge, jahrelange Bindung, die das »böse Weib« ihrem Gatten angeblich auferlegt hatte. Härte und Strenge schließen so formuliert auch Schädigung mit ein, eine Schädigung, die sich in der Behauptung konkretisiert, Albrecht sei drei oder vier Jahre lang nie recht fröhlich gewesen. Aus dem einst frohen, lebenslustigen, dem Vergnügen holden Fürsten war also ein Mensch geworden, der sich in seinem Wesen verändert hatte, der schweren Eindrücken nachhing und sich nicht erfolgreich dagegen wehrte. Damit ist Melancholie bezeichnet, uns bekannt als eines der vier Temperamente. Seit alters her wurde Melancholie aber auf Verzauberung zurückgeführt, oder das Einwirken böser Geister, die den Menschen unsichtbar umschweben. Wesensveränderung galt als Krankheit, erklärbar durch das Einwirken gottloser Menschen, die durch ihre Zauberei die menschlichen Gemüter nach ihrem Wunsch umwandelten. In einem englischen Handbuch für Friedensrichter wurde als erstes glaubhaftes Anzeichen für Hexerei gesehen, »wenn ein gesunder Körper plötzlich ... ohne einsichtigen Grund oder natürliche Ursache von einer Krankheit ergriffen wird«.

Wenn praktisch jedes Unglück dem Magischen zugeordnet werden konnte, dann nicht zuletzt Verdüsterungen des Wesens, ungewohntes Verhalten, scheinbare Veränderungen der Persönlichkeit. Der jüngere Michael Constantinus Psellus (gestorben um 1106), der bedeutendste theologische Schriftsteller der griechischen Kirche im Mittelalter, sah die Ursache für viele Besessenheiten und deren Folgen, den Wahnsinn, im Wirken von Dämonen. Diese suchten, da von Natur aus kalt, gern Lebenswärme in menschlichen und tierischen Körpern, in die sie eindrangen. Und nicht zuletzt trieben sie sich in den Badestuben herum! Solche Alpdämonen, die in männliche Körper schlüpften, hießen Incuben, weibliche Succuben. Johann Nider berichtete, daß sich eine der zahllosen Dirnen, die während des Konzils die Stadt Konstanz bevölkerten, als ein solch teuflisch beherrschtes Weib entpuppte.

Wirkte Agnes Bernauer nach Ansicht ihrer Gegner als Succubus auf Albrecht ein, als schadenzaubernder weiblicher

Dämon, der im Bad, in seiner ureigensten Sphäre, den hohen Herrn in magischen Bann gezogen hatte, ihn nicht mehr losließ und ihn in den Zustand der Melancholie trieb? Die Annahme ist jedenfalls nicht von der Hand zu weisen.

Der Vorwurf des Schadenzaubers wird durch die Fortsetzung der Instruktion deutlich verstärkt: »er hab auch seines sunez leben vor ir besorgt«. Herzog Ernst sah also das Leben seines Sohnes durch die Bernauerin in Gefahr. Der Vorwurf des Maleficiums wurde bis zur letzten Konsequenz ausgeweitet. Vom Verdacht der Liebeszauberei durch eine Magierin über den gemütsschädigenden Zauber, den sie erbarmungslos und hart ausübte, zieht sich eine klare Linie der Beschuldigung bis zur tödlichen Bedrohung des Opfers Herzog Albrecht von Oberbayern-München durch die Augsburger Baderstochter.

Nicht genug damit. Herzog Ernst ließ seinen Schreiber weiter an den Kaiser berichten: »dar zuo was im auch ware kuntschaft koemen, daz sy im, auch dem eltern seines pruoder sun wolt vergeben haben«. Unter »vergeben« ist nach übereinstimmender Forschungsmeinung »vergiften« zu verstehen. Agnes Bernauer wurde demnach eines Giftmordversuchs beschuldigt, und zwar gegen Ernst und Wilhelms Sohn Adolf, geboren am 7. Januar 1434.

Schon in den Strafbestimmungen des römischen Rechts gegen Zauberei fand Giftmord einen ausdrücklichen Niederschlag. Die Verbindung von Giftmischerei und Zauberei galt als naheliegend, beide entsprangen Quellen heimlicher, nicht klar entdeckbarer Schädigungen. Eine Rechnung des Richters Daniel von Enn im Bozner Unterland aus dem Jahre 1296 wegen der Hinrichtung von zwei zauberischen Frauen bezieht sich vermutlich auf einen Giftmordprozeß. Vorbilder waren vor allem in den oberitalienischen Städten zu finden. 1290 hielt sich Erzbischof Rudolf von Salzburg in Erfurt auf, um Streitigkeiten mit Herzog Albrecht von Österreich beizulegen. Plötzlich verstarb er. Das Gerücht der Vergiftung durch Zauberei breitete sich aus. Nach dem Reimchronisten Ottokar erlag der Erzbischof einem vergifteten Schuh. Um 1436 wurde in Osnabrück eine Frau der magischen Vergiftung des Bischofs Johann verdächtigt.

Giftmord zählte zur Zauberei, und die Angst davor wuchs, je übertriebenere Vorstellungen von den Wirkungen und Möglichkeiten giftiger Substanzen kursierten. Um 1500 schien es etwa durchaus möglich, einem Menschen einen vergifteten Brief zu schicken und ihn durch die Berührung des Papiers zu töten.

Die Bezichtigung des Giftanschlags entbehrt gerade im Fall Agnes Bernauer nicht einer inneren Logik. Herzog Ernst war alt und gebrechlich; konnte ein solcher Zustand nicht durch zauberischen Einfluß der Bernauerin gefördert worden sein? Und der kleine Herzog Adolf? Er galt als so schwächlich, daß man im Freudengeläute über seine Geburt bereits die Totenglocke ahnte. Zauberei und Kränklichkeit von Kindern lagen im Aberglauben eng beieinander. Ein Kind konnte magisch beeinflußt sein, wenn es schlecht aussah, fortwährend gähnte, nieste, die Brust nicht nehmen wollte, oder wenn man beim Lecken der Stirn einen salzigen Geschmack spürte usw. Ein Zusammenhang zwischen der Hinfälligkeit des Prinzen und schädlichen Nachstellungen durch seine Tante war leicht zu konstruieren. Konnte Agnes Bernauer ihre Position nicht am einfachsten behaupten, wenn sie mangels anderer Mittel zu zauberischem Gift griff, um das Kind Wilhelms III., immerhin ein potentieller Thronfolger neben Albrecht, aus dem Weg zu räumen, zusammen mit einem Schwiegervater, der die Ehe seines Sohnes mit einer Baderstochter bekämpfte und nach damaligen Maßstäben bekämpfen mußte?

Zauberin oder Hexe?

War Agnes Bernauer eine Zauberin oder eine Hexe? Diese Frage ist nicht einfach zu beantworten, ist abhängig von Begriffsdefinitionen und historischen Zuordnungen. Die volkstümliche Gestalt der Hexe ist universal. Sie tauchte in der Dämonologie des römisch-griechischen und orientalischen Altertums ebenso auf wie bei Kelten, Germanen und Slawen. Im Volksglauben stand »Hexe« für eine Frau, die über Zauberkräfte verfügte und oft mit dem Teufel einen

Bund geschlossen hatte. »Hexe« war mehr oder weniger ein Sammelbegriff, der sich aus den alten, volksmäßigen Vorstellungen von Zauberern und Gespenstern entwickelt hatte. Die neuere amerikanische und französische Forschung unterscheidet noch heute nicht streng zwischen Zauberei und Hexerei. Sie sieht in der Hexenlehre nur die Interpretation der Zauberei als teuflische Hexerei durch die gesellschaftlichen Führungsschichten des Spätmittelalters und der Neuzeit. Die deutsche Forschung geht im wesentlichen von einem geschlossenen Hexenbegriff aus. Sie spricht von »Hexen«, wenn vier Elemente erkennbar sind: Ein Pakt mit dem Teufel, der Vollzug dieses Paktes in Form einer Eheschließung durch Geschlechtsverkehr mit dem Höllenfürsten, alle Fälle von Schadenzauber und als folgenschwerster Tatbestand die Teilnahme am Hexensabbat. Bestimmend sei dabei der kollektive Charakter des Hexenwerkes. Schadenzauber konnte vom einzelnen praktiziert werden; Versammlungen auf dem Blocksberg, Walpurgisnacht, Teufelstänze usw. verdeutlichten dagegen den Gruppen- und Gemeinschaftsaspekt der Hexerei. Reiner Schadenzauber, ohne Teufelspakt und Hexensabbat bleibt deshalb für die meisten deutschen Hexenforscher im Bereich der traditionellen Magie und kann nicht als wirkliche Hexerei gelten. Folgt man dieser Definition, wäre Agnes Bernauer »nur« der Zauberei bezichtigt worden, nicht der Hexerei.

In der fraglichen Zeit waren die Bezeichnungen für Magier, Zauberer, Hexen noch sehr schwankend. Noch Melchior Goldasts Namenliste aus dem 17. Jahrhundert zeigt diese Unschärfe in der genauen Benennung. Zwar tritt das Wort »Hexe« nach 1293 in der »Martina« des Deutschordensritters Hugo von Langenstein und in manch anderen literarischen Werken auf, zum Beispiel in Heinrich Wittenwilers »Ring« aus der ersten Hälfte des 15. Jahrhunderts. Allgemeine Verwendung fand es aber erst im Laufe des 17. Jahrhunderts und im 18. Jahrhundert. Die älteste nachweisbare Verwendung stammt aus einer Luzerner Prozeßakte von 1419, als ein Mann namens Gögler Urfehde schwor, »von etwas red umb hexereye wegen, darumb er gevoltert und nit schuld uf im funden wart«.

Einen entscheidenden Anteil an der Ausgestaltung eines spezifischen und entwickelten Hexenbegriffes hatte die christliche Kirche des Mittelalters. Schon die frühe Kirche kannte den Dämonenglauben, betonte aber die Sicherheit Christi gegenüber Teufel und bösen Geistern. Der Glaube an Besessenheit, die unfreiwillige Inbesitznahme durch einen Dämon, stützte sich auf die Exorzismen Christi und der Apostel. Augustinus zweifelte nicht daran, daß Gottlose mit diabolischer Hilfe verderbliche, dem Menschen sonst nicht mögliche Malefizien ausübten. Er warnte ausdrücklich vor allem Zauberwerk, verwarf aber den Aberglauben, Heilungen durch Sprüche etc. herbeizuschwören. Überhaupt bemühte sich die Kirche in den folgenden Jahrhunderten, die Relikte des alten heidnischen Zauberglaubens zu beseitigen. Der hl. Bonifatius nannte im 8. Jahrhundert den Glauben an Hexen und Werwölfe unchristlich, Karl der Große setzte im neubekehrten Sachsen die Todesstrafe auf die Verbrennung von angeblichen Zauberern, im 9. Jahrhundert verwarf Erzbischof Agobard von Lyon die Annahme, daß sich schlechtes Wetter heranzaubern ließe. Der »canon episcopi« des 9. Jahrhunderts, Abt Regino von Prüm (um 906) und Bischof Burchard von Worms (vor 1022) mahnten eindringlich, dem Glauben an die Realität von Nachtfahrten zu und mit Dämonen energisch entgegenzutreten. Hexenritte, Luftfahrten, Verwandlungen in Tiere, Scheinleib und Geschlechtsverkehr mit teuflischen Wesen wurden für unmöglich erklärt. Allerdings war insgesamt die Haltung der Priesterschaft nicht einheitlich. Der Glauben an Magie fand keine grundsätzliche Verurteilung. Das Dekret Gratians verdammte Wahrsager und Zauberer und schlug sie in den Bann der Exkommunikation.

Daß Zauberglaube auch Männern der Kirche zur Lösung politischer bzw. dynastischer Fragen dienen konnte, beweist die Ehescheidung zwischen König Lothar II. und Teutberga. Waldrada, Lothars Konkubine, sollte den Herrscher durch Zauberkünste am Vollzug der Ehe mit seiner Gattin gehindert haben. Erzbischof Hinkmar von Reims diskutierte deshalb im Jahre 860 in einem Gutachten darüber, »ob die Ansicht vieler richtig sei, daß Frauen durch Malefizien unüberwindlichen Haß und geschlechtliches

Unvermögen zwischen Eheleuten und unsägliche Liebe zwischen Männern und Weibern hervorrufen könnten«. Hinkmar bejahte und stützte sich auf die mögliche Verbindung des Menschen mit Teufeln. Andererseits wurde bis zum Ende des 12. Jahrhunderts der Glaube an Magie und Zauberwerk von der Kirche immer wieder als Sünde bekämpft. Im 11. Jahrhundert hatte es König Coloman von Ungarn abgelehnt, sich mit Zaubereivergehen zu befassen, »da es sie nicht gibt«.

Ab 1183 vollzog sich dann eine vollständige Kehrtwendung. In diesem Jahr trafen sich Kaiser Friedrich II. und Papst Lucius III. in Verona. Sie erörterten theoretische Grundlagen und praktische Verfahren gegen die südfranzösischen Ketzer. Jetzt ging es nicht mehr um die Bestrafung des Aberglaubens und ursprünglich heidnische Gedanken, vielmehr begann der Angriff gegen Ketzer, Zauberer und Teufelsbündner selbst. Mit dem 13. Jahrhundert verfiel Europa in eine allgemeine Angst vor den Mächten des Teufels und seiner Genossen auf Erden, die durch einen Vertrag mit Beelzebub die Zauberei erlernten und damit schlimmsten Verrat am christlichen Glauben begingen. Vom Teufel gegen Einsatz ihres Seelenheils mit übernatürlichen Kräften ausgestattet, konnten und mußten die bösen Männer und Frauen den übrigen Menschen bei jeder sich bietenden Gelegenheit größtmöglichen Schaden zufügen. Das Malefizium setzte also den Pakt zwischen der Hexe und ihrem höllischen Herrn voraus, im Anzaubern von Krankheiten fand sich daher stets eine mittelbare Spur des allgegenwärtigen Teufels. Noch gab es kein vollständiges System der Hexenlehre, der Weg dazu war jedoch bereitet.

1206 wurde der Orden der Dominikaner gegründet, mit der neuen Kongregation erwuchs der Kirche ein wirkungsvolles Instrument für das Aufspüren und Vernichten der Teufelsfreunde. Von 1229 bis 1232 richtete die Kirche jenes Amt ein, das Papst Gregor IX. den Dominikanern übertrug, das heilige Amt der Inquisition ketzerischer Schlechtigkeit. Der größte Sohn des Ordens, Thomas von Aquin, wurde in der zweiten Hälfe des 13. Jahrhunderts der Begründer der dämonologischen Wissenschaft des Spätmittelalters. Im Gegensatz zu den früheren Auffassungen eines Abogard,

Burchard von Worms oder John of Salisbury proklamierte Thomas die Ablehnung der Realität der Magie als Glaubensschwäche: »Katholische Auffassung ist, daß die Teufel durch ihre Tätigkeiten Schaden anrichten können und die fleischliche Verbindung verhindern.«

Die Buhlschaft mit dem Teufel war für ihn Wirklichkeit. Weil aber mit dem Teufelsbündnis die Verleugnung Gottes und des katholischen Glaubens Hand in Hand ging, wurde die hexerische Zauberei zu einer Art des schwersten Übels, der Ketzerei. Der besondere Verbrechensbegriff war das »maleficium«, verknüpft mit kollektiver Verehrung des Teufels, mit Hexenfahrten und Hexensabbat. Zwar gab es immer wieder skeptische Stimmen, aber insgesamt folgte die Kirche der scholastischen Philosophie, den Worten des hl. Thomas von Aquin, des »Doctor angelicus«. Mit Recht wurde deshalb festgestellt, daß »die Geißel der Hexenverfolgung demnach von der Theologie der christlichen Kirche geflochten worden« ist (Joseph Hansen).

Zu Beginn des 14. Jahrhunderts strömte eine Flut von Erlassen und Instruktionen über die Christenheit, in denen die Magie in allen Erscheinungsweisen verdammt wurde. Besonders eifrig trieb Papst Johannes XXII. die Inquisitoren an, vor allem durch seine Bulle »Super illius specula« von 1320. In den Gegenden von Toulouse und Carcassonne trat zwischen 1330 und 1340 zum erstenmal der Teufelssabbat in den inquisitorischen Prozessen als Anklagepunkt auf. Um 1400 war der Teufel in das Zentrum der gesamten Beschäftigung mit dem Dämonischen gerückt. Fast jedermann glaubte an ihn und seine zahllosen Werke und Verbündeten in der Welt.

Um 1430 waren bereits alle Bestandteile für das spätere geschlossene System der Hexenlehre vorhanden, nicht zuletzt in den Arbeiten des Johannes Nider. 1437 bekräftigte Papst Eugen IV. in einem Schreiben an sämtliche Inquisitoren die Aufforderung zur strengsten Verfolgung der Zauberei. 1456 veröffentlichte Dr. Johann Hartlieb in seinem »Buch aller verbotenen Kunst, Unglaubens und der Zauberei« die gängigen Zaubertheorien. Auch er, der vielgereiste Arzt, Diplomat, Humanist und Literaturkenner, zweifelte keineswegs an Teufelsbündnis und Teufelsverschreibung.

1458 erschien eine Zusammenschau der Dämonologie durch den nordfranzösischen Inquisitor Nikolaus Jacquier. Zu einem großangelegten System gerieten Hexenwesen und Hexenverfolgung schließlich durch die Bulle »Summis desiderantes affectibus«, von Papst Innozenz VIII. am 5. Dezember 1484 verkündet, und die Ermächtigung der Inquisitoren Institoris und Sprenger zur Anwendung des kirchenrechtlichen Inquisitionsverfahrens gegen Hexerei. Aus den Studierstuben der beiden deutschen Dominikaner Heinrich Institoris und Jakob Sprenger kam 1486 jenes fürchterliche Schriftwerk, welches das christliche Abendland endgültig in den Taumel des Hexenglaubens stürzen sollte: Der »Hexenhammer«, der »Malleus Malificarum«. In ihm schlossen sich alle früheren Elemente zu einem weitauslegenden Muster zusammen. Die Verbindung des weiblichen Geschlechts mit Zauberei und Hexerei geriet auf einen schlichtweg abstrusen Höhepunkt. Die Verfasser behaupteten, auf zehn Weiber komme nur ein Mann, der dem Hexenwesen, diesem schändlichsten aller Verbrechen, verfallen sei. Für Sprenger und Institoris schien der Zusammenhang schon im lateinischen Wort für Frau sichtbar. »Femina« gaben sie als Zusammensetzung des spanischen »fe« (Glaube) mit dem lateinischen »mina« wieder; die Frau wurde also die »Weniger-Glaubende«. Ein Teufelskreis schloß sich – ausgerechnet durch Männer, die den Teufel in allerchristlichstem Glauben auszutreiben meinten.

In der Systematik der beiden Inquisitoren fanden die kollektiven Momente des Hexenwahns ihren festen Platz, die Schadenzauberprozesse gegen einzelne weiteten sich zur Verfolgung ganzer Gruppen aus. In den Mittelpunkt der Hexenvorstellung rückte das schädigende Maleficium. Wie vormals die Zauberer galten jetzt die Hexen als Ketzer, denn die Fähigkeit zur magischen Schädigung setzte den Teufelspakt voraus, was wieder Abfall von Gott bedeutete. Alles in allem stellte jedoch der »Hexenhammer« wohl nur den Abschluß einer langen Entwicklung dar, war nicht so neu, wie Riezler in seiner Arbeit über die Hexenprozesse in Bayern annahm. Nach Friedrich Merzbacher zeigte sich der »Malleus Maleficarum« als der »Schlußstein eines Baues, an dem viele Jahrhunderte gearbeitet haben. Seine Verfasser haben lediglich eine Übersicht des bis dahin vorhandenen einschlägigen Schrifttums gegeben.«

Stand nun Agnes Bernauer unter dem Verdacht der Zauberei oder schon der Hexerei im Sinne des entfalteten Begriffs? Tatsächlich findet sich von einem Kollektivverbrechen, von Luftfahrt oder Hexensabbat keine Spur in der herzoglichen Instruktion oder in späteren Chronistenberichten. Eine Konzentration solcher Vorwürfe war auch gar nicht notwendig, um über die illegitime Gattin Herzog Albrechts den Stab zu brechen. Für das Verständnis des Falles ist es aber sicher hilfreich, die geistige Disposition der Zeit zu berücksichtigen, den allgemein verbreiteten Glauben an die Wirksamkeit dämonischer Kräfte, die Zauberei im Dienste des Teuflischen. Wenn auch noch die systematische Lehre fehlte, die Dämonologie stand an der Schwelle der Hexenlehre, die Einzelteile waren bekannt und anwendungsfähig. Ein entscheidender Aspekt wurde jedenfalls gegen Agnes Bernauer gerichtet: die Anklage des Schadenzaubers, des Maleficiums.

Zauberei als Erklärungsmodell

In der Instruktion rechtfertigt sich Herzog Ernst: »und do sich die sach also in posshayt verlengot und dar inn kain ab lassen verstuonden und ye lenger ye mer uebels dar aus gieng, hab er daz selbig weyb ertrencken lassen«.

Die Affäre zwischen Albrecht und Agnes hatte sich demnach in Bosheit hingezogen und verlängert, ein Ende war nicht in Sicht, denn Agnes ließ nicht von ihrem Einwirken auf Albrecht ab; es entstand immer mehr Übel und so ließ Ernst das Weib ertränken. Der Zusammenhang zwischen Bosheit, Schrecken, Zügellosigkeit und zauberischer, hexender, schädlicher Frau tritt in den Mythologien der meisten Gesellschaften zutage. Ernsts Hinweis auf die »posshayt« veranlaßte sicher bei den Zeitgenossen entsprechende Assoziationen. Das Dingfestmachen des Bösen an einer Person, einer Zauberin, entsprach dem mittelalterlichen Denken. Der Dualismus von Gut und Böse, von Hell und

Dunkel lag ihm zugrunde, seit dem 12. Jahrhundert verstärkt durch den Einfluß der Katharer. Er entsprang dem Mythos, daß früher einmal alles gut, einig und harmonisch gewesen sei, dann aber Zwietracht, Entfremdung und Bosheit diese Harmonie zerstört hätten. Für ungewöhnliche, aus der Sicht des Klägers schädliche Ereignisse ließen sich Interpretationsvorlagen finden, die der kulturellen Überlieferung entstammten, im Falle der Bernauerin dem Aberglauben und dem Zauberwesen. Die Vorwürfe gegen Agnes waren fest im Denksystem des späten Mittelalters verankert, waren also nicht nur als individuelle Erklärung ihres Widersachers oder als Ausrede und beschönigende Ausflucht zu vermitteln, sondern erschienen vor dem Hintergrund des gesamten kulturellen und sozialen Systems als durchaus folgerichtig.

In einer Zeit, in der jedermann, vom Papst, Kaiser und König über die Gelehrten bis zum einfachsten Bauern, Angst vor dämonischen Einwirkungen böser Menschen empfinden konnte, stand Zauberei stets als Erklärungsmodell für Vorgänge zur Verfügung, die außerhalb der gesellschaftlichen Norm lagen, ja diese Norm sogar in Frage stellten und angriffen. Auf der Suche nach den Schuldigen boten sich im Mittelalter neben den Juden die Magier und Häretiker an, denn sie waren die auffälligsten Nonkonformisten, Außenseiter der Gesellschaft und damit leicht zu Sündenböcken für Mißstände zu stempeln. Daß die Ehe zwischen Agnes und Albrecht aus der Sicht des Adels eine soziale Norm bedrohte, ist selbstverständlich. Daß Agnes als Schuldige betrachtet wurde, überrascht nicht. Als ehemalige Angehörige der Unterschicht und unerwünschte Aufsteigerin war sie ohnehin einem erhöhten Zaubereiverdacht ausgesetzt. In vielen historischen Situationen spiegelten Magiebeschuldigungen Spannungen zwischen verschiedenen Gruppen innerhalb einer Gesellschaft wider, wurden sie zu Mitteln der sozialen Kontrolle. In den entsprechenden Prozessen standen viel häufiger kleine Leute vor Gericht als Mitglieder privilegierter Stände. Die Richtung der Zaubereiprozesse auf den ärmeren und ärmsten Teil der Gesellschaft war unverkennbar. Angehörige der adeligen Führungsschicht konnten mit größtem Verständnis bei ihresgleichen, und nicht nur bei diesen, rechnen, wenn sie ordnungsstörende Elemente aus der Unterschicht der Zauberei anklagten. Für die Widersacher der Bernauerin dürfte dieser Erklärungsversuch deshalb in besonderem Maße plausibel gewesen sein.

Natürlich dienten allgemeine Ideologien wie der Zauberglauben auch dem persönlichen Mißbrauch. Man beschuldigte jemanden als böses Weib oder als Hexer, weil man sein persönlicher Feind war. Haß, Rachsucht und Vernichtungswille hatten freies Spiel, wenn man erfolgreich verdächtigte. Nebenbuhler und Gegner aller Art fielen einer geschickt inszenierten Anklage ohne große Mühe des Klägers zum Opfer. Auch dafür liefert der Fall Agnes Bernauer ein augenscheinliches Beispiel. Es liegt nahe, in Ernsts Mord an der Schwiegertochter und den Erklärungsversuchen der Instruktion eine Abrechnung zu sehen, die mit dem Mantel der Zaubereibeschuldigung zugedeckt werden sollte. Die Anklagepunkte waren dann entweder unredlich oder Ergebnisse einer nur zu gern hingenommenen Selbsttäuschung. Doch war die hinterhältige und falschzüngige Verdächtigung eben deshalb möglich und zeugnisfähig, weil sie für die Zeitgenossen als nicht ungewöhnlich erscheinen mußte. Zur Beseitigung mächtiger Gegner oder gefährlicher Personen im Bereich der Politik ließ sich der Hexenwahn stets einsetzen. Eine solche Funktion erfüllte er beispielsweise im Frankreich des 14. und 15. Jahrhunderts. Beides ist demnach denkbar: Eine wirkliche Überzeugung Herzog Ernsts von den Malefizien der Agnes oder der brutale, rein machtpolitisch motivierte Vorwand. Außerdem ist eine Verbindung von Glauben und Berechnung nicht auszuschließen, ja vielleicht in jener Epoche die Normalität.

Weitere interessante Hinweise zum Verständnis des Bernauer-Dramas liefert der sogenannte funktionale Erklärungsansatz der modernen Hexenforschung. Zauberer oder Hexen und ihre Beschuldiger sind demnach Individuen, die sich eigentlich mögen sollten, dies aber nicht tun. Meist findet sich der Grund im Konflikt zweier Verhaltensnormen, die miteinander kollidieren. So kann zum Beispiel die Religion gegenseitige Achtung, Freundschaft und Liebe vorschreiben, die wirtschaftliche, politische oder familiäre Situation hingegen treibt das tatsächliche Verhältnis zweier Menschen zueinander bis zum physischen Vernichtungsversuch. Hexenanklagen dieser Art sind also nicht nur Produkte eines Konflikts schlechthin, gar eines größeren sozialen Konflikts, sondern vollziehen sich in der engen Verflechtung einer kleinen Gruppe, auf der Basis unmittelbarer Beziehung, von Angesicht zu Angesicht.

Nicht zuletzt können verwandtschaftsbezogene Situationen Magie- und Schadenzauberverdacht hervorbringen, etwa zwischen Schwiegermutter und Schwiegertochter. Sieht man das Verhältnis der Bernauerin zum herzoglichen Haus Oberbayern-München nicht nur als ein politisches, sondern als familiäres, das Familienleben des Herzogs Ernst höchst störendes und gefährdendes, dann ergibt sich eine weitere logische Erklärung für das Vorgehen Ernsts: Wie sollte er die ungeliebte Schwiegertochter loswerden, die enge Verbindung, die so fest hielt, endlich auflösen? Die Anklage des Schadenzaubers war da ein probates Mittel, denn schon bei den Römern galt Magie als Ehescheidungsgrund, und auch im Mittelalter hob der Einfluß von Zauberei die Unauflöslichkeit der Ehe auf, weil das zauberische Weib durch seine Verbindung mit teuflischen Mächten den göttlichen Bund der Ehe zerstört habe.

Schließlich die sogenannte »Gesichtswahrungsfunktion« des Zaubereiverdachts. Oliver Cromwells royalistische Gegner verbreiteten das Gerücht, er habe am Vorabend der Schlacht von Worcester einen Pakt mit dem Teufel geschlossen, der ihm den Sieg bescherte – nur ein Beispiel für die Neigung gescheiterter Politiker und Staatsmänner, den Erfolg ihrer Feinde mit dem Beistand Luzifers zu begründen und das eigene Scheitern zu rechtfertigen. Und Herzog Albrecht? Er war »beladen mit einem bösen Weib«. Diese Behauptung der Instruktion unterdrückt jede Aktivität von seiten Albrechts, bringt ihn in die Position des Opfers, des unschuldigen Opfers, wenn er einer Zauberin und ihren übermenschlichen Kräften erlag. Die Beschuldigung der Bernauerin wurde zur Rechtfertigungsideologie für das Verhalten des Fürsten, konnte dessen Stellung und sein Gesicht vor den Augen der kaiserlichen Majestät wahren helfen.

Zauberei und Strafrecht

Joseph Hansen teilte die Zauberer- und Hexenverfolgungen in drei große Abschnitte ein. Die erste Phase erstreckte sich von etwa 400 bis 1230, bis zur wissenschaftlichen Formulierung der Dämonologie durch die Scholastik. Eine zweite umfaßte den Zeitraum zwischen 1230 und 1430 mit der Fundamentierung des Begriffs der hexerischen Zauberei und den schweren Ketzerverfolgungen. Eine dritte schloß sich bis 1540 als Beginn der systematischen Hexenprozesse durch Kirche und Staat an, die erst im 18. Jahrhundert ihr Ende fanden.

Bereits im heidnischen Altertum war Zauberei bestraft worden und zwar mit dem Tod, allerdings nur die schädliche, das Malefizium. Die christliche Synode von Elvira verordnete im Jahre 306 für Tötung durch Schadenzauber strengste Bestrafung und Verweigerung des Abendmahls selbst auf dem Totenbett, weil ein solches Verbrechen ohne Götzendienst (Idolatrie) nicht möglich sei. Das frühe Mittelalter war mit der Todesstrafe zurückhaltend. Vor 800 sah die kirchliche Gesetzgebung für Giftmischerei, Wettermachen und Zauberei Bußen bis zu sieben Jahren vor. Unter den Karolingern sollten magieverdächtige Frauen bei bischöflichen Visitationen lediglich aus dem Pfarrbezirk gewiesen werden, später Irrende durch bessere Unterrichtung und Belehrung auf den richtigen Weg gebracht werden. Im salischen Recht stand auf Giftanschlag und Zauberei, die das Opfer nicht töteten, die Buße für Lebensgefährdung; im ribuarischen Recht des halbe Wergeld, wenn der Körper des Verzauberten Spuren der Beeinflussung zeigte; im bayerischen Recht eine hohe Geldstrafe bei erfolglosem Vergiftungsversuch. Die Schadensverursachung galt nach altem deutschem Recht als unabdingbare Voraussetzung für ein Todesurteil. Auch die Kirche verhielt sich maßvoll. Papst Gregor II. wies z. B. seine Nuntien in Bayern an, die dort noch heidnisch verwurzelten Traum- und Zeichendeutereien, die Zauber- und Beschwörungsformeln, die Zauberkünste der Wahrsager und Loswerfer zu verbieten. Die bayerische Kirchensynode von Reisbach 799 ordnete an, gegen Wahrsager und Wettermacher vorzugehen, durch sorgfältige Untersuchung die Delinquenten zum Geständnis zu bringen und sie bis zum Gelöbnis der Besserung einzusperren. Vom Fanatismus späterer Jahrhunderte war noch nicht viel zu spüren.

Die Verschärfung der Zaubereibekämpfung im kirchlichen Rechtsdenken fand dann ihren Niederschlag in den deutschen Rechtsbüchern des Mittelalters. Im Reichslandfrieden König Heinrichs VII., der »Treuga Heinricii« von 1224, erlassen in Würzburg, wurde erstmals die Bestrafung der Zauberei in die Ermessensfreiheit des Richters gestellt. Der Sachsenspiegel (1220–1235) Eike von Repgows, eine Zusammenfassung des altsächsischen Stammesrechts, stand gerade bei der Ahndung von Zaubereidelikten unter kirchlichem Einfluß. Als erstes weltliches Rechtsbuch verdammte es Zauberei als Ketzerei, als Teufelswerk. Der Schuldige demonstrierte den Abfall vom rechten Glauben und sollte auf dem Scheiterhaufen enden. Der süddeutsche Schwabenspiegel (um 1275) definierte jegliche Zauberei als Teufelspakt, noch ohne die ausgesprochene Teufelsbuhlschaft, und forderte die Todesstrafe. Aufgrund ihrer großen Verbreitung übten die Rechtsbücher wohl beträchtliche Wirkung auf die Entwicklung der Strafjustiz bei Zauberei und Hexerei aus.

Doch wurde noch in den folgenden Jahrhunderten nicht jeder magische Rechtsbruch mit dem Tod gesühnt. Die Auslegung durch die weltlichen Gerichte war breit, ein Ermessensspielraum der Richter durchaus vorhanden. Ein Privilegium des Grafen Friedrich von Ortenburg an das Kloster Millstatt 1397 erkannte zum Beispiel in der Zauberei ein todwürdiges Verbrechen. Die berühmte »Constitutio Criminalis Carolina« Kaiser Karls V., beschlossen auf dem Reichstag zu Regensburg 1532, sah neben der Hinrichtung viele andere Arten der Bestrafung vor, insbesondere den Staupenschlag, ewiges Gefängnis, ewige und zeitliche Landesverweisung, öffentliche Buße, Leistungen an die Kirche und Konfiszierung der Güter der zauberischen Personen. Vor allem war darauf zu achten, daß kein Übeltäter, »er sei groß oder klein«, ungeschoren blieb. In Artikel 109 der »Carolina« hieß es: »So jemand den Leuten durch Zauberey schaden oder nachtheil zufüget, soll man ihn straffen vom

232

Leben zum Tode, und man soll solliche straff mit dem Fewer thun. Wo aber jemand Zauberey gebraucht, und darmit niemand schaden gethan hat, soll sonst gestrafft werden, nach gelegenheit der Sach ...«

Eine Reihe von Gerichtsverfahren des 15. Jahrhunderts belegt die differenzierte Bestrafung der Zauberei schon vor der »Carolina«. 1406 wurde z. B. in Nürnberg ein Mädchen auf ewig aus der Stadt verwiesen, weil es »dem Hanse Lauenstein ein pulfer geben hat, daz er sie liep solt haben«. Ebenso erging es der Frau, die ihr »daz pulvert geleit hat«. 1407 erregte in Basel ein großer Zaubereiprozeß gegen eine Anzahl von Frauen aus dem Kreise des städtischen Patriziats Aufsehen. Die Überführten wurden auf immer aus dem Burgfrieden verbannt. Dieselbe Strafe verhängte das Ratsgericht 1414 über eine Ärztin und 1416 über zwei andere Frauen.

1417 fand in Landshut ein Prozeß gegen ein »sakrilegisches Weib« statt, wohl wegen Wahrsagens oder abergläubischer Heilkunst. Die Pfarrherren sollten im Einvernehmen mit den Stadtbehörden dieses Weib belehren und sie ihre Irrtümer öffentlich abschwören lassen. Außerdem bekam sie eine zweijährige Kirchenbuße auferlegt. Sie mußte an bestimmten Tagen in Gegenwart einer größeren Volksmenge auf dem Kirchhof stehen, mit geschnittenem Haupthaar und entblößtem Oberkörper. Blieb diese Strafe erfolglos, traf sie die Exkommunikation, schwere Auspeitschung und Ausweisung aus der Stadt Landshut und der Diözese Freising. Das Urteil wurde in den Pfarreien der niederbayerischen Herzogstadt von den Kanzeln verkündet, der Umgang mit der zauberischen Frau verboten.

Eine erste Aufzeichnung eines sächsischen Verfahrens 1424 in Zwickau berichtet von einer Frau, die wegen »czubernisse und duberey« die Stadt nicht mehr betreten durfte. 1434 stand in Nürnberg eine Zauberin am Pranger, einen Teil der Zunge abgezwickt, mit einer bemalten Mütze auf dem Kopf.

Wer der kirchlichen Inquisition in die Hände fiel, hatte meist mit noch Schlimmerem zu rechnen. In den weltlichen Gerichtsverfahren war der Ausgangspunkt noch der alte Volksaberglaube gewesen, die Inquisition aber betrachtete

Zauberei, die Ausführung der Malefizien, als Ketzerei, als bewußtes Festhalten eines Getauften an einer Lehre, die dem Glauben der katholischen Kirche widerspricht. Sie faßte nach den Worten Soldans die Zauberei als die »praktische Seite der Ketzerei in ihr grimmiges Auge«. Der zauberische Mensch diente dem Widersacher Gottes, handelte in seinem Sinne und damit als Feind Gottes und der Religion. Seine Unschädlichmachung und Bestrafung waren göttliches Gebot und kirchliche Pflicht. Schon die Tatsache der Zauberei wurde zum Religionsdelikt, ohne Beachtung der wirklichen Schädigung.

Die Inquisitoren zogen biblische Vorschriften als Rechtsgrundlage heran, Stellen in Psalmen, der Apostelgeschichte und den Paulusbriefen. Vor allem wirkte immer wieder die Forderung Mose im 2. Buch des »Exodus« urteilsbegründend: »Die Zauberer aber sollst du nicht leben lassen.« Von den Dominikanern des 13. Jahrhunderts bis zu Luther und den anderen Reformatoren zog sich eine einheitliche Linie. Calvin formulierte beispielhaft mit Berufung auf Moses: »Diese Stelle verfügt Todesstrafe für Zauberinnen. Hierunter versteht Mose Weiber, die sich mit magischen, geheimnisvollen Künsten abgeben, um durch Beschwörung Schaden zu stiften oder auch um vom Satan Offenbarungen zu erhalten«, ferner: »Gott befiehlt ausdrücklich, daß alle Hexen und Zauberinnen zu Tode gebracht werden sollen, und dieses Gebot Gottes ist ein allgemein geltendes Gesetz.«

Das Zauberei- und Hexenverbrechen, das »crimen magiae«, verstieß gegen das zweite Gebot Gottes, war eine Beleidigung der Majestät des einen himmlischen Herrn, ein »crimen laese maiestatis divinae«. Es verletzte nicht nur weltliches und staatliches Recht, sondern stellte eine abscheuliche Sünde wider Gott dar, den höchsten Gesetzgeber, den »Legislator Summus«. Es ließ sich nicht in die gewöhnlichen Rechtsbrüche einreihen, die »crimina ordinaria«, sondern zählte wie Majestätsbeleidigung, Hochverrat, Falschmünzerei, Straßen- und Seeraub und Ketzerei zu den »crimina excepta«, zu den außerordentlichen Verbrechen, deren Sühne dem Richter außerordentliche Vollmachten eröffnen sollte. Kodifiziert im »Hexenhammer«, praktiziert seit der Scholastik, galt das »crimen magiae« außerdem als »crimen fori mixti«, es gehörte vor den geistlichen wie weltlichen Richter. Vor den geistlichen wegen des Frevels am wahren Glauben, vor den weltlichen wegen der an Menschen und Eigentum begangenen Missetaten. Mit Berufung auf die Verquickung der Tatbestände rief die Kirche die Unterstützung des weltlichen Rechts an, forderte die Bestrafung des »gemischten Verbrechens« vor dem geistlichen und weltlichen Richtschwert, nahm gemäß der Hierarchie der Verstöße gegen göttliches und menschliches Gebot sogar den Vorrang in der Bekämpfung und Ausrottung der Zaubereiverbrechen in Anspruch.

Freilich wurde die Überordnung der geistlichen Gerichte in Deutschland oft nicht anerkannt, entstanden Kompetenzstreitigkeiten. In Bayern befahl Herzog Otto II. um 1233 seinen Beamten, den Dominikanern zur Seite zu stehen. Die bayerische Landesgesetzgebung seit Kaiser Ludwig dem Bayern aber gewährte der römischen Inquisition und den Dominikanern keine Hilfe. Im Rechtsbuch Ludwigs fehlen Bestimmungen über Zauberei und Hexerei. Ludwigs gespannte Beziehungen zur Kurie mögen dabei eine Rolle gespielt haben. Seine Nachfolger hielten ebenfalls die päpstlichen Inquisitoren von Bayern fern. Allerdings war damit die Verfolgung von Zaubereidelikten vor den weltlichen Gerichten der wittelsbachischen Herzogtümer des 15. Jahrhunderts nicht ausgeschlossen, denn auch hier konnten der Schwabenspiegel und sein Verdikt über das crimen magiae zur Prozeßgrundlage werden.

Man sieht: Herzog Ernst und seine Räte hatten es leicht, aus dem Vorwurf der Zauberei die schwerste aller Strafen abzuleiten. Liebeszauber allein wäre vielleicht in den Augen der Zeit noch ein eher geringes Vergehen gewesen, der Schadenzauber, das an Albrecht tatsächlich verübte Malefizium jedoch rechtfertigte den Tod, nach weltlichem Recht und noch mehr nach kirchlichem. Die Bernauerin unterlag dem Verdacht des »crimen magiae«, das gleichzeitig als Majestätsbeleidigung Gottes interpretiert werden konnte. In diesem Fall war der Ermessensspielraum des Richters sogar eingeschränkt, denn die Begnadigung durch den Herrscher bezog sich auf weltliche Anklagen und Verbrechen.

Bei den Ketzer-, Zauber- und Hexenverbrechen, die sich gegen Gott selbst wandten, sollte das Gnadenrecht dem Fürsten verwehrt sein.

Politische Tat und Hochverrat

Die angeblichen Delikte der Bernauerin, die sich aus dem Schadenzauber entwickelten, erhielten durch die besondere Stellung der Opfer zusätzliches Gewicht. Es waren nicht einfache, »normale« Menschen, es waren Fürsten, denen ihre verbrecherischen Anschläge galten. Der Prozeß gewann damit eine politische Dimension auch in den Anklagepunkten. Die Verbindung von Politik und Zaubereiverdacht war nicht neu. Vor allem im 14. Jahrhundert wurden politisch mißliebige Personen und Außenseiter gerne zauberischer Malefizien bezichtigt. Frankreich lieferte dafür eine Reihe von Beispielen. Mögliche Parallelen zum Fall Agnes Bernauer sind sicher nicht zufällig, demonstrieren vielmehr den exemplarischen Charakter des bayerischen Vorfalls.

Zu den berühmtesten politischen Zaubereiprozessen zählt die Verfolgung des Ordens der Tempelritter. Im Oktober 1307 wurden die Tempelherren im ganzen Abendland durch kirchliches Verdikt verdammt, viele verhaftet, ihre Güter konfisziert. Mit der Bulle »vox in excelso« verfügte Papst Clemens V. am 22. März 1312 die Aufhebung der Gemeinschaft. Zwei Jahre vorher hatte König Philipp IV. von Frankreich schon zu einem großen Schlag gegen den mächtigen Ritterorden ausgeholt. Er ließ den Templern Zauberei vorwerfen, klagte sie wegen gotteslästerlicher Verehrung des »schwarzen Katers« an. 54 Ritter endeten auf dem Scheiterhaufen. Nach einem propagandistischen Schauprozeß fanden im März 1314 der Großmeister, der Großprior und alle übrigen Templer, deren man habhaft werden konnte, den Feuertod.

Auch für das frühe Ableben Philipps mußte Zauberei als Erklärungsversuch herhalten. Der königliche Minister und Gesandte Enguerrand de Marigny unterlag 1315 dem Verdacht, er habe den Tod des noch jungen Monarchen durch

236

verbotene Schwarzkunst verursacht. Seine Frau und seine Schwägerin hätten mit Hilfe eines Zauberers und einer Zauberin Wachsfiguren hergestellt, um Philipp umzubringen. Marigny starb am Galgen.

Nicht besser erging es Bischof Guichard von Troyes. Er stand ebenfalls wegen zauberischer Anschläge gegen das Königshaus vor Gericht. Er sollte in der Einsiedelei von Saint Flavit auf des Teufels Rat eine Wachsfigur modelliert und auf den Namen der französischen Königin Johanna von Navarra getauft haben. Danach hatte er nach Meinung der Urteiler, die ihn 1313 in den Tod schickten, mit einem Stichel den Kopf und andere Teile der Figur durchbohrt und aufgrund dieser und weiterer magischer Taten die Fürstin ermordet.

Mehr Glück hatte die Gräfin von Artois im Jahre 1317. Angeklagt, Liebestränke und Gifte durch eine Zauberin hergestellt zu haben, wurde sie vor Gericht freigesprochen. Besonderes Aufsehen erregte 1407 die Ermordung des Herzogs von Orleans in Paris. Der Franziskanermönch Petit hielt die Bluttat für rechtens und behauptete, der Herzog sei ein Tyrann und Verbrecher gewesen und habe dem König und seinen Kindern mit Getränken und Zaubereien, mit Gift und Dolch nachgestellt, um sich die Krone zu verschaffen. Vor dem Staatsrat verteidigte der Benediktiner Serisi den Verstorbenen und verwarf den Zaubereiverdacht. Denn Zauberei sei nur Lüge und bringe keine Wirkung hervor – eine bemerkenswerte aufgeklärte Stimme, doch eher die Ausnahme, nicht die Regel.

Im Normalfall erledigte eine Magieklage den Bezichtigten, ohne ihm eine nennenswerte größere Chance zu lassen. Für die Hofintrige war sie deshalb ein probates Mittel, etwa im Fall des Dr. Johann Lageret, Rat des Herzogs Amadeus I. von Savoyen, der wegen zauberischer Anschläge auf das Leben seines Herrn im Jahre 1417 hingerichtet wurde. Nicht zuletzt sei erinnert an das schmutzige Prozeßschauspiel gegen Jeanne d'Arc und ihre Verbrennung als Hexe und Ketzerin, weil sie die Niederlage Englands durch teuflische Unterstützung herbeibeschworen und zu Krieg und Kampf aufgerufen habe.

Aber Todesopfer waren Agnes Bernauer nun wirklich nicht

anzudichten. Die Instruktion spricht von Angst um das Leben Albrechts, von Versuchen des Giftmords. Wie stand es da juristisch mit dem Versuchsproblem? Die Antwort ist einfach: Nicht gut für die Angeklagte. Das mittelalterliche Rechtsdenken kannte noch nicht die begriffliche Erfassung und Klärung des Versuchs. Der Zusammenhang zwischen verbrecherischem Willen, Ziel des Verbrechens und tatsächlicher Ausführung war kaum prozeßrelevant. Die städtische Gesetzgebung des 14. und 15. Jahrhunderts zeigte Fortschritte in dieser Richtung, häufig stellten die Richter jedoch den Versuch der vollendeten Tat gleich. Zwar dämmerte die allmähliche Erkenntnis, daß der Richter vor allem den verbrecherischen Willen berücksichtigen müsse, aber die Strafe wurde dann nicht nach der Tat, sondern nach der zugrunde liegenden Gesinnung bemessen. Für Agnes Bernauer gab es jedenfalls keine Lücke im fest geflochtenen Netz der Gerichtskabale. Ihre Versuche waren strafbar, und der grundböse Wille stand für ihre Gegner ohnehin fest.

Die Bernauerin hatte außerdem nach Aussage der Instruktion an Aichstetter keine gewöhnlichen Delikte versucht und ihre Realisierung eingeleitet und betrieben. Die unterstellten Anschläge kamen einem politischen Attentat auf das Haus Wittelsbach gleich, gegen eine der bedeutendsten Dynastien des Heiligen Römischen Reiches Deutscher Nation. Seit dem Jahre 1208 vererbten die bayerischen Wittelsbacher die Fürstenwürde innerhalb ihres Geschlechts. In der sogenannten Heerschildordnung, einem Symbol für den hierarchischen Aufbau der adeligen Gesellschaft des deutschen Mittelalters, stand der bayerische Herzog mit den anderen weltlichen Fürsten in der dritten Reihe, den geistlichen Fürsten des zweiten Schilds gleichgeordnet und unmittelbar abhängig nur von der kaiserlichen Spitze. Herzog Ernst zählte zum Reichsfürstenstand, zu einer geschlossenen Gruppe der nach dem Kaiser angesehensten und vornehmsten Herrschaftsträger. Ein Mordversuch gegen Ernst und seine Erben war deshalb auch ein Verbrechen gegen das Reich, das Herzog Ernst zusammen mit den anderen Reichsfürsten und Landesherren repräsentierte, eine ungeheuerliche Tat, die in den Augen des Kaisers größte Härte der Bestrafung rechtfertigen mußte, nichts anderes zuließ als die Hinrichtung der Bernauerin.

Herzog Ernst verkörperte symbolhaft und real sein Land und Herzogtum Oberbayern-München. Trotz der Teilungen in drei Linien waren sich Haus und Land Bayern der gemeinsamen herzoglichen Würde bewußt, die in jahrhundertealter Tradition wurzelte. Noch lebte das Andenken an Ludwig den Bayern, den kaiserlichen Ahnen, der seine Dynastie zu europäischer Geltung geführt hatte und als dessen Nachfolger die bayerischen Fürsten erklärt hatten, daß »ire land frei land sind«, in denen »der pabst, kayser noch kunig nichtes zu bieten haben«.

Diese Äußerung bayerischen Selbstbewußtseins demonstriert gleichzeitig jene spätmittelalterliche Zeitströmung, die das herzogliche Amt nicht von einer höheren irdischen Macht ableiten wollte, dem königlichen und kaiserlichen Lehensherrn, sondern alleine von der Gnade der göttlichen Allmacht, von einem Herrschaftsauftrag also, der unmittelbar dem Willen Gottes entsprang. Wer den von Gott mit dem Thron betrauten Fürsten angriff, stellte sich nicht nur gegen ihn und sein Land, sondern verstieß gegen Gottes Gebot. Der Frevel an der herzoglichen Majestät rückte in die Nähe des Religionsfrevels. Agnes Bernauer wurde des »crimen maiestatis humanae« beschuldigt, des Majestätsverbrechens am irdischen Herrscher »von Gottes Gnaden«.

Der Begriff des Majestätsverbrechens stammt aus dem römischen Recht. Von dort drang er in das fränkische und langobardische Recht. Das »crimen maiestatis« war ein schwerer Treubruch gegen den Herrscher: der Hochverrat. In der frühmittelalterlichen Erbmonarchie erstreckte sich die Reichweite des Hochverrats nicht nur auf den Fürsten, sondern auf das gesamte Königshaus. Zu solchem Verrat zählte in erster Linie der Anschlag gegen den König oder seine Angehörigen. Der Schuldige verwirkte sein Leben, sein Hab und Gut. Der Versuch, sogar der entfernteste Versuch, unterschied sich in nichts von der vollendeten Tat. Der Hochverräter stand außerhalb der Möglichkeiten zur Aufhebung der Todesstrafe. So wollten es die deutschen Volksrechte des merowingischen und karolingischen Reiches, so geboten es die Lex Alemannorum und die Lex

Baiuwariorum. Verknüpfte sich Zauberei mit Majestätsverbrechen, pochte schon das frühe Mittelalter auf Strafverschärfung und hob die relative Milde bei Magiedelikten
auf. Einige in der Fränkischen Geschichte Gregors von
Tour geschilderte Hinrichtungen nach Zaubereiprozessen
illustrieren diesen Tatbestand. Die Delikte des »crimen magiae« hatten sich direkt gegen die Dynastie der Merowinger
gerichtet, die Angeklagten damit als Hochverräter jede
Gnade verwirkt.
Seit dem 12. Jahrhundert gewann die spätrömische und
frühmittelalterliche Vorstellung vom Majestätsverbrechen
neuerliche Bedeutung. Die berühmte »Goldene Bulle« Kaiser Karls IV. aus dem Jahre 1356 befaßte sich in Kapitel 24
eingehend mit dem Hochverrat; hier mit der Bedrohung
des Lebens eines Kurfürsten. Solche Gefährdung sollte als
Majestätsdelikt behandelt und mit Enthauptung und Einziehung des Vermögens geahndet werden. Die verbrecherische Gesinnung galt wiederum gleich der Tat, auch bei
Mißerfolg. Der vor der Entdeckung und Ergreifung verstorbene Missetäter sollte selbst nach dem Tode noch bestraft
werden.
Die bayerischen Wittelsbacher waren zwar von der Kurwürde, dem Recht der Königswahl, ausgeschlossen. Diese
stand nur den verwandten Pfalzgrafen bei Rhein zu. An
den Ansprüchen auf die Kur hielten sie aber dennoch fest,
nannten sich in ihren Urkunden »Pfalzgraf bei Rhein«. Was
die »Goldene Bulle« über Majestätsdelikte am Kurfürsten
verordnete, ließ sich deshalb leicht auf einen bayerischen
Herzog übertragen. Nach dem für sich schon todeswürdigen außerordentlichen Verbrechen der Zauberei wurde die
Bernauerin mit einem weiteren »crimen excepta« beladen:
mit der Anklage des Hochverrats.

Das hochmütige und landschädliche Weib

Laut Instruktion sollte Aichstetter dem Kaiser vortragen,
wie sich Agnes Bernauer »mit hartnekayt« gegen Herzog
Ernst und seine Räte »und umb daz sloz Strawbingen gehalten hat«. Hartnäckig war sie, und die Hartnäckigkeit

mußte als Hochmut erscheinen. Hochmut aber war eine Kardinalsünde, ein symbolischer und theologischer Verstoß gegen göttliche und weltliche Ordnung. Aus der »Superbia« entsprang das Böse. Luzifers Hochmut galt als Anfang und Ursache aller Schlechtigkeit. So sah es Augustinus, und so blieb es in der Vorstellung des nächsten Jahrtausends. Aus dem Hochmut brachen alle Sünden hervor, er war deren Wurzel und Stamm. Aus dem Hochmut der Bernauerin ließen sich deren zauberische Anschläge erklären und eine unbotmäßige, skandalöse Haltung gegenüber dem Haupt von Familie und Staat.

In auffallender Einigkeit haben sich die Chronisten mit der Hartnäckigkeit und dem Hochmut der Bernauerin beschäftigt. In einer Genealogie der bayerischen Fürsten heißt es: »Das weyb wardt so in Poshayt verhartet, daz sy den Herzog Ernst nit als iren Richter undt Herrn halten wollt, da sy selbst Herzogin zu seyn angab; undt daz erposte Herzog Ernsten wider sy, daz er das weyb nemmen last, undt ersauffen.«

Ein Straubinger Manuskript bestätigt im gleichen Sinn, daß sie sich »dermassen stolz und ybermiethig erzeugt«, daß Herzog Ernst »hieryber erziernet, und Sye, wie gehört, durchs Wasser hinrichten lassen«.

Nach Aventin wurde Agnes deshalb getötet, weil sie den Platz an der Seite Albrechts für sich beansprucht, sich selbst als seine Gattin und sogar als Regentin des Landes bezeichnet sowie überhaupt das Vorrecht unter den Frauen angestrebt habe. Ähnlich Ladislaus Suntheim: »Herzog Ernst hat sie ertränken lassen, weil sie sagte, daß sein Sohn ihr Gemahl sei und weil sie mit keinem anderen eine Ehe eingehen wollte.«

Gerade das Festklammern am Ehebündnis taucht in mehreren Berichten auf, z. B. bei Veit Arnpeck, der Ernsts Tat damit begründete, daß Agnes »seinen Sohn Albrecht heimlich zu ihrem Gemahl gemacht hat und dies nicht widerrufen wollte«.

Man erkennt deutlich: Agnes Bernauer pochte auf ihre Stellung, und dieses für uns verständliche Verteidigen ihrer Rechte und ihrer Ehe wurde ihr als Akt der Superbia angekreidet. Bildlich findet der Vorgang einen Niederschlag im

Vorwurf, sie habe am Schloß Straubing festgehalten. Sicher hatte ihr Albrecht die wittelsbachische Stadtburg nicht geschenkt oder zum Alterssitz bestimmt, denn die Straubinger Residenz war als Verwaltungszentrum für den niederbayerischen Landesteil eine öffentliche Institution. Das »sloz Strawbingen« steht vielmehr für den Anspruch der Bernauerin auf herzogliche Würden, auf Gesinde und Hofstaat und entsprechende Behandlung.

Politik war im Mittelalter zu einem guten Teil Burgenpolitik. Der Kampf im Krieg gegen äußere Feinde und als Fehde, als Streit unter den Burgherren selbst, war Kampf um Burgen und wehrhafte Stätten. Burg und Schloß, damals noch synonym gebraucht, waren Sitz und Symbol des Adels, in ihnen zeigten sich Standesehre und Standesbewußtsein besonders augenscheinlich. Wer als Schloßherrin auftreten wollte, mußte dazu legitimiert sein durch Herkunft und adelige Heirat nach den Normen der feudalen Gesellschaft. Agnes Bernauer war dies nicht. Ihre Ansprüche mußten deshalb als unverschämte, unglaubliche Anmaßungen erscheinen, als Ausdruck grenzenloser Hoffart. Und als Ausdruck der Habsucht, einer weiteren Kardinalsünde, die seit dem 13. Jahrhundert im Katalog der moralischen Verbrechen neben den Hochmut als erste und verhängnisvollste Sünde trat. Zügellose Habgier verdarb den Menschen und die Welt. Sie war ebenfalls eine Wurzel aller Übel. Letztlich war es habsüchtiger Diebstahl, was Agnes Bernauer beging, Diebstahl an Fürst und Land – und mit dem Leben zu büßen. Hervorgebracht wurde die Missetat durch eine raffgierige und stolze Person, die in ihrer Bosheit erstarrt jeden Sinn für die Realität verloren hatte. So mußte es Herzog Ernst sehen. Man kann sich seinen Zorn gut vorstellen, seinen wütenden Ausbruch gegen diese nichtsnutzige Baderin, gegen dieses böse Weib, das so viel Unglück über seine alten Tage gebracht hatte. Leidenschaft entsprach der Gefühlswelt seiner Zeit. Völker wie Fürsten waren von dieser Leidenschaft beseelt. Nicht nur Nutzen und Berechnung leiteten das politische Handeln im 15. Jahrhundert, immer wieder wurde es vom unmittelbaren Affekt bestimmt. War dieser unkontrollierte Affekt mit Streben nach Macht und Machterhaltung verbunden, wirkte er doppelt heftig. Dann galten keine Gesetze der Ritterlichkeit mehr, die ohnehin schnell versagten, wenn es um die Behandlung von Menschen geringeren Standes ging.

Das selbstbewußte Auftreten der Bernauerin hatte weitere juristische Folgen. Es belegte ihre Taten als Absichtstaten, als vorsätzliche und mit Vorbedacht begangene Verbrechen aus böser Gesinnung. Schließlich offenbarte ihr Hochmut ein weiteres schweres Delikt. Die Ablehnung Herzog Ernsts als obersten Gesetzgeber und Richter in seinem Land, das Pochen auf ihre Position fiel unter die Verbrechen gegen die fürstliche Majestät. Ihre gesamte Haltung gegenüber Ernst und seiner Familie ließ sich als »crimen laese maiestatis« bezeichnen, als dem Fürsten und seinen Angehörigen zugefügte Mißachtung und Beleidigung. Wie Hochverrat und hexerische Zauberei gehörte die Majestätsbeleidigung zu den außerordentlichen, mit dem Tod zu sühnenden Verbrechen.

Am Ende der Instruktion befahl Herzog Ernst seinem Boten, den Kaiser zu bitten, an Albrecht einen Brief zu schreiben. Sigmund sollte darin erklären, er werde ihm seine Reaktionen auf den Tod der Bernauerin nicht übelnehmen, wenn er sie schnell beende und über die ganze Affäre schweige. Albrecht möge doch billigerweise einsehen, »das man imz ze nucz und frumen getan hab, aber der handl, den er mit der frawn, weyl die pey leben gewesen ist, sey im ein schand und smach gewesen, daz in und all fürsten von Payrn in frömden landen geswecht hab und die weyl sy gelebt hiet, war der schand nimer vergessen worden«.

Die staatspolitische Dimension der Ehe Albrechts mit Agnes tritt in diesen Zeilen deutlich hervor, auch wenn naturgemäß nur von einem »Handel« die Rede ist. Das Verhältnis mit ihr sei für ihn schmählich und schändlich gewesen, es habe sein und aller bayerischen Fürsten Ansehen im Ausland geschädigt. An diese Stelle der Instruktion erinnerte bezeichnenderweise der Hofchronist Vervaux: »Der Vater Ernst war über die Verblendung des jungen Mannes höchst ungehalten, weil er dadurch von einer standesgemäßen Ehe abgehalten wurde und sich, was die Hauptsache ist, den Unwillen Gottes und Schande vor den Menschen zuzog.«

Gegen Stand und Ehre hatte Herzog Albrecht verstoßen, gegen die Gebote seiner adeligen Herkunft. Er hatte der festgefügten Vorstellung vom Aufbau der Gesellschaft zuwidergehandelt. Chastellains, der Historiograph Philipps des Guten und Karls des Kühnen von Burgund, verlieh dieser Gesellschaftssicht des 15. Jahrhunderts exemplarischen Ausdruck: »Gott hat das gemeine Volk erschaffen, um zu arbeiten, um den Boden zu bestellen, um durch den Handel dauerhaften Lebensunterhalt zu schaffen; die Geistlichkeit für die Werke des Glaubens; den Adel aber, um die Tugend zu erheben und die Gerechtigkeit zu handhaben, um durch die Taten und Sitten eines Daseins in Schönheit den andern ein Vorbild zu sein.«

Die höchste Aufgabe im Staat, die Beschirmung der Kirche, die Verbreitung des Glaubens, der Schutz des Volkes vor Bedrückung, die Pflege des gemeinen Wohls, die Bekämpfung von Gewalt und Tyrannei, die Befestigung des Friedens sollten von Fürst und Adel erfüllt werden, die sich durch besondere Eigenschaften auszeichneten: durch Wahrheitsliebe, Tapferkeit, Sittlichkeit und Milde. Fürwahr eine ideologische, statussichernde Position, doch kennzeichnend für den statischen Charakter der spätmittelalterlichen Feudalgesellschaft und das Selbstwertgefühl ihrer adeligen Spitze.

Die Verbindung mit Agnes hinderte Albrecht daran, den hohen Idealen und Aufgaben eines Adeligen nachzueifern. Sie bedrohte sogar Ansehen und Stellung aller bayerischen Fürsten. Agnes Bernauer mußte verschwinden, weil sie dem Land schadete, solange sie lebte.

Der Begriff der »Landschädlichkeit« entwickelte sich seit dem Hochmittelalter mit den »Landfrieden«. Während sich die »Gottesfrieden« ausschließlich gegen die ritterlichen Fehden richteten, gingen die Landfrieden bald darüber hinaus. Seit der ersten Hälfte des 13. Jahrhunderts entstanden aus ihnen regelrechte Strafgesetzbücher, die ein strenges Strafregiment formulierten. Der Mainzer Landfrieden von 1235 zählte eine ganze Reihe von schweren Freveltaten auf, sogenannte »Ungerichte«, mit Strafen an Leib und Leben, an Haut und Haar. Missetaten verschiedenster Art, nicht nur im Anschluß an die Fehde, wurden mit peinlichen Sanktionen bedroht. Die Blutgerichtsbarkeit trat in den Mittelpunkt des Strafesystems, der Kreis der Delikte, die mit dem Tod geahndet wurden, nahm zu. Auflehnungen gegen die öffentliche Rechtsordnung galten als Friedensbrüche.

Die Vorstellung vom todeswürdigen Verbrechen dehnte sich so unangemessen aus, daß selbst geringe Vergehen mit grausamer Vergeltung belegt wúrden. Verletzungen eines vom Richter befriedeten Grundstücks konnten als Verstoß gegen die gesamte öffentliche Friedensordnung aufgefaßt werden, ebenso geringe Gewalttaten an befriedeten Orten, gegen befriedete Personen oder zu befriedeten Zeiten, zum Beispiel an städtischen Markttagen. Leibes- und Lebensstrafen wurden bei verborgenem Messertragen verhängt, bei Grenz-, Mark- und Jagdfrevel, manchmal selbst bei Übertretungen einfacher polizeilicher Gebote. Fremde, die sich einer noch so geringen Übeltat schuldig machten, wurden oft wie Gesetzlose behandelt.

Auch in Bayern wurden bis zur Mitte des 15. Jahrhunderts Landfrieden aufgerichtet, man denke an den Brief der Herzöge Ernst und Wilhelm und des Pfalzgrafen Johann vom Juli 1429. Sie dienten dem Schutz der Landessicherheit, der Ordnung und Überwachung der Verkehrs- und Geldverhältnisse, der Rechtspflege und dem gerichtlichen Verfahren. Landstände und Landesherr vereinbarten gemeinsam diese »Landgebote« und sorgten zumindest für einige Jahre für ihre Durchführung und Befolgung.

»Von mir und aller Menschheit sei über Euch wahrhaft Zeter geschrien mit gerungenen Händen!« Mit diesen Worten verdammte Johannes von Tepl in seinem »Ackermann aus Böhmen« den Tod und verwendete gleichzeitig eine gerichtliche Formel, die Klage gegen den landschädlichen Mann, den »novicus terrae«. Unter diesen Leuten verstanden die Landfrieden ursprünglich von Ort zu Ort ziehende gefährliche Subjekte, oft Gewohnheitsverbrecher höherer oder niederer Herkunft. Da gab es zum Beispiel bewaffnete Banden von »ledigen Knechten«, die das Land unsicher machten, Soldaten also, die sich nach ihrer Entlassung aus dem Kriegs- oder Fehdedienst mit Raub und Brand durchschlugen. Gegen die französischen Söldnerhaufen der Armagnaken, die 1439 und 1445 im Elsaß ihr Unwesen trieben, mußte sogar ein Reichsherr einschreiten. Da gab es die fahrenden Leute, auf die man in Stadt und Land mißtrauisch blickte, und die nicht selten räuberischen Horden Kundschafterdienst leisteten, oder die Pilgerscharen, die manchen Bösewicht bargen.

Schon seit dem 13. Jahrhundert weitete sich der Begriff der Landschädlichkeit aus, meinte nicht mehr nur den fremden, nicht ortsansässigen Friedensstörer, Räuber und Schwerverbrecher, sondern zielte auf alle Täter todeswürdiger, gemeinschaftsbedrohender Delikte ab. Schadenzauber zählte ebenso dazu wie Verrat und Verschwörung, Falschmünzerei und Majestätsbeleidigung. Alle diese Sonderverbrechen richteten sich gegen die natürliche und gesellschaftliche Ordnung, stellten eine unmittelbare Gefährdung oder Schädigung des Gemeinwesens dar. Und die Zauberin, Hochverräterin und Majestätsverbrecherin Agnes Bernauer war nach der Instruktion Herzog Ernsts landschädlich im höchsten Grade.

Verfahrensprobleme

Die Frage nach dem Prozeßverlauf, nach der Haltung und dem Auftreten der Bernauerin während des Verfahrens ist nur schwer zu beantworten. Eine systematische Rechtswissenschaft, die den Prozeßgang eindeutig regelte, fehlte. Gerade im Spätmittelalter wandelte sich der Gerichtsweg, bildeten sich neue Rechtsgewohnheiten in erst allmählich Gestalt annehmenden Schritten heraus. Die strikte Unterscheidung zwischen Schuld und Unschuld, die Vorsicht im Interesse des vielleicht zu Unrecht Beklagten, der Kernsatz des »im Zweifel für den Angeklagten« lagen noch kaum dem Erkenntniswillen und den Erkenntnismitteln der Justiz zugrunde. Für die Gerichte Bayerns galt zwar generell das deutschrechtliche Verfahren, aber daneben traten Sonderformen auf, die vor allem dann eingesetzt werden konnten, wenn – wie im Fall Agnes Bernauer – besondere Umstände zu bewältigen waren.

Bis Anfang des 13. Jahrhunderts hatte der mündlich geführte Anklageprozeß in kirchlichen wie weltlichen Rechten als allgemeine Norm gegolten, in Deutschland hielt er sich noch bis über das Ende des 15. Jahrhunderts hinaus. Er folgte der alten Regel des germanischen Volksbewußtseins: »Wo kein Kläger, da ist auch kein Richter«. Das Vergehen schädigte nach dieser Auffassung eine Privatperson, die selbst für die Klage sorgen mußte, um Sühne und Genugtuung zu erlangen. Um eine Verbrechensanzeige zu sichern, waren die Bewohner eines Gerichtsbezirks oder bestimmte Personenkreise, z. B. die Schöffen, zur Meldung oder »Rüge« bekanntgewordener Delikte verpflichtet. Seit 1300 beschränkten die Landfrieden die »Rügung« auf die schwersten Kriminaltaten. Kaiser Ludwig IV. hob sie für Oberbayern auf, Herzog Albrecht I. beseitigte sie in Niederbayern-Straubing. Herzog Ernst hätte Agnes Bernauer mit einer Privatklage vor das Hofgericht bringen können, oder aufgrund der Anzeige aus dem Untertanenkreis. Neben dem Verfahren auf Klage, dem Akkusationsprozeß auf privatrechtlicher Basis, standen jedoch noch andere Instrumentarien zur Verfügung.

Im alten germanischen Recht war die Möglichkeit des Todesurteils wesentlich an die »Handhaftmachung« gebunden, an das Ertappen des Rechtsbrechers auf frischer Tat. Die Landfrieden beseitigten für das peinliche Strafensystem den vormals so bedeutenden Unterschied zwischen handhaftem Delikt, bei dem der Täter ergriffen und gebunden vor Gericht geschleppt wurde, und nicht handhafter Tat. War das Verbrechen offenkundig und »wahr«, überführte der Ankläger zusammen mit sechs Eidhelfern durch den sogenannten Siebener-Eid den Angeklagten, der sich durch keinen reinigenden Gegenschwur befreien konnte. Die Eidhelfer sollten über eigenes Wissen von der Tat verfügen, wenigstens sollten sie von dritter Seite davon Kenntnis bekommen haben, übten also Zeugenfunktion aus.

Im Kampf gegen die landschädlichen Leute genügte es schließlich, den bösen Leumund des Festgenommenen zu beschwören. Dieses »Verfahren auf Leumund« zielte nicht mehr auf den Nachweis ganz konkreter Gesetzesbrüche, sondern auf die Feststellung der sozialen Schädlichkeit und

Gefährlichkeit des Beklagten. Vornehmlich in den Städten hatte sich seit Kaiser Karl IV. dieses Vorgehen breitgemacht. Landschädlingen war jegliche Chance des Gegenbeweises oder einer Verteidigung mit Aussicht auf Erfolg verwehrt. Der Rat stimmte ohne viel Federlesens darüber ab, ob es nützlicher sei, den bösen Mann zu töten oder ihn leben zu lassen. König Sigmund verlieh z. B. im September 1431 der Stadt Füssen auf Bitten des Bischofs Peter von Augsburg die Freiheit, alle Übeltäter wie Mörder, Brandstifter, Fälscher, Räuber und Diebe, die sie auf ihren Eid als schädliche und strafbare Leute erkannten, mit Umgehung der Siebeneide nach dem Maß ihrer Verbrechen zu strafen.

Wer in den Verdacht geriet, den Landfrieden zu gefährden, wer in den Augen der Obrigkeit als abschreckendes Exempel dienen konnte, war den Gerichten bedingungslos ausgeliefert und durfte auf keinerlei Behutsamkeit und Vorsicht bei der Urteilsfindung rechnen. Es wäre ein Leichtes gewesen, Agnes Bernauer mit einem solchen Leumundsprozeß in den Tod zu schicken.

Ähnliche Verfahrensformen demonstrierte die »Landfrage«, seit der 2. Hälfte des 13. Jahrhunderts namentlich in Bayern und Österreich anzutreffen. Der Landesherr forderte kraft seines Befragungsrechtes die Bevölkerung oder ausgewählte Kreise zur Anzeige aller als gewohnheitsmäßige Raubritter verrufenen Personen auf, schritt also von Amts wegen ein. Dieses Offizialverfahren verlangte keine vorangegangene Klage. Um die denunzierte Person zu »übersagen«, genügte der Eid von sieben Anwesenden, daß sie ihnen als schädliche Person »kund und gewissen« sei. Das Urteil fiel ohne Anhörung des Beschuldigten. Bei Anwesenheit wurde er als Landfriedensbrecher sofort gerichtet; der Abwesende galt als geächtet.

Die Landfrage weitete sich seit der Einführung des heimlichen Inquisitionsverfahrens zur »stillen Frage« aus, zum »Geräune« oder »consilium secretum«. Dabei rügten geschworene Männer in nichtöffentlicher Gerichtssitzung Straftaten. Der Angeklagte wurde wie ein handhafter Täter behandelt, bei Vorhaltung schwerer Verbrechen oder der Landschädlichkeit traf ihn der tödliche Spruch. Wie leicht konnte Agnes Bernauer auch auf solche Weise eliminiert werden, jenseits der formalen Regeln des Urteilfindens und Urteilweisens.

Landfrage und stille Frage beruhten auf dem Zeugnis über strafbare Taten und berührten damit das Gebiet des Beweisrechts durch Zeugenaussage. Der klägerische Zeugenbeweis erschien in manchen Rechtsgebieten seit dem 12. Jahrhundert. Bereits das Freiburger Stadtrecht von 1120 kannte eine Überführung des Beschuldigten durch den Kläger mittels zweier ehrbaren Personen, die mit Auge oder Ohr die Tat mitverfolgt hatten. Das Kolmarer Recht von 1293 erklärte: »Man mac ein ieclich Ding bezugen mit zwein ersamen burgern, also das si das Ding, des sie gezug sint, sehen und horen.« Dem Angeklagten blieb ein Gegenbeweis mit eigenen Zeugen versagt, der Vortrag des als tauglich befundenen Klägerzeugen erbrachte unbedingten Beweis.

Der Umgang mit diesem Überführungsmittel unterstand deshalb ursprünglich einer gewissen Kontrolle. Das Straßburger Stadtrecht schrieb wie Freiburg und Kolmar die unmittelbare Wahrnehmung vor, Augsburg ließ anfangs nur gegen den flüchtigen Täter den Zeugenbeweis zu. Im Laufe des Landfriedensrechts und der Entfaltung der Zauberei- und Hexenprozesse sanken die Anforderungen an die Qualität der Zeugen immer mehr. Die Theorie des Sonderverbrechens ermöglichte den Einsatz jeglicher Mittel. Artikel 66 der »Carolina« bestimmte für den gewöhnlichen Strafprozeß: »Genugsame Zeugen sind die, die unbeleumdet, und sonst mit keiner rechtmäßigen Ursache zu verwerfen sind«. Für das »crimen magiae« hatte der »Hexenhammer« dagegen proklamiert: »So groß ist der Schandfleck des Verbrechens (...), daß zu dessen Verhandlung auch Knechte gegen ihre Herren, und jedwede Verbrecher und auch Infame gegen jedermann zugelassen werden.«

Herzog Ernst hatte es nicht nötig, auf Meineidige, Kuppler und sonstiges Gesindel zurückzugreifen, die schon vor dem Hexenhammer im Inquisationsprozeß als Zeugen zugelassen worden waren. Er konnte auf die Aussage führender Repräsentanten seines Landes vertrauen, auf den Zeugenbeweis durch Ritter und Räte, deren Wort durch nichts in Frage gezogen werden konnte. Und tatsächlich bediente sich Herzog Ernst des klägerischen Zeugenbeweises. Die

Instruktion läßt daran keinen Zweifel: »dar zuo was im auch ware kuntschaft koemen, daz sy im, auch dem eltern seines pruoder sun wolt vergeben haben.«

Die »ware kuntschaft« belegte den unterstellten Giftmordversuch der Bernauerin. Sie entsprang der Landfrage und lieferte dem Landesherrn den Beweis durch Zeugen für den Prozeß. Die »Kundschaft« konnte von jenem Kreis stammen, der Agnes seit langem zu Fall bringen wollte, aus der Gruppe der von Albrecht beklagten »Kläffer«. Ihre Einholung konnte vor Gericht geschehen sein oder im Vorfeld, im informellen Gespräch des Herzogs mit seinen Vertrauten oder in einem Befragungsvorgang im Lauf des Prozesses. Daß die Verhandlung gegen Agnes auf der Basis solcher »Wahrheitsfindung« schnell, risikolos und widerspruchslos abrollen konnte, bedarf keiner Erläuterung. Das Zeugnis machte die Schandtat der Bernauerin »kuntlich«, d. h. notorisch und absolut sicher, gegen jede Widerrede gefeit. Da durfte der Richter seinen Spruch jenseits aller formalen Vorschriften weisen, sogar zu einer Ausnahme im Rechtsgang greifen, zur »schlichten Klage« nämlich, einem Richten ohne Urteil der Beisitzer, einem Schnellverfahren aufgrund des klaren Tatbestands.

Es ist trotzdem möglich, daß Agnes Bernauer von Ernsts Gericht verhört wurde. Der Hinweis auf ihre »Hartnäckigkeit« wäre im Rahmen dieser Prozedur zu sehen. Seit dem Breslauer Landfrieden von 1277/78 tauchte das »inquirere« auf, das »forschen und vragen« der Speyerer Monatsrichterordnung von 1314. Die Justizorgane, die ex officio, von Amts wegen handelten, unterrichteten sich neben Wissenzeugnis und Augenschein durch die Aussage des Tatverdächtigen; es begann das weltliche Inquisitionsverfahren. Herzog Albrechts Verhandlung gegen die Straubinger Juden zeigte diese wesentlichen Züge der Offizialmaxime und Instruktionsmaxime. Das hartnäckige und hochmütige Festhalten der Bernauerin an ihrer Position, am Schloß zu Straubing, war nicht nur ein moralisch höchst verwerflicher Tatbestand, sondern auch verfahrensrelevant. Sie maßte sich einen höheren Stand an, und vor Gericht verfiel sie damit in eine Situation besonderer Ehrlosigkeit, die selbst bei kleineren Vergehen die Todesstrafe nach sich gezogen hätte. Da bedurfte es nicht mehr jenes Mittels, das zum Einsatz kam, wenn der Beweis noch fehlte: der Folter. In Deutschland war sie seit Ende des 12. Jahrhunderts in Gebrauch. Der Straubinger Foltermeister war berüchtigt und bekannt im ganzen Land. 1433 hatte ihn der Münchner Rat in die Hauptstadt eingeladen, damit er an einem eingekerkerten Raubritter seine Künste demonstriere.

Bei Agnes Bernauer war die Anwendung der Werkzeuge überflüssig; es gibt keinerlei Hinweis auf eine Folterung zur Erpressung eines Geständnisses. Augenschein, Zeugenaussagen und persönliches Verhalten genügten als schlagende Beweise, rechtfertigten das Todesurteil mehr, als erforderlich gewesen wäre.

Agnes Bernauer hatte sich in den Augen ihrer Feinde an der Weltordnung versündigt, an einer Weltordnung, die im Empfinden und Glauben der Zeit vom »Ordo«-Gedanken getragen war. »Ordo« bezog sich auf ein übergreifendes hierarchisches System, auf eine gottgewollte und gottgebotene Seinsweise, der sich der einzelne zu unterwerfen hatte. Wer die Ordnung seines Standes mißachtete, wer seinen sozialen Platz verließ und damit das Gefüge der Gesellschaft bedrohte, stempelte sich selbst zum verdammungswürdigen Außenseiter. Wenn dieses Ausbrechen aus den vorgezeichneten Schranken sich gegen staatlich-dynastisches Interesse richtete, wenn es die Position der Herrschenden erschütterte, war die Versuchung für die Machthaber besonders groß, alle ethischen Gesichtspunkte über Bord zu werfen und den tatsächlichen oder scheinbaren Gegner nach reiner Zweckmäßigkeit und ohne Rücksichtnahme zu beseitigen.

Herzog Ernst berief sich auf eben diese Ordnung, die er im Namen von Haus und Land Bayern gegen die dämonischen Kräfte des bösen Weibes zu verteidigen glaubte. Es war das Standesdenken und Standesrecht des Feudalismus, das sein Bewußtsein bestimmte und sein Handeln bis zur Bluttat lenkte. Die feudal-adelige Gesellschaft und ein Fürstentum von Gottes Gnaden duldeten keinen Dynastie und Staat zersetzenden Lebensbund zwischen einer Baderin und einem Erbprinzen. Obwohl jenseits historischer Wahrscheinlichkeit im dargestellten Detail, enthüllt eine

naive Schilderung Clemens Senders gerade diesen zentralen Aspekt der Bernauertragödie:
»Da sye nu durch den hencker gebunden war in das wasser
zu werffen, sagt der henker zu ir, wann sye frey bekenen
wölt, das hertzog Albrecht nit ihr eeman were, so wölt er
sye nit tödten, sundern frey davon lan gan. Das wolt sye nit
thon, sundern sye sagt frey, er wer ir eelicher man. Darumb
hat sie ertrinckt müssen werden.«

Tod – Konflikt – Versöhnung

Todesstrafe und Ertränken

Die Münchner Stadtkammerrechnungen der dreißiger Jahre des 15. Jahrhunderts gewähren einen erschreckenden Einblick in die Grausamkeit und Härte der spätmittelalterlichen Strafjustiz, in jenes System der Leibes- und Lebensstrafen, das sich speziell mit den Landfrieden entwickelt hatte und das Bild des mittelalterlichen Rechtswesens noch heute maßgeblich prägt. Die Eintragungen des Münchner Stadtkämmerers berichten z. B., daß eine Kindsmörderin mit glühenden Zangen gezwickt und dann lebendig begraben wurde, oder ein »Bube« durch schwere Auspeitschung zu Tode kam. Einem Mann stieß der Henker wegen Doppelehe die Augen aus, einem anderen, weil er ohne Beichte die Kommunion empfangen hatte. Nach Stadtbränden wurden »Frauen, Buben, junge Knaben und Gesinde«, Personen ohne hinreichende Verdachtsmomente, dem Scharfrichter zur Folterung ausgeliefert, und mancher dürfte sie nicht überstanden haben. Dies sind nur einige Belege für eine Art der Verbrechensbekämpfung, die überall üblich war, auch wenn Ausgestaltung und Anwendung der Strafmittel von Stadt zu Stadt, von Land zu Land variierten und sich seit dem 13. Jahrhundert im Bereich der peinlichen Strafen eine verwirrende Buntheit ausbreitete.

Während das alte Bußstrafensystem der germanischen und frühmittelalterlichen Volksrechte, das sogenannte Kompositionensystem, der Idee der Genugtuung und Entschädigung entstammte, fußte das neue öffentliche Strafrecht auf anderen Grundgedanken. Die Ahndung von Delikten an Haut und Haar, an Leib und Leben sollte auf die Verbrecherwelt einen möglichst abschreckenden Eindruck machen – mit geringem Erfolg, wie man heute weiß. Letztlich war der Versuch, durch immer größere Grausamkeit die

Abschreckungskraft zu erhöhen, nichts anderes als ein Zeichen der politischen und sozialen Schwäche der Gemeinwesen und Territorien. Daß Herzog Ernst zum Mittel der körperlichen Vernichtung seiner Schwiegertochter griff, zeigt dies deutlich, legt nahe, daß in Zeiten der Unsicherheit und der Bedrohung von Machtpositionen das Pochen auf Härte unter dem Mantel des Gesetzes ein probates Mittel zur Demonstration obrigkeitlicher Stärke war.

Daneben herrschte der Vergeltungsgedanke, der unter dem Einfluß alttestamentarischer Vorstellungen vielfach eine ausgesprochene Wendung zur Talionsidee nahm. Unter Talionsstrafen versteht man Rechtsmittel, die dem Täter das gleiche Übel zufügen, das sein Verbrechen über den Geschädigten gebracht hatte: das mosaische Prinzip des »Auge um Auge, Zahn um Zahn«. Es war vorchristliches Denken, das von der Kirche aus den heiligen Schriften der Strafjustiz vermittelt wurde. Christlichem Verständnis entsprach dagegen die Meinung, daß sich durch die Unschädlichmachung des Rechtsbrechers Gottes Zorn über die Missetat vom Land abwandte.

Schon das heidnisch-germanische Rechtsleben kannte im Ansatz diesen Gedanken von der Entsühnung des Landes durch die Buße des Verbrechers. Über die fränkische Zeit drang er in das Mittelalter ein und setzte sich bis ins 18. Jahrhundert fort. Es stimmte mit dem religiösen Weltverständnis dieser Epochen überein, daß die Strafe als Sühne für die schweren Sünden des Täters galt, daß sie zur Rettung seines Seelenheils sogar in dessen Interesse liegen mußte.

Ein mittelalterlicher Rechtskommentar, die »Blume von Magdeburg«, bemerkte dazu: »Wenn einem Mißetäter wegen seiner Missetat das auferlegte Leiden zugefügt wird, ist das Verbrechen vor Gott vergessen, und mit der Pein wird Gottes Zorn besänftigt.« Mit solcher Interpretation ließen sich auch Begräbnis und Rehabilitation der Bernauerin nach ihrem gewaltsamen Tod in ein religiös-ideologisch abgesichertes System einordnen.

Das Mittelalter unterschied zwischen Freveltaten und Ungerichten. Erstere gingen an Haut und Haar, wurden vor allem mit körperlicher Züchtigung oder mit Bußen belegt;

zweitere zogen Verstümmelung oder Tod nach sich. Zu den Ungerichten gehörten auf alle Fälle Mord, Raub, Brandstiftung, schwerer Diebstahl, Hausfriedensbruch, gewisse Sexualdelikte und die Sonderverbrechen. Bei der Auswahl der Strafmittel fand die Schwere der Tat oft eine gewisse Berücksichtigung. Irgendwie sollten wohl doch die Verhältnisse zwischen Strafe und Delikt deutlich werden. Die Art des auferlegten Leidens diente der Qualifizierung der Tat. Daneben wirkten sich der Unterschied der Geschlechter und Standesrücksichten aus. Alle Todesstrafen waren verschärfbar, z. B. durch Schleifen des Verurteilten zur Richtstätte, oder Reißen seines Körpers mit glühenden Zangen.

Hinrichtung oder schwere Verstümmelung brachten einen absoluten Ehrverlust mit sich, sofern nicht eine ausdrückliche Befreiung von dieser Regel ausgesprochen wurde. Eine noch halbwegs ehrenvolle Methode bildete die Enthauptung durch Beil oder Schwert. Bei Diebstahl, mitunter bei Raub, Mordbrand oder Münzfälschung endeten die meist männlichen Delinquenten am Galgen. Eine ausgesprochene Männerstrafe war das Rädern. Bei Verrat drohte häufig das Vierteilen. Das Lebendigbegraben mit oder ohne Pfählung wurde insbesondere bei Frauen wegen Mordes und andrer schwerer Taten angewandt, bei Männern in Mordfällen, wegen Blutschande und Sodomie. Die sehr weit verbreitete Exekution durch Verbrennen verkündeten die Richter vor allem bei Sodomie, Mordbrand, Vergiftung, Fälschung, Kirchenraub und natürlich Zauberei und Hexerei. Nicht zuletzt ist der Wassertod zu nennen, das Ertränken in verschiedenen Formen.

Wasser weist in der jüdischen und christlichen Tradition auf den Ursprung der Schöpfung. Es kann befruchtend, aber auch zerstörend sein; ist Quelle des Lebens wie Quelle des Todes. Im symbolischen Sterben und Auferstehen der Taufe befreit es von den Sünden. Im Strafvollzug spielte es schon früh eine besondere Rolle. Als reinigendes Element spülte es ab und spülte es fort. Bezeichnend, daß nach der Hinrichtung des Jan Hus auf dem Scheiterhaufen die Gerichtsdiener die Asche in den Rhein warfen, in fließendes Gewässer, und nicht in den Bodensee. Die Reste des verbrannten Körpers der Jungfrau von Orleans wurden nicht dem Meer übergeben, sondern der Seine.

Wasser nahm den Menschen das Töten ab, es wirkte wie ein Orakel, entband die Gerichtsgemeinde von der letzten Verantwortung für das Schicksal der Verurteilten. In den ältesten Formen erschien das Ertränken als ausgesprochene Zufallsstrafe. Seefahrende Völker wie die Friesen überließen den Delinquenten in einem morschen oder ruderlosen Kahn dem Meer. Der heilige Brandan erreichte, in ein Boot ohne Ruder verdammt, mit Hilfe Gottes die legendäre Sankt-Brandans-Insel. Nach der Eroberung der Stadt Châlons im Jahre 834 ließ Kaiser Lothar einige Grafen exekutieren oder einkerkern. Die Nonne Gerberga jedoch, Schwester des Markgrafen von Septimanien, wurde in einem Faß der Saône anheimgegeben, trieb ab und ertrank.

In vorkarolingischer Zeit kannten viele germanische Völker das Aussetzen auf Gewässern, das Anpflocken an der Flutgrenze und ähnliche Ertränkungsriten als Männer- wie als Frauenstrafe. Seit dem 9. Jahrhundert wurde der Wassertod, das »necare, negare, enegare« der fränkischen Justiz, hauptsächlich über Frauen verhängt. Wahrscheinlich kam gerade diese Art der Hinrichtung der germanischen Scheu entgegen, Blut von Frauen und Nichtwaffentragenden zu vergießen. Auch im Hoch- und Spätmittelalter wurden in erster Linie weibliche Übeltäter ertränkt. Als Herzog Johann von Straubing-Holland einen Aufstand der revolutionären Partei der Hédrois in der Schlacht bei Othé 1408 niedergeworfen hatte, verhängte er ein fürchterliches Strafgericht über die Stadt Lüttich. »Johann ohne Gnade« befahl, viele Frauen und Priester, nicht wehrfähige Männer also, mit gefesselten Händen und Füßen in die Maas zu werfen. Ähnliches berichtete ein Werk von 1592 über die Greuel der protestantischen Geusen in Holland. Ein Kupferstich zeigt die Hinrichtung von Klerikern, die aus einem Festungsturm in den Wassergraben gestoßen wurden, Hände und Füße auf dem Rücken zusammengebunden. Erinnert sei auch an die Ermordung des hl. Johannes Nepomuk.

Die Carolina sah bei Kindsmord als Regelstrafe lebendige Pfählung oder Eingrabung vor, sie erlaubte allerdings daneben das Ertränken, um »verzweiffelung zu verhütten«.

Der Wassertod galt demnach als strafmildernd. Ein Urteil über eine Kindsmörderin im elsässischen Ensisheim aus dem Jahre 1570 bestimmte, daß die Täterin lebendig begraben werden sollte, auf Dornen gebettet und mit Dornen bedeckt, mit einem Rohr im Mund, »damit sie desto länger leben und bemeldte böse Mißhandlung abbüßen möge«. Der Henker sollte »volgens uff sie drey Sprung tun« und danach das Grab zuschütten. Edle Frauen baten aber bei der Regierung um Milderung der Strafe, und die arme Sünderin wurde in der Ill ertränkt.

Die Aufzeichnungen des Nürnberger Scharfrichters Meister Franz dokumentieren ebenfalls den geschlechtsorientierten Charakter des Wassertods. Für den 6. Mai 1578 schrieb er z. B.: »Appolonia Näglin, von Lehrberg, ein Kindermörderin die ein Kind heimblich in ihres Bauern haus gebohren, dasselbige umbbracht, zu Lichtenau mit den Wasser gericht.« Ähnliches steht in seinem Tagebuch für den 13. Juli 1579. Aufschlußreich ist dann der Eintrag für den 26. Januar 1580: »Margaretha Dörfflerin, von Ebermanstatt, Elisabeth Ernstin von Anspach, Agnes Lengin von Amberg, 3 Kindtsmörderin, die dörfflerin, als sie ihr kindt in einen Garten hinter der Vesten geborn, als lebendig in Schnee ligen lassen, das es auff der Erden angefrohren, und gestorben, die Ernstin, als sie Ihr Kindt lebendig Im herrn Beheimbs hauß gebohrn, demselben sie das hirnschädelein eingedrukt, und in ein truhen gesperret. Die Lengin aber, als sie ihr kindt, bey einem Rothschmidt lebendig gebohren, demselben sie das Genikhlein eingedrukht, und in ein Spänhauffen vergraben, alle drey als Mörderin mit den Schwerdt gericht, die häupter auff das hoch gericht genagelt, dann, vor niemahls kein Weibsbild zu Nürnberg mit den Schwerdt gericht worden, welches ich und die zween Priester, nemblich herr Linhardt Krieg und herr ucharius zu wegen bracht, dann die Brukhen schon auf gemacht, das man sie alle 3 hatt ertränkhen sollen.«

Meister Franzens Handlungsweise und Bericht entspricht der im 16. Jahrhundert fortschreitenden Abschaffung der älteren, speziell für Frauen vorgesehenen Vollzugsformen der Todesstrafe. 1588 richtete Meister Franz jedoch noch einmal ein Weib »mit dem Wasser« hin, wegen besonders verabscheuungswürdiger Taten.

Wassertod und Zauberei

Die Ertränkung verurteilter Personen konnte auf verschiedene Weise erfolgen. Oft wurden den Todgeweihten Steine an den Hals oder an die Füße gebunden. Die Legende des hl. Florian berichtet von dieser Art der Hinrichtung.
Die Wirklichkeit des Strafvollzugs war roh und grausam. Die Delinquenten wurden häufig so gefesselt, daß auch einfachste Schwimmbewegungen unmöglich waren. Die Züricher Blutgerichtsordnung des späten Mittelalters schrieb vor, das Opfer gestrenger Justiz an den Hand- und Fußgelenken zu binden, die Füße zwischen den Händen emporzuziehen und diese Haltung durch einen quer eingeschobenen Stock zu fixieren. Dann sollte der Übeltäter »im Wasser sterben und verderben«.
Menschlicher ging es in Basel zu. Die Ertränkung wirkte im Sinne einer Zufallsstrafe manchmal als Begnadigungsakt und soziales Korrektiv: »Die Kindsverderberin oder Mörderin wurd nach dem erhaltenen Endurtheil auf die Rheinbruck geführt, mit Hälsig und Stricken von dem Nachrichter ihro die Hände und Füße zusammengebunden, zwo aufgeblasene Rindsblattern an Hals und an die Füße, etwan eines Klafters lang angehenkt und also in den Rhein geworfen. Wenn selbige nun bis zum Ende der Stadt und bis zum Thomasturm gefahren und nicht ertrunken, ward sie von den mitfahrenden Fischern an das Land geführt und ihro das Leben geschenkt.«
Chancenlos blieb der arme Sünder dagegen, wenn er in einem Sack ersäuft wurde, wie es zum Beispiel 1320 ein Privileg für die Freie Reichsstadt Nürnberg gestattete, um gemeingefährliche Bürger mitsamt ihren Kindern zu beseitigen. In Sachsen wurde diese Form der Hinrichtung noch um die Mitte des 18. Jahrhunderts betrieben, in Preußen schaffte erst Friedrich der Große das Ertränken der in einen Sack eingenähten Delinquentinnen ab.
Der Gedanke, in der Strafe die Art der Missetat widerzu-

spiegeln, führte zu besonderen Vollzugsformen. In den »spiegelnden Strafen« versteckten sich vielleicht alte magische Vorstellungen, die in ihnen eine Möglichkeit sahen, die ordnungsstörenden Folgen der Übeltat aufzuheben. Man bezweckte letztlich nichts anderes, als die Heimgabe der Verbrecher an die Naturmacht oder das Element, das sie verletzt oder mißbraucht hatten. Obwohl nicht nur an weiblichen Personen vollzogen, waren Lebendigbegraben und Ertränken Hinrichtungsarten, mit denen vor allem Frauen in »ihre«, die »untere« Sphäre geschickt wurden. Einleuchtend auch, daß über die Anhänger der »Täufer«, einer reformatorischen Sekte, gerne der Wassertod verhängt wurde.

War die Strafe des Ertränkens gegen ketzerische Sektierer recht, konnte sie in Prozessen gegen die ihnen verwandten Zauberer und Hexen ebenfalls als billig erscheinen. Meist wurden allerdings Zauberinnen und Zauberer verbrannt. Feuer war Vernichtung, Verzehrung, Reinigung. Es läuterte. Das Feuer, das schon in der Brust der Magierin gelodert, mit dem sie im Liebeszauber den Mann entfacht hatte, mit dem sie im Schadenzauber Mißgunst und Zerstörung entzündet hatte, fand sein Ende in den Flammen des Scheiterhaufens.

Aber zauberisch-erotischer Symbolismus haftete auch dem Wasser an. Das »Wasser des Eros« ist eine urtümliche Bildknüpfung. Im Mythos der frühen Völker galt die Frau als Seherin, als Herrin der Wasser und der Tiefe. Die weiblichen Geister hausten im Moor, in den Quellen, am Wasser. Daß viele Zauberinnen im nassen Element starben, könnte mit solchen Vorstellungen zusammenhängen, die sich tradierten, wie der Glaube an übernatürliche Kräfte der schwarzen Magie selbst. Daneben war der Wassertod an Stelle des Feuertods ein Gnadenerweis. Zauberer und Hexer wurden in solchen Fällen enthauptet oder stranguliert und ihre Leiche eingeäschert, ihre weiblichen Pendants ertränkt.

Der »Laienspiegel« des pfalz-neuburgischen Landvogts Ulrich Tengler aus dem Jahre 1509 nennt beide Hinrichtungsarten für jene, »die mit vergift, zauberey oder andern verpoten sachen die menschen zu ertödten, zu latein genannt venefici, malefici, incantatores, phitonisse; doch werden solche weibs person gewonlichen im feur, oder wasser vom leben zum tode gerichtt, oder zu äschen verbrannt«.

Schon das Urteil gegen die erwähnte Nonne Gerberga, ihr Aussetzen in einem Faß, wurde mit der Anklage der Zauberei und Giftmischerei begründet. 1428 bis 1447 veranstaltete das weltliche Gericht der Dauphine eine riesige Hexenverfolgung und ließ 57 Männer und 110 Frauen teils verbrennen, teils ertränken. 1456 stieß der Henker von Breslau zwei Weibspersonen ins tödliche Naß, weil sie durch ihre Zaubereien, speziell durch Liebestränke, Männer ums Leben gebracht hatten. Gleiches geschah 1486 einem Gaukler, der auf der Frankfurter Messe sein Glück als Zauberer versucht hatte. Zwischen 1501 und 1505 wurden in Tirol dreißig Personen als Hexen verbrannt und ersäuft. – Nur eine Reihe von Beispielen. Besonders aufschlußreich ist ein Fall aus der Stadt Hanau. Zwei Frauen sollten auf dem Scheiterhaufen für ihre magischen Kräfte büßen. Die Prozeßakten berichten, daß »ihnen, als ihr unterthänigs flehentliches Bitten angehört, Gnade erzeiget und sie anstatt des Feuers mit dem Wasser vom Leben zum Tode gericht worden und ist die Exekution sofort geschehen«.

Einen eigenartigen Aspekt der Ahndung der »crimen magiae« demonstrierten die »Wasserproben«. Nach dem Vorbild der germanischen und frühmittelalterlichen Ordalien entwickelt, entstammten sie der Idee des Gottesurteils, dem Gedanken, daß Gott gerecht sei und die Herstellung und Aufrechterhaltung des Rechts wünsche und fördere. Hinkmar von Reims meinte, das Wasser, geheiligt durch die Taufe Christi im Jordan, nehme keine Verbrecher auf, wenn es darauf ankomme, sie zu entdecken. Als Medium der Taufe sollte es diejenigen zurückweisen, die sich von der Taufe losgesagt hatten. König Jakob I. von England erklärte, Hexen hätten durch ihren Verrat an Gott und Christus das Taufwasser »von sich geschüttelt«. Im Grunde richteten sich solche Gottesurteile gegen den Teufel, der im Übeltäter wohnt. Die Wasserprobe beruhte deshalb auch auf dem Glauben, daß Satan die Seinen vor dem Untersinken bewahre, während der Unschuldige untergehe.

Von der Wasserprobe waren fast ausschließlich Frauen betroffen. Im Fränkischen wurden den unbekleideten und geschorenen Angeklagten die Hände kreuzweise übereinander gefesselt, die rechte Hand mit dem linken Fuß verbunden. Den Leib umschlang ein langer Strick. Dann warfen die Schergen die vermeintliche Magierin in den Fluß, hielten sie dabei aber am Seil fest, damit sie möglichst nicht ertrank. Sank sie bei dreimaliger Schwemme in die Tiefe, hielt das Gericht sie für unschuldig und ließ sie ans Ufer befördern. Hatte sie die Prozedur nicht überlebt, wurde ihr zumindest ein christliches Begräbnis zuteil. Ging sie aber nicht unter, sondern trieb als verschnürtes Paket an der Oberfläche, konnte ihr nur der Teufel geholfen haben. Außerdem zeigte ihr Schwimmen die spezifische Leichtigkeit der Zauberinnen und Hexen. Ihre Schuld galt als bewiesen. Feuer oder Wasser warteten auf sie.

Schon für das Jahr 1091 sind im bayerischen Freising Wasserproben gegen zauberische Frauen bezeugt. Seitdem Papst Innozenz III. auf dem Laterankonzil 1215 die Ordalien verboten hatte, ging der Einsatz der Wasserproben als Gerichtsmittel zurück. In manchen Gegenden Norddeutschlands wurden sie jedoch, obwohl rechtswidrig, noch bis ins 17. und 18. Jahrhundert angewendet, zum Beispiel 1436 in Hannover. In Bayern dagegen verloren sie ihre Bedeutung.

Vor diesem rechts- und kulturgeschichtlichen Hintergrund erscheint die Hinrichtung der Bernauerin durch das Wasser nicht überraschend. Agnes wurde in jenes Element verstoßen, dem sie aufgrund von Herkunft und früherer Tätigkeit nahestand. Als Frau war ihr der Wassertod angemessen. Die Art der Exekution entsprach außerdem den ihr unterstellten Delikten, die sich aus dem zentralen Vorwurf des Schadenzaubers entwickeln ließen.

Der Tod der angeblichen Magierin brachte nicht nur Vergeltung und Genugtuung für ihre Gegner. Er hob die Wirkung der Malefizien auf, stellte ein »heilsames Opfer für den Patienten« dar – für Herzog Albrecht, den das Weib auf solch schiefe Bahn getrieben hatte. Vor allem aber hatte die Ertränkung taktische Vorteile für den Verantwortlichen. Sie war als Gnadenerweis gegenüber der Geliebten und Gattin des herzoglichen Sohnes und zukünftigen Landesherrn interpretierbar. Die Leiche konnte geborgen und begraben und damit ein erster Schritt zur Versöhnung zwischen Ernst und Albrecht eingeleitet werden.

Die Hinrichtung

Wann die Bernauerin am 12. Oktober 1435 den Fluten der Donau übergeben wurde, läßt sich nicht feststellen. Ob am Morgen, Mittag oder Abend – wir wissen es nicht. Auch der Hinrichtungsort ist nicht exakt zu beweisen. Doch dürfte Agnes wohl kaum in unmittelbarer Nähe des Schlosses im Donaualtwasser den Tod gefunden haben. Der wahrscheinlichste Schauplatz ist die Brücke am damaligen Hauptarm des Flusses – über den heutigen Rhein-Main-Donaukanal – östlich der modernen Bogenbrücke, die nach ihr benannt ist. Erst unter Herzog Albrecht IV., einem Sohn Albrechts III., wurde der Hauptlauf der Donau um 1480 durch den Bau der »Bschlacht«, einem Damm aus Holzpfahlwerk und Steinblöcken, in den Nebenarm beim Schloß geleitet. Ein Eintrag in der Münchner Stadtkammerrechnung erklärt, man habe die Bernauerin begraben, »in der Tonaw zu Strawbingen underhalb der prugken« im Friedhof St. Peter. Er spricht eindeutig die alte Donaubrükke an. Überlieferungen, wonach die Leiche in der Nähe des Petersfriedhofs ans Ufer geschwemmt oder gezogen worden sei, finden damit Bestätigung, denn der Strömungsverlauf der Donau in der ersten Hälfte des 15. Jahrhunderts machte dies durchaus möglich.

Laut Aventin ließ Ernst die zum Tode Verdammte »in einen Sack nähen und nach dem Spruch der Vornehmen durch den Scharfrichter in der Donau ertränken«. Der Augsburger Chronist Gasser schloß sich ihm an. Die Säckung hätte in der Tat dem Hochverratsvorwurf gegen Agnes Bernauer entsprochen, im Anschluß an jenes Verfahren, das seit dem 6. Jahrhundert n. Chr. in der Gesetzgebung des Kaisers Justinian bei Verbrechen gegen Land und Familie vorgesehen war. Zur Zeit Aventins war die Säckung, die »poena culei«, nicht unbekannt. Erst die bayerische Malefizordnung von 1616 hob diese als besonders schimpflich geltende Leibesstrafe auf. Demnach wäre die Bernauerin in einen Sack gesteckt worden, zusammen mit kleinen Tieren, wie Hunden, Affen und Schlangen. Ihre Todesangst hätte fürchterliche Steigerung erfahren, nicht zuletzt durch das Quietschen, Beißen und Kratzen der Kreaturen, die mit ihr im Wasser versanken. Die Befürworter dieser Theorie verweisen überdies auf die beiden Hündchen, vor allem das seltsam gekrümmte, auf dem Epitaph der Bernauerin.

Allerdings ist eine Berufung auf die Gepflogenheiten des römischen Rechts nicht unbedingt stichhaltig. In den dreißiger Jahren des 15. Jahrhunderts hatte sich in Bayern der Prozeß der »Rezeption« noch nicht durchgesetzt, der wissenschaftlichen Fundierung des Rechtes und seiner Anwendung aus den römischrechtlichen Quellen und ihren spätmittelalterlichen italienischen Interpretationen. Schon deshalb ist eine von Aventin abweichende, weit größere Gruppe von Chronisten glaubwürdiger, die das Ertränken der Bernauerin anders darstellte. Sie konnten sich zudem auf einen Bericht in der bayerischen Geschichte des Andreas von Regensburg berufen, der zwar nicht über genaue Kenntnisse verfügte, aber als Zeitgenosse dem Geschehen besonders nahe stand. Bei ihm und Chronisten in seinem Umkreis heißt es, die Bernauerin sei von der Donaubrücke in Straubing gestürzt worden. »Mit Hilfe des einen Fußes, der nicht gefesselt war, schwamm sie ein Stück und kam nahe ans Ufer, mit heiserer, klagender Stimme rufend: Helft, helft. Der Folterknecht aber, der sie von der Brücke gestürzt hatte, lief am Donauufer hinzu und, weil er den jähen Zorn des Herzog Ernst fürchtete, wickelte eine lange Stange in ihr Haar und drückte sie wieder unter Wasser.«

Die Art der Exekution widerspricht nicht den Gepflogenheiten der Zeit. Offensichtlich an diesem Vorbild orientiert, schrieb Anton Wilhelm Ertl 1685: »Dieses Urteil ist auch den 12. Oktober 1435 an ihr vollzogen worden, zwar nit ohne großes Mitleid der Zuschauer, besonders, da die beängstigte Agnes, welche, ihr Leben zu retten, dem Gestade zugeschwommen, und mit elendigem Winseln und Klagen die Bürger um Hilfe angefleht, von dem Scharfrichter mit einer Stangen in das Rinnsal hinausgeschoben und also zum Tode befördert wurde.«

Die früheste Schilderung klingt wahr und unmittelbar einleuchtend, trotz aller Poesie, die sich später des öfteren darum rankte, wie in einer anonymen Schrift über die Bernauerin aus dem Jahre 1821:
»Schon nahte die Stunde, wo die Todesstrafe sollte vollzogen werden. Das Volk versammelte sich am Ufer der Donau, und Agnes wurde gebunden auf die Brücke gebracht.
Es herrschte eine fürchterliche Stille. Agnes, ein Gegenstand des Mitleids und des Erbarmens, zitterte, bebte, jam-
merte um ihren Albrecht, klagte über Härte ihres Ge-
schicks, über Unrecht. Umsonst. Plötzlich ergriffen sie die
Henker und stürzten sie über die Brücke hinab ins Wasser.
Agnes hatte noch so viel Gegenwart des Geistes und körperliche Stärke, daß sie durch Hülfe eines Fußes, der ihr
nicht gebunden war, gegen das Ufer schwamm, und mit
voller Kehle schrie: Helft! helft! Unschlüssig war der Pöbel,
ob er nicht Agnes retten sollte, allein der Henker, der des
Herzogs Zorn forcht, ergriff eilig eine lange Stange, faßte
hiemit die Unglückliche, und tauchte sie unter die Fluten
des Wassers. So starb, so fiel Agnes, als ein Opfer für Bayerns Wohl, am Mittwoch den 12. Oktober 1435.«
Im Bericht der Chronisten treten zwei Personen auf und
eine Gruppe: der Henker, das Opfer und die Zuschauer. Es
ist abwegig zu glauben, die Hinrichtung sei in aller Heimlichkeit erfolgt, bei Nacht und Nebel, schon wegen einer
möglichen Revolte der Straubinger Bürger. Für eine eventuell gewaltsame Parteinahme der Straubinger zur Verhin-
derung der Ertränkung gibt es keine Hinweise. Zudem waren seit der germanischen Frühzeit Strafvollzug und Öffentlichkeit engstens miteinander verbunden. Die Exekution eines Verurteilten war eine »Schaustellung mit Moral«.
In größeren Städten strömten ganze Menschenmassen mit
Henker und Opfer zum Richtplatz. Beispielhaft erzählte Ulrich von Richental über den letzten Gang des Jan Hus:
»Die von Konstanz führten ihn mit mehr als tausend ge-
wappneten Männern hinaus, und die Fürsten und Herren
waren auch gewappnet. Zwei Diener Herzog Ludwigs
führten Hus, der eine zur Rechten, der andere zur Linken.
Dieser war nicht gefesselt; denn sie gingen nur neben ihm
und riefen mich, Richental, zu sich. Vor und hinter ihm gin-

gen die Ratsknechte, und sie führten ihn zum Geltinger Tor
hinaus. Infolge des großen Gedränges mußten sie einen
Umweg machen, und es wurden immer mehr der gewapp-
neten Leute, gegen dreitausend, ohne die Unbewaffneten
und Frauen. Auf der Brücke am Geltinger Tor mußte man
die Menschen zurückhalten. Nur truppweise wurden sie
über die Brücke gelassen, weil man befürchtete, daß die
Brücke zusammenbräche.«

Bei der Verbrennung der Jeanne d'Arc war der Marktplatz
von Rouen schon seit den frühen Morgenstunden schwarz
von Menschenmassen, und wenn der Ertränkung der Bernauerin wahrscheinlich nicht Tausende beiwohnten, so
dürfte es sich doch wie ein Lauffeuer verbreitet haben, daß
die bisherige erste Dame des Schlosses in tiefste Ungnade
gefallen war, als man sie, wohl auf einem Karren, zur Richtstätte zog.

Seit dem 13. Jahrhundert wurden Leibes- und Lebensstrafen meist von ständigen berufsmäßigen Henkern vollzogen. Im 15. Jahrhundert hielten sich in Bayern alle städtischen und landesherrlichen Justizbehörden solche »Nachrichter«. Sie waren populär, doch beim Volk verachtet und
durch ihre Tätigkeit in den höchsten Grad der Unehrlichkeit verstoßen.

Agnes Bernauers Scharfrichter unterlief der Schilderung
nach offenbar ein schwerer Fehler: Agnes versuchte sich zu
befreien und ans Ufer zu gelangen. Ein Erfolg dieses ver-
zweifelten Bemühens hätte ungeheuere Folgen nach sich
ziehen können. Mißlang nämlich eine Hinrichtung, dann
sah das Volk darin ein Gottesurteil, eine höhere Einwir-
kung zur Abwendung der Bestrafung. Der Entronnene,
der, den der Tod nicht haben wollte, stand außerhalb der irdischen Gewalt. An ihm zerbrach die Macht des Fürsten.
Eine mißglückte Exekution erschien den Beobachtern als
Augenblick der Wahrheit für diese Macht. Das Handeln der
Obrigkeit verfiel dem Gespött, wenn der Henker, das
Werkzeug der Obrigkeit, nicht funktionierte. Und den
Nachrichter bedrohte die Rache des Volkes oder seiner
Auftraggeber, wenn er seine Arbeit nicht fehlerfrei versah.
Deshalb durfte »kein Strick reißen«. Deshalb mußte der
Henker oder sein Knecht noch einmal zur Stange greifen,

um die Bernauerin zu ertränken. Von ihrem Befreiungsversuch auf eine »Hexenprobe« zu schließen, ist dagegen nicht angebracht.

Das Spätmittelalter lebte nicht konfliktlos mit den peinlichen Strafen. Bei aller Schaulust, ja allem Blutdurst und aller Ergötzung am Leiden und Sterben anderer regte sich oft das Gewissen. Grausame Neugierde konnte sich in heimliche oder offene Sympathie für die Todgeweihten verwandeln; am stärksten natürlich bei der Hinrichtung von Kindern, doch auch bei erwachsenen, insbesondere weiblichen Delinquenten. Selbst wenn das Verbrechen des armen Sünders Abscheu und allgemeine Verurteilung hervorgerufen hatte, beherrschte er in seiner letzten Stunde die Szene, konnte er in der zuschauenden Menge mitleidige Gefühle wecken. Besonders wenn das Volk den Grund des Todesurteils nicht anerkannte oder trotz Wut und Empörung den Täter insgeheim bewunderte, erschien der Henker als Zerstörer, der Delinquent als bedauernswürdiges Opfer. Selbst den Verantwortlichen konnte dann das Gewissen schlagen. Die Reaktionen auf den Tod Jeanne d'Arcs liefern dafür eindrucksvolle Beispiele. Der Priester Ysambart de la Pierre, der ihr das letzte Geleit gegeben hatte, schrieb: »Die ganze große Menge der Zuschauer vergoß heiße Tränen, selbst der Cardinal d'Angleterre und viele andere Engländer.« Ein Beisitzer des Gerichts über Johanna eröffnete seiner Frau nach der Verbrennung: »Ich wollte, ich wäre dort, wo ich glaube, daß die Seele dieser Jungfrau weilt.« Ein Engländer, der eigenhändig Reisig zum Scheiterhaufen herbeigetragen hatte, erklärte seinen Gefährten: »Wir sind alle verloren! Eine Heilige war es, die wir verbrannten!« Der Henker ging am Abend zum Beichtvater Jeannes und klagte ihm verzweifelt, er fürchte um sein Seelenheil, weil er eine Heilige gerichtet habe.

Jeanne d'Arc hatte noch Jesus Christus gepriesen, als die Flammen bereits um sie hochschlugen. Besonderer Todesmut brachte Anerkennung und Rührung. Die Unerschrockenheit des berüchtigten Piraten Klaus Störtebeker auf dem Gang zum Schafott im Jahre 1401 ließ eine Sage entstehen, die dem blutrünstigen Kapitän Ruhmeskränze flocht, den Abenteurer als kühnen Wikingergeist und Volkshelden verherrlichte. Wer aber schrie, wer mit letzter Kraftanstrengung dem Henker zu entrinnen suchte, machte überdeutlich, daß er in völlig auswegloser Lage von einem ungleich Stärkeren verstümmelt oder getötet wurde und appellierte so an das Mitleid mit dem Schwächeren.

Vor uns steht das Bild der schreienden, strampelnden, mit den Fluten in höchster Todesnot kämpfenden Agnes Bernauer, ihr gellendes: »Helft! helft!«. In diesem Augenblick ist sie nichts als ein erbarmungswürdiges Weib, das Opfer einer gnadenlosen fürstlichen Justiz, fürchterlich bestraft für eine unstandesgemäße Liebe. Stimmte da noch das Rechtsbewußtsein der Obrigkeit mit dem allgemeinen Rechtsempfinden überein? Wohl kaum. Eher machten sich Abscheu vor dem tödlichen Geschäft breit, das der Scharfrichter vollzog, der vereinsamt dem Recht des Herzogs diente. Sympathie konnte hier nur dem Opfer gelten. Die Mystifizierung der Bernauerin begann mit ihrem Tod.

Albrecht im Zorn

Das Schicksal der Bernauerin legt einen Blick auf eine ähnliche Begebenheit in einem anderen europäischen Land nahe, auf eine tragische Liebesgeschichte im spätmittelalterlichen Portugal. Die portugiesische Agnes, Ines de Castro, ein uneheliches Kind aus dem spanisch-kastilischen Adel, kam 1336 als Dame der spanischen Herzogstochter Constanza von Villena an den Hof des portugiesischen Thronfolgers Dom Pedro, der Constanza in zweiter Ehe zur Frau nahm. Der Infant verliebte sich in die schöne Ines, doch König Alfons IV. schritt ein, verhinderte ein allzu intimes Verhältnis und verbannte Constanzas Nebenbuhlerin aus dem Gesichtskreis des Sohnes.

Pedro hatte sich im Heiratsvertrag ausdrücklich verpflichtet, keine Beischläferin zu halten, es sei denn bei Kinderlosigkeit der legitimen Gattin. Diese schenkte ihm drei Söhne; bei der Geburt des dritten im Jahre 1345 verstarb sie. Dom Pedro wandte sich wieder Ines zu, lebte mit ihr zehn Jahre lang in wilder oder heimlicher Ehe, aus der vier Kinder hervorgingen. Der Kronprinz durchkreuzte damit neue

Heiratspläne seines Vaters, am Hof wuchs die Eifersucht über angebliche Begünstigungen für die Brüder der Ines durch Pedro, die Kabale trieb ihr böses Spiel. Anfang 1357 erschien Alfons IV. in der alten Königsstadt Coimbra, um Ines zur Rechenschaft zu ziehen, während Pedro auf der Jagd war. Ines dachte an Flucht, warf sich dann jedoch mit ihren vier Knaben dem König zu Füßen und flehte um Gnade. Überrascht und gerührt zog dieser sich zurück. Drei Ratsherren aber lauerten Ines am 7. Januar 1357 auf ihrem Landgut auf und erdolchten sie meuchlerisch.

Dom Pedro begann in grenzenloser Verbitterung einen Rachefeldzug gegen den Vater. Der Norden Portugals stand in Flammen. Erst das Eingreifen des Bischofs von Braga und der Königinmutter kühlten das schwer verletzte Gemüt des Infanten. 1357 verschied Alfons IV., sein Sohn bestieg als Pedro I. den Thron. Noch einmal übte er Rache. Zwei der Ines-Mörder ließ er aus ihrem spanischen Exil ausliefern und ihnen bei lebendigem Leib das Herz aus der Brust reißen. Donna Ines wurde öffentlich als rechtmäßige Gemahlin proklamiert, wobei Pedro behauptete, er hätte sie 1354 in Braganza kirchlich und vor Zeugen geheiratet, allerdings in aller Stille und ohne Feierlichkeiten. Daß Pedro ihren Leichnam im Dom zu Coimbra inthronisierte und der Hofstaat ihr huldigen mußte, ist zwar nur romantisch-gruselige Legende, erhellt aber die tiefe Zuneigung des neuen Königs zur hinterlistig erstochenen Gattin und seinen Schmerz, der selbst nach Jahren noch jede weitere eheliche Verbindung des Regenten verhinderte. Bedeutendste Zeugnisse für die portugiesische Liebesgeschichte sind die beiden Hochgräber für Pedro I. und Ines de Castro in der Klosterkirche zu Alcabaça. Die prachtvollen skulpturengeschmückten Tumben mit dem bärtigen, schwertgegürteten König und seiner gekrönten Gattin stehen im Querhaus der Kirche – ein Musterbau der Zisterziensergotik und gleichzeitig ein nationales Heiligtum des Königreiches Portugal –, an der Nordseite Ines, an der Südseite ihr Gemahl. Am Jüngsten Tag aber, so will es die Überlieferung, werden Königin Ines und König Pedro aus ihren Sarkophagen steigen und sich an der gemeinsamen Stätte von Tod und Verklärung in die Augen sehen.

Heimliche Ehe als politisches Hindernis, Intrigen der Hofgesellschaft, Beseitigung der hinderlichen Fürstenfrau, Vater-Sohn-Konflikt: Ines de Castro erinnert in mancher Beziehung an Agnes Bernauer. Und Albrecht von Bayern sah sich 1435 in einer ähnlichen Situation wie Dom Pedro achtzig Jahre zuvor. Würde auch Albrecht zum Schwert greifen und gegen den eigenen Vater ziehen? Würde auch er nach dem Thronerwerb als strenger Richter die Gehilfen der Bluttat bestrafen und Agnes posthum krönen, sie zur Herzogin von Bayern und Gräfin von Vohburg erklären? Stand ihr ebenfalls eine herausragende Grabstätte von monarchischem Gepräge in Aussicht, gemeinsam mit ihrem Gemahl und sogar mit ähnlich effektvollem Szenario wie in Alcabaça?

Einige Chronisten sprachen von einem Rachefeldzug Albrechts, den er – durch den Tod der Bernauerin schier um den Verstand gebracht – gegen Vater und Feinde führte. Nach Tritemius fiel Albrecht wie tot zu Boden und schwor Vergeltung für die Ermordung der Geliebten. Lipowsky schmückte romantisch-dramatisch aus. Während sich Ernst an den Kaiser wandte, war »schon sein Sohn gegen München und Straubing mit seinen Kriegern vorgedrungen. Dörfer loderten in Flammen, und Bauern wurden von seinen Soldaten geplündert, gefangen genommen, ja selbst getötet. Kein Feind konnte im Lande grausamer wüthen, als hier Albrecht gegen seinen Vater that.« Dem historischen Geschehen entspricht dies nicht. Ein förmlicher Krieg zwischen Ernst und Albrecht fand nicht statt. Allerdings brachte die Bluttat vom 12. Oktober 1435 das Herzogtum Bayern-München in eine gefährliche Krise und trug zu neuen bewaffneten Auseinandersetzungen in den bayerischen Fürstentümern bei.

Wo und auf welche Weise Albrecht von der Hinrichtung seiner Gattin erfuhr, ist nicht bekannt. Gesichert ist sein Aufenthalt in Ingolstadt am 14. Oktober, zwei Tage nach den Straubinger Vorgängen. Er beorderte seine Gefolgsleute aus Pfaffenhofen und Geisenfeld zu sich. 24 Bürger aus Pfaffenhofen kamen »mit geleit zu dem benanten hertzog Albrechten gein Ingolstat«. Mag sein, daß Albrecht in den folgenden Jahren diese Treuebekundung seines Marktes besonders belohnen wollte, denn im Januar 1437 erließ er für Pfaffenhofen ein Steuerprivileg, das die Bürger zum Ausbau der Mauern nutzen sollten, und nach Fertigstellung der Befestigungswerke erhob er den Ort zur Stadt. Während Albrecht rüstete, sandten Oswald Öttlinger und 23 andere ingolstädtische Ritter den Absagebrief nach Landshut. Als Grund wurde der bekannte Stegreifritter Burkhard Magenbuch, ein Untertan Heinrichs, genannt, der den Landfrieden gebrochen und Herzog Ludwigs Land und Leute geschädigt habe. Auch Herzog Ludwig der Junge sammelte Kriegsscharen und machte an der Donau Quartier, um nach Süden zu marschieren. Ein Ungenannter berichtete davon an Heinrich den Reichen, der Ernst in Straubing warnte. Dieser war schon informiert und ermahnte den Landshuter seinerseits, sich vorzusehen, damit ihm »kein schad gescheh«.

Ernst war nicht untätig geblieben. Im Zusammenhang mit der Bereinigung der Bernauer-Sache und den Totenfeiern für Herzog Wilhelm III. berief er einen Landtag in Straubing ein und gestattete den ober- und niederbayerischen Ständen die Abfassung einer gemeinsamen Botschaft an Albrecht. Der Konflikt wurde zur Staatsaffäre, der Streit im Fürstenhaus beschäftigte nicht nur die unmittelbar beteiligten Familienmitglieder und herzoglichen Räte, sondern die Gesamtheit des Landes, vertreten durch die Abgeordneten der Ritterschaft, der Geistlichkeit und der Städte. Liebe und Tod der Agnes Bernauer hatten die Grenzen des Privaten gesprengt, hatten durch den gesellschaftlichen und politischen Bezugsrahmen eine Dimension angenommen, die den »Fall Agnes Bernauer« auch nach deren Ertränkung zum »Fall Bayern-München« machte.

Daß Ernst nun bemüht war, den Geldforderungen der Ritter nachzukommen, überrascht nicht. Eine erneute Fehdeansage konnte er sich nicht leisten, und so bereinigte der Regent wenigstens einen Teil der Schulden für die böhmischen Kriegsschäden. Gleichzeitig suchte er Rückendeckung und Hilfe von außen. Er rief sehr bald das Basler Konzil um Vermittlung im bayerischen Streit an und schickte Friedrich Aichstetter zu Kaiser Sigmund. Am 25. Oktober schrieb er außerdem an seinen alten Vertrauten Erasmus

Preisinger, jetzt Kammermeister Heinrichs von Landshut, und unterrichtete ihn vom Hilfsgesuch an den Kaiser. Preisinger sollte ihm insgeheim melden, was seinem Herrn bei Sigmund nützlich sein könnte.

Nicht zuletzt deutete Ernst bereits an, daß der Landshuter Hof im Kriegsfalle nicht unbedingt mit Münchner Unterstützung würde rechnen können, trotz des Freisinger Bündnisses und der Gegnerschaft zu Ludwig von Ingolstadt: »Lieber Kammermeister, wir und etliche unserer Räte haben oft mit Dir und anderen Räten unseres Vaters darüber gesprochen, daß jetzt und in diesen Jahren nicht Zeit für Krieg ist. Wir befürchten auch, daß wir die Unsrigen nicht alle hilfsbereit finden werden.«

Aichstetter erhielt die Instruktion am 28. Oktober. Am 3. November war er noch nicht in Preßburg eingetroffen, denn an diesem Tage befahl der Kaiser Herzog Wilhelm III., für die Freilassung eines kaiserlichen Dieners zu sorgen. Wilhelms Tod war also noch nicht bekannt, erst Aichstetter brachte unter anderem die Nachricht. »Unter anderem« bedeutete: Agnes Bernauer und die Rechtfertigung ihrer Exekution, das Verhalten Albrechts und Herzog Ludwigs Politik gegenüber München und Landshut.

Daß Agnes in der Instruktion einen wichtigen Platz einnahm, wurde erläutert. Auch nach der so aufschlußreichen Passage sollte Aichstetter noch mehrfach darauf zu sprechen kommen. »Item als daz weyb nun tod ist, hat sich herzog Ludwig seines suns unterwunden und den zuo im gezogen in sein stat Ingolstat.«

Ludwig wurde die Schuld für Albrechts Verhalten zugeschoben. Wieder wurde der Münchner Thronfolger als »Opfer« behandelt, diesmal als Opfer der bösen Einflüsse des Gebarteten. Ludwig lasse keinen Diener Ernsts zu Albrecht, nicht einmal dessen eigene Räte, »besetze« ihn vielmehr mit Leuten wie dem Öttlinger, die keinen Nutzen bringen, »wan sy machoten viel lieber landes krieg, mort und prant, dann daz sy ein sach zuo dem pesten kerten«. Der Kaiser kenne ja Ludwig und sein Gefolge und verstehe wohl Ernsts Sorge, daß die Aufstachelung Albrechts durch den Ingolstädter großes Unglück zwischen Vater und Sohn hervorbringen könne. Sigmund möge deshalb an Albrecht schreiben, es befremde ihn und erscheine ihm falsch, daß er nach der Geschichte mit dem Tod des Weibes zu Herzog Ludwig geritten sei, weil er besser daran getan hätte, zu seinem Vater zu eilen, von dem er doch große Ehre und Würde erwarten könne. Sein Vater habe die Geschichte auch für ihn erledigt, daß er hinfür ein »frumer wirdiger« Fürst sein möge, »dar an in daz weyb, wan sy pey leben solt beliben sein sehr und ganz gehindert hätte«. Der Zusammenhang zwischen der Hinrichtung der Bernauerin, Albrechts feindseliger Abwendung von Herzog Ernst und seiner Verbindung mit Ingolstadt tritt unübersehbar zutage.

Laut Ernsts Wunsch sollte der Kaiser nicht nur Albrecht auffordern, unverzüglich von Ludwig aufzubrechen und in kindlichem Gehorsam zum Vater zurückzukommen, sondern einen Versöhnungsversuch einleiten. Sigmund sollte erklären, er habe Ernst geschrieben, daß er »solichen zorn, den sein sun begangen hat, an dem er zuo herzog Ludwig geritten sey, auch nit an sich und in aufnem alz ein getrewer vater«. Ernsts eigene Absichten sollten Albrecht wie ein Verlangen und Bitten der kaiserlichen Majestät erscheinen und damit mehr Nachdruck erhalten.

Herzog Ernst war sich der wahren Gründe für den Konflikt mit dem Sohn durchaus bewußt. Von »Schuldgefühl« konnte dabei jedoch keine Rede sein. Denn schließlich hatte er im Sinne der Zeit durchaus legal gehandelt und den Hexereien der Bernauerin ein Ende gesetzt, aber Albrechts Zorn jagte dem alten Herzog doch gehörige Angst ein.

Nach der Bernauerin rückte Ludwig in den Vordergrund. Aichstetter mußte erklären, Ludwig hätte Leute in seinem Land und in seinen Burgen, die Ernst, Heinrich und ihre Untertanen »wider recht prennen und rawben«. Ganz offensichtlich zugunsten Heinrichs und in Beschönigung der landesweit bekannten Räubereien und zwielichtigen Rechtsansprüche wurde Burkhart von Magenbuch von Ernst als aufrechter Edelmann betitelt, der nur sein gutes Recht gegenüber den Ingolstädtern vertrete. Wohl als vorbeugende Entschuldigung für kriegerische Aktionen der Landshuter wurde Ludwig vorgeworfen, er habe durch mehrmalige Angriffe auf die Burg des Magenbuch auch Heinrich und sein Land beschädigt und verdorben, was dieser bisher noch geduldet habe. Herzog Ludwig der Jüngere mißachte außerdem den vom Kaiser befohlenen Frieden zwischen den bayerischen Fürsten. Der Kaiser möge angesichts des bitteren Hungers und der Armut in allen Landen den Unfrieden und Krieg verbieten.

Und endlich hatte der herzogliche Bote noch einmal das Hauptanliegen zu beschwören: die Beilegung des Streits im Hause Bayern-München, der zusätzlichen Sprengstoff für die gespannten Beziehungen zwischen den bayerischen Fürstentümern lieferte. Der Kaiser sollte in den Brief an Albrecht setzen, »daß er ihm das nicht als Schande anrechnen würde, wenn das in kurzem ein Ende nähme. Damit niemand mehr davon spricht, soll er auch selbst darüber schweigen«. Albrecht müßte doch einsehen, daß alles zu seinem Nutzen und Frommen getan worden sei. Der Handel mit der Frau sei ihm ein »schand und smach gewesen, daz in und all fürsten von Payrn in frömden landen geswecht hab und die weyl sy gelebt hiet, wär der schand nimer vergessen worden«. Sigmund sollte nach Wunsch Herzog Ernsts der Standesideologie noch einen ganz persönlichen Akzent verleihen, nämlich durch den Hinweis, Albrechts Affäre mit Agnes habe ihn selbst oft betrübt.

Ob sich der Kaiser tatsächlich an Herzog Albrecht im Sinne des Vortrags Aichstetters wandte, muß offen bleiben. Daß ihm die Sache mit der Bernauerin nicht unbekannt war, ist anzunehmen. Lösungen dieser Art waren ihm ebenfalls nicht neu, denn seine Gemahlin war Barbara von Cilli, und in deren Haus war die Desnice bekanntlich auf ähnliche Weise beseitigt worden.

Ernsts Gesandter war im übrigen nicht der einzige, der in bayerischen Haus- und Landesdingen am kaiserlichen Hof vorsprach. Der Ingolstädter Rat Sanizeller und andere Gefolgsleute Ludwigs des Bärtigen bemühten sich nach Kräften, Herzog Heinrich von Landshut bei Sigmund in Ungnade zu bringen. Friedrich Aichstetter berichtete davon nach seiner Rückkehr Herzog Ernst, der diese Informationen am 22. November nach Landshut weiterleitete.

Der Einfluß des Reichsoberhauptes auf das bayerische Hin und Her war noch nie sonderlich groß gewesen, sodaß das Ob oder Wie eines kaiserlichen Eingreifens zugunsten

Ernsts von untergeordneter Bedeutung ist. Wichtiger für die Bereinigung der sich bedrohlich zuspitzenden Situation in Bayern waren die politischen Bemühungen im Lande selbst.

Das Münchner Patriziat hatte die Hinrichtung der Bernauerin mit Genugtuung zur Kenntnis genommen. Nicht ohne einen Anflug von Zynismus und Rohheit vermerkte der Stadtschreiber: »Item 60 Pfennig haben wir zalt nach rats geschäft unsers gnedigen herrn hertzog Ernsts etc. poten zu der getzung seiner müden payn, das er als reschlichen von Straubing her was geloffen und die mär pracht, das man die Bernawerin gen hymel gefertigt hett.«

Schnell war die Botschaft, daß man Agnes in den Himmel geschickt hatte, ins befreundete Landsberg weitergemeldet worden: »Item 3 Schilling Pfennige haben wir zalt dem Massmair soldner gen Lantsperg zerung des mals, do man in verkündet der Bernawerin ebenlangk in der Tuonaw zu Strawbingen underhalb der prugken zü Sand Peter im kirchlyne«. »Ebenlangk« sollte wohl scherzhaft »Begräbnis« bedeuten, der Bernauerin »Begräbnis in der Donau zu Straubing unterhalb der Brücke bei St. Peter im Kirchhof«. Die Freude des Münchner Stadtadels wich bald ernster Besorgnis. Der junge Herzog Albrecht, der zukünftige Regent des Landes, schien einen dicken Strich durch die fein ausgeklügelte Rechnung zu machen. Wenn die Ertränkung seiner Frau die allgemein gereizte Stimmung anheizte, dann drohte Gefahr, auch für die Landeshauptstadt. Wenn Albrecht sich gar offen gegen den Vater wandte, mit Hilfe Ingolstadts finstere Rachepläne verwirklichte, dann stand München Krieg ins Haus, Familien- und Bürgerkrieg sogar. Der Rat entfaltete deshalb eine rege diplomatische Tätigkeit. Peter Rudolf und Lorenz Schrenck waren schon zum Zeitpunkt der Exekution in Sachen Friedenswahrung in Richtung Ingolstadt unterwegs, jetzt kamen sie kaum mehr aus den Sätteln, »wann nymant mer reyten hat wollen im selber ze schaden, und das ist gewesen der obgeschriben vart gen Vohburg, gen Ingolstat und gen Strawbingen, alles gen hertzogen Albrecht und hertzogen Ludwig und darnach gegen Strawbingen«. Was niemand mehr aus Furcht um Leib und Leben wagte, taten die beiden Münchner Rä-

te: Sie eilten »gen Vohburg und gen Ingolstat zu unserm
gnedigen herrn, hertzog Albrechten, in ze weysen, zu seinem vater her gen München zu komen, und darnach reyten
sie gen Strawbingen«. Laut Kammerrechnung war Rudolf
18 Tage unterwegs, Schrenck sogar 21 Tage. Der Erfolg ließ
auf sich warten. Glaubt man Ernsts Instruktion, drangen
sie nicht einmal zu Albrecht vor.
Noch vor Martini, dem 11. November 1435, schien dieser
jedoch zu einem Gespräch mit Ernst in Augsburg bereit.
Während er in Vohburg weilte, verhandelten einige seiner
Räte in München. Am 1. Dezember erließ Ernst einen Spe-
zialbefehl an Kanzler Oswald Tuchsenhauser zur Unterfer-
tigung eines Geleitbriefs für den Sohn. Rat und Bürgerschaft
Münchens schlossen sich der Zusicherung unbeschadeter
Aufnahme und persönlichen Schutzes an. Landesherr und
Landeshauptstadt boten ihrem rebellischen jungen Herzog
die Hand zum Frieden. Über eine dann folgende Unterredung Anfang Dezember sagt die Kammerrechnung: »Item
10 Schilling 24 Pfennig haben wir zallt nach rats geschaft
dem Symon kamerknecht unsers gnedigen herrn herzog
Ernsts zu potenprot, das er saget, es wer unser gnediger
herr hertzog Albrecht gericht mit seinem Vater, aber doch
was es dennocht nit gar ain gantzer richtigung.«
Die Zusammenkunft hatte demnach eine Annäherung gebracht, noch keine völlige Aussöhnung. Nach Landshut
berichtete Ernst allerdings, daß der Streit ganz geschlichtet
und Albrecht niemandem mehr böse sei.
In München stiegen indessen flehentliche Gebete zum
Himmel. Immer wenn die Herren miteinander »stössig«
wurden, wenn die wittelsbachischen Vettern sich in die
Haare gerieten, mußten für Geld- und Weinspenden des
Rats die Armen im Heiliggeistspital und die »Betschwe-
stern« für den Frieden beten. Als Albrecht gegen Ernst
stand, der Münchner gegen den Münchner, bestellten die
Stadtväter 32 000 Ave-Maria, damit die Gottesmutter durch
Christus Frieden zwischen den Fürsten stiften mochte. Vor
dem Weihnachtsfest 1435 beantragte der Rat Ridler eine besondere Andacht, »do hertzog Albrecht sich etwas gen seinem Vater, unsern gnedigen herrn, hertzog Ernsten, rewchet, got ze piten, das er sich gnediclichen nider lyes«.

Aus dem Ausdruck »sich etwas gen seinem vater ... rewchet« wurde auf »Rache« und drohenden »Rachekrieg« Albrechts geschlossen. Die Entwicklung des Verhältnisses zwischen Vater und Sohn, das Abklingen des Konflikts, die Aufweichung der erstarrten Fronten und die Übersetzung des »sich gen ... rewchet« im Sinne von »gegenüber Reue empfinden« erlauben eine andere Folgerung: Herzog Albrecht war vor Weihnachten bereits in versöhnlicherer Stimmung, bereute schon etwas die kategorisch harte Abkehr vom Vater. Die Münchner sollten angesichts dieses beginnenden Ausgleichs »Gott bitten, daß er sich gnädig niederließ«.

Kein Pardon für Herzog Heinrich

Im Herbst 1435 entstand zwischen den Landshuter und Ingolstädter Landständen ein Briefwechsel zur Kriegverhinderung und Konfliktlösung im Streit zwischen Ludwig dem Bärtigen und Heinrich dem Reichen. Im Mittelpunkt stand die Frage nach dem Verhalten der Fürsten gegenüber Raubrittern und adeligen Landfriedensbrechern. Die ausgetauschten Schriften schwankten zwischen gegenseitigen Beschuldigungen und Verhandlungsbereitschaft. Zwar zeichnete sich Ende November ein gemeinsames Treffen von Landtagsdelegationen ab, aber es scheiterte an der jeweiligen Loyalität gegenüber dem eigenen Landesherrn, obwohl »von Tag zu Tag Brand, Raub und andere unbillige Sachen und Übel ausnehmlich wachsen«.
Eine besondere Rolle in der Debatte zwischen den Landschaftsvertretern spielte wieder Burkhart Magenbuch. Während die Ingolstädter dem Landshuter Regenten vorwarfen, er unterstütze diesen und andere Stegreifritter, damit sie dem Nachbarland Schaden zufügten, verteidigte der Niederbayer seinen Ritter als aufrechten Mann, der nur Rechtsansprüche vor Ludwig und seinen Räten vortragen -wolle, was ihm allerdings verweigert werde.
Wes Geistes Kind der Magenbuch – und nicht nur er – tatsächlich war, enthüllt dagegen eine Beschwerde Herzog Ernsts vom 10. November 1435 bei Heinrich, jenes Herzog

Ernst, der in der Instruktion an Aichstetter noch ganz die Linie des verbündeten Vetters verfochten hatte. Der Magenbuch hatte mit seinen Gesellen auf der Straße von Wasserburg nach München einen Salztransport überfallen und beraubt und dadurch die wichtige Verkehrsverbindung so in Verruf gebracht, daß sie verödete und Ernsts Zoll- und Mauteinnahmen sanken. Heinrich sollte dem Magenbuch ernsthaft befehlen, die gefangengenommenen Leute und gestohlenen Pferde sofort und ohne Lösegeld freizugeben und sich vor Wiederholung eines solchen Frevels zu hüten. Albrechts demonstrative und offene Hinwendung zu Ingolstadt hatte zweifellos den schwelenden Konflikt durch Ausbruch zahlreicher Fehden angeheizt. Die weichere Haltung gegenüber dem Vater um Weihnachten 1435 ließ dagegen auf eine Stabilisierung hoffen. Einem gegenüber aber blieb Albrecht ablehnend, sogar feindlich gesinnt: Herzog Heinrich von Landshut. Er unterstellte ihm ganz offensichtlich schwere Mitschuld an der Ermordung seiner Gattin, lastete ihm die Jagdeinladung als höchst hinterhältigen Akt an und dachte nicht daran, Heinrich die vermutete Beteiligung an der Intrige gegen Agnes zu verzeihen, wie es Herzog Ernst im Dezember erhofft hatte. Wenigstens fand Albrechts Grimm über die Bluttat damit ein Ventil, das seine Aggressionen vom eigentlichen Verursacher ablenkte und eine politische Annäherung an die Münchner Linie zuließ. Den Weg selbständiger politischer Aktivitäten verließ er jedoch noch nicht. Für Ludwig den Bärtigen galt er noch immer als zumindest potentieller Bündnispartner oder wenigstens als freundschaftlich gesinnter Vermittler in Ingolstädter Angelegenheiten. Am 6. Januar 1436 ersuchte ihn Ludwig, Ernst von einem Bündnis mit Heinrich abzuhalten. Albrecht hatte bereits die Möglichkeit der Vermittlerrolle wahrgenommen und seinen Hofmeister Jan von Sedlitz mit einem Geleitgesuch Ludwigs nach München geschickt. Es ging ihm wohl wieder einmal um die Verbesserung der Beziehungen zwischen dem Münchner und Ingolstädter Hof.

Ernst nahm Albrechts Anliegen zur Kenntnis, beriet darüber mit seinen Vertrauten und den Münchner Stadträten, konnte sich aber keinen klaren Reim darauf machen. Er bat daher am 8. Januar seinen Sohn, unverzüglich zu ihm zu kommen, damit sie gemeinsam die Angelegenheit besprechen könnten. Auf einem beigefügten Zettel schlug Ernst einen höchst freundlichen Ton an und forderte Albrecht fast schmeichelnd dazu auf, sich doch so einzurichten, daß er länger in der Hauptstadt verweilen konnte, um mit ihm zum Pirschen zu fahren. Er könne dann auch seine Gewandtheit als Wagenlenker demonstrieren.

Am selben Tag unterrichtete Heinrich die Münchner Herzöge von neuen Feindseligkeiten gegen ihn und sein Land. Ein weiterer Beamter Ludwigs hatte die Fehde angesagt, andere Ingolstädter Ritter hatten Landshuter Gefolgsleute überfallen, beraubt und als Gefangene verschleppt, darunter Diener des Pflegers zu Landau an der Isar, Heinrich Nothaft. Ernst erfüllte zwar wiederum nicht die Beistandsbitte, teilte aber Albrechts Eintreffen in München mit. Heinrich äußerte sich erfreut darüber, erinnerte Ernst in seinem Antwortbrief vom 15. Januar jedoch gleichzeitig an seine Sorgen, die er schon so oft schriftlich und mündlich vorgetragen habe. Ernst möge Albrecht nachdrücklich anweisen, sich eindeutig zur offiziellen Münchner Politik und zum Freisinger Bündnis zu bekennen, das Albrecht ebenfalls – wahrscheinlich um Pfingsten 1435 – unterzeichnet habe. Heinrich betonte seine stete Freundschaft mit Albrecht. Er für seinen Teil wolle davon nicht abrücken. Und an der Geschichte mit der Bernauerin sei er schließlich ganz unschuldig. Er würde gerne zu Ernst und Albrecht nach München reiten und mit den beiden über die »obgeschriben sachen«, also auch über Agnes Bernauer, klar und deutlich reden.

Albrecht kam nach München, das Verhältnis zum Vater verbesserte sich wiederum, nur Heinrich blieb für ihn ein rotes Tuch. Der Landshuter begab sich im Februar in gutem Glauben nach München, denn Ernst hatte ihm wiederholt versichert, er werde seinen Sohn umstimmen. In der oberbayerischen Isarresidenz erwartete ihn jedoch eine böse Überraschung. Albrecht lehnte jedes Gespräch mit Heinrich kategorisch ab, sah sich zu keiner Zusammenkunft mit dem verhaßten Cousin imstande. Heinrich mochte noch so sehr auf Vertragstreue pochen, noch so sehr beteuern, er sei ohne eigene Schuld durch Ernst in den Handel mit der

Bernauerin geraten – Albrecht beharrte auf seinem feindlich ablehnenden Standpunkt. In Schreiben an Beamte Heinrichs sprach er nicht mehr vom »lieben Vetter«, sondern frostig und kalt vom »Herrn Herzog Heinrich«.

Während sich im Münchner Familienkreis die Wogen glätteten und Albrecht sogar am 17. Februar von Kaiser Sigmund die Schutzherrschaft über das Reichskloster Niedernburg in Passau erhielt, geriet Heinrich in eine zunehmend schwierigere Lage. Ernst lavierte zwischen den Fronten, verschob einen mit Heinrich vereinbarten gemeinsamen Landtag und dachte nicht daran, Waffenhilfe zu leisten. Noch hatten Ludwig von Ingolstadt und sein Erzfeind aus Rücksicht auf den vom Kaiser diktierten Waffenstillstand des Vorjahres keine offiziellen Kriegserklärungen ausgetauscht. So konnte Herzog Ernst mit einigem Recht die Beistandsklausel des Freisinger Vertrags als noch nicht erfüllt sehen.

Anfang März ergriff Ludwig der Gebartete eine günstige Gelegenheit beim Schopf. Heinrichs Räte Ulrich Kamerauer und Ebran von Wildenberg hatten in Ingolstadt ihren Herrn in Herbergen und Gasthäusern über alle Maßen gelobt. Ludwigs Getreue erinnerten daraufhin an das unerfüllte Versprechen der Landshuter Landschaft, einen gemeinsamen Landtag zu beschicken. Der Kamerauer verhaspelte sich und befürwortete dieses Verlangen. Ingolstadt schlug sofort einen Termin vor und die Zahl der Vertreter. Je zwanzig Gesandte aus beiden Herzogtümern sollten sich in der Osterwoche in Eichstätt treffen. Ludwig informierte am 5. März Albrecht von diesen Vorgängen und ersuchte ihn, seine Räte zur eventuellen Vorbereitung nach Ingolstadt zu schicken. Er unterstrich sein großes Vertrauen in Albrecht und gab der Hoffnung Ausdruck, daß er so viel »Gerechtigkeit zu bieten« habe, daß Herzog Ernst nicht dem »Biedermann Heinrich« helfen würde.

Herzog Albrecht hielt sich in den ersten Monaten des Jahres 1436 zwar mehrmals in München auf, im wesentlichen jedoch in Vohburg und Pfaffenhofen, agierte mehr als Graf von Vohburg denn als Herzog von Bayern-München. Noch vor Mitte März nahm er zusammen mit Räten Ernsts an Vermittlungsgesprächen im nahen Ingolstädter Schloß teil

– durchaus nicht in gegnerischer Position zum Vater, denn auch Ernst war um Ruhe und Frieden bemüht. Ludwig erklärte sich bereit, mit seiner Landschaft oder seinem Sohn nach München zu kommen oder Gesandte zu schicken. Er begrüßte es, daß Ernst Schiedsrichter aus Österreich, Württemberg und aus den Städten Augsburg, Ulm und Nürnberg in seine Residenz einladen wollte. Sollte Heinrich an einem solchen Rechtstag interessiert sein, dann sei er es ebenfalls. Sollte Heinrich allerdings nicht einlenken wollen, dann sei es nur recht und billig, daß Ernst den Ingolstädtern beistehe.

Albrecht nahm in diesem Tauziehen um die Gunst des Münchener Hofes zwar scheinbar die Rolle eines Unterhändlers wahr, seine Sympathien aber galten eindeutig den Ingolstädtern. In richtiger Einschätzung dieser Haltung und Einstellung bat der Münchner Rat am 21. März seinen jungen Herrn, Herzog Ludwig in keinem Krieg ohne Zustimmung seines Vaters zu unterstützen.

Heinrich spürte, daß sich die Situation für ihn nicht verbesserte, daß die Entspannung im Haus München eher zu seinen Lasten ging, und zeigte sich deshalb versöhnungs- und friedensbereit, um nicht dem Ingolstädter Gegner taktische Vorteile einzuräumen. Er sicherte Ernst sein Interesse an einem Rechtstag in Augsburg zu, schlug selbst einen Schiedstag in Freising vor, den auch München und Ingolstadt besuchen sollten und nannte neben Ernst ausdrücklich Albrecht als Adressaten. Er schrieb diesem sogar gesondert und lud ihn nach Landshut ein.

Unterdessen bemühten sich Münchner Landschaftsvertreter und herzogliche Räte um eine endgültige Bereinigung des Konflikts zwischen Vater und Sohn. Ernst sollte nach seinem »lieben Sohn Herzog Albrecht schicken« und »mit dem in allen Sachen eins werden«. Er kam diesem Verlangen gerne nach, tat er doch in diesen Tagen von sich aus einen weiteren Schritt zur Beruhigung seines Stammhalters und zur Erledigung der Bernauer-Affäre: Er besiegelte die große Meßstiftung für Agnes, die Albrecht schon am 12. Dezember 1435 beurkundet hatte und verlieh ihr damit das Gewicht und die Würde des regierenden Landesherrn.

Am 7. April hatte er seinen Nachfolger von Landshut aus

gewarnt, daß er nicht »vermailigt« werde, d. h. Makel auf sich ziehe. Und in nochmaliger Anspielung auf Agnes Bernauer hob er hervor, Albrecht sei nun »ein frommer, unvermailigter Fürst«, aber er wisse wohl, daß man ihm vormals anderes nachgesagt habe. Jetzt sollte alles vergessen sein und der störrische Prinz wieder seinen Hauptwohnsitz in München nehmen.

Am 14. April betätigte sich Albrecht erneut von Vohburg aus als Unterhändler für Herzog Ludwig. Mit Hinweis auf das große Verderben der Bauern unterstrich er die Notwendigkeit eines Ausgleichs zwischen den streitenden Fürsten. Falls Ludwig nicht verständigungswillig sei, sollte Ernst dem Landshuter mit aller Macht helfen, umgekehrt jedoch auch Ludwig bei ablehnendem Bescheid oder Feindseligkeit Heinrichs. Auf einem extra Zettel wandte sich Albrecht ganz persönlich an seinen alten Vater:

»Auch lieber Herr und Vater hat uns der Gareisen gesagt, daß Euer Lieb sehr krank gewesen sei; danach hat uns der Ofensteter gesagt, wie Euer Lieb gesund worden sei und von nichts mehr bedrückt wurde; so haben wir jetzt von dem Boten Haintz gehört, daß Euer Lieb ganz benommen und kraftlos sei, was uns von Herzen gar leid tut. Nun verwundert uns jedoch sehr, warum uns Euer Lieb von solchem nichts schreibt oder mitteilt, und meinen, Ihr vertrautet uns vielleicht nicht, was uns sehr leid täte und was grundlos wäre. Deshalb bitten wir Euer Lieb freundlich, Ihr wolltet uns etwas von Eurem Wohlbefinden schreiben, denn daran täte Euer Lieb gut; das brächte uns von Herzen eine große Freude, das soll uns Euer Lieb wirklich glauben.«

Um so erstaunlicher mutet ein ganz anders geartetes Schreiben Albrechts vom nächsten Tag an, ein offizielles Schriftstück, das nur vor dem Hintergrund eines tiefen Grolls wirklich zu verstehen ist, eines tiefen Grolls über schweres Unrecht und grausame Untat. Am 15. April 1436 erhielt Heinrich von Landshut einen Fehdebrief, nicht von irgendeinem mehr oder weniger gefährlichen Ingolstädter Adeligen wie die Tage zuvor, sondern von einem nahen Verwandten, eigentlich sogar Verbündeten: von Albrecht, Pfalzgraf bei Rhein, Herzog von Bayern, Graf von Vohburg. Dieser begründete die Absage mit Übergriffen des Gegners gegen ihn selbst und seine Gefolgsleute, gegen die er sich oft durch Schrift und Botschaft verwahrt habe. Ferner warf er Heinrich vor, er boykottiere eine ordentliche juristische Auseinandersetzung und habe seine Souveränitätsrechte geschmälert. Darum wollte Albrecht sein Feind sein, ebenso seinen Helfern, Dienern, Leuten, Pflegern, Amtmännern, Städten und Märkten und allen, die ihm beistehen.

Albrecht von München schleuderte den Fehdehandschuh gegen das gesamte Herzogtum Niederbayern-Landshut, zerriß das Freisinger Bündnis, setzte sich in krassen Widerspruch zur Politik seines Vaters und stellte sich an die Spitze aller bisherigen Gegner Heinrichs. Jetzt wirkte Albrecht nicht mehr als echter oder scheinbarer Vermittler, sondern als Kriegsherr, der Genugtuung begehrte.

Krieg und Frieden

Die offene Feindschaft zwischen Albrecht und Heinrich entzündete sich an einem Streit um Neustadt an der Donau. Der Ort war an Heinrich verpfändet. Albrecht verhandelte wegen der Einlösung der Pfandschaft und ließ sich von Ernst und Heinrich die Stadt anvertrauen. Die Landshuter Besatzung zog aus Neustadt ab. Nach einer späteren Darstellung Albrechts vom Mai oder Juni 1436 geschah es in der Osterwoche, daß Herzog Ludwig »mit einem zewg für die Newenstat kam, die unser vaterlichs erb ist und nur hertzog Hainrichs pfantschaft ist, und wolt die stat gearbait, beschedigt und vielleicht genött und gewunnen haben«. Albrecht befürchtete also die Einnahme durch Ludwig und verhandelte deshalb mit dessen Hauptleuten. Währenddessen legte Heinrich entgegen den vorherigen Vereinbarungen wieder Soldaten und Nachschub in die Stadt, obwohl Albrecht die Ingolstädter zum Abbruch ihrer Unternehmung bewegen konnte. Heinrichs Leute fingen außerdem Briefboten Ludwigs ab, brachen die Briefe auf und lasen sie.

Der Münchner sah sich durch diese Vorgänge in seinen Geleit- und Souveränitätsrechten beeinträchtigt. Darüber hinaus machte er dem Landshuter Herzog altbekannte Vorwürfe. Wieder tauchte der Name Magenbuch auf, auch Heinrichs rechtswidriger Zoll in Vilshofen und die Behinderung des Salztransports. Aus alledem begründete Albrecht: »Da uns solches, das vorher geschrieben ist, von Herzog Heinrich und den Seinen zugefügt wurde und noch heute zugefügt wird; haben wir uns daran orientiert und hätten Herzog Heinrichs Leute, die er in Neustadt liegen hatte, und die unsere Rechte verletzt hatten, und die Neustädter wegen ihrer Mißetat gern bestraft, wie es sich gehört hätte. Sie sind uns aber von dort entkommen, so daß wir nur einen eingeholt und gefangen haben. Danach sind wir vor Neustadt gekommen und wollten sie um solche Sache auch bestraft wissen, da haben sie sich uns ergeben. Auf diese Weise sind wir gegen Herzog Heinrich in Feindschaft geraten, wobei man wohl verstehen mag, daß wir dazu gezwungen worden sind.«

Albrechts Begründungen zeigen zwar das Bemühen um Legalisierung seiner Fehdeansage, recht glaubwürdig und stichhaltig sind sie aber nicht. Eher dienten sie als formaler Vorwand für eine Abrechnung, die der Münchner noch begleichen wollte und deren tieferer Grund in Heinrichs vermeintlicher Beteiligung am Tod der Bernauerin lag. Albrecht empfand trotz aller Bitten und Ermahnungen des Vaters offensichtlich noch unverminderten Haß auf den niederbayerischen Verwandten und ließ sich daher zu einem Schritt hinreißen, der nicht nur die Fehdeauseinandersetzungen in Bayern zum Fürstenkrieg steigern mußte, sondern vor allem auch seinen Vater in eine Lage versetzte, die weiteres Lavieren zwischen den Fronten verhinderte.

Und Herzog Ernst handelte jetzt nicht mehr kompromißbereit und wohlwollend geduldig. In einem Befehl an die Stadt Straubing vom 16. April 1436 mißbilligte er in aller Deutlichkeit Albrechts Politik. Es sei den Straubingern bekannt, daß er und Albrecht sich im Konflikt zwischen Herzog Heinrich und Herzog Ludwig sehr um eine Schlichtung bemüht hätten, allerdings vergeblich. Albrecht habe ihm des öfteren von einer Unterstützung Landshuts abgeraten, bis er persönlich in München erscheine. Er habe bislang

dem Wunsch des Sohnes entsprochen und habe in Über-
einkunft mit Rat und Ritterschaft Albrecht zu sich gebeten,
um gemeinsam einen Landtag aus beiden Landesteilen ein-
zuberufen. Albrecht sei aber nicht erschienen. Statt dessen
habe er Heinrich abgesagt und wolle offenbar nach Straubing kommen. Ernst erteilte nun einen nachdrücklichen
Befehl mit Hinweis auf die Eide von Rat und Bürgerschaft,
die Stadt und Feste treu zu verwahren und bis auf Widerruf
weder Albrecht noch jemand anderen einzulassen. Seinem
Sohn habe er Entsprechendes mitgeteilt. Der Landesherr
versperrte damit Albrecht die zweitgrößte Stadt seines Ter-
ritoriums und jenes Schloß, in dem der Sohn noch ein Jahr
zuvor wie ein Mitregent hatte schalten und walten dürfen.
An Albrecht selbst ging eine Botschaft, die zwar noch die
freundliche Anrede »lieber Sohn, Hochgeborener Fürst«
aufwies, ansonsten aber mit unüberhörbarer Klarheit das
Vorgehen des Empfängers verurteilte. Ernst schrieb, er sei
enttäuscht und verwundert, daß Albrecht eine solche Sache, die ihnen, Land und Leuten großes Verderben bringen
könne, ohne seinen Willen und sein Wissen getan habe, obwohl er doch bislang immer beteuerte, für Frieden und
Aussöhnung in Bayern einzutreten. Albrecht wurde dring-
lich gebeten und ermahnt, Heinrich und den Seinen nicht
zu schaden noch jemand anderem zu gestatten, es zu tun.
Das Schreiben trug nicht den in der Korrespondenz zwischen Vater und Sohn bislang üblichen Kanzleivermerk
»dominus dux per se«, »der Herr und Fürst für sich«, im
Namen seiner Person. Jetzt sprach Herzog Ernst als »dominus dux in consilio«, als Territorialherr inmitten seines Rates, der zusammen mit ihm die Regierung des Herzogtums
und seine maßgebenden Stände repräsentierte. Jetzt setzte
sich nicht nur der herzogliche Vater mit dem herzoglichen
Sohn auseinander, sondern der Landesfürst mit dem Gefolgsmann, gestützt auf die Autorität des Amts und den öffentlichen Charakter durch die Beteiligung des Rats. In
einem Moment starker Gefährdung des Gemeinwesens,
der Bedrohung des inneren und äußeren Friedens durch
die eigenmächtige Kriegserklärung Albrechts an einen politischen Verbündeten seines Landes handelten Herzog und
Räte gemeinsam als oberstes Regierungsorgan im Namen

des Landes und stellten Albrecht vor die Wahl zwischen Staatstreue oder Landesverrat. In einem Entschuldigungsbrief an Heinrich von Landshut beteuerte Ernst nicht nur seinen Unwillen über die überraschende und ihm nicht bekannte Fehdeansage, sondern er versicherte auch, er werde sofort eine Botschaft von seinen Städten und Räten an Albrecht richten und »mit ihm gar ernstlich unsre Notdurft reden lassen«. Außerdem kündigte er Heinrich die Einberufung von Landtagen in München und Straubing an.

In Landshut wurde diese Nachricht mit wenig Begeisterung aufgenommen. Am 20. April warf Heinrich dem Münchner Regenten Verzögerung seiner Bündnispflichten zum Schaden Niederbayern-Landshuts vor. Ein beigelegter Absagebrief Herzog Ludwigs des Buckligen von Ingolstadt sollte die Dringlichkeit von Heinrichs Begehren unterstreichen, der Ernst aufforderte, nicht auf den Ratschlag seiner Landstände zu warten, sondern ihm gemäß des gesiegelten Bündnisvertrages Hilfe zu leisten und selbst den beiden Ludwigs den Krieg zu erklären.

Zwei Tage später nahm Herzog Albrecht am Münchner Landtag teil. Sein Vater sah darin einen Anlaß, Heinrich weiterhin zu vertrösten, dem jetzt die Ingolstädter hart zusetzten. Der Landshuter interpretierte die Vorfälle in Neustadt ganz anders, betrachtete sie als einen Treubruch Albrechts, erklärte sich jedoch bereit, den Konflikt mit diesem vor Herzog Ernst und seinen Räten aus Ober- und Niederbayern auszutragen, um alle Fehde und Feindschaft zu begraben. Entsprechendes teilte er den oberbayerischen Ständen mit, damit sie auf ihren jungen Herrn positiv einwirken konnten. Heinrich verzichtete allerdings seinerseits auf das gewohnte »lieber Vetter«. Förmlich und kalt wurde lediglich vom »Herzog Albrecht« gesprochen.

Gleichzeitig verhandelten Gesandte Ernsts und des Münchner Stadtrats über einen raschen Friedensschluß. Auch der Rat der Stadt Augsburg schaltete sich ein. Die Augsburger dachten demnach nicht daran, den Gemahl der Agnes Bernauer in seinem Revanchestreben zu unterstützen. Frieden im Nachbarland war viel wichtiger als Genugtuung für den Tod eines kleinen Badermädchens, das zufällig aus Augsburg stammte. Nur unter friedlichen Verhältnissen in den bayerischen Herzogtümern konnten die Augsburger Kaufleute ungestört ihren Geschäften nachgehen und mußten nicht um die Sicherheit ihrer Kaufmannszüge bangen.

Albrecht freilich sperrte sich noch gegen Ruhe und Versöhnung. Während die Landstände erste Beratungen zur Beilegung des Konflikts in Regensburg einleiteten und dort am 29. April der Kurfürst von Brandenburg mit Ernsts Schwiegersohn Johann von Neumarkt tagte, begannen Albrecht und die Ingolstädter einen Verwüstungszug in Heinrichs Land. Aufhausen, Sengkofen, Mangolding und andere Ortschaften in der Umgebung Regensburgs gingen in Flammen auf. Auf Albrechts Seite tat sich besonders Graf Johann von Abensberg hervor, seit September 1435 in Diensten des jüngeren Münchners und einer der angesehensten Hochadeligen in Bayern.

Heinrichs Lage schien aussichtslos. Von Ernst nicht militärisch unterstützt, von Ludwig und Albrecht befeindet, standen seine Erfolgschancen schlecht. Doch in Ritter Nothaft erwuchs ihm ein Gefolgsmann und Feldhauptmann, der zu energischen Gegenschlägen ausholte. Am 1. Mai überfiel er den Markt Mainburg im Gebiet Bayern-Münchens, Mitte Mai eroberte er den ingolstädtischen Markt Geiselhöring, am 14. Juni die Stadt Dingolfing, am 2. Juli Burg Kirchberg. Der Bischof von Passau ließ indessen die alte Feindschaft gegen Ludwig den Gebarteten wieder aufleben, und auch in Franken sammelten sich alte Gegner Ludwigs.

Herzog Ernst und seine Räte jedoch verfolgten Ende April und Anfang Mai 1436 mit Ausdauer und Geduld ihren Kurs. Der Vater hatte seinen Sohn richtig eingeschätzt. Albrechts war letztlich kein Mann des Schwerts, kein geborener Haudegen oder ruhmsüchtiger Kriegsheld. Schwankend zwischen Groll gegen Heinrich und Verpflichtung gegenüber dem eigenen Staat erklärte er sich in den ersten Maitagen verhandlungsbereit. Er war – zum Glück für Bayern – kein Dom Pedro von Portugal, der den Krieg gegen Vater und Land nicht scheute. Am 6. Mai 1436 vereinbarten Ernst, seine Räte und Heinrichs Räte mit Albrecht einen Waffenstillstand bis Pfingsten, »den Tag und Nacht« über ohne Unterbrechung. Nach einem Landtag in Straubing wollte Ernst am 20. Mai mit Heinrich in Regensburg wegen ihres Bündnisses verhandeln und in Anwesenheit Albrechts sich um persönlichen Frieden bemühen, »daß wir die Sachen zwischen euer beiderseits zu besserem Stand bringen möchten, dann sie noch sind«.

Heinrich reagierte darauf scharf und verwahrte sich gegen solche Verzögerungstaktik. Ernst solle vielmehr seine Bündnispflichten schleunigst erfüllen. Dieser konterte den »harten und unfreundlichen Brief« in bemerkenswerter Weise. Heinrich selbst und seine Räte wüßten, daß er sehr krank und bisher ein getreuer Vermittler gewesen sei, um die Auseinandersetzung zwischen Landshut und Ingolstadt friedlich und rechtgemäß ins reine zu bringen; er hoffe deshalb, daß er solche Vorwürfe nicht verdiene. Dann ging Ernst zum Angriff über. Er hielt Heinrich in Anspielung auf Nothaft vor, Oberbayern-München sei durch Landshuter Kriegsvolk geschädigt worden, der Bruch des Bündnisses sei von Heinrich ausgegangen und nicht von ihm. Dieser müsse deshalb einsehen, daß ohne Einverständnis und Beistand der Münchner und Straubinger Landstände keine Hilfe zu erwarten sei. Im übrigen sei er gerne bereit, vor dem Kaiser klären zu lassen, wer gegen Bündnis und Verträge verstoßen habe.

Ernsts Argumentationsweise verdeutlicht eindrucksvoll die typisch spätmittelalterliche Verfassungsstruktur seines Herzogtums: der Landesherr agierte nicht im Stil eines absolutistischen Monarchen, sondern band sich selbst in seine Regierungsorgane ein. Fürst, Räte und Stände repräsentierten das Land, wirkten bei wichtigen Entscheidungen zusammen, ja ohne Zustimmung der Stände fehlte dem Herzog die Machtbasis. Was alle maßgeblichen Männer des Landes anging, sollte von allen gemeinsam gelöst werden. Im Ringen um Herstellung des Friedens demonstrierten die Landstände ihre Präsenz und traten als selbstbewußte politische Institution auf. Für einen Schiedstag zu Regensburg zwischen Albrecht und Heinrich, dem nur der Weg des Einlenkens blieb, hatten Ernsts Landschaften aus Oberbayern und Niederbayern Teilnahme und Vermittlungstätigkeit zugesagt. Ihre Vertreter vereinbarten jedoch schon vor dem Treffen einen Beratungstermin, um mit gemeinsamen Vorstellungen bei der Besprechung mit den Herzögen aufzuwarten.

Seit Anfang Mai 1436 herrschte zwischen Ernst und Albrecht wieder gutes Einvernehmen. Der Graf von Vohburg kehrte in die Residenz des Vaters zurück, war wieder designierter Landesherr von Bayern-München. Am 11. Mai genehmigte er in München die Witwenschaft für Herzogin Margarethe, am 17. Mai vermachte er dem Kloster Schäftlarn eine Wiese. Albrecht fungierte fortan als Mitregent des alten und kranken Vaters.

Noch galt es aber, den größeren Konflikt zu lösen, der trotz der internen Einigung im Hause München zu eskalieren drohte. Am 2. Juni beratschlagten Kurfürst Friedrich von Brandenburg, Pfalzgraf Johann von Neumarkt, der kaiserliche Hofmeister Graf Ludwig von Öttingen und Herzog Heinrich der Reiche in Regensburg über einen erneuten Kriegspakt gegen Ingolstadt, wegen »der von diesem gegen ihre Lande und Leute beabsichtigten Übeltaten«. Das Konstanzer Bündnis schien wieder Gestalt anzunehmen, wenngleich ohne Bayern-München.

Das Basler Konzil intervenierte. In Eichstätt fanden in Anwesenheit Ludwigs Verhandlungen statt – ohne Ergebnis. Für den 13. Juni luden Ernst und Albrecht nach Regensburg ein, weil auch eine Gesandtschaft des Konzils dorthin kommen werde. Am 25. Juni verbündeten sich Herzog Heinrich und Bürgermeister, Richter, Rat und Gemeinde der Stadt Passau auf Lebenszeit gegen Ludwig den Gebarteten, die fürstbischöfliche Stadt mit dem unmittelbaren Ziel, das ingolstädtische Schärding und die Burg Königstein zu erobern. Krieg und Frieden machten sich das Feld streitig.

Am 21. Juli siegten endlich Vernunft und Verantwortungsgefühl gegenüber den schwer geplagten Untertanen und den fehdegeschädigten Ländern. Propst Nikolaus v. Kues und Bischof Johann von Lübeck stifteten im Namen des Konzils und der Christenheit in Regensburg die Waffenruhe. Ihnen zur Seite standen Bischof Johann von Würzburg, Bischof Albrecht von Eichstätt, Reichserbmarschall Haupt von Pappenheim, Räte des Bischofs von Salzburg und Vertreter der Reichsstädte, insbesondere aus Regensburg,

Augsburg und Nürnberg. Als gegnerische Parteien wurden bezeichnet: einerseits Kurfürst Friedrich von Brandenburg, die Herzöge Johann und Heinrich von Bayern, Bischof Leonhard von Passau und die Stadt Passau sowie die Reichsstädte Rothenburg ob der Tauber, Schwäbischwerd, Nördlingen, Dinkelsbühl und Bopfingen, andererseits die Herzöge Ludwig der Ältere und Ludwig der Jüngere.

Ernst und Albrecht blieben ungenannt, sie wurden als Sachwalter und Wächter des Ausgleichs bestellt – eine Demonstration der Wertschätzung durch die Konzilsväter und gleichzeitig sichtbares öffentliches Zeichen der Einheit im Hause Wittelsbach-München und der Harmonie zwischen Vater und Sohn. Am 22. Juli geboten die bayerischen Herzöge ihren Landschaften den vierjährigen Frieden. Anfang August besiegelten die Landstände die Urkunde. Ein dreitägiges Tanzfest sollte alle Drangsal und Wirrnis in Fröhlichkeit und Freude verwandeln. Am 4. November beugten sich Albrecht und Heinrich schließlich noch einem Schiedsspruch wegen ihrer Differenzen um Neustadt an der Donau, das zum Herzogtum Ernsts gehören sollte. Der Streit zwischen Landshut und Münchens jungem Fürsten war endgültig geschlichtet. Nur einer blieb allein: Ludwig von Ingolstadt.

Am 6. November 1436 feierte Herzog Albrecht III. Hochzeit mit Anna, Tochter des Herzogs Erich von Braunschweig. Ein schwieriges und kritisches Jahr in der Geschichte des Herzogtums Bayern-München ging damit zu Ende. Es hatte vieler Bemühungen bedurft, um den Konflikt nach der Hinrichtung der Bernauerin beizulegen. Adelige und bürgerliche Räte, auch der Geistliche Johann Prumer, der spätere Propst von Indersdorf, hatten mit Herzog Ernst zusammengewirkt, um die Wogen zu glätten und Albrechts Schmerzen zu kühlen. Ernst hatte die Schulden für Albrechts Hofhaltung in Straubing im Sommer 1436 beglichen und eine Kapelle für Agnes Bernauer gestiftet, hatte sich in Geduld und Langmut, ja fast in Demut geübt, um Thron und Herzogtum nicht in den Strudel eines Bürgerkriegs reißen zu lassen. Jetzt, am 6. November, fand die von Münchens Patriziat »hochgelobte Hochzeit« statt. Ein Nachfahre Ottos I. von Wittelsbach vermählte sich mit einer Nach-

fahrin des Welfenherzogs Heinrich des Löwen, der 1180
Bayern an eben diesen Otto verloren hatte. Wittelsbach
und Welf gaben sich in einer Gründungsstadt Heinrichs
und Hauptstadt Wittelsbachs die Hand. Der Stadtschreiber
bemerkte aufatmend: »Wir sollten alle darüber froh sein,
daß wir nicht wieder eine Bernauerin gewonnen haben.«

Agnes Bernauer zum Gedenken

Mit Albrechts standesgemäßer und legitimer Ehe gehörte
der Fall Agnes Bernauer der Vergangenheit an. Aus Albrechts Gedächtnis verschwand die erste Gemahlin nicht.
Den Heiratsbrief für Anna von Braunschweig siegelte er
erst am 21. Januar 1437, Morgengabe und Bestätigungsbrief
Herzog Ernsts folgten an den beiden nächsten Tagen. Der
21. Januar aber ist der Tag der hl. Agnes. Es kann Zufall
sein, daß am Namenstag der Bernauerin der noch fehlende
juristische Akt der Hochzeit vollzogen wurde. Bedenkt
man, daß Herzog Albrecht zehn Jahre später, ebenfalls am
21. Januar, noch einmal in besonderer Weise seiner ersten
Frau gedachte, so lassen sich eher Berechnung oder melan-
cholische Erinnerung hinter dem Unterzeichnungsdatum
vermuten. Daß Albrechts seltsames und außergewöhnli-
ches Siegel in Zusammenhang mit der so sehr geliebten
Augsburgerin zu sehen ist, wurde schon früh von den
Chronisten hervorgehoben: »Ist ain stattlich Sigill: erstlich
das Bayrisch und Pfälzisch Wappen, darob ain zuegetoner
Helm, ob disen ain ansehnliche Cron, darob auch ain ge-
crönter Löw, zwischen zwaien Hörnern, die Hörner auf
baiden Seiten mit Laubwerk lustig geziert, auf der linken
Seiten ain nackhentes Weibsbild pube tenus mit ainer langen Köttin in bayden Handen, ist vielleicht sein Amasia
welche der Vater ertrenkt.«
Bereits drei Monate nach der Hinrichtung, am 12. Dezember 1435, hatte Albrecht eine große Meß- und Jahrtagsstiftung bei den Karmeliten in Straubing eingerichtet und dafür jährlich die beachtliche Summe von zehn Pfund Regensburger Pfennigen aus seinen Einnahmen für den herzoglichen Zoll in Regensburg bereitgestellt. Diese Finanzie-

rungsquelle hatte der Herzog im Jahre 1430 erworben, und zwar mit Hilfe des Strafgeldes seiner ersten Verlobten Elisabeth von Württemberg! »Allen gläubigen Seelen zu Ruh und Rast und unserer Seele zu Trost und Hilfe, darnach der ehrsamen und ehrbaren Frau Agnesen der Pernawerin, der Gott im Himmel gnädig und barmherzig sei, Seelenheil willen«, stiftete Albrecht, in Betrachtung des »kurzen vergänglichen Lebens und nicht wissend, wann man von Gott gerufen wird«, eine ewige Messe für den Altar, an dem die Bernauerin begraben werden wollte und den sie im Kreuzgang des Karmelitenklosters erbaut hatte.

»Ehrsam und ehrbar« nannte Albrecht seine ermordete Gattin, sicher in bewußter Reaktion auf die bösartigen Vorwürfe und Anklagen, die sie zu Fall gebracht hatten. Als »ehrsam und ehrbar« bezeichneten sich die Patrizier und Bürger der Städte, in Abgrenzung gegen die unteren Schichten, vor allem gegen die unehrlichen Leute. Agnes wurde also einem angesehenen Stand zugewiesen, wenn auch nicht dem höchsten, der Position der Duchessa an Albrechts Seite. Während der Messe, kundgemacht durch Glockengeläut, sollte ein Pater des Klosters »der vorgenannten Agnesen Pernawerin sele mit einem pater noster und ave maria alletag taglich gedencken und verkünden«. Der Todestag und Jahrtag ihres Begräbnisses war in der Woche um den 16. Oktober zu begehen, mit einer Abendandacht und einem Seelamt am Morgen. Zum Gedenk-Paternoster und Ave Maria kam ausdrücklich das Memoria auf dem Predigtstuhl.

Solche Totenerinnerung von der Kanzel herab war durchaus üblich. Im Falle der Bernauerin ist es besonders bemerkenswert und gar nicht im Sinne Herzog Ernsts, der danach trachten mußte, die Ertränkte einfach totzuschweigen. Bei den täglichen Gottesdiensten mußten zwei Kerzen brennen, bei den besonderen vierteljährlichen Feierlichkeiten, den Quattembern, hatten die Klosterbrüder vier Kerzen »zu der leich« aufzustecken. Am Altar brannte stets ein ewiges Licht. Aus dem Stiftungsgeld konnten die Patres für Meßgewänder, Kelche, Bücher und anderen Ornat sorgen und an den Jahrtagen und Quattembern Speise und Trank für das Kloster und das Straubinger Spital bereitstellen.

Albrechts Stiftung war ein »Seelgerät«, ein Hilfsmittel zur Abkürzung der Leidenszeit des unvollkommenen Menschen im Fegefeuer. Seit frühchristlicher Zeit wurde Sterben als »lebendig werden im Licht« verstanden; das »ewige Licht« an Grab- und Gedenkstätten sollte den Armen Seelen auf ihrem Weg zum wahren, ewigen Licht helfen und leuchten. Im Totengottesdienst wurden Leiden und Tod Jesu Christi fürbittweise den Verstorbenen zugewendet. Seelgerätstiftungen waren im 14. und 15. Jahrhundert weit verbreitet und gehörten oft zum letzten Willen. Auch Albrechts Mutter hatte eine Ewig-Meß-Stiftung gewünscht – auf dem St. Annen-Altar der Liebfrauenkirche in München. Sie wurde allerdings erst fünf Jahre nach ihrem Tod verwirklicht. 1437 befahlen die Herzöge Ernst und Albrecht außerdem gemeinsam, daß zu Ehren Elisabeths ein »gesungen selambt auf des Kaysers altar« verrichtet werde und »zu dem obgenannten jartag lewten, kertzen stekken und Tebich über daz grab legen, als man dann andern fürsten und fürstin hie zu München an Irn Jahrtagen pflegt ze tun«. Die Bernauerin erhielt ein weniger pompöses, eher bürgerliches Seelgerät. Dafür verlieh Albrecht seiner Stiftung noch eine besondere Note. Er band sich selbst ein, bestimmte sie nicht nur für Agnes. Nach seinem Tod sollte auch für ihn ein Jahrtag an diesem Altar gehalten werden. In der Feier des Meßopfers Christi fanden der Herzog und die Baderin noch einmal eine ideelle Vereinigung jenseits der menschlichen Gesetze und gesellschaftlichen Schranken, die ihr irdisches Zusammenleben zerstört hatten. Wie ernst es Albrecht mit dem Totengedenken für Agnes meinte, demonstrierte er im Jahre 1447. Am 21. Januar erneuerte er die Stiftung, stellte sie aber auf eine bessere Finanzierungsbasis. Anstatt der nicht immer sicheren, da verpfändbaren Einnahmen aus dem Regensburger Zoll schenkte er dem Karmelitenkloster aus seinem Eigenbesitz zwei landwirtschaftliche Güter, damit die Brüder wirklich unbeschadet und mit zwingender Verpflichtung ihrem Dienst nachkamen.

Herzog Ernst beglaubigte im April 1436 Albrechts Stiftung. Am 16. Juli 1436 siegelte er selbst »Ein brief umd die mess zu Strawbingen, zu sant peter in der kapeln gestift aus der

Maut zu Strawbingen«. Er erklärte für sich und alle seine Erben und Nachkommen öffentlich, daß er »in guter vorbetrachtung wolbedachtlich und auch williclich nach rate unser raete« eine Kapelle auf dem Kirchhof der Pfarrkirche St. Peter zu Straubing erbaut und darin eine ewige Messe und einen ewigen Jahrtag »gemacht geordnet und gestift« habe – und zwar für die Seele der Anna (!) Pernauerin und für alle christgläubigen Seelen.

Nur von einer Anna – falsch geschrieben statt Agnes – Bernauer wurde gesprochen, jedes Attribut fehlte, jeder weitere Hinweis auf Stand oder Titel, selbst ein würdigendes Adjektiv. Dafür wandte Herzog Ernst für die Bernauer-Messe eine hohe Summe auf, sechzehn Pfund Regensburger Pfennige aus den herzoglichen Mauteinnahmen in Straubing, »die ein jeder Mautner, wer es auch ist oder wird, dem Kaplan jährlich und auf immer reichen und geben soll, vier Pfund an jedem Quattember, ohne jeden Abstrich und ohne Widerrede«.

Der genannte Kaplan war ein Priester, der eigens für die Kapelle durch den Herzog bestellt wurde. Disziplinarisch unterstand er dem Straubinger Pfarrherrn, bei groben und wiederholten Pflichtverletzungen lag die Strafgewalt beim Herzog selbst. Dem Kaplan oblag das tägliche Meßlesen in der Kapelle, angekündigt durch Glockengeläut, und die Sorge für das ewige Licht. Der Jahrtag der Bernauerin sollte besonders festlich begangen werden. Der nächtlichen Vigil folgte am Morgen das gesungene Seelenamt unter Mitwirkung des Bernauer-Kaplans und vier weiterer Geistlicher, und »auf dem grab« brannten »vier steckkirtzen«.

»Nach rate unser raete« hatte der Münchner Regent diesen bedeutsamen Schritt getan. Der herzogliche Rat hatte mitgewirkt, hatte die Entscheidung vorbereitet und vorgeschlagen. Die Errichtung des Kirchleins war kein rein persönlicher Akt von Vater Ernst, etwa im Geiste reumütiger Sühne. Er geschah mit seiner ausdrücklichen Zustimmung, doch im Rahmen der Regierungstätigkeit von Herzog und Rat. Er wurde damit zu einem staatspolitischen Akt. Während Albrechts Messe und Jahrtag bei den Karmeliten privaten Intentionen entsprangen, allerdings durch die fürstliche Person und dann durch die Mitsiegelung des Landesherrn in die öffentliche Sphäre hineinreichten, war die Urkunde vom 16. Juli eine echte Staatsangelegenheit, so wie die Versöhnung zwischen Ernst und Albrecht nicht nur Familiensache war, sondern Grundfragen des Landes und des Gemeinwesens berührte. Der Stiftungsbrief Ernsts verordnete, daß Kapelle und Messe stets in herzoglichem Lehen bleiben müßten und der jeweils älteste Fürst das Verleihungsrecht innehabe. Die ausdrückliche Bindung an den ältesten Manneserben des Hauses, d. h. den regierenden Landesherrn, unterstrich die Bedeutung des Vorgangs und seinen öffentlich-rechtlichen Rang. Ein unmittelbares Dokument für die wiedergefundene Einheit von Vater und Sohn, von Herzog und Thronfolger wurde die Juli-Urkunde durch den Schluß: »... und zu noch größerer und ewiger Bestätigung haben wir gebeten den hochgeborenen Fürsten, unsern lieben Sohn Herzog Albrecht, Pfalzgraf bei Rhein etc., daß er sein Siegel zu dem unsern an den Brief gehängt hat ...«

Wie stark die Bernauer-Affäre nachwirkte, wie intensiv die Erinnerung bei den Münchner Wittelsbachern haften blieb, erweist ein Bildwerk, dessen Programm seinesgleichen sucht und das kunstgeschichtlich zu den wichtigsten Schöpfungen des späten Mittelalters in der bayerischen Landeshauptstadt zählt. Es ist die Rotmarmorplatte für das Grabmonument Kaiser Ludwigs IV. des Bayern in der Frauenkirche, heute unter dem barocken Aufbau aus der Zeit Kurfürst Maximilians I. Der Kaiser hatte 1321 zum Andenken an seine Eltern und seinen Bruder Rudolf einen ständigen Hofkaplan für den Liebfrauendom bestellt. 1322 wurde dort Ludwigs erste Gemahlin, Beatrix von Schlesien-Glogau, bestattet, später Enkel und Urenkel des Monarchen. Albrecht IV., 1447 geboren und Nachfolger Albrechts III., erwog bei der Neuplanung der Frauenkirche die Errichtung einer Familiengruft unter dem Chor. Er ließ die Gebeine seiner Vorfahren sammeln und in einer spätgotischen Grabtumba, dem sogenannten »Kaisergrab« beisetzen. Nur die Deckplatte blieb erhalten. Eine Inschrift besagt, daß an diesem Ort – im Gotteshaus – Kaiser Ludwig und die Herzöge Johann II., Ernst, Wilhelm III., Adolf und Albrecht IV. ruhen. Die Liebfrauenkirche wurde zur Grablege der Münchner Familie, die sich damit bewußt und in Abgrenzung gegen die anderen wittelsbachischen Linien in die legitime Nachfolge des Kaisers rückte.

Der Rotmarmorstein zeigt ein zweigeteiltes Bildfeld. Die obere Hälfte nimmt der thronende Kaiser ein, höchst porträthaft skulpiert, angetan mit den Reichsinsignien. In der unteren Bildhälfte stehen sich zwei Männer gegenüber, der ältere in fürstlichem Gewand, auf den jüngeren, harnischgewappneten zugehend, ihm die Hände entgegenstreckend. Drei Initialen am unteren Bildrand benennen die Personen des Steins als Ludwig, Ernst und Albrecht. Die untere Darstellung ist nichts weniger als eine Versöhnungsszene in einem angedeuteten Schloßzimmer. Herzog Ernst fordert seinen Sohn bittend auf, dieser zögert noch, in trutziger Haltung, mit gespreizten Beinen, die Linke um den Schwertgriff geklammert, die Rechte aber halb zustimmend vorgestreckt. Zwischen den beiden Kontrahenten ist ein Löwe mit langer gekräuselter Mähne, das Wappentier Bayerns, Symbol für Haus und Land. Und dieser Löwe springt leicht an Albrecht empor, blickt zu ihm auf, als wollte er sagen: »Gib nach, vertragt euch um meinetwillen.« Noch um 1500, zwei Generationen nach dem 12. Oktober 1435, war die Erinnerung an die Bernauer-Krise noch so frisch, daß der Enkel Ernsts und Sohn Albrechts diese Szene von einem namentlich unbekannten Künstler gestalten ließ. Unter dem kaiserlichen Ahnherrn, Sinnbild für Wittelsbachs einstige Größe und mahnender Hinweis auf die besondere Würde der Münchner Dynastie, wurde ein historisch bedeutsamer Augenblick zu Stein: die Versöhnung zwischen Herzog Ernst und Herzog Albrecht und damit die Rettung Bayern-Münchens vor einem tödlichen Streit. In der Geschichte der Münchner Linie des Hauses Wittelsbach und damit in der Geschichte Bayerns war »Agnes Bernauer« mehr als nur eine flüchtige Begebenheit, mehr als nur eine Romanze mit tragischem Ende.

Kapelle und Grabmal der Bernauerin

Die von Herzog Ernst errichtete Gedenkkirche für Agnes Bernauer steht im Friedhof St. Peter in der Altstadt von Straubing, in einem der schönsten Kirchhofensembles Deutschlands. Hinter hohen Wehrmauern erhebt sie sich neben der romanischen Basilika und vor einem romanisch-spätgotischen Karner. Es ist ein schlichter, hoher Bau mit spitzbogigen Fenstern und Netzgewölben. Zwei Portale führen an der Süd- und Nordseite in den Innenraum. Vielleicht hatten diese Zugänge eine besondere Bedeutung wie die beiden Portale der Toten- oder Seelenkapelle an der Südmauer des Friedhofs aus dem Jahre 1486. Im Stiftungsbrief heißt es nämlich, der Bernauer-Kaplan sollte »mit dem placebo in die capellen geen wann man sunst umb den freythof geet«.

Gemeint waren die häufigen Prozessionen im Kirchhof, die auch durch die Bernauer-Kapelle ziehen konnten und damit die Gedenkstätte in einen weiteren Bereich frommer Fürbitte einbezogen. Das Innere birgt heute qualitätvolle Grabdenkmäler des Straubinger Frühbarock, im 19. Jahrhundert dort untergebracht, außerdem ein bemerkenswertes Renaissance-Epitaph von Hans Leinberger. Der steinerne Altartisch stammt noch aus der Erbauungszeit; spätgotisch ist ferner ein Votivstein an der Nordwand, nahe des Altars. Er zeigt die Halbfigur des Erbärmdechristus mit Leidenswerkzeugen, Engeln, Maria und Johannes. Am unteren Bildrand knien zu beiden Seiten die Stifter, Lienhart Frühauf und seine Gemahlin Elspet.

Die Gedächtniskirche wurde von vielen Chronisten als Grabstätte der Agnes Bernauer bezeichnet, nicht zuletzt aufgrund der Rotmarmorplatte mit der Gestalt der Verstorbenen. Arnpeck berichtete z. B.: »sy ward herlich begraben mit ainem schönen stain ob irem grab als doch ain fürstin«. Oder Johannes Turmair: »Man hat ir ain aigne capellen gepaut, darin si begraben ligt, und ainen stain gelegt mit überschrift, auch ain mess gestift.« Im Juni 1785 schrieb der Kirchenverwalter von St. Peter in Straubing, Franz von Paula Romayr, folgenden Brief an Kurfürst Karl Theodor: »Gnädigster Herr! Die bayerische Akademie zu München hat

Anno 1779, von Euer Churfürstl. Durchlaucht rühmlichst ermuntert, durch ein öffentlich gedrucktes Avertissement alle Freunde der Vaterländischen Geschichte um gelegentheitliche Beiträge zur Ausgabe eines baierischen Universal-Lexicons feyerlich ersucht und darinn die Rettung alter bedeutender Grabsteine nachdrucksamst empfohlen. Dieser patriotischen Aufforderung gemäß wollte ich vor wenigen Jahren den Grabstein der bekannten unglücklichen Agnes Bernauerinn Weyland des höchst seel. bairischen Herzogs Albrechts erklärter Gattin, welche hier nächst dem mir zur weltlichen Administration gnädigst anvertrauten Pfarrgotteshaus St. Peter in der Altstatt außer Straubing in einer Kapelle begraben liegt, ehe ihr in Lebensgröße eingehautes Bild samt der Aufschrift durch verwüstende Menschentritte vor der Zeit vollends verunstaltet, und gänzlich unkennbar gemacht wird, von Boden aufheben, mit sehr geringen Unkosten an die Mauer bemelter Kapelle befestigen, und so ihr Andenken noch auf viele Jahre der Nachwelt aufbehalten lassen.«

Romayr bekam Schwierigkeiten mit dem Pfarrer, der eine ausdrückliche Genehmigung des Bischöflichen Ordinariats verlangte, vor allem »wenn ich bei dieser Gelegenheit etwan gar nach dem Sarch und den Überbleibseln der Verwesenen forschen wollte, wiewohl ich die ganze Sach blos in der Absicht einer nur weltlich historischen Authentizität in Gegenwart ansehnlicher Gezeugen vorzunehmen gesinnet wäre ...«

Die Bitte um kurfürstliche Unterstützung bei der Konservierung des Bernauer-Steins verhallte nicht ungehört. Karl Theodor wies schon eine Woche später die Straubinger Regierungsbehörden unmißverständlich klar an, verwundert und ungehalten über den Boykottversuch des Pfarrers zu St. Peter: »Da indessen jedem Freunde der vaterländischen Geschichte, und hauptsächlich unserer Akademie der Wissenschaft daran liegt, derley Beiträge zu erhalten, und vorzüglich alte bedeutende Grabsteine zu retten, so werdet ihr sorgen, daß ermelter Grabstein sogleich an die Mauer befestiget, an dessen Platz aber ein Stein mit dem Namen Agnes Bernauerinn gesetzt werde, und euch vom Pfarrer, aber auch vom Ordinariat um so weniger irre

machen lassen, als dieses eine blos weltliche Sache ist.«
Bei der Hebung der Rotmarmorplatte fand sich nicht die
mindeste Spur eines Sarges oder von Gebeinen und Klei-
dern. Das Denkmal bedeckte demnach nicht die sterblichen
Überreste der Agnes Bernauer, es war kein wirklicher
Grabstein über dem in Ernsts Stiftungsurkunde genannten
»Grab«.

Der Tradition nach ließ Albrecht den Leichnam aus der Kapelle im Altstadtfriedhof Straubings zu den Karmeliten
transferieren und dort bestatten, wie Agnes es gewünscht
hatte. Die Seelgerätstiftung vom Dezember 1435 spricht
denn auch von der »leich« und meint damit den Ort der
letzten Ruhe. Daß Agnes allerdings bereits zwei Monate
nach dem Tod ihr Grab im Kreuzgang der Karmeliten erhielt, ist höchst unwahrscheinlich. Vorausgesetzt, daß man
die Leiche der Hingerichteten tatsächlich aus dem Wasser
der Donau fischte – die Überlieferung und die Stiftungen
weisen in diese Richtung, auch der damalige Strömungsverlauf ermöglichte ein Anschwemmen in der Nähe von St.
Peter, falls die Tote nicht sofort geborgen wurde – dürfte
die erste Beerdigung im Friedhof St. Peter stattgefunden
haben. Mit der Kapelle über dem Grab erstellte Herzog
Ernst ein würdiges Denkmal als Demonstration des guten
Willens gegenüber dem Sohn. Gleichzeitig und unver-
meidbar erfolgte damit auch eine gewisse Rehabilitation
der Ertränkten, die vor dem Altar eine in Kirchen besonders bevorzugte Stelle für Gräber erhielt. Andererseits gehörte der 1404 konsekrierte Kreuzgang der Karmeliten
ebenfalls zu den privilegierten Orten des letzten Geden-
kens in Straubing. Vieles spricht dafür, daß Albrecht die
sterblichen Überreste seiner ersten Gemahlin aus dem Petersfriedhof ins Karmelitenkloster überführen ließ, um sie
bei jenem Altar beizusetzen, an dem er nach seinem
eigenen Tod einen Jahrtag zu feiern anordnete. Wenn es
Anfang 1447 geschah, in Zusammenhang mit der Erneuerung der Stiftung, wäre dies keine Überraschung.

Alte Aufzeichnungen und Jahrbücher der Karmeliten be-
stätigen die Grablegung der Bernauerin in ihrem Konvent.
Daß Grabungen und Untersuchungen seit Beginn des 19.
Jahrhunderts keine konkreten Ergebnisse brachten, ist

nicht verwunderlich. Mitte des 17. Jahrhunderts wurde der Kreuzgang für Laien gesperrt, der Bernauer-Altar abgebrochen. Vielfache Umbauten verwischten das Wissen um den Ort und das Grab. Manche Vermutung wurde und wird geäußert, manche Hypothese diskutiert. Mag sein, daß Agnes Bernauer Mitte der dreißiger Jahre unseres Jahrhunderts gefunden wurde, in der südwestlichen Ecke des Kreuzgangs, und daß man die Entdeckung geheimhielt, damit nicht ein ideologischer Kult um die »Volksherzogin« entfacht wurde. Mag auch sein, daß dies nur Gerücht ist wie andere Behauptungen. Agnes Bernauer ruhe dort in Frieden, wo sie von ihrem herzoglichen Gemahl zum letzten Schlaf gebettet worden ist!

In der Bernauer-Kapelle kennzeichnete der Stein mit dem Bild der Verstorbenen nicht die Stätte der Beisetzung, zumindest nicht mehr nach der Transferierung der Gebeine und sterblichen Überreste. Er entspricht deshalb einem Bildepitaph, einem Andachtsbild, das den Besucher und Betrachter zu persönlicher Andacht bzw. zu frommer Gesinnung auffordert. Als Totenerinnerungsmal soll es gleichzeitig die Fürbitte für das Seelenheil der Dargestellten veranlassen und so ihrer Seele bei der Erlangung der ewigen Freude dienen. Der 2,65 m hohe und 1,32 m breite Rotmarmorstein ist nahe dem Altar in die südliche Innenwand des Kirchleins eingemauert. Die Inschrift am oberen und rechten Randstreifen lautet:

A° . D^i . M° . cccc° . xxx° . vi° / xii.die.octobris.obiit.agnes. Bernawerin.requiescat./ in pace. (Im Jahre des Herrn 1436, am 12. Tag des Oktober, verstarb Agnes Bernauerin. Sie ruhe in Frieden.)

Die Jahreszahl 1436 führte schon Johannes Turmair in die Irre. Er besuchte die Gedenkstätte auf dem Petersfriedhof, las die Inschrift und leitete von ihr das falsche Datum für seine Chronik ab. Bis in allerjüngste Zeit geisterte mit Berufung auf den großen Historiographen das verspätete Todesjahr durch die Literatur zum Bernauer-Stoff. Ob »1436« auf die Fertigung des Grabsteins deutet, ist sehr zweifelhaft. Denn wenige Monate nach der aufsehenerregenden Tat war die Erinnerung noch allseits wach. Eher belegt die falsche Zahl eine weit spätere Herstellung der Platte, z. B.

1446/47. Die Worte der Inschrift könnten nicht einfacher sein. Neben der üblichen Bitte um den ewigen Frieden wird lediglich berichtet, daß eine Agnes Bernauer verstarb. Jeder Hinweis auf die Todesursache fehlt, ebenso Titel oder Stand. Nichts läßt auf Herkunft oder gesellschaftliche Position schließen. Es ist weder von einer Hexe die Rede noch von einer Herzogin.

Im Innenfeld des Steins, eingerahmt von einer dünnen profilierten Leiste, ruht die Verstorbene auf einem Kissen. Die Gestalt der hochgewachsenen Frau ist in flachem Relief gehalten, das zwar den Körperkern nicht gänzlich leugnet, aber jegliche Betonung von Körperrundungen vermeidet. Agnes trägt über einem Untergewand einen pelzverbrämten, gegürteten Umhang. Den Kopf umhüllt ein am Saum verzierter Schleier, der über die linke Schulter fällt. Der in reichem, doch geradlinigem Faltenwurf sich ausbreitende Mantel füllt das untere Innenfeld aus, verschleiert das Standmotiv der Figur und verdeckt die Füße mit einem weich geschwungenen Faltenspiel.

Die geringe Tiefe des Reliefs unterstützt den geometrisch-strengen Eindruck, den die nach unten ziehenden Gewandlinien hervorrufen. Der Verzicht auf Räumlichkeit, auf Körpervolumen führt zu einer Architektonisierung der Gestalt, zu einer Stilisierung, die das Materielle zurückdrängt. Das Todesbewußtsein tritt bereits im äußeren, zur Erstarrung neigenden Erscheinungsbild hervor. Bei Agnes Bernauer ist nichts von der Lebendigkeit früherer und späterer Grabdenkmäler zu spüren, von jenem Mythos vom Ruhm, der den Verstorbenen in all seiner irdischen Pracht und Herrlichkeit verewigen wollte, ihm ein steingewordenes Andenken sichern sollte.

Das Bernauer-Epitaph folgt ganz den Merkmalen der Sepulkralkunst seiner Zeit, einer Darstellungsart und Auffassung, die nicht zuletzt in Straubing einen bedeutenden Niederschlag gefunden und mit dem Grabmal für Bürgermeister Ulrich Kastenmayr in der Jakobskirche ein Werk von europäischem Rang erhalten hatte. Viele Kunsthistoriker wiesen den Bernauer-Stein dem »Meister des Kastenmayr« zu – wohl zu Unrecht, wie Ilona Schäfer nicht nur an stilistischen Merkmalen zeigte: »Aufschlußreich ist ein Vergleich der beiden Gesichter: Bei Kastenmayr erscheint der Abglanz des Todes auf dem Gesicht eines Lebenden, das Antlitz der Bernauerin hat ein anderes konkretes Thema: das des Todes. Beider Gesichtszüge sind individualisiert, nicht ›geschönt‹, jene des Kastenmayr führen den alternden, vom Leben gezeichneten Mann vor, die der Agnes zeigen eine Wasserleiche ... Dem plastischen, organisch-stofflichen Existenzbild des Kastenmayr, das – es sei noch einmal mit aller Vorsicht bemerkt – schon Tendenzen zum autonomen Einzelbildwerk zeigt, wenngleich es in seiner gesamten Tradition noch dem mittelalterlichen Denken zuzuschreiben ist, steht der reliefhafte, in der Fläche ausgebreitete, eher ein Liegen im Grab ausdrückende Körper der Bernauerin entgegen, ein wahres Todesbildnis, ergreifend in seiner schlichten Melancholie.«

Die außerordentliche Wirkung geht vom Antlitz der Verstorbenen aus, von ihrem ovalen Gesicht, das fast ein wenig klein aus dem Schleiertuch hervorschaut. Das Haar ist vollständig bedeckt, die hohe Stirn bleibt kahl, nicht einmal der Haaransatz ist zu erkennen. Agnes hält die großen Augen im Tod geschlossen, die Lippen zusammengedrückt. Das Haupt liegt leicht nach links geneigt im Kissen. Auftraggeber und Künstler haben auf jede idealistische Beschönigung verzichtet. Porträthaft und realistisch hielt der Meißel des unbekannten Bildhauers die tote Bernauerin fest. Die Verwendung einer Totenmaske als Vorlage wurde mehrfach vermutet; allerdings sprechen die Todesumstände eher dagegen. Porträt der Herzogsfrau dürften aber existiert haben, und die eigene Anschauung ist nicht auszuschließen, wenn es sich um einen Künstler im Umkreis Straubings oder des herzoglichen Hofes handelte. Die Bernauerin erscheint jedenfalls als unverwechselbare Persönlichkeit in einer Individualität, die durch den Tod nicht verwischt, sondern gesteigert wurde. Stand und Rang bleiben weiterhin verborgen. Das Gewand ist nicht ausgesprochen »fürstlich«; es entspricht der Tracht verheirateter Patrizierfrauen, wie sie die Miniaturen des zeitgleichen Totenbuches der Franziskaner in München demonstrieren. Die Pelzborte, der »Kleinspalt« belegt eine angesehene Position. Mit einer Badersdirn ist die Dargestellte nicht zu identifizieren, für eine Herzogin fehlen jedoch die besonderen Attribute der Fürstlichkeit.

Im unteren Bilddrittel befindet sich zu beiden Seiten der Bernauerin je ein Hündchen. Das eine ist wie im Schlaf eingerollt, das andre scheint an der rechten Seite des weiten Umhangs emporzuklettern. Die beiden Tiere wirken wie aufgesetzt, wie eine Zutat, wie auf die Totengestalt gelegt. Sie gaben zu mancherlei Mutmaßungen Anlaß, wohl schon deshalb, weil der Hund ein symbolbehaftetes Lebewesen ist, ein Tier, das in fast allen Mythologien auftaucht, meist in Verbindung mit Tod, Unterwelt, Erd- und Mondgottheiten. Oft wurde der Hund als »Psychopompos« gesehen, als Führer der Seele durch die Nacht des Todes. Am Ende des heidnischen Altertums wurde seine Einschätzung ambivalent, traf ihn eine merkwürdige Mischung aus Hoch- und Geringschätzung. Er wurde als treu und klug bezeichnet, aber in ihm herrschte daneben Unedles und Unreines; daher wurde mit seinem Namen gescholten. Im Christentum verkörperte er die theologische Tugend des Glaubens und war andererseits Sinnbild für die Laster des Neides und des Zorns und konnte sogar als tierisches Werkzeug des Satans zur Veranschaulichung der inneren Kämpfe des Menschen und der Anfechtung des Bösen dienen. Man denke an des Pudels teuflischen Kern im »Doktor Faustus« und an den Herrn der Unterwelt, der angeblich den Hexen als schwarzer Mops oder Spitz entgegensprang. Auf Dreikönigsbildern, z. B. bei Roger van der Weyden, steht ein weißer Hund für Treue und Güte, ein häßlicher struppiger Köter für den Unglauben.

Auch im Strafvollzug spielten Hunde eine Rolle. Ein altchinesischer Stamm ließ Diebe zusammen mit gefesselten Hunden lebendig begraben. Das Totentier sollte verhindern, daß der Geist des Bösewichts aus der Erde entwich. Adam von Bremen erwähnte um 1075 das Hinrichten zwischen zwei Hunden als Verschärfung der Galgenstrafe. 1423 führte der Münchner Scharfrichter einen Juden zum Strang, und mit ihm zwei Hunde, die er zum Hohn und Spott zu beiden Seiten des Delinquenten gleichfalls henkte. Manche Verbrecher wurden noch im 16. Jahrhundert mit dem Kopf nach unten zwischen zwei Hunden aufgeknüpft.

Bei der Säckung wurde der Verurteilte zusammen mit Hunden und anderem Getier ertränkt. Kein Wunder, daß die Bernauer-Hündchen Erinnerungen an dieser Art der Exekution wachriefen.

In der frühchristlichen Kunst wurde der Hund dekorativ als Begleiter des Menschen auf Grabreliefs, Epitaphien und Lampen abgebildet. Im Mittelalter bekam er als Inkarnation der Treue des Vasallen gegenüber dem Lehensherrn, der Frau gegenüber dem Mann seinen Platz zu Füßen des oder der Verstorbenen. Wohl zum erstenmal erscheint der Hund als solche Symbolfigur auf dem Grabmal des 1260 verschiedenen jugendlichen Prinzen Louis de France, heute in St. Denis. Er ruht senkrecht auf der Grabplatte und dient als Fußstütze der Figur, wie auf so vielen späteren Grabsteinen, vor allem für Frauen. Dom Pedro I. stützt sich ebenfalls auf seiner Tumba in Alcobaça auf seinen grimmig die Schnauze emporstreckenden Jagdgefährten.

Den Hunden der Bernauerin kommt keine derart tragende Rolle zu. Sie erinnern in ihrer Gestalt an den kleinen Kläffer, der auf dem Hochgrab für Albrecht II. im Chor der Straubinger Karmelitenkirche den Löwen zu Füßen des Herzogs übermütig ins Hinterteil kneift. In ihrer Bedeutung sind sie komplexer, undurchschaubarer und seltsam wie so vieles in Zusammenhang mit Agnes Bernauer. Sie könnten mehrfaches symbolisieren: Licht und Schatten, Tod und Leben, Vornehmheit und häusliche Treue.

Die angewinkelten Arme der Verblichenen sind unter dem Mantel verborgen, nur die Hände bleiben sichtbar. Sie liegen gemäß altem christlichem Totenbrauch an den Gelenken übereinander. Die künstlerische Ausführung ist im Gegensatz zu den anderen Partien des Steins nicht überzeugend. Am Ringfinger und kleinen Finger der rechten Hand trägt Agnes zwei einfache Ringe. Bereits die Antike kannte die Beringung der Braut als Besiegelung der Ehe. Die germanischen Stämme übernahmen diese Sitte, in der christlichen Kirche gilt der Ring als Symbol der Treue. Bei der Bernauerin auf Verlobungs- und Trauring zu schließen, dürfte nicht verfehlt sein.

Die Finger der Rechten halten einen Rosenkranz, genauer eine Paternoster- oder Gebetszählschnur, eine Perlenfolge ohne Unterteilung und ohne ausgebildeten Abschluß. Es fehlen noch die Gesätzkugeln bzw. »Zehner« und der »Glaube-Hoffnung-Liebe«-Zusatz. Die Enden des Aufziehfadens sind miteinander verbunden; es handelt sich um die »geschlossene Form«, typisch für die Gebetsketten der Frauen, im Gegensatz zur »offenen Form«, wie sie z. B. das Grabmal für Ulrich Kastenmayr demonstriert.

Etwa seit Ende des 14. Jahrhunderts entwickelte sich diese Vorstufe des Rosenkranzes in drei Ausprägungen. Es gab kleine Ketten mit 10 bis 25 Perlen, mittellange mit 25 bis 50 und lange mit 150, dann meist kleinen Gliedern, die der Schnur ein feines und zierhaftes Aussehen verliehen. Die 150 Gebetssteinchen, die »Clausulae«, gehen auf den »Marianischen Psalter« des Dominikus von Preußen zurück, zwischen 1435 und 1445 für die Kartäuser im heutigen Belgien formuliert. Er fand wie die schon um 1400 existierenden kürzeren Clausulae-Formen rasche Verbreitung, auch wenn die erste Rosenkranzbruderschaft erst 1475 entstand, begründet von Prior Jakob Sprenger in Köln, von jenem Jakob Sprenger, aus dessen Feder der fürchterliche »Hexenhammer« floß.

Gebetszählschnüre wie Rosenkränze waren beliebte Attribute auf Grabdenkmälern und Epitaphien. Sie wurden meistens den Toten in die Hand gegeben wie bei Agnes oder mit dem Gebetsgestus verknüpft wie bei Ines de Castro. Eigentlich reines Zweckobjekt und Rechenhilfsvorrichtung gewannen sie im religiösen Leben des Spätmittelalters hohen Bedeutungsgehalt. Sie stellten eine Summierung der geistlichen Verdienste dar. Auf dem Grabstein legten sie Zeugnis vom gläubig erfüllten Dasein ab, verlängerten die irdische Frömmigkeit über den Tod hinaus und schlugen gleichzeitig eine Brücke zu den betenden Lebenden.

Agnes Bernauer wurde auf ihrem Gedenkstein die längste Form der Gebetszählschnur beigegeben: eine Schnur mit 150 Ringlein, mit den vollständigen marianischen Clausulae. Der symbolhafte Sinn ist unübersehbar. Hier ist nicht irgendeine vornehme Frau dargestellt, hier ist eine ausgesprochen fromme Frau verewigt, deren religiöse Tugenden sich augenscheinlich im Zählgerät widerspiegeln. Und noch etwas kommt hinzu: Die Gebetszählschnur wurde vom Bräutigam als Brautgeschenk überreicht. Die Lübecker Luxus-Ordnung von 1454 schrieb z. B. für die weltliche Verlobungsfeier die Übergabe des »Fünfzigers« vor. Die offenbar gewichtige Stellung der Gebetskette beim Brautzeremoniell bestätigte sich außerdem im Gegensinn. Bei Nachlaßverpflichtungen konnte die hinterbliebene Ehepartnerin versuchen, sich aus der Bindung zu lösen, indem sie den Rosenkranz in einem symbolischen Akt in das Grab des Mannes warf.

Zusammen mit den Ringen rückt die Gebetszählschnur damit in die Bedeutungsmitte der Gedenkplatte für Agnes Bernauer. Als Schadenzauberin und landschädliches Weib im Wasser der Donau ersäuft, findet sie in ihrem Totenmal Rehabilitation und Anerkennung als tugendhafte und treu vermählte Frau. Was ihre Feinde ihr rauben wollten, ihre menschliche Integrität und Würde, gab ihr ein Bild aus rotem Marmorstein für die Nachwelt zurück.

Die Verklärung der Bernauerin –
Ein Epilog

Mit der Hinrichtung der Agnes Bernauer lösten Herzog
Ernst und seine Helfershelfer die drohende Erbfolgekrise
im Hause Bayern-München. Die illegitime Frau war beseitigt, die feudal-aristokratische Ordnung wieder hergestellt.
Im Volk aber regte sich das Gewissen, blieb die Erinnerung
an die Ertränkungstat wach. Ein Chronist berichtete um
1500: »Das Volk nahm allüberall die Partei der Unglücklichen, feierte die Treue, mit der sie an ihrem Gemahl fest-
hielt, und verurteilte die greuliche Tat. Schon bald wird aus
der Erzählung ein Lied geformt.« 1551 erwähnte der Humanist Caspar Brusch einen »vetus cantio«, ein altes Lied,
über den Fall Agnes Bernauer. In Bayern und Österreich
viel gesungen, selbst in Thüringen in einer Abwandlung
bekannt, verbreitete es sich seit Beginn des 18. Jahrhunderts in fliegenden Blättern. 1785 wurde es aufgezeichnet;
es war damals angeblich in Bayern verboten. In diesem
Lied von der Bernauerin »Es reiten drei Reiter zu München
hinaus« durchdringt Farbensymbolik das balladenhaft vor-
getragene Geschehen: Schneeweiß für Agnes als Zeichen
der Unschuld, Rot für das Blutgericht Herzog Ernsts,
Schwarz für die Trauer Herzog Albrechts. Es enthält außerdem den Hinweis auf Vermählung und eheliche Treue, auf
das unzerbrechliche Band der Konsenserklärung und den
Überzeugungstod der Bernauerin:

> »Der Herzog ist mein und ich bin sein,
> So dürfen wir nimmer geschieden sein,
> Sind wir gar treu versprochen, ja versprochen.«

Zu Beginn des 16. Jahrhunderts waren schon mehrere Lieder über Agnes im Umlauf. 1546 stellte sogar der berühmte Hans Sachs einen Meistersang über »Die ertrenkt junkfrau« vor. 1680 veröffentlichte Hofmann von Hofmannswaldau in seinen »Heldenbriefen« eine elegisch-gereimte Dichtung »Herzog Ungenand und Agnes Bernin«, inhaltlich nur vage an historischer Realität orientiert, stilistisch in manieristischem Schwulst.

Vor allem im 19. Jahrhundert wurde der Stoff oftmals und selten glücklich lyrisch bearbeitet. Selbst Bayernkönig Ludwig I. besang das tragische Schicksal des Augsburger Mädchens in gemütvoller Rührseligkeit und mit augenscheinlicher Standesideologie:

> »Was vom Geschick bestimmt, getrennt zu bleiben,
> Beglückend wird's hienieden nie vereint;
> In das Verderben immer muß es treiben,
> Wenn's gleich im Augenblick besel'gend scheint.«

Die allermeisten lyrischen Versuche zu Agnes Bernauer sind minderer literarischer Qualität, überschreiten oft die Grenze zum Kitsch und ergehen sich in sentimentaler »Mädel-Jünglings-Ideologie«. Sie reihen sich in jene literarischen Ergüsse ein, die wir heute gerne unter dem Begriff »Gartenlaube« zusammenfassen, geschrieben für alle, denen »ein warmes Herz an die Rippen pochte«. Das gleiche gilt für die Prosawerke und Dramen zum Bernauerstoff. Die weit über fünfzig literarischen Produkte spiegeln den Massengeschmack des 19. und 20. Jahrhunderts wider. Sie sind nach Hermann Glaser »bald liberal, bald national, dann nationalistisch, dann demokratisch, dann Blut und Boden – bewußt und nach 1945 neutral folkloristisch«. 1977 fügte Franz Xaver Kroetz noch die marxistisch-sozialistische Komponente hinzu. Der »Dramatiker der Sprachlosen, der Menschen am Rande der Gesellschaft« wollte mit »Agnes Bernauer. Ein bürgerliches Schauspiel in fünf Akten« viele Mechanismen der kapitalistischen Gesellschaft aufdecken. Der historische Fall und Hebbels Stück gaben den Anstoß.

Die Kritiker waren wenig angetan, z. B. Rolf Michaelis:

»Kroetz träumt blauäugig ein rotes Märchen: Prinz und Aschenputtel. Der sensible lebensuntüchtige Sohn (Einzelkind) Albrecht Werdenfels aus neureichem Haus verliebt sich in die arme Tochter des bankrotten Friseurs Bernauer im schwärzesten Franz-Josef-Land ›in der Nähe von Straubing‹. Liebe zwischen oben und unten: dies ist, neben den Namen Albrecht und Agnes, einzige Erinnerung an Kroetzens Auseinandersetzung mit Hebbels Drama ...«

Die erste Bühnenbearbeitung des Bernauerstoffs lieferte Joseph August Graf von Törring. Sein Stück »Agnes Bernauerin. Ein vaterländisches Trauerspiel« erschien 1780 in München und war lange Zeit ein Theatererfolg. Agnes ist bei Törring die Inkarnation des reinen, schuldlosen, bescheidenen und treuen Weibes, das nur nach der Liebe Albrechts strebt und ihre Ehre als Ehegattin auch angesichts des Todes tapfer verteidigt. Nach ihrer Ertränkung tobt Albrecht, will den Vater niederstechen, schwört furchtbare Rache. Doch läßt er sich recht schnell besänftigen und nimmt als Trost des Bayernlandes Thron entgegen.

»Agnes Bernauerin« zählt zum Genre der Ritterdramen. Gefühlsbetonte Darstellungsweisen und Stilformen des »Sturm und Drang« sind deutlich erkennbar. Goethes »Götz von Berlichingen« wird immer wieder als Vorbild genannt. Der Verfasser sieht zwar den Konflikt zwischen Liebe und Staatsraison, steigert ihn aber nicht zum wirklich Tragischen. Er verficht trotz stellenweiser Kritik im Ganzen die alte Standesordnung.

Typisch für viele deutsche Trauerspiele und zahlreiche Bernauer-Stücke ist die besondere Rolle des Intriganten, hier des Vizedom. Nicht der eigentlich Verantwortliche und Schuldige wird auf das Tribunal der Bühne gestellt, Herzog Ernst nämlich, sondern ein subalterner Bösewicht, ein Hofmann. Die fürstliche Autorität bleibt letztlich unangefochten, das unschuldige Opfer veranlaßt zu Trauer und Klage, doch dann ist nach Anrufung des Staates als höherem Wert die Welt wieder in Ordnung.

Ein gebürtiger Straubinger verhalf Törrings Schauspiel zu besonderem Erfolg: der geniale Mime, Librettist und Theaterdirektor Emanuel Schikaneder. Am 6. Januar 1781 hatte »Agnes Bernauerin« in Mannheim Premiere. Schon am

18. Januar brachte Schikaneder die Tragödie in Salzburg auf die Bühne. Der Ansturm war überwältigend. Zweihundert Interessenten erhielten keine Karten mehr. Am nächsten Tag wurde wiederholt, zwei weitere Vorstellungen folgten. Schikaneder zog alle Register. Sechzig Soldaten agierten als Statisten auf der Bühne. Rüstungen und Helme stammten aus der Waffenkammer der Salzburger Festung. Die Schauspielkunst der Schikanedertruppe brachte den Zuschauerraum zum Brodeln. Es war allerbestes Illusionstheater. Den Akteuren gelang die Identifikation mit ihren Rollen so gut, die Umsetzung des historisch Fiktiven in scheinbar Reales war so überzeugend, daß das Publikum in leidenschaftliche Erregung geriet. Dazu die Berliner Literatur- und Theaterzeitung: »Die Teilnahme der Zuschauer stieg so sehr, daß viele im Parterre, da die unschuldige Agnes von der Brücke in die Donau gestürzt wurde, aus überströmender Empfindung laut aufriefen: ›Stürzt den Vizedom hinein!‹ Tatsächlich war der Darsteller des Vizedom seines Lebens nicht mehr sicher. Wo er sich auch in Salzburg zeigte, immer wurde er beschimpft und bedroht. Schikaneder zog aus so viel Begeisterung die Konsequenzen. Für die vierte Vorstellung ließ er ankündigen: ›Heute wird Vizedom über die Brücke gestürzt!‹ Und so geschah es, ›unter allgemeinem Jauchzen, Jubel und Freudengetöne‹.«

Emanuel Schikaneder gelang es, Törrings Spiel in höchste Wirklichkeitsnähe zu rücken. Der Wiener Theatermann Metzler dagegen »bearbeitete« es mit ausgesuchter Derbheit und augenzwinkernder Schelmerei. Unter dem Pseudonym Karl Ludwig Gieseke ließ er 1798 eine »Agnes Bernauerin« drucken, die sich – scheinbar – an Törring orientierte. In Wirklichkeit ist es »eine Burleske mit Gesang in drey Akten, travestiert in deutsche Knittelverse«. Und burlesk geht es in dieser Version in der Tat zu, in jeder Szene und auch am Ende. Agnes wird bei Gieseke »auf die Bühne gebracht, der Vizedom folgt nach, sie wird auf das Brett gebunden und in die Tonau gesenket«. Die besondere Variante der Hinrichtung hat einen besonderen Grund. Die Schergen haben die Mühlsteine vergessen; und als Albrecht um seine scheinbar ermordete Geliebte lamentiert, steht diese lachend vom Brett auf und das Possenspiel löst sich in ein Mordsgaudium auf.

Die bekannteste Gestaltung des Bernauerstoffes ist Friedrich Hebbel zu verdanken, dem bedeutendsten Tragödiendichter des deutschen Realismus. Seit Beginn des Jahres 1845 beschäftigte sich dieser mit dem Plan einer Tragödie der Schönheit. Gleichzeitig befaßte er sich mit dem Staatsdrama, mit der Tragik und Problematik des Königtums, der Gefahr der Überheblichkeit des Herrschers und damit verbundenen schlimmen Taten. Törrings Stück dürfte Hebbel mit dazu veranlaßt haben, die Bernauergeschichte auf diese Problemkreise anzuwenden. Aus seinen Aufzeichnungen geht hervor, daß er sich ernsthaft mit den geschichtlichen Ereignissen auseinandersetzte.

»Agnes Bernauer. Ein deutsches Trauerspiel in fünf Akten« ist nach klassischem Muster aufgebaut. Die Exposition schildert die bürgerliche (!) Welt der Agnes Bernauer und charakterisiert die Titelgestalt. Agnes erscheint hausmütterlich, freundlich und naiv, mädchenhaft zurückhaltend und sittsam. Sie ist auf den Vater fixiert, in Liebesdingen unerfahren, mit einem leichten Anflug von Fatalismus behaftet. In der Eifersucht des Bürgermädchens Barbara auf die allseits bewunderte Tochter des Baders Kaspar Bernauer tritt bereits die Problematik der Schönheit hervor. In den bürgerlichen Lebenskreis bricht Herzog Albrecht ein, der sich von Agnes, der Jungfrau mit den goldenen Locken und den blauen Augen, unwiderstehlich angezogen fühlt und sich in sie verliebt. Das erregende Moment liegt im Zusammentreffen der beiden auf dem Tanzhaus.

In der steigenden Handlung versuchen die Ritter umsonst, Albrecht von der Unmöglichkeit seines Verhältnisses zu überzeugen. Die Liebenden schließen sich immer enger zusammen. Herzog Ernst tut Albrechts Liebschaft zuerst als Jugendtorheit ab, plant aber dann doch die Probe aufs Exempel auf einem Turnier in Regensburg. Die Turnierszene bildet den Höhepunkt der Tragödie. Ernst zwingt Albrecht zur Aufdeckung der heimlichen Ehe. Herzog Wilhelms Kind Adolf wird zum Thronfolger erklärt.

Die fallende Handlung umfaßt mehrere Stufen. Der Tod des Herzogskindes Adolf vereitelt endgültig eine friedliche Lösung. Herzog Ernst unterzeichnet das Todesurteil gegen Agnes Bernauer: »Es ist ein Unglück für sie und kein Glück für mich, aber im Namen der Witwen und Waisen, die der Krieg machen würde, im Namen der Städte, die er in Asche legte, der Dörfer, die er zerstörte: Agnes Bernauer, fahr hin!« Nach einem Überfall auf das Straubinger Schloß wird Agnes gefangengenommen.

Im retardierenden Moment, noch einmal den Handlungsgang aufhaltend, versucht Kanzler Preising auf eigene Faust, bei Agnes Entsagung auf ihre Ehe durchzusetzen. Umsonst. Sie bleibt unbeirrbar treu. Die Katastrophe ist nicht abwendbar. Krieg des Sohnes gegen den Vater droht daraufhin dem Land. Da tritt im letzten Bild ein Herold des Reiches auf und fordert im Namen des Kaisers von Albrecht das Ende der Rebellion. Ernst rehabilitiert die Bernauerin, der Sohn gibt nach und wird auf ein Jahr zum Landesherrn ernannt. Ernst zieht sich in das Kloster Andechs zurück.

Hebbels »Agnes Bernauer« wurde am 25. März 1852 im Königl. Hoftheater München uraufgeführt, im November 1852 erschien in Wien der Erstdruck. Das Echo war nach der Premiere unterschiedlich. Der Dichter selbst sprach von einem großen Sieg, obwohl er mit den Leistungen der Hauptdarsteller ganz und gar nicht zufrieden war. Die Münchner satirische und humoristische Wochenschrift »für Scherz und als Spaß verkleideten Ernst« kommentierte dagegen: »Wir können die – gelinde gesagt – Kühnheit nicht begreifen, mit welcher man es wagte, auf dem Hoftheater unseres Königs ein Stück zu geben, in welchem ein Mißgriff eines Seiner Vorfahren, eines Baierfürsten, ein blutiger Flecken in Baierns Geschichte verewigt wird.« Der sozialkritische Lyriker und Freiheitskämpfer Georg Herwegh warf andererseits Hebbel Verrat an Recht und Wahrheit und Schändung der Kunst vor.

Die Haltung des Autors, die das Werk offenbart, ist nicht untypisch für viele Deutsche seiner Zeit, die nach der gescheiterten Revolution von 1848/49 sich vom aufgeklärten und humanitären Liberalismus zum restaurativen National-Liberalismus wandten und Sehnsucht nach einem amoralischen oder übermoralischen Machtstaat entwickelten.

»Agnes Bernauer« gehört zu den besonders umstrittenen

Werken der deutschen Literaturgeschichte. Die beschworene – in sich selbst tragische – Notwendigkeit staatlichen Handelns, die Rechtfertigung der Bluttat im Namen der Staatsraison, mußten Widerspruch herausfordern oder wurden, getragen von entsprechender Ideologie, freudig begrüßt. Während des Dritten Reiches war »Agnes Bernauer« das bevorzugte Stück Hebbels. Allein von September 1934 bis April 1935 wurde es 120mal aufgeführt. In den Rezensionen nationalsozialistischer Tageszeitungen wurde bezeichnenderweise immer wieder der Vorrang des Volkes und des Staates gegenüber dem Einzelwesen betont, die Notwendigkeit der Opferung des Individuums zum Wohl der Volksgemeinschaft.

Bei so viel Verherrlichung durch die Nationalsozialisten ist es nicht verwunderlich, daß es nach 1945 recht still um Hebbels »Agnes Bernauer. Ein deutsches Trauerspiel« wurde. Die Auseinandersetzung der Literaturwissenschaft mit dem Stück dauert noch an.

Im Jahre 1935 wurde das Freilichtspiel »Die Agnes Bernauerin zu Straubing« von Eugen Hubrich im Schloßhof zu Straubing uraufgeführt. Der »500. Todestag der Herzogin« war der konkrete Anlaß. Die Presse berichtete damals überschwenglich: »Die neue Zeit mit ihrer elementaren Umgestaltung auf allen Gebieten menschlicher Betätigung und völkischen Lebens hat auch dem deutschen Theater eine neue Prägung gegeben ... Die Handlung ist geschöpft aus dem Erlebnis der kämpferischen Gemeinschaft eines schaffenden Volkes, aus der heroischen Lebenshaltung einer neu erstarkenden Nation. Historisches Geschehen wird in einer neuen Zeit durchpulst von neuem Geist lebendig.«

Die Bernauerin des Straubinger Freilichtspiels wurde zu einer »ahnungsvollen Prophetengestalt«, zu einer großen Toten des deutschen Volkes.

1968 arbeitete der damalige Spielleiter Lutz Burgmayer das Freilichtspiel um. Seitdem folgten weitere gründliche Änderungen durch Klaus Schlette und Hans Vicari. Der ideologische Ballast wurde über Bord geworfen, die Handlung gestrafft, die Sprache versachlicht und dem Bayerischen angenähert. An die Stelle des ursprünglichen Weihspiels sollte echtes Volkstheater treten. Alle vier Jahre veranstaltet der »Agnes-Bernauer-Festspielverein« unter Mitwirkung von rund dreihundert Laienakteuren »Die Bernauerin zu Straubing« und lockt damit Tausende von Zuschauern aus aller Welt an einen wichtigen Schauplatz des historischen Geschehens.

Die gelungenste Gestaltung des Bernauerstoffes stammt von Carl Orff. Der große bayerische Komponist, Dramatiker und Musikpädagoge hatte 1942 eine Hebbel-Aufführung im Münchner Prinzregententheater besucht. Er kritisierte die unglaubwürdige Sentimentalität des Trauerspiels und orientierte sich statt dessen an der eindringlichen Schlichtheit der Volksballade. Am 19. Januar 1946 vollendete Orff »Die Bernauerin – ein bairisches Stück«. Bei der Uraufführung 1947 in Stuttgart spielte Tochter Godela die Titelrolle.

Man reiht das Werk gerne unter die Opern ein. Aber es wird beherrscht von Orffs Sprachkunst, die Personen werden nicht von Sängern dargestellt, sondern von Schauspielern. Die Sprache ist das dynamische Element in der epischen Struktur des Werks. Der Autor zog Johann Andreas Schmellers »Bayerisches Wörterbuch« als Quellenwerk heran und das »Liederbuch der Klara Hätzlerin«. Die kraftstrotzenden, vitalen, unverblümt ordinären Wortgebilde der Augsburger Lohnschreiberin des 15. Jahrhunderts brachten Orff nach der Uraufführung Kritik ein, Angriffe wegen angeblicher Schamlosigkeit der Texte. Doch es war Orffs Intention, sich in Diktion und Mentalität der gespielten Zeit anzunähern. Die Sprache wird von den großen Linien und starken Konturen der Musik Orffs begleitet und intensiviert, durch sie von rhythmisch-pulsierendem Leben durchdrungen. Die Partitur verlangt nur Schlagwerke, Trommeln, Xylophon, Becken, Pauken und hölzerne Ratschen. Die Sprache reduziert sich auf wesentliche Züge und Kernaussagen. Oft tritt die Bedeutung des Einzelwortes zurück, der Wortklang dominiert. Mit Reihungen und Wiederholungen, Klangfiguren, Klangketten und Klangvarianten türmen sich die Worte – manchmal bis zur Übertreibung – im Telegrammstil zu wuchtigen und donnernden Gebirgen auf, die freilich für Nichtbayern nicht immer verständlich sind. Doch neben dem vulkanisch Emporlodernden, die feindliche Außenwelt mit ihren Bedrohungen und ihrem dumpfen Haß charakterisierend, entfalten sich Zärtlichkeit und Empfindsamkeit und tiefe Erschütterung: Gefühlswerte für die »Innenwelt«, die Liebe zwischen Agnes und Albrecht. Ganz schlicht, ganz einfach zitiert Agnes vor der Verhaftung ein altes Lied: »Eh ich Lieb durch Leid wollt lan / Eh will ich Lieb in Leiden han.«

Orff ging es nicht um die tiefsinnige Diskussion von Problemen, Ideen und philosophischen Konstruktionen, die sich aus dem Bernauer-Motiv entwickeln lassen. Er nimmt das tieftraurige Ereignis ohne großen geistigen – oder pseudogeistigen – Überbau auf, behandelt es einfach, volkstümlich und doch mit größter Artistik in den gestalterischen Mitteln. So entstand eine szenische Historie mit bildhafter Gegenständlichkeit. Wie die Sprache beschränkt sich die Handlung auf das Elementare, auf das Notwendigste, auf den jeweiligen Handlungskern. Und doch geht der rote Faden nicht verloren, wird die Geschichte vom kleinen Badermädchen, das zur Herzogsfrau aufstieg, konsequenter, einsichtiger und einprägsamer erzählt als in vielen anderen Bernauer-Stücken mit ihrem überladenen Rahmenwerk.

Der Dichter und Komponist verzichtete auf das traditionelle Dramenschema. In zwei Teilen wird die Handlung vorgestellt, jeweils eingeleitet von einem Ansager, der an einen Moritatensänger erinnert. Die Szenen sind locker aneinandergereiht, fast im Sinne des epischen Theaters, aber orientiert an den volkstümlichen Vorläufern dieser modernen Dramenform und Dramentheorie. Daneben sah Orff hinter seinem »bairischen Stück« nach eigenen Worten »die Umrisse der antiken Tragödie aufleuchten«. Hebbel hatte einmal Agnes Bernauer als die »moderne Antigone« bezeichnet, Orff beschäftigte sich während der Arbeit an der Bernauerin mit dem griechischen Trauerspiel und verwendete Funktionen des attischen Chors auch für die Bewältigung des heimischen Stoffes: »Die Bernauerin steht auf einem Scheitelpunkt, ist zugleich Abschluß der vorangegangenen Entwicklung und Ausblick auf das musikdramatische Neuland, das ich mit der ›Antigonae‹ wenig später betreten sollte.«

Der erste Teil beginnt in einer Augsburger Badestube. Ag-

nes und der Herzogssohn Albrecht sitzen einander gegenüber, ganz in sich versenkt. Adelige und gemeines Volk ge-
nießen die Freuden des Ortes. Albrechts Begleiter spüren,
daß ihr Herr von ungewöhnlich tiefer Liebe erfüllt ist. Sie
warnen ihn umsonst vor Gerüchten, die bald durchs Land
ziehen können. In einer Münchner Gaststube unterhalten
sich Bürger über das seltsame Verhältnis. Im abschließen-
den Bild finden Agnes und Albrecht im Liebesgarten zusammen.

Nach der Intrade zum zweiten Teil sprechen zwei Münchner Bürger über die Unruhe, die wegen der Bernauerin entstand. Im Schloß zu Straubing hat Agnes Todesahnungen.
In der Kanzlei zu München sinniert der Kanzler des Herzogs über der Unterschrift Ernsts auf dem todbringenden
Pergament des Urteils. In einer Münchner Kirche predigt
ein haßerfüllter Mönch gegen die Giftmischerin und Hexe
Agnes Bernauer, beschwört die apokalyptischen Reiter,
bringt das Kirchenvolk in höchste Erregung für und wider
die Bernauerin. Diese führt im Straubinger Schloß ein lan-
ges Selbstgespräch, ehe sie gefangengesetzt wird.

Dann der Höhepunkt. Hexen steigen aus dem Boden, berichten geifernd von der Hinrichtung: »Itzt ham sie s'der-
packt! – Itzt fahrn sie s'daher – Itzt stehns auf der Bruckn –
Itzt tretns ans Glander – Itzt hebn sie's auf – Itzt schreit's,
itzt stessns sie s'nein – Itzt kummt's wieder hoch – Itzt packt
einer Stangn – Itzt druckt er auf d'Stangn – Itzt kummt's
nimmer hoch.« Dazwischen giftsprühende Kommentare.
Nein, keine Kommentare, sondern derbvulgäre Auf-
schreie, Wortreihen, Satzfetzen, im Stakkato ausgestoßen.
Nicht mehr zu überbietender Explosivstil!

Die Schlußszene: Auf weitem Feld hat sich Volk versammelt. Es klagt über den Tod der Unschuldigen, erfüllt von
Urangst und bösen Ahnungen. Albrecht erscheint in
schwarzer Rüstung, mit bloßem Schwert. Eine Inkarnation
des Rachegottes. Da kommt die Nachricht vom Tod des
Herzog Ernst, das Volk huldigt dem neuen Landesherrn
Albrecht, der nach seiner Agnes ruft. Schließlich der Um-
schwung zur Legende, fast zum Mysterienspiel. Albrecht
hat den irdischen Thron errungen, die Hingemordete den
Thron der ewigen Seligkeit: »Der Himmel öffnet sich: In

den Wolken auf der leuchtenden Mondsichel Agnes als Duchessa mit Krone und weitem Mantel.«

Carl Orff widmete »Die Bernauerin« seinem Freund Kurt Huber, der schöpferischen Anteil an der Entstehung des Werkes genommen hatte. Der Musikforscher, Philosoph und Universitätsprofessor wohnte in der gleichen Straße wie Orff. Die beiden trafen sich fast täglich, bis Huber verhaftet wurde. Zusammen mit den Geschwistern Scholl starb er im Juli 1943 durch den Henker. Vor dem Volksgerichtshof hatte Kurt Huber in einer beispielhaften Rede die Traditionen der Humanität und des Rechtsstaates gegen die Gewaltherrschaft und Despotie der Nationalsozialisten beschworen. Den sicheren Tod vor Augen, hatte er daran erinnert, daß das Recht auf freie Entfaltung der Persönlichkeit, daß die Würde des Menschen unantastbar ist. Vielleicht erschließt sich auch von diesem Bekenntnis aus ein Zugang zu den scheinbar so fernen Ereignissen um Liebe und Tod der Augsburger Baderstochter und Herzogsfrau Agnes Bernauer.

Anhang

Zeittafel

1392, 19. November	Landesteilung in drei Linien: Bayern-München, Bayern-Landshut, Bayern-Ingolstadt
1397, Dezember	Regierungsantritt der Herzöge Ernst I. und Wilhelm III. von Bayern-München
1400, 20. August	Absetzung König Wenzels IV.
1401, 27. März	Albrecht III. in München geboren
1403, 21. August	Reform der Münchner Stadtverfassung
1404	Heinrich XVI. »der Reiche« von Landshut
1410	Königswahl Sigmunds
1413	Ludwig VII. »der Gebartete« von Ingolstadt
1414	Beginn des Konzils von Konstanz
1415, 8. Juli	»Konstanzer Liga« gegen Ludwig von Ingolstadt
1417, 20. Oktober	Überfall Heinrichs auf Ludwig in Konstanz
1419, 30. Juli	Prager Fenstersturz. Beginn der Hussitenkriege
1420, Juli	Ausbruch des Bayerischen Kriegs
1422, 19. September	Schlacht von Alling. Albrecht von Ernst gerettet
1424	Albrecht Mitbesitzer von Pfaffenhofen, Geisenfeld, Hohenwart und Grafschaft Vohburg
1425, 6. Januar	Johann III. von Straubing-Holland ermordet. Straubinger Erbfolgestreit
1427	Vermählung von Albrechts Schwester Beatrix mit Pfalzgraf Johann von Neumarkt
1428, Januar	Heiratsvertrag zwischen Albrecht und Elisabeth von Württemberg. Bruch des Verlöbnisses durch Elisabeth
1428, Februar	Albrecht auf einem Turnier in Augsburg. Vielleicht Beginn der Liebschaft mit Agnes Bernauer
1429, 26. April	Preßburger Spruch über die Straubinger Erbfolge. Hauptgewinner Ernst und Wilhelm III.
1429, 2. Juli	Versprechen über 600 Gulden Heiratsgut an Albrechts Hofmeister Jan von Sedlec

1430, August	Reichstag zur Hussitenfrage in Straubing
1431, 1. Februar	Einberufung des Konzils von Basel
1431, Sommer	5. Kreuzzug gegen die Hussiten. Niederlage des Reichsheers bei Taus
1431, 11. Oktober	Berufung Wilhelms III. zum Schirmherrn und königlichen Statthalter auf dem Konzil von Basel
1432, 2. Februar	Tod Herzogin Elisabeths, Mutter Albrechts
1432, Juli	Landtag in Straubing. Erste Erwähnung der Agnes Bernauer am Münchner Hof
1432, August	Zorn der Beatrix auf Albrecht wegen der Bernauerin. Agnes wahrscheinlich schwanger
1432, Oktober	Zustimmung Albrechts zu Eheplänen mit Jakobäa von Bayern-Holland
1433, 17. Januar	Albrecht als Statthalter in Straubing
1433, März	Erbforderungen Wilhelms III. gegenüber seinem Bruder Ernst
1433, 11. Mai	Hochzeit Wilhelms III. mit Margarethe von Cleve in Basel
1433, September	Albrecht krank. Abwehr von väterlichen Anspielungen und Ermahnungen
1433, November	»Prager Kompaktaten« zwischen Konzil und gemäßigten Hussiten
1433, 25. November	Amtsenthebung Ludwigs des Gebarteten durch König Sigmund. Herzogtum Ingolstadt als Lehen für Wilhelm III. in Aussicht gestellt
1434, 7. Januar	Herzog Adolf, Sohn Wilhelms III., geboren
1434, März	Urfehde der Aicherin und einer Gefährtin nach Verhaftung wegen Werbung für Agnes Bernauer in München
1434, August	Begnadigung Ludwigs von Ingolstadt
1434, 23. November	Turnier der bayerischen Ritterschaft in Regensburg. Bestrafung Albrechts wegen der Bernauerin
1434, Dezember	Klagen der Beatrix über Albrechts illegitime Verbindung
1435, Januar	Erbauseinandersetzungen zwischen Ernst und Wilhelm. Albrecht gegen die väterlichen Vereinbarungen
1435, März	Kompromiß im Rechtsstreit der Stadt Straubing mit dem Augsburger Domkapitel. Ansprüche der Ritterschaft des Straubinger Landes wegen Schäden in den Hussitenkriegen. Klagen Albrechts über Wilhelm III.

1435, April	Fehde der Ritter gegen Albrecht. Wachsende Spannungen zwischen Vater und Sohn wegen der Ritterschaft und dem Verhalten Wilhelms. Verhaftung der Straubinger Juden
1435, 19. April	»Freisinger Bündnis« zwischen München und Landshut
1435, Mai	Wiederholte Klagen Ernsts wegen Albrechts Amtsführung in Straubing. Androhung der Absetzung
1435, 29. Mai	Eventuell Abberufung Albrechts aus Straubing
1435, Sommer	Albrecht in Vohburg. Selbständige Politik und Vermittlungstätigkeit in Streitfragen. Weiter zunehmende Entfremdung zwischen Vater und Sohn
1435, September	Treffen in Kelheim wegen Ludwig von Ingolstadt und Agnes Bernauer. Beschwerden Heinrichs gegenüber Ernst über Albrechts Verhalten auf einem Tag in Regensburg
1435, 13. September	Tod Wilhelms III. in München
1435, 6. Oktober	Einladung Heinrichs des Reichen an Albrecht
1435, 8. Oktober	Zusage Albrechts
1435, 12. Oktober	Ertränkung der Agnes Bernauer in der Donau bei Straubing
1435, 14. Oktober	Albrecht bei Herzog Ludwig. Fehden Ingolstädter Ritter gegen Heinrich von Landshut
1435, 16. Oktober	Totengottesdienst für Wilhelm III. und Landtag in Straubing
1435, 28. Oktober	Instruktion an Friedrich Aichstetter für die Vorsprache bei Kaiser Sigmund
1435, Dezember	Unterredung zwischen Ernst und Albrecht in München und erste Annäherung
1435, 12. Dezember	Seelgerätstiftung Albrechts für Agnes Bernauer bei den Karmeliten in Straubing
1436, Januar	Neue Feindseligkeiten zwischen Ingolstadt und Landshut. Unversöhnliche Haltung Albrechts gegenüber Heinrich dem Reichen
1436, 17. Februar	Übertragung der königlichen Schutzherrschaft über das Reichskloster Niedernburg in Passau auf Albrecht
1436, April	Bestätigung der Seelgerätstiftung für die Bernauerin durch Ernst. Albrechts Kriegserklärung an Heinrich von Landshut
1436, Mai	Kriegshandlungen und Friedensbemühun-

gen. Wieder gutes Einvernehmen zwischen Ernst und Albrecht

1436, 16. Juli	Stiftung der Kapelle und Messe für Agnes Bernauer durch Herzog Ernst
1436, 21. Juli	Frieden von Regensburg
1436, 6. November	Hochzeit Albrechts mit Anna von Braurschweig in München
1438	Herzog Albrecht III. neuer Landesherr von Bayern-München
1447, 21. Januar	Erneuerung und Erweiterung der Seelgerätstiftung für die Bernauerin bei den Karmeliten durch Albrecht III.
1460	Tod Herzog Albrechts III.

Quellen und Literatur

1. Quellen und Chroniken

Bayerisches Hauptstaatsarchiv München:
Kurbaiern Äußeres Archiv 1136, 1138, 1148, 1942, 1943, 1944, 1945, 1946

Wilhelm Altmann (Hrsg.): Eberhart Windeckes Denkwürdigkeiten zur Geschichte des Zeitalters Kaiser Sigmunds, Berlin 1893

Bayerische Akademie der Wissenschaften (Hrsg.): Johannes Turmair's genannt Aventinus sämtliche Werke, 6 Bände, 1881/1908

M. R. Buck (Hrsg.): Ulrich von Richenthal, Chronik des Constanzer Conzils 1414 bis 1418, Stuttgart 1882

Die Chroniken der deutschen Städte. Augsburg, Erster Band, Leipzig 1865 (= Die Chroniken der deutschen Städte vom 14. bis ins 16. Jahrhundert, Vierter Band), Nachdruck Göttingen 1965

Gerald Deckart (Hrsg.): Anton Wilhelm Ertl, Größte Denkwürdigkeiten Bayerns, Düsseldorf 1977

Johann Heinrich von Falckenstein: Vollständige Geschichten der alten, mittlern und neuern Zeiten Des großen Herzogthums und ehemaligen Königreichs Bayern in drey Theilen verfasset, III. Teil, München – Ingolstadt – Augsburg 1763

Die Goldene Bulle. Nach König Wenzels Prachthandschrift. Mit der deutschen Übersetzung von Konrad Müller und einem Nachwort von Ferdinand Seibt, Dortmund 1978

Joseph Keim: Agnes Bernauer. Trübung und Aufhellung ihres Andenkens (= Straubinger Lesebogen Nr. 1), Straubing 1969

Dietrich Kerler (Hrsg.): Deutsche Reichstagsakten unter Kaiser Sigmund. Dritte Abteilung 1427–1431 (= Deutsche Reichstagsakten, Band 9), 2. Auflage, Göttingen 1956

Franz von Krenner: Baierische Landtagshandlungen in den Jahren
1429 bis 1513, Band 1–5, München 1803

Georg Leidinger (Hrsg.): Andreas von Regensburg, Sämtliche
Werke (= Quellen und Erörterungen, Neue Folge Band 1), München 1903, Neudruck Aalen 1969

Georg Leidinger (Hrsg.): Veit Arnpeck, Sämtliche Chroniken (=
Quellen und Erörterungen, Neue Folge Band 3), München 1915,
Neudruck Aalen 1969

Johannes Mondschein (Hrsg.): Fürsten-Urkunden zur Geschichte
der Stadt Straubing. II. Theil, Landshut 1903

A. F. Oefele: Rerum Boicarum Scriptores, 2 Bände, Augsburg 1763

Franz Palacký (Hrsg.): Urkundliche Beiträge zur Geschichte des
Hussitenkrieges in den Jahren 1419–1436. II. Band. Von den Jahren 1429–1436. Neudruck der Ausgabe 1873, Osnabrück 1966

Regesta sive Rerum Boicarum Authographa, bearbeitet von K. H.
von Lang und G. Th. Rudhart, Band 13, München 1854

Emil Reicke (Hrsg.): Willibald Pirckheimers Briefwechsel, I. Band
(= Humanistenbriefe, IV. Band), München 1940

Siegmund Riezler: Urkundliche Beilagen. Anhang zu Agnes Bernauer und die bayerischen Herzöge, in: Sitzungsberichte der Bayerischen Akademie der Wissenschaften 1885, Heft III, München 1885

Friedrich Roth (Hrsg.): Hans Ebran von Wildenberg, Chronik von
den Fürsten aus Bayern (= Quellen und Erörterungen, Neue Folge Band 2, Abteilung 1), München 1905, Neudruck Aalen 1969

Fridolin Solleder (Hrsg.): Urkundenbuch der Stadt Straubing. Er-
ster Band. Festgabe des historischen Vereins für Straubing und
Umgebung zur Feier des 700. Gedenkjahrs der Gründung der
Neustadt, Straubing 1911–1918

Reinhold Spiller (Hrsg.): Ulrich Füetrer, Bayerische Chronik (=
Quellen und Erörterungen. Neue Folge Band 2, Abteilung 2),
München 1909, Neudruck Aalen 1969

Georg Steinhauser (Hrsg.): Deutsche Privatbriefe des Mittelalters,
Band I, Berlin 1899

Das Tagebuch des Meister Franz, Scharfrichter zu Nürnberg.
Nachdruck der Buchausgabe von 1801, Dortmund 1980

2. Verwendete Literatur

Karl von Amira: Die germanischen Todesstrafen, München 1922

Klaus Frhr. von Andrian-Werburg: Urkundenwesen, Kanzlei, Rat
und Regierungssystem der Herzöge Johann II., Ernst und Wilhelm III. von Bayern-München (1392–1438), Kallmünz 1971

Heinz Angermeier (Hrsg.): Carl Theodor Gemeiner, Regensburgi-
sche Chronik, Band III/IV, München

Joseph von Aschbach: Geschichte Kaiser Sigmunds, Band 4, Sigmunds letzte Regierungsjahre zur Zeit des Basler Konzils, Hamburg 1845, Neudruck Aalen 1964

Hanns Bächtold-Stäubli (Hrsg.): Handwörterbuch des deutschen Aberglaubens, Berlin und Leipzig: Band I 1927, Band III 1930/31, Band V 1932/33, Band VI 1934/35, Band VIII 1936/37, Band IX 1938/41

Johannes Bärmann: Die Verfassungsgeschichte Münchens im Mittelalter, Weimar 1938

Julio Caro Baroja: Die Hexen und ihre Welt. Mit einer Einführung und einem ergänzenden Kapitel von Professor Dr. Will-Erich Peuckert, Stuttgart 1967

Ludwig Barring: Götterspruch und Henkerhand. Die Todesstrafen in der Geschichte der Menschheit, Essen 1980

Max Bauer (Hrsg.): Soldan-Heppe, Geschichte der Hexenprozesse, Band 1, Nachdruck Hanau o.J.

Gustav Beckmann: Der Plan einer Heirat zwischen Albrecht III. von Bayern und Jakobäa von Holland, in: Forschungen zur Geschichte Bayerns XIII, 1905

Otto Beneke: Von unehrlichen Leuten, 2. Auflage, Berlin 1889

Hans Biedermann: Hexen. Auf den Spuren eines Phänomens, Graz 1974

Wilhelm Bitter (Hrsg.): Massenwahn in Geschichte und Gegenwart, Stuttgart 1965

Arno Borst: Lebensformen im Mittelalter, Frankfurt am Main – Berlin – Wien 1979

Karl Bosl (Hrsg.): Handbuch der Geschichte der böhmischen Länder. Band I: Die böhmischen Länder von der archaischen Zeit bis zum Ausgang der hussitischen Revolution, Stuttgart 1967

Karl Bosl (Hrsg.): Straubing, das neue und das alte Gesicht einer Stadt im altbayerischen Kernland. Festschrift aus Anlaß des 750. Gründungsjubiläums, Straubing 1968

Horst Bredekamp: Kunst als Medium sozialer Konflikte. Bilderkämpfe von der Spätantike bis zur Hussitenrevolution, Frankfurt am Main 1975

Heinrich Brunner: Deutsche Rechtsgeschichte, 2. Band, 2. Auflage, München und Leipzig 1928

Otto Brunner: Land und Herrschaft. Grundfragen der territorialen Verfassungsgeschichte Österreichs im Mittelalter, Darmstadt 1973

Hans Burgkmair: Turnier-Buch. Nachdruck Dortmund 1978

Fritz Byloff: Hexenglaube und Hexenverfolgung in den österreichischen Alpenländern, Berlin und Leipzig 1934

Werner Danckert: Unehrliche Leute. Die verfemten Berufe, 2. Auflage, Bern und München 1979

Adalbert Deckert: Karmel in Straubing. Jubiläumschronik (= Textus et Studia Historica Carmelitana, Volumen VIII), Rom 1968

Heinz Friedrich Deininger: Agnes Bernauer, in: Lebensbilder aus dem Bayerischen Schwaben, München 1952

Deutsches Rechtswörterbuch. Wörterbuch der älteren deutschen Rechtssprache: Band I, Heft 1, Weimar 1914. Band III, Heft 1, Weimar 1935

Johann Diefenbach: Der Hexenwahn vor und nach der Glaubensspaltung in Deutschland, Mainz 1886

Pius Dirr: Grundlagen der Münchner Stadtgeschichte, München 1937

Hellmut Diwald: Anspruch auf Mündigkeit, um 1400–1555 (= Propyläen Geschichte Europas I), Frankfurt am Main – Berlin – Wien 1975

Hannsferdinand Döbler: Hexenwahn. Die Geschichte einer Verfolgung, München 1977

Hans Adolf Dombois und Friedrich Karl Schumann (Hrsg.): Weltliche und kirchliche Eheschließung. Beiträge zur Frage des Eheschließungsrechtes, Gladbeck 1953

Annemarie Droß: Die erste Walpurgisnacht. Hexenverfolgung in Deutschland, Hamburg 1981

Walter Egger: Der »Engel von Augsburg«, in: Altbayerische Heimatpost Nr. 41, 1985

Josef Fendl: Die Degenberger. Das bedeutendste Rittergeschlecht des Bayerischen Waldes, Straubing 1983

Friedrich Chr. Fischer: Geschichte der Straubingischen Erbfolge. Erster Jahrgang. 1425. Mit einem Urkundenbuche von 83 Stükken, o.O. 1779

Hubert Freilinger: Ingolstadt und die Gerichte Gerolfing, Kösching, Stammham-Etting, Vohburg, Mainburg und Neustadt a.d. Donau (= Historischer Atlas von Bayern, Teil Altbayern, Heft 46), München 1977

Hubert Freilinger: Die Rudolfinische Handfeste, Magna Charta Libertatum der Stadt München. Einzelaussagen und Beziehungsgeflecht, in: Zeitschrift für Bayerische Landesgeschichte 38, Heft 1, 1975

Joseph Freisen: Geschichte des Canonischen Eherechts bis zum Verfall der Glossenliteratur, Tübingen 1888

Wolfgang Freundorfer: Straubing. Landgericht, Rentkastenamt und Stadt (= Historischer Atlas von Bayern, Teil Altbayern, Heft 32), München 1974

Max Freyherr von Freyberg: Geschichte der bayerischen Landstände und ihrer Verhandlungen. I. Band, Sulzbach 1828

Emil Friedberg: Das Recht der Eheschließung in seiner geschichtlichen Entwicklung, Leipzig 1865

Johann Baptist Gatz (Hrsg.): Dokumente ältester Münchner Familiengeschichte 1290–1620. Aus dem Stifterbuch der Barfüßer und Klarissen in München 1424, München o.J.

Gerhard Gensthaler: Das Medizinalwesen der Freien Reichsstadt Augsburg bis zum 16. Jahrhundert (= Abhandlungen zur Geschichte der Stadt Augsburg, Band 21), Augsburg 1973

Joachim Gernhuber: Strafvollzug und Unehrlichkeit, in: Zeitschrift der Savigny-Stiftung für Rechtsgeschichte. Germanistische Abteilung, Band 71, 1957

Lilo Gersdorf: Carl Orff in Selbstzeugnissen und Bilddokumenten, Hamburg 1981

Geschichte der Agnes Bernauerin, welche den 12. Oktober 1435 auf der Brücke in Straubing in die Donau gestürzt, und mit Gewalt ersäuft worden ist. Für empfindsame Herzen geschildert, Reutlingen 1821

Georg Girardone: Der Anteil Münchens am Tod der Agnes Bernauer, in: Bayerland 46, 1935

Hermann Glaser (Hrsg.): Friedrich Hebbel, Agnes Bernauer (= Dichtung und Wirklichkeit Band 20), Frankfurt am Main – Berlin – Wien 1964

Jan Haack: Jakobäa, in: Unbekanntes Bayern 3, 2. Auflage, München 1959

Philipp Maria Halm: Studien zur süddeutschen Plastik, 1. Band, Augsburg 1926

Manfred Hammes: Hexenwahn und Hexenprozesse, Frankfurt am Main 1977

Joseph Hansen: Quellen und Untersuchungen zur Geschichte des Hexenwahns und der Hexenverfolgung im Mittelalter, Bonn 1901, Nachdruck Hildesheim 1963

Joseph Hansen: Zauberwahn, Inquisition und Hexenprozeß im Mittelalter und die Entstehung der großen Hexenverfolgung, Leipzig und München 1900

H. Theodor Heinermann: Ignez de Castro. Die dramatischen Bearbeitungen der Sage in den romanischen Literaturen. Ein Beitrag zur vergleichenden Literaturgeschichte, Diss. Münster 1914

Gerd Heinz-Mohr: Lexikon der Symbole. Bilder und Zeichen der christlichen Kunst, 5. Auflage, Düsseldorf – Köln 1979

Isabella Held: Agnes Bernauer und Herzog Albrecht III., in: Die Frau. Beilage der Münchner Neuesten Nachrichten Nr. 32, 1935

Hans von Hentig: Die Strafe I – Frühformen und kulturgeschichtliche Zusammenhänge, Berlin – Göttingen – Heidelberg 1954

Rudolf His: Das Strafrecht des deutschen Mittelalters, I. Teil: Die Verbrechen und ihre Folgen, Leipzig 1920

Irmgard Hörl: Die Zusammensetzung und Schichtung der ältesten

Münchner Bevölkerung (von 1158, dem Gründungsjahr der Stadt, bis 1403, dem Jahr der Neuordnung der Stadtverfassung), Diss. (Masch.) München 1952

Robert Hoffmann: Die Augsburger Bäder und das Handwerk der Bader, in: Zeitschrift des Historischen Vereins für Schwaben und Neuburg, 12. Jg. 1885

Claudia Honegger (Hrsg.): Die Hexen der Neuzeit. Studien zur Sozialgeschichte eines kulturellen Deutungsmusters, Frankfurt am Main 1978

Gottfried Horchler: Agnes Bernauerin in Geschichte und Dichtung. I. Teil Straubing 1883, II. Teil Straubing 1884

Benno Hubensteiner: Bayerische Geschichte. Staat und Volk, Kunst und Kultur, München 1967

Alfons Huber: Ein bislang unbekanntes Meisterlied, die älteste faßbare literarische Bearbeitung des Bernauerstoffes, in: Jahresbericht des Historischen Vereins für Straubing und Umgebung 1984, 1985

Alfons Huber: Hexenwahn und Hexenprozesse in Straubing und Umgebung (= Straubinger Hefte Nr. 25), Straubing 1975

Eugen Hubrich: Das heimatliche Freilichtspiel, in: Der Bayerwald 4, 1937

Johan Huizinga: Herbst des Mittelalters. Studien über Lebens- und Geistesformen des 14. und 15. Jahrhunderts in Frankreich und in den Niederlanden, 9. Auflage, Stuttgart 1965

Hubert Jedin: Kleine Konziliengeschichte. Die zwanzig Ökumenischen Konzile im Rahmen der Kirchengeschichte, 4. Auflage, Freiburg im Breisgau 1962

G. H. Joyce: Die christliche Ehe. Eine geschichtliche und dogmatische Studie, Leipzig o.J. (1934)

Katalog: Blutenburg. Beiträge zur Geschichte von Schloß und Hofmark Menzing, München 1983

Katalog: 500 Jahre Rosenkranz: 1475 Köln 1975, Köln 1975

Joseph Keim: Die alten Grabdenkmäler des St. Peters-Friedhofes in Straubing. IV. Die Grabdenkmäler in der Bernauerkapelle, in: Jahresbericht des Historischen Vereins für Straubing und Umgebung. 1915, 1916

Josef Keim: Juden im mittelalterlichen Straubing, in: Jahresbericht des Historischen Vereins für Straubing und Umgebung 1962, 1963

Peter-Josef Keßler: Die Entwicklung der Formvorschriften für die kanonische Eheschließung. Ein Beitrag zur kirchlichen Rechtsgeschichte, Diss. Bonn 1934

Max Kirnberger, Das Herzogtum Straubing-Holland, Straubing 1966

Max Kirschner: Wann hat Herzog Albrecht die Bernauerin geheiratet?, in: Der Straubinger Kalender, 388. Jg., 1984

Max Kirschner: Zur Geschichte der Stadt Vohburg, 2. Auflage, Pfaffenhofen 1984

Hugo Kleber: Der Reichshofgerichtsprozeß gegen Herzog Ludwig den Gebarteten von Ingolstadt (1434) und die Bedeutung des gleichzeitigen Basler Weistums über Vorladung eines Fürsten für die Geschichte des Prozeßverfahrens am Reichshofgericht, Diss. (Masch.) Erlangen 1922

A. Kluckhohn: Wilhelm III. von Bayern, der Protektor des Baseler Conzils und Statthalter des Kaisers Sigmund, in: Forschungen zur Deutschen Geschichte 2, Neudruck der Ausgabe 1862, Osnabrück 1968

Egon Komorzynski: Emanuel Schikaneder. Ein Beitrag zur Geschichte des deutschen Theaters, Wien o.J.

Karl-S. Kramer: Grundriß einer rechtlichen Volkskunde, Göttingen 1974

Karl Kroeschell: Deutsche Rechtsgeschichte 2 (1250–1650), 4. Auflage, Opladen 1981

Götz Landwehr: »Urteilfragen« und »Urteilfinden« nach spätmittelalterlichen, insbesondere sächsischen Rechtsquellen, in: Zeitschrift der Savigny-Stiftung für Rechtsgeschichte. Germanistische Abteilung, Band 96, 1979

Karl Heinrich Ritter von Lang: Geschichte des Bairischen Herzogs Ludwig des Bärtigen zu Ingolstadt, Nürnberg 1821

Reinhard Lettmann: Die Diskussion über die klandestinen Ehen und die Einführung einer zur Gültigkeit verpflichtenden Eheschließungsform auf dem Konzil von Trient. Eine kanonistische Untersuchung, Münster 1967

Wolfgang Leiser: Strafgerichtsbarkeit in Süddeutschland. Formen und Entwicklungen, Köln – Wien 1971

Heinz Lieberich: Landherren und Landleute. Zur politischen Führungsschicht Baierns im Spätmittelalter (= Schriftenreihe zur Bayerischen Landesgeschichte 63), München 1964

Felix Joseph Lipowsky: Agnes Bernauerinn, historisch geschildert, München 1800

Claudia List: Die mittelalterlichen Grablegen der Wittelsbacher in Altbayern, in: Hubert Glaser (Hrsg.): Die Zeit der frühen Herzöge (= Katalog Wittelsbach und Bayern I/1), München – Zürich 1980

Johann Michael von Loen: Der Adel. Ulm 1752, Reprint Königstein 1982

Hannes S. Macher (Hrsg.): König Ludwig I. von Bayern. Gedichte, Pfaffenhofen 1980

Felix Mader: Die Kunstdenkmäler von Bayern. Niederbayern VI. Stadt Straubing, München 1921

Gallus M. Mauser: Thomas von Aquin und der Hexenwahn (= Divus Thomas 9), Wien 1922

Josef Maria Mayer: Münchener Stadtbuch. Geschichtliche Bilder aus dem alten München, München 1868

Erna und Hans Melchers: Das Große Buch der Heiligen. Geschichte und Legende im Jahreslauf, 4. Auflage, München 1980

Friedrich Merzbacher: Aventin und das Recht, in: Zeitschrift für Bayerische Landesgeschichte 40, Heft 2/3, 1977

Friedrich Merzbacher: Die Hexenprozesse in Franken, zweite erw. Auflage, München 1970

Christian Meyer: Altreichsstädtische Kulturstudien, München 1906

Rupert Mittermüller: Albert der Dritte, Herzog von München-Straubing. Programm zum Schlusse des Studien-Jahres 1866/67, Metten 1867

Dietz-Rüdiger Moser: Liebe, Leid und Tod der bayerischen Antigone, in: Literatur in Bayern 1, 1985

Dietz-Rüdiger Moser: Liebe, Leid und Tod der bayerischen Antigone, in: Jahresbericht des Historischen Vereins für Straubing und Umgebung 1984, 1985

Joseph Ritter von Mußinan: Geschichte der herzoglichen niederbaierischen Linie Straubing-Holland, Sulzbach 1820

Nikolaus Paulus: Hexenwahn und Hexenprozeß, vornehmlich im 16. Jahrhundert, Freiburg im Breisgau 1910

Max Peinkofer: Agnes Bernauer, in: Heimatglocken 11, 1935

Hans Planitz: Deutsche Rechtsgeschichte, Graz 1950

Karl Pörnbacher: Ein Exempel für die Nachwelt. Agnes Bernauer in Geschichte und Dichtung – zum 550. Todestag, in: Unser Bayern. Heimatbeilage der Bayerischen Staatszeitung Nr. 10, 1985

Karl Pörnbacher: Friedrich Hebbel, Agnes Bernauer. Einführungen und Dokumente, Stuttgart 1974

Helmut Rankl: Das vorreformatorische landesherrliche Kirchenregiment in Bayern (1378–1526) (= Miscellanea Bavarica Monacensia 34), München 1971

Otto Riewoldt (Hrsg.): Franz Xaver Kroetz, Frankfurt am Main 1985

Siegmund Riezler: Agnes Bernauer und die bayerischen Herzöge, in: Sitzungsberichte der Bayerischen Akademie der Wissenschaften 1885, Heft III, München 1885

Siegmund Riezler, Geschichte Baierns, Gotha 1878/1914

Siegmund Riezler: Geschichte der Hexenprozesse in Bayern. Im Lichte der allgemeinen Entwicklung dargestellt. Neudruck der

Ausgabe Stuttgart 1896 mit Nachwort, Register und Karte von Friedrich Merzbacher, Aalen 1968

Eduard Rosenthal: Zur Rechtsgeschichte der Städte Landshut und Straubing, Würzburg 1883

Rainer A. Roth: Historische Entwicklung und politische Bedeutung des Exekutivorgans in Bayern, in: Zeitschrift für Bayerische Landesgeschichte 40, Heft 1, 1977

Ilona Schäfer: Studien zu den spätgotischen Grabdenkmälern in Straubing, Magister-Arbeit (Masch.), Regensburg 1982

Werner Schäfer: Agnes Bernauer und die Herzöge von Bayern. Beilage des Straubinger Tagblatts zu den Agnes-Bernauer-Festspielen, 1980

Werner Schäfer: Agnes Bernauer. Beilage des Straubinger Tagblatts zu den Agnes-Bernauer-Festspielen, 1984

Werner Schäfer: Begegnung mit Straubing. Mit Graphiken aus der Sammlung Erwin Böhm, Regensburg 1981

Werner Schäfer: Bemerkungen zum Friedhof St. Peter in Straubing, II. Teil, in: Schönere Heimat 4, 1983

Werner Schäfer – Guido Scharrer – Hermann Stickroth: Sorviodurum. Strupinga. Straubing, Geschichte einer Stadt, Straubing 1985

Anton Scharnagl: Katholisches Eherecht. Mit Berücksichtigung des in Deutschland, Österreich und in der Schweiz geltenden staatlichen Eherechts, München 1935

Michael Schattenhofer: Das Alte Rathaus in München. Seine bauliche Entwicklung und seine stadtgeschichtliche Bedeutung, München 1972

Michael Schattenhofer: Beiträge zur Geschichte der Stadt München (= Oberbayerisches Archiv 109, 1. Heft), München 1984

Michael Schattenhofer: Das Münchner Patriziat, in: Zeitschrift für Bayerische Landesgeschichte 38, Heft 3, 1975

Eberhard Schmidt: Einführung in die Geschichte der deutschen Strafrechtspflege, 3. u. veränderte Auflage, Göttingen 1965

Willibald Schmidt: Johannes Turmair, genannt Aventinus (= Straubinger Hefte Nr. 16), Straubing 1966

Friedrich Schneider: Herzog Johann von Baiern. Erwählter Bischof von Lüttich und Graf von Holland (1373–1425). Ein Kirchenfürst und Staatsmann am Anfang des XV. Jahrh., Berlin 1913

Gerhard Schormann: Hexenprozesse in Deutschland, Göttingen 1981

Richard Schröder und Eberhard Frh. v. Künßberg: Lehrbuch der deutschen Rechtsgeschichte, 7. Auflage, Berlin und Leipzig 1932

Michael Schröter: Wo zwei zusammenkommen in rechter Ehe. Sozio- und psychogenetische Untersuchungen von Eheschließungsvorgängen zwischen dem 12. und 15. Jh., Frankfurt am Main 1985

Gg. Schrötter: Agnes Bernauer. Neue Forschungen, in: Der Bayerwald 1, 1939

Ludwig Schrott: Die Herrscher Bayerns. Vom ersten Herzog bis zum letzten König, München 1966

Wolfgang Schünke: Die Folter im deutschen Strafverfahren des 13. bis 16. Jahrhunderts, Diss. München 1952

Stefan Schwarz: Die Juden in Bayern im Wandel der Zeiten, München u. Wien 1963

Anton Schwob: Oswald von Wolkenstein. Eine Biographie, Bozen 1979

Ferdinand Seibt: Hussitica. Zur Struktur einer Revolution, Köln 1965

Rupert Sigl: Agnes Bernauer und ihre spanische Liebes-, Leidens- und Todesgefährtin Inés de Castro, in: Der Straubinger Kalender, 387. Jg., 1983

Fridolin Solleder: München im Mittelalter, München 1938, Neudruck Aalen 1962

Max Spindler (Hrsg.): Handbuch der bayerischen Geschichte. Band II, München 1966

Günter und Erika Steger: Das Tier als Symbol (1), in: tierärztliche praxis 5, 1977

Heinrich Streidl: Stadt Pfaffenhofen a.d. Ilm. Ein Heimatbuch, Pfaffenhofen 1979

Thomas Thieringer (Hrsg.): Franz Xaver Kroetz, Weitere Aussichten. Ein Lesebuch, Köln 1976

Geoffrey Trease: Die Condottieri. Söldnerführer, Glücksritter und Fürsten der Renaissance, München 1974

Karl Tyroller: Die Biographie des altehrwürdigen Pfarrgotteshauses St. Peter in der Altstadt von Straubing (= Straubinger Hefte Nr. 29), Straubing 1979

Friedrich Uhlhorn und Walter Schlesinger: Die deutschen Territorien (= Gebhardt: Handbuch der deutschen Geschichte, Band 13 der TB-Ausgabe), Stuttgart 1974

Walter Ullmann: Individuum und Gesellschaft im Mittelalter, Göttingen 1974

Klaus Vondung: Völkisch-nationale und nationalsozialistische Literaturtheorie, München 1973

K. Theodor Wenzelburger: Geschichte der Niederlande, Erster Band, Gotha 1879

Karl Winkler: Die »Judenverfolgung« zu Straubing im Jahre 1435, in: Jahresbericht des Historischen Vereins für Straubing und Umgebung 1937, 1938

Karl Winkler: Die Schlacht bei Hiltersried im Jahre 1433, Würz-
burg-Aumühle 1939

Richard Wrede: Die Körperstrafen bei allen Völkern von den ältesten Zeiten bis Ende des neunzehnten Jahrhunderts, Frankfurt
am Main o.J.

Wolfgang Zorn: Augsburg. Geschichte einer deutschen Stadt,
Augsburg 1972

Register

335

Biographien

Knaur Ⓡ
A. Stassinopoulos
Biographie
Die Callas
Mit zahlreichen
Abbildungen

(2315)

Knaur Ⓡ
Hans A. Neunzig
**LEBENS-
LÄUFE DER
DEUTSCHEN
ROMANTIK**
Komponisten

(2371)

Knaur Ⓡ
Biographie
Rudolph Sabor
Der wahre Wagner
Mit einem Vorwort
von Wolfgang Wagner

(2379)

Knaur Ⓡ
Biographie
Stefan Siegert
N.F. Hoffmann
MOZART
*Die einzige
Bilderbiographie*

(2391)

Knaur Ⓡ
Biographie
KARAJAN
ODER DIE
KONTROLLIERTE
EKSTASE

(2397)

Knaur Ⓡ
Biographie
Kurt Honolka
Hugo Wolf
Sein Leben, sein Werk,
seine Zeit
Mit einem Vorwort
von Dietrich Fischer-Dieskau

(2418)

Knaur ®

Biographien

Knaur ®

Egon Casar Conte Corti

Ludwig I. von Bayern

Mit zahlreichen Abbildungen

(2301)

Knaur ®

Edward Lucie-Smith

Johanna von Orleans

Mit 22 Abbildungen

(2305)

Knaur ®

Egon Casar Conte Corti

Metternich und die Frauen

Mit zahlreichen Abbildungen

(2334)

Knaur ®

HENRI **TROYAT**

IWAN

DER SCHRECKLICHE

DEUTSCHE ERSTAUSGABE

(2337)

Knaur ®

HERMANN SCHREIBER

Marie Antoinette

(2401)

Knaur ®

ALVISE ZORZI

MARCO POLO

(2341)